ISBN 978-0-260-85844-3
PIBN 10977336

FB &c Ltd, Dalton House, 60 Windsor Avenue, London, SW19 2RR.
Company number 08720141. Registered in England and Wales.

For support please visit www.forgottenbooks.com

BIBLIOTHÈQUE

D'AUTEURS CLASSIQUES.

IMPRIMERIE D'ADOLPHE ÉVERAT ET Cie.,
rue du Cadran, n° 16

ŒUVRES

DE MOLIÈRE

AVEC LES NOTES

DE TOUS LES COMMENTATEURS.

DEUXIÈME ÉDITION PUBLIÉE

PAR L. AIMÉ-MARTIN.

TOME QUATRIÈME.

A PARIS,

CHEZ LEFÈVRE, LIBRAIRE,

RUE DE L'ÉPERON, N° 6.

M DCCC XXXVII.

LE BOURGEOIS
GENTILHOMME,

COMÉDIE-BALLET EN CINQ ACTES.

1670.

PERSONNAGES DE LA COMÉDIE.

M. JOURDAIN, bourgeois[1].
Mme JOURDAIN, sa femme[2].
LUCILE, fille de M. Jourdain[3].
CLÉONTE, amoureux de Lucile[4].
DORIMÈNE, marquise[5].
DORANTE, comte, amant de Dorimène[6].
NICOLE, servante de M. Jourdain[7].
COVIELLE, valet de Cléonte.
UN MAITRE DE MUSIQUE.
UN ÉLÈVE du maître de musique.
UN MAITRE A DANSER.
UN MAITRE D'ARMES[8].
UN MAITRE DE PHILOSOPHIE[9].
UN MAITRE TAILLEUR.
UN GARÇON TAILLEUR.
DEUX LAQUAIS.

[1] Molière. — [2] Hubert. — [3] Mademoiselle Molière. — [4] La Grange. — [5] Mademoiselle de Brie. — La Thorillière. — [7] Mademoiselle Beauval. — [8] De Brie. — [9] Du Croisy.

PERSONNAGES DU BALLET.

DANS LE PREMIER ACTE.

UNE MUSICIENNE.
DEUX MUSICIENS.
DANSEURS.

DANS LE SECOND ACTE.

GARÇONS TAILLEURS dansants.

DANS LE TROISIÈME ACTE.

CUISINIERS dansants.

DANS LE QUATRIÈME ACTE.

CÉRÉMONIE TURQUE.

LE MUFTI.
TURCS assistants du mufti, chantants.
DERVIS chantants.
TURCS dansants.

DANS LE CINQUIÈME ACTE.

BALLET DES NATIONS.

UN DONNEUR DE LIVRES dansant.
IMPORTUNS dansants.
TROUPE DE SPECTATEURS chantants.
PREMIER HOMME du bel air.
SECOND HOMME du bel air.
PREMIÈRE FEMME du bel air.
SECONDE FEMME du bel air.
PREMIER GASCON.
SECOND GASCON.
UN SUISSE.
UN VIEUX BOURGEOIS babillard.
UNE VIEILLE BOURGEOISE babillarde.
ESPAGNOLS chantants.
ESPAGNOLS dansants.
UNE ITALIENNE.
UN ITALIEN.
DEUX SCARAMOUCHES.
DEUX TRIVELINS.
ARLEQUIN.
DEUX POITEVINS chantants et dansants.
POITEVINS et POITEVINES dansants.

La scène est à Paris, dans la maison de M. Jourdain.

LE BOURGEOIS
GENTILHOMME.

ACTE PREMIER.

L'ouverture se fait par un grand assemblage d'instruments ; et dans le milieu du théâtre on voit un élève du maître de musique qui compose sur une table un air que le bourgeois a demandé pour une sérénade.

SCÈNE I[1].

UN MAITRE DE MUSIQUE, UN MAITRE A DANSER, TROIS MUSICIENS, DEUX VIOLONS, QUATRE DANSEURS.

LE MAÎTRE DE MUSIQUE, *aux musiciens.*

Venez, entrez dans cette salle, et vous reposez là, en attendant qu'il vienne.

[1] Cette comédie fut représentée à Chambord le 14 octobre 1670, et à Paris le 29 novembre suivant : on la reçut mal à la cour. Louis XIV n'en dit pas un mot à son souper, et ce silence, qui fut pris pour une improbation, donna carrière à toutes les décisions précipitées du mauvais goût. « Molière n'y est plus, disoit le duc de... « Assurément il nous prend pour des grues, de croire nous divertir avec de telles « pauvretés. — Que veut-il dire avec son *halaba balachou ?* ajoutoit M. le duc de... « Le pauvre homme extravague, il est épuisé ; si quelque autre auteur ne prend le « théâtre, il va tomber : cet homme-là donne dans la farce italienne. » Il se passa cinq jours avant qu'on représentât cette pièce pour la seconde fois, et pendant ces cinq jours Molière n'osa se montrer ; il envoyoit seulement Baron à la découverte, mais celui-ci lui rapportoit toujours de mauvaises nouvelles ; toute la cour étoit révoltée. Mais quel fut le triomphe de Molière lorsqu'après la seconde représentation le roi, qui n'avoit point encore porté son jugement, eut la bonté de lui dire : « Je ne vous ai point parlé de votre pièce à la première représentation, parceque « j'ai appréhendé d'être séduit par la manière dont elle avoit été représentée ; mais

LE MAÎTRE A DANSER, *aux danseurs.*

Et vous aussi, de ce côté.

LE MAÎTRE DE MUSIQUE, *à son élève.*

Est-ce fait?

L'ÉLÈVE.

Oui.

LE MAÎTRE DE MUSIQUE.

Voyons... Voilà qui est bien.

LE MAÎTRE A DANSER.

Est-ce quelque chose de nouveau?

LE MAÎTRE DE MUSIQUE.

Oui, c'est un air pour une sérénade, que je lui ai fait composer ici, en attendant que notre homme fût éveillé.

LE MAÎTRE A DANSER.

Peut-on voir ce que c'est?

LE MAÎTRE DE MUSIQUE.

Vous l'allez entendre avec le dialogue, quand il viendra. Il ne tardera guère.

LE MAÎTRE A DANSER.

Nos occupations, à vous et à moi, ne sont pas petites maintenant.

« en vérité, Molière, vous n'avez rien fait qui m'ait tant diverti; et votre pièce est « excellente. » Le roi avoit à peine achevé ces paroles, que Molière se vit accablé des louanges des courtisans, qui tout d'une voix répétoient ce qu'ils venoient d'entendre: « Cet homme-là est inimitable, disoit le même duc de ..., il y a un *vis co-« mica* dans tout ce qu'il fait, que les anciens n'ont pas aussi heureusement ren-« contré que lui. » C'est ainsi que le jugement du roi redressa celui de ses courtisans. La pièce fut plus heureuse à Paris qu'à la cour: dès la première représentation rien ne manqua à son succès; chaque bourgeois croyoit y reconnoître son voisin peint au naturel, et on ne se lassoit pas d'aller voir ce portrait. Quelques personnes prétendent que Molière peignit le caractère du *Bourgeois gentilhomme* d'après un chapelier nommé *Gandoin*, qui étoit atteint du même ridicule; mais cette anecdote est au moins douteuse, puisqu'il est prouvé que Molière ne connut jamais ce personnage. (GRIMAREST.) — Une des plus belles scènes du troisième acte est empruntée à Michel Cervantes; ou pour mieux dire Molière doit au *Don Quixote* le caractère de madame *Jourdain* évidemment dessiné sur celui de Thérèse Pança. (C.), — Le père Brumoy a fait quelques rapprochements ingénieux entre le dessin général du *Bourgeois gentilhomme* et le plan des *Nuées* d'Aristophane. Nous indiquerons à mesure tous les passages imités par Molière.

LE MAÎTRE DE MUSIQUE.

Il est vrai. Nous avons trouvé ici un homme comme il nous le faut à tous deux. Ce nous est une douce rente que ce monsieur Jourdain, avec les visions de noblesse et de galanterie qu'il est allé se mettre en tête ; et votre danse et ma musique auroient à souhaiter que tout le monde lui ressemblât.

LE MAÎTRE A DANSER.

Non pas entièrement ; et je voudrois, pour lui, qu'il se connût mieux qu'il ne fait aux choses que nous lui donnons.

LE MAÎTRE DE MUSIQUE.

Il est vrai qu'il les connoît mal, mais il les paie bien ; et c'est de quoi maintenant nos arts ont plus besoin que de toute autre chose.

LE MAÎTRE A DANSER.

Pour moi, je vous l'avoue, je me repais un peu de gloire. Les applaudissements me touchent, et je tiens que, dans tous les beaux-arts, c'est un supplice assez fâcheux que de se produire à des sots, que d'essuyer, sur des compositions, la barbarie d'un stupide. Il y a plaisir, ne m'en parlez point, à travailler pour des personnes qui soient capables de sentir les délicatesses d'un art, qui sachent faire un doux accueil aux beautés d'un ouvrage, et, par de chatouillantes approbations, vous régaler de votre travail[1]. Oui, la récompense la plus agréable qu'on puisse recevoir des choses que l'on fait, c'est de les voir connues, de les voir caressées d'un applaudissement qui vous honore. Il n'y a rien, à mon avis, qui nous paie mieux que cela de toutes nos fatigues ; et ce sont des douceurs exquises que des louanges éclairées.

LE MAÎTRE DE MUSIQUE.

J'en demeure d'accord, et je les goûte comme vous. Il n'y a

[1] *Régaler*, dans cette phrase, signifie récompenser, dédommager. Molière, dans *l'Étourdi*, avoit déjà dit, *pour vous régaler du souci*, etc. : et on lit dans Scarron, *Il me devra son raccommodement, il m'en régalera. Régaler*, proprement, étymologiquement, c'est rendre égal. La récompense d'un travail est ce qui rend les choses égales entre celui qui l'a fait et celui qui en profite. La phrase n'est donc pas déraisonnable ; elle n'est qu'inusitée, du moins aujourd'hui. (A.)

rien assurément qui chatouille davantage que les applaudissements que vous dites; mais cet encens ne fait pas vivre. Des louanges toutes pures ne mettent point un homme à son aise: il y faut mêler du solide; et la meilleure façon de louer, c'est de louer avec les mains. C'est un homme, à la vérité, dont les lumières sont petites, qui parle à tort et à travers de toutes choses, et n'applaudit qu'à contre-sens; mais son argent redresse les jugements de son esprit; il a du discernement dans sa bourse; ses louanges sont monnoyées; et ce bourgeois ignorant nous vaut mieux, comme vous voyez, que le grand seigneur éclairé qui nous a introduits ici.

LE MAÎTRE A DANSER.

Il y a quelque chose de vrai dans ce que vous dites; mais je trouve que vous appuyez un peu trop sur l'argent; et l'intérêt est quelque chose de si bas, qu'il ne faut jamais qu'un honnête homme montre pour lui de l'attachement.

LE MAÎTRE DE MUSIQUE.

Vous recevez fort bien pourtant l'argent que notre homme vous donne.

LE MAÎTRE A DANSER.

Assurément; mais je n'en fais pas tout mon bonheur; et je voudrois qu'avec son bien il eût encore quelque bon goût des choses.

LE MAÎTRE DE MUSIQUE.

Je le voudrois aussi; et c'est à quoi nous travaillons tous deux autant que nous pouvons. Mais, en tout cas, il nous donne moyen de nous faire connoître dans le monde; et il paiera pour les autres ce que les autres loueront pour lui.

LE MAÎTRE A DANSER.

Le voilà qui vient[1].

[1] Cette exposition est digne des meilleures pièces de Molière. Le maître de danse et le maître de musique donnent l'idée la plus juste du caractère de M. Jourdain: leur vanité et leurs prétentions sont développées avec beaucoup d'art, et l'on remarque (ce qui est un excellent trait de comédie) que celui dont la profession est la plus frivole, le maître de danse, a beaucoup plus d'orgueil que l'autre: il affecte un désintéressement très comique, et se met au rang des premiers artistes. (P.)—

SCÈNE II.

M. JOURDAIN, *en robe de chambre et en bonnet de nuit;* LE MAITRE DE MUSIQUE, LE MAITRE A DANSER, L'ÉLÈVE DU MAÎTRE DE MUSIQUE, UNE MUSICIENNE, DEUX MUSICIENS, DANSEURS, DEUX LAQUAIS.

MONSIEUR JOURDAIN.

Hé bien, messieurs! Qu'est-ce? Me ferez-vous voir votre petite drôlerie?

LE MAÎTRE A DANSER.

Comment? Quelle petite drôlerie?

MONSIEUR JOURDAIN.

Hé! la... Comment appelez-vous cela? Votre prologue ou dialogue de chansons et de danse.

LE MAÎTRE A DANSER.

Ah! ah!

LE MAÎTRE DE MUSIQUE.

Vous nous y voyez préparés.

MONSIEUR JOURDAIN.

Je vous ai fait un peu attendre; mais c'est que je me fais habiller aujourd'hui comme les gens de qualité; et mon tailleur m'a envoyé des bas de soie que j'ai pensé ne mettre jamais.

LE MAÎTRE DE MUSIQUE.

Nous ne sommes ici que pour attendre votre loisir.

MONSIEUR JOURDAIN.

Je vous prie tous deux de ne vous point en aller qu'on ne m'ait apporté mon habit, afin que vous me puissiez voir.

LE MAÎTRE A DANSER.

Tout ce qu'il vous plaira.

Ce trait comique est aussi un trait de satire contre les musiciens, et peut-être contre Lulli, dont l'ame étoit fort intéressée. Le jeune Lulli avoit été rencontré en Italie, jouant du violon sur les tréteaux d'un vendeur d'orviétan; il fut amené en France, et à sa mort on trouva dans une cassette sept mille louis d'or et vingt mille écus en argent.

MONSIEUR JOURDAIN.

Vous me verrez équipé comme il faut, depuis les pieds jusqu'à la tête.

LE MAÎTRE DE MUSIQUE.

Nous n'en doutons point.

MONSIEUR JOURDAIN.

Je me suis fait faire cette indienne-ci.

LE MAÎTRE A DANSER.

Elle est fort belle.

MONSIEUR JOURDAIN.

Mon tailleur m'a dit que les gens de qualité étoient comme cela le matin.

LE MAÎTRE DE MUSIQUE.

Cela vous sied à merveille.

MONSIEUR JOURDAIN.

Laquais! holà, mes deux laquais!

PREMIER LAQUAIS.

Que voulez-vous, monsieur?

MONSIEUR JOURDAIN.

Rien C'est pour voir si vous m'entendez bien. (*au maître de musique et au maître à danser.*) Que dites-vous de mes livrées?

LE MAÎTRE A DANSER.

Elles sont magnifiques.

MONSIEUR JOURDAIN, *entr'ouvrant sa robe, et faisant voir son haut-de-chausses étroit de velours rouge, et sa camisole de velours vert.*

Voici encore un petit déshabillé pour faire le matin mes exercices.

LE MAÎTRE DE MUSIQUE.

Il est galant.

MONSIEUR JOURDAIN.

Laquais!

PREMIER LAQUAIS.

Monsieur.

MONSIEUR JOURDAIN.

L'autre laquais !

SECOND LAQUAIS.

Monsieur.

MONSIEUR JOURDAIN, *ôtant sa robe de chambre.*

Tenez ma robe. (*au maître de musique et au maître à danser.*) Me trouvez-vous bien comme cela?

LE MAÎTRE A DANSER.

Fort bien. On ne peut pas mieux.

MONSIEUR JOURDAIN.

Voyons un peu votre affaire.

LE MAÎTRE DE MUSIQUE.

Je voudrois bien auparavant vous faire entendre un air (*montrant son élève*) qu'il vient de composer pour la sérénade que vous m'avez demandée. C'est un de mes écoliers, qui a pour ces sortes de choses un talent admirable.

MONSIEUR JOURDAIN.

Oui, mais il ne falloit pas faire faire cela par un écolier; et vous n'étiez pas trop bon vous-même pour cette besogne-là.

LE MAÎTRE DE MUSIQUE.

Il ne faut pas, monsieur, que le nom d'écolier vous abuse. Ces sortes d'écoliers en savent autant que les plus grands maîtres; et l'air est aussi beau qu'il s'en puisse faire. Écoutez seulement.

MONSIEUR JOURDAIN, *à ses laquais.*

Donnez-moi ma robe, pour mieux entendre... Attendez, je crois que je serai mieux sans robe. Non, redonnez-la-moi; cela ira mieux.

LA MUSICIENNE.

Je languis nuit et jour, et mon mal est extrême
Depuis qu'à vos rigueurs vos beaux yeux m'ont soumis.
Si vous traitez ainsi, belle Iris, qui vous aime,
Hélas! que pourriez-vous faire à vos ennemis?

MONSIEUR JOURDAIN.

Cette chanson me semble un peu lugubre; elle endort, et je

voudrois que vous la pussiez un peu ragaillardir par-ci par-là.

LE MAÎTRE DE MUSIQUE.

Il faut, monsieur, que l'air soit accommodé aux paroles.

MONSIEUR JOURDAIN.

On m'en apprit un tout-à-fait joli, il y a quelque temps. Attendez... la... Comment est-ce qu'il dit?

LE MAÎTRE A DANSER.

Par ma foi, je ne sais.

MONSIEUR JOURDAIN.

Il y a du mouton dedans.

LE MAÎTRE A DANSER.

Du mouton?

MONSIEUR JOURDAIN.

Oui. Ah!

(Il chante.)

Je croyois Jeanneton
Aussi douce que belle;
Je croyois Jeanneton
Plus douce qu'un mouton.
Hélas! hélas!
Elle est cent fois, mille fois plus cruelle
Que n'est le tigre aux bois.

N'est-il pas joli?

LE MAÎTRE DE MUSIQUE.

Le plus joli du monde.

LE MAÎTRE A DANSER.

Et vous le chantez bien.

MONSIEUR JOURDAIN.

C'est sans avoir appris la musique[1].

[1] Molière a peint dans *les Fâcheux* les prétentions des amateurs qui se font artistes; ici il se moque des prétentions des grands qui se font connoisseurs, manie beaucoup plus commune, et qui peut donner aux plus ignorants la réputation de protecteurs des beaux-arts.

LE MAÎTRE DE MUSIQUE.

Vous devriez l'apprendre, monsieur, comme vous faites la danse. Ce sont deux arts qui ont une étroite liaison ensemble.

LE MAÎTRE A DANSER.

Et qui ouvrent l'esprit d'un homme aux belles choses.

MONSIEUR JOURDAIN.

Est-ce que les gens de qualité apprennent aussi la musique?

LE MAÎTRE DE MUSIQUE.

Oui, monsieur.

MONSIEUR JOURDAIN.

Je l'apprendrai donc. Mais je ne sais quel temps je pourrai prendre; car, outre le maître d'armes qui me montre, j'ai arrêté encore un maître de philosophie qui doit commencer ce matin.

LE MAÎTRE DE MUSIQUE.

La philosophie est quelque chose; mais la musique, monsieur, la musique...

LE MAÎTRE A DANSER.

La musique et la danse... La musique et la danse, c'est là tout ce qu'il faut.

LE MAÎTRE DE MUSIQUE.

Il n'y a rien qui soit si utile dans un état que la musique.

LE MAÎTRE A DANSER.

Il n'y a rien qui soit si nécessaire aux hommes que la danse.

LE MAÎTRE DE MUSIQUE.

Sans la musique, un état ne peut subsister.

LE MAÎTRE A DANSER.

Sans la danse, un homme ne sauroit rien faire.

LE MAÎTRE DE MUSIQUE.

Tous les désordres, toutes les guerres qu'on voit dans le monde, n'arrivent que pour n'apprendre pas la musique.

LE MAÎTRE A DANSER.

Tous les malheurs des hommes, tous les revers funestes dont les histoires sont remplies, les bévues des politiques, et les manquements des grands capitaines, tout cela n'est venu que faute de savoir danser.

MONSIEUR JOURDAIN.

Comment cela?

LE MAÎTRE DE MUSIQUE.

La guerre ne vient-elle pas d'un manque d'union entre les hommes?

MONSIEUR JOURDAIN.

Cela est vrai.

LE MAÎTRE DE MUSIQUE.

Et si tous les hommes apprenoient la musique, ne seroit-ce pas le moyen de s'accorder ensemble, et de voir dans le monde la paix universelle?

MONSIEUR JOURDAIN.

Vous avez raison.

LE MAÎTRE A DANSER.

Lorsqu'un homme a commis un manquement dans sa conduite, soit aux affaires de sa famille, ou au gouvernement d'un état, ou au commandement d'une armée, ne dit-on pas toujours : Un tel a fait un mauvais pas dans telle affaire?

MONSIEUR JOURDAIN.

Oui, on dit cela.

LE MAÎTRE A DANSER.

Et faire un mauvais pas peut-il procéder d'autre chose que de ne savoir pas danser?

MONSIEUR JOURDAIN.

Cela est vrai, et vous avez raison tous deux.

LE MAÎTRE A DANSER.

C'est pour vous faire voir l'excellence et l'utilité de la danse et de la musique [1].

[1] L'importance que les artistes attachent à leur profession ne pouvoit être peinte ni avec plus de vérité, ni d'une manière plus comique. Molière avoit bien observé; et pour se convaincre que son tableau n'est point exagéré, il suffit de jeter les yeux autour de soi. Personne n'a oublié les prétentions de *Marcel*, qui s'imaginoit reconnoître un homme d'état à sa manière de danser; la bonne opinion que Vestris

MONSIEUR JOURDAIN.

Je comprends cela à cette heure.

LE MAÎTRE DE MUSIQUE.

Voulez-vous voir nos deux affaires?

MONSIEUR JOURDAIN.

Oui.

LE MAÎTRE DE MUSIQUE.

Je vous l'ai déja dit, c'est un petit essai que j'ai fait autrefois des diverses passions que peut exprimer la musique.

MONSIEUR JOURDAIN.

Fort bien.

LE MAÎTRE DE MUSIQUE, *aux musiciens.*

Allons, avancez. (*à M. Jourdain.*) Il faut vous figurer qu'ils sont habillés en bergers.

MONSIEUR JOURDAIN.

Pourquoi toujours des bergers? On ne voit que cela partout.

LE MAÎTRE A DANSER.

Lorsqu'on a des personnes à faire parler en musique, il faut bien que, pour la vraisemblance, on donne dans la bergerie. Le chant a été de tout temps affecté aux bergers; et il n'est guère naturel, en dialogue, que des princes ou des bourgeois chantent leurs passions [1].

MONSIEUR JOURDAIN.

Passe, passe. Voyons [2].

avoit conçue de son art n'a pas obtenu moins de célébrité. Il n'y a que trois grands hommes en Europe, disoit-il : le roi de Prusse, Voltaire, et moi!

[1] Trait de satire dirigé contre le grand opéra italien, que Mazarin avoit introduit à la cour en 1646, et qui donna naissance à notre Académie royale de musique. Cette dernière venoit d'être instituée en 1669, un an avant la représentation du *Bourgeois gentilhomme*.

[2] Cette scène est d'un naturel exquis. Molière y oppose la vanité et la cupidité des petits artistes à la vanité et à la sottise d'un petit bourgeois. Rien de plus vrai que cet amour de la gloire qui s'est emparé du maître à danser; rien de plus vrai que le besoin de montrer ses habits et ses valets qui tourmente M. Jourdain. Ne sachant pas encore jouir de leurs richesses, les parvenus ne s'occupent que de l'effet qu'elles produisent : ils veulent être admirés, loués, enviés de ce que la fortune leur donne, car leur bonheur est moins dans la jouissance de leur bien-être que dans la

DIALOGUE EN MUSIQUE.

UNE MUSICIENNE ET DEUX MUSICIENS.

LA MUSICIENNE.

Un cœur, dans l'amoureux empire,
De mille soins est toujours agité.
On dit qu'avec plaisir on languit, on soupire;
Mais, quoi qu'on puisse dire,
Il n'est rien de si doux que notre liberté.

PREMIER MUSICIEN.

Il n'est rien de si doux que les tendres ardeurs
Qui font vivre deux cœurs
Dans une même envie;
On ne peut être heureux sans amoureux desirs.
Otez l'amour de la vie,
Vous en ôtez les plaisirs

SECOND MUSICIEN.

Il seroit doux d'entrer sous l'amoureuse loi,
Si l'on trouvoit en amour de la foi.
Mais, hélas! ô rigueur cruelle!
On ne voit point de bergère fidèle,
Et ce sexe inconstant, trop indigne du jour,
Doit faire pour jamais renoncer à l'amour.

PREMIER MUSICIEN.

Aimable ardeur!

LA MUSICIENNE.

Franchise heureuse!

SECOND MUSICIEN.

Sexe trompeur!

PREMIER MUSICIEN.

Que tu m'es précieuse!

satisfaction de leur orgueil. Molière peint toujours d'après nature, et tout ce qu'il dit de son siècle est encore vrai du nôtre.

LA MUSICIENNE.

Que tu plais à mon cœur !

SECOND MUSICIEN.

Que tu me fais d'horreur !

PREMIER MUSICIEN.

Ah ! quitte, pour aimer, cette haine mortelle !

LA MUSICIENNE.

On peut, on peut te montrer
Une bergère fidèle.

SECOND MUSICIEN.

Hélas ! où la rencontrer ?

LA MUSICIENNE.

Pour défendre notre gloire,
Je te veux offrir mon cœur.

SECOND MUSICIEN.

Mais, bergère, puis-je croire
Qu'il ne sera point trompeur ?

LA MUSICIENNE.

Voyons, par expérience,
Qui des deux aimera mieux.

SECOND MUSICIEN.

Qui manquera de constance,
Le puissent perdre les dieux !

TOUS TROIS ENSEMBLE.

A des ardeurs si belles
Laissons-nous enflammer ;
Ah ! qu'il est doux d'aimer
Quand deux cœurs sont fidèles !

MONSIEUR JOURDAIN.

Est-ce tout ?

LE MAÎTRE DE MUSIQUE.

Oui.

MONSIEUR JOURDAIN.

Je trouve cela bien troussé, et il y a là-dedans de petits dictons assez jolis.

LE MAÎTRE A DANSER.

Voici, pour mon affaire, un petit essai des plus beaux mouvements et des plus belles attitudes dont une danse puisse être variée.

MONSIEUR JOURDAIN.

Sont-ce encore des bergers?

LE MAÎTRE A DANSER.

C'est ce qu'il vous plaira. (*aux danseurs.*) Allons.

ENTRÉE DE BALLET.

Quatre danseurs exécutent tous les mouvements différents et toutes les sortes de pas que le maître à danser leur commande[1].

ACTE SECOND.

SCÈNE I.

MONSIEUR JOURDAIN, LE MAITRE DE MUSIQUE, LE MAITRE A DANSER[2].

MONSIEUR JOURDAIN.

Voilà qui n'est point sot, et ces gens-là se trémoussent bien.

[1] Si le premier acte du *Misanthrope* est la plus heureuse exposition d'un sujet dans le genre noble, le premier acte du *Bourgeois gentilhomme* a le même avantage dans le genre comique. Le ridicule des différents maîtres y sert de relief à celui de M. Jourdain, dont la bêtise naïve et folle augmente par degrés, au point de justifier l'extravagance du dénoûment auquel Molière a eu recours pour justifier les intermèdes de son ouvrage. (B.) — Cette exposition fait connoître le héros de la pièce, mais elle n'instruit pas de l'action, qui ne se noue qu'au troisième acte. Molière semble avoir voulu racheter ce défaut par la gaieté des scènes et par l'originalité des personnages.

[2] Les actes de cette pièce sont séparés par des intermèdes à la manière des anciens; et comme les mêmes personnages se retrouvent toujours sur la scène, rien

LE MAÎTRE DE MUSIQUE.

Lorsque la danse sera mêlée avec la musique, cela fera plus d'effet encore; et vous verrez quelque chose de galant dans le petit ballet que nous avons ajusté pour vous.

MONSIEUR JOURDAIN.

C'est pour tantôt, au moins; et la personne pour qui j'ai fait faire tout cela me doit faire l'honneur de venir dîner céans.

LE MAÎTRE A DANSER.

Tout est prêt.

LE MAÎTRE DE MUSIQUE.

Au reste, monsieur, ce n'est pas assez; il faut qu'une personne comme vous, qui êtes magnifique, et qui avez de l'inclination pour les belles choses, ait un concert de musique chez soi tous les mercredis ou tous les jeudis.

MONSIEUR JOURDAIN.

Est-ce que les gens de qualité en ont[1]?

LE MAÎTRE DE MUSIQUE.

Oui, monsieur.

MONSIEUR JOURDAIN.

J'en aurai donc. Cela sera-t-il beau?

LE MAÎTRE DE MUSIQUE.

Sans doute. Il vous faudra trois voix, un dessus, une haute-contre, et une basse qui seront accompagnées d'une basse de viole, d'un téorbe, et d'un clavecin pour les basses continues, avec deux dessus de violon pour jouer les ritournelles.

MONSIEUR JOURDAIN.

Il y faudra mettre aussi une trompette marine[2]. La trom-

ne seroit plus facile que de réunir les cinq actes en un seul. *Le Bourgeois gentilhomme* est donc en effet une pièce en un acte divisée par des ballets. Aucun autre ouvrage de Molière ne présente une pareille singularité.

[1] Ce mot revient souvent dans la bouche de M. Jourdain. Ce qui est encore plus comique, c'est le contraste grossier et naturel de ce bourgeois gentilhomme avec le goût du bel usage qu'il veut emprunter de la noblesse. Tout est naturel dans ce rôle, et cependant tout y est neuf et singulier. (L. B.)

[2] Cet instrument est formé d'une seule corde fort grosse montée sur un chevalet, et qui rend un son assez semblable à celui de la trompette.

pette marine est un instrument qui me plaît, et qui est harmonieux.

LE MAÎTRE DE MUSIQUE.

Laissez-nous gouverner les choses.

MONSIEUR JOURDAIN.

Au moins, n'oubliez pas tantôt de m'envoyer des musiciens pour chanter à table.

LE MAÎTRE DE MUSIQUE.

Vous aurez tout ce qu'il vous faut.

MONSIEUR JOURDAIN.

Mais, surtout, que le ballet soit beau.

LE MAÎTRE DE MUSIQUE.

Vous en serez content; et, entres autres choses, de certains menuets que vous y verrez.

MONSIEUR JOURDAIN.

Ah! les menuets sont ma danse, et je veux que vous me les voyiez danser. Allons, mon maître.

LE MAÎTRE A DANSER.

Un chapeau, monsieur, s'il vous plaît. (*M. Jourdain va prendre le chapeau de son laquais, et le met par-dessus son bonnet de nuit. Son maître lui prend les mains, et le fait danser sur un air de menuet qu'il chante.*) La, la, la, la, la, la; la, la, la, la, la, la, la; la, la, la, la, la, la; la, la, la, la, la, la; la, la, la, la, la. En cadence, s'il vous plaît. La, la, la, la, la. La jambe droite, la, la, la. Ne remuez point tant les épaules. La, la, la, la, la, la, la, la, la, la. Vos deux bras sont estropiés. La, la, la, la, la. Haussez la tête. Tournez la pointe du pied en dehors. La, la, la. Dressez votre corps.

MONSIEUR JOURDAIN.

Hé!

LE MAÎTRE DE MUSIQUE.

Voilà qui est le mieux du monde.

MONSIEUR JOURDAIN.

A propos! apprenez-moi comme il faut faire une révérence pour saluer une marquise; j'en aurai besoin tantôt.

LE MAÎTRE A DANSER.

Une révérence pour saluer une marquise?

MONSIEUR JOURDAIN.

Oui. Une marquise qui s'appelle Dorimène.

LE MAÎTRE A DANSER.

Donnez-moi la main.

MONSIEUR JOURDAIN.

Non. Vous n'avez qu'à faire; je le retiendrai bien.

LE MAÎTRE A DANSER.

Si vous voulez la saluer avec beaucoup de respect, il faut faire d'abord une révérence en arrière, puis marcher vers elle avec trois révérences en avant, et à la dernière vous baisser jusqu'à ses genoux.

MONSIEUR JOURDAIN.

Faites un peu. (*après que le maître à danser a fait trois révérences.*) Bon.

SCÈNE II.

M. JOURDAIN, LE MAITRE DE MUSIQUE, LE MAITRE A DANSER, UN LAQUAIS.

LE LAQUAIS.

Monsieur, voilà votre maître d'armes qui est là.

MONSIEUR JOURDAIN.

Dis-lui qu'il entre ici pour me donner leçon. (*au maître de musique et au maître à danser.*) Je veux que vous me voyiez faire.

SCÈNE III.

M. JOURDAIN, UN MAITRE D'ARMES, LE MAITRE DE MUSIQUE, LE MAITRE A DANSER; UN LAQUAIS, *tenant deux fleurets.*

LE MAÎTRE D'ARMES, *après avoir pris les deux fleurets de la main du laquais, et en avoir présenté un à M. Jourdain.*

Allons, monsieur, la révérence. Votre corps droit. Un peu penché sur la cuisse gauche. Les jambes point tant écartées. Vos pieds sur une même ligne. Votre poignet à l'opposite de votre hanche. La pointe de votre épée vis-à-vis de votre épaule. Le bras pas tout-à-fait si étendu. La main gauche à la hauteur de l'œil. L'épaule gauche plus quartée. La tête droite. Le regard assuré. Avancez. Le corps ferme. Touchez-moi l'épée de quarte, et achevez de même. Une, deux. Remettez-vous. Redoublez de pied ferme. Un saut en arrière. Quand vous portez la botte, monsieur, il faut que l'épée parte la première, et que le corps soit bien effacé. Une, deux. Allons, touchez-moi l'épée de tierce, et achevez de même. Avancez. Le corps ferme. Avancez. Partez de là. Une, deux. Remettez-vous. Redoublez. Un saut en arrière. En garde, monsieur, en garde.

(Le maître d'armes lui pousse deux ou trois bottes, en lui disant, En garde.)

MONSIEUR JOURDAIN.

Hé!

LE MAÎTRE DE MUSIQUE.

Vous faites des merveilles.

LE MAÎTRE D'ARMES.

Je vous l'ai déja dit, tout le secret des armes ne consiste qu'en deux choses, à donner et à ne point recevoir; et, comme je vous fis voir l'autre jour par raison démonstrative, il est impossible que vous receviez si vous savez détourner l'épée de votre ennemi de la ligne de votre corps; ce qui ne dépend seulement que d'un petit mouvement du poignet, ou en-dedans, ou en-dehors.

MONSIEUR JOURDAIN.

De cette façon donc, un homme, sans avoir du cœur, est sûr de tuer son homme, et de n'être point tué *?

LE MAÎTRE D'ARMES.

Sans doute ; n'en vîtes-vous pas la démonstration ?

MONSIEUR JOURDAIN.

Oui.

LE MAÎTRE D'ARMES.

Et c'est en quoi l'on voit de quelle considération nous autres nous devons être dans un état ; et combien la science des armes l'emporte hautement sur toutes les autres sciences inutiles, comme la danse, la musique, la...

LE MAÎTRE A DANSER.

Tout beau, monsieur le tireur d'armes; ne parlez de la danse qu'avec respect.

LE MAÎTRE DE MUSIQUE.

Apprenez, je vous prie, à mieux traiter l'excellence de la musique.

LE MAÎTRE D'ARMES.

Vous êtes de plaisantes gens, de vouloir comparer vos sciences à la mienne!

LE MAÎTRE DE MUSIQUE.

Voyez un peu l'homme d'importance!

LE MAÎTRE A DANSER.

Voilà un plaisant animal, avec son plastron!

LE MAÎTRE D'ARMES.

Mon petit maître à danser, je vous ferois danser comme il faut. Et vous, mon petit musicien, je vous ferois chanter de la belle manière.

* C'est bien la réflexion d'un bourgeois ignorant et poltron, qui ne voit dans l'art de l'escrime qu'un secret de tuer son homme, sans avoir besoin de courage. Le charlatanisme du maître n'est pas moins comique que la couardise du bourgeois. Il répond à M. Jourdain : *Sans doute; n'en vîtes-vous pas la démonstration?* comme si la simple démonstration donnoit la faculté d'exécuter une chose qui dépend à la fois de la présence d'esprit, de la vivacité du coup d'œil, de la légèreté de la main, et de l'agilité unie à l'adresse! (G.)

LE MAÎTRE A DANSER

Monsieur le batteur de fer, je vous apprendrai votre métier.

MONSIEUR JOURDAIN, *au maître à danser.*

Êtes-vous fou de l'aller quereller, lui qui entend la tierce et la quarte, et qui sait tuer un homme par raison demonstrative?

LE MAÎTRE A DANSER

Je me moque de sa raison demonstrative, et de sa tierce et de sa quarte.

M. JOURDAIN, *au maître à danser.*

Tout doux, vous dis-je.

LE MAÎTRE D'ARMES, *au maître à danser.*

Comment! petit impertinent!

MONSIEUR JOURDAIN

Hé! mon maître d'armes!

LE MAÎTRE A DANSER, *au maître d'armes.*

Comment! grand cheval de carrosse!

MONSIEUR JOURDAIN.

Hé! mon maître à danser!

LE MAÎTRE D'ARMES.

Si je me jette sur vous...

MONSIEUR JOURDAIN, *au maître d'armes.*

Doucement.

LE MAÎTRE A DANSER.

Si je mets sur vous la main....

MONSIEUR JOURDAIN, *au maître d'armes.*

Tout beau!

LE MAÎTRE D'ARMES.

Je vous étrillerai d'un air.

MONSIEUR JOURDAIN, *au maître d'armes.*

De grace!

LE MAÎTRE A DANSER.

Je vous rosserai d'une manière...

MONSIEUR JOURDAIN, *au maître à danser.*

Je vous prie.

LE MAÎTRE DE MUSIQUE.

Laissez-nous un peu lui apprendre à parler.

MONSIEUR JOURDAIN, *au maître de musique.*

Mon Dieu ! arrêtez-vous !

SCÈNE IV.

UN MAITRE DE PHILOSOPHIE, MONSIEUR JOURDAIN, LE MAITRE DE MUSIQUE, LE MAITRE A DANSER, LE MAITRE D'ARMES, UN LAQUAIS.

MONSIEUR JOURDAIN.

Holà ! monsieur le philosophe, vous arrivez tout à propos avec votre philosophie. Venez un peu mettre la paix entre ces personnes-ci.

LE MAÎTRE DE PHILOSOPHIE.

Qu'est-ce donc? qu'y a-t-il, messieurs?

MONSIEUR JOURDAIN.

Ils se sont mis en colère pour la préférence de leurs professions, jusqu'à se dire des injures, et en vouloir venir aux mains.

LE MAÎTRE DE PHILOSOPHIE.

Hé quoi, messieurs! faut-il s'emporter de la sorte? et n'avez-vous point lu le docte traité que Sénèque a composé de la colère? Y a-t-il rien de plus bas et de plus honteux que cette passion, qui fait d'un homme une bête féroce? et la raison ne doit-elle pas être maîtresse de tous nos mouvements?

LE MAÎTRE A DANSER.

Comment, monsieur! il vient nous dire des injures à tous deux, en méprisant la danse que j'exerce, et la musique dont il fait profession !

LE MAÎTRE DE PHILOSOPHIE.

Un homme sage est au-dessus de toutes les injures qu'on lui peut dire; et la grande réponse qu'on doit faire aux outrages, c'est la modération et la patience.

LE MAÎTRE D'ARMES.

Ils ont tous deux l'audace de vouloir comparer leurs professions à la mienne !

LE MAÎTRE DE PHILOSOPHIE.

Faut-il que cela vous émeuve ! Ce n'est pas de vaine gloire et de condition que les hommes doivent disputer entre eux ; et ce qui nous distingue parfaitement les uns des autres, c'est la sagesse et la vertu.

LE MAÎTRE A DANSER.

Je lui soutiens que la danse est une science à laquelle on ne peut faire assez d'honneur.

LE MAÎTRE DE MUSIQUE.

Et moi, que la musique en est une que tous les siècles ont révérée.

LE MAÎTRE D'ARMES.

Et moi, je leur soutiens à tous deux que la science de tirer des armes est la plus belle et la plus nécessaire de toutes les sciences.

LE MAÎTRE DE PHILOSOPHIE.

Et que sera donc la philosophie ? Je vous trouve tous trois bien impertinents de parler devant moi avec cette arrogance, et de donner impudemment le nom de science à des choses que l'on ne doit pas même honorer du nom d'art, et qui ne peuvent être comprises que sous le nom de métier misérable de gladiateur, de chanteur, et de baladin !

LE MAÎTRE D'ARMES.

Allez, philosophe de chien.

LE MAÎTRE DE MUSIQUE.

Allez, bélître de pédant.

LE MAÎTRE A DANSER.

Allez, cuistre fieffé.

LE MAÎTRE DE PHILOSOPHIE.

Comment ! marauds que vous êtes...

(Le philosophe se jette sur eux, et tous trois le chargent de coups.

MONSIEUR JOURDAIN.

Monsieur le philosophe !

LE MAÎTRE DE PHILOSOPHIE.

Infames, coquins, insolents !

MONSIEUR JOURDAIN.

Monsieur le philosophe !

LE MAÎTRE D'ARMES.

La peste ! l'animal !

MONSIEUR JOURDAIN.

Messieurs !

LE MAÎTRE DE PHILOSOPHIE.

Impudents !

MONSIEUR JOURDAIN.

Monsieur le philosophe !

LE MAÎTRE A DANSER.

Diantre soit de l'âne bâté !

MONSIEUR JOURDAIN.

Messieurs !

LE MAÎTRE DE PHILOSOPHIE.

Scélérats !

MONSIEUR JOURDAIN.

Monsieur le philosophe !

LE MAÎTRE DE MUSIQUE.

Au diable l'impertinent !

MONSIEUR JOURDAIN.

Messieurs !

LE MAÎTRE DE PHILOSOPHIE.

Fripons, gueux, traîtres, imposteurs !

MONSIEUR JOURDAIN.

Monsieur le philosophe ! Messieurs ! Monsieur le philosophe ! Messieurs ! Monsieur le philosophe [1] !

(Ils sortent en se battant.)

[1] L'arrivée du philosophe est une source aussi vive qu'abondante de vrai comique. Point de moyens forcés, point d'inventions bizarres ; Molière trouve la gaieté et la nouveauté dans ce qu'il y a de plus commun au monde, dans ce que nous voyons

SCÈNE V.

MONSIEUR JOURDAIN, UN LAQUAIS.

MONSIEUR JOURDAIN.

Oh! battez-vous tant qu'il vous plaira : je n'y saurai que faire, et je n'irai pas gâter ma robe pour vous séparer. Je serois bien fou de m'aller fourrer parmi eux, pour recevoir quelque coup qui me feroit mal.

SCÈNE VI.

LE MAITRE DE PHILOSOPHIE, MONSIEUR JOURDAIN, UN LAQUAIS.

LE MAÎTRE DE PHILOSOPHIE, *raccommodant son collet.*

Venons à notre leçon.

MONSIEUR JOURDAIN.

Ah! monsieur, je suis fâché des coups qu'ils vous ont donnés.

LE MAÎTRE DE PHILOSOPHIE.

Cela n'est rien. Un philosophe sait recevoir comme il faut les choses; et je vais composer contre eux une satire du style de Juvénal, qui les déchirera de la belle façon. Laissons cela. Que voulez-vous apprendre?

MONSIEUR JOURDAIN.

Tout ce que je pourrai; car j'ai toutes les envies du monde d'être savant; et j'enrage que mon père et ma mère ne m'aient pas fait bien étudier dans toutes les sciences, quand j'étois jeune.

LE MAÎTRE DE PHILOSOPHIE.

Ce sentiment est raisonnable; *nam, sine doctrina, vita est*

tous les jours autour de nous; l'opposition entre les passions naturelles d'un homme et le caractère de son état. Remarquez encore que l'auteur a tiré tous les effets comiques de son premier et de son second acte des contrastes d'une seule passion, la vanité satisfaite et la vanité blessée.

quasi mortis imago. Vous entendez cela, et vous savez le latin, sans doute.

MONSIEUR JOURDAIN.

Oui; mais faites comme si je ne le savois pas. Expliquez-moi ce que cela veut dire.

LE MAÎTRE DE PHILOSOPHIE.

Cela veut dire que, *sans la science, la vie est presque une image de la mort*.

MONSIEUR JOURDAIN.

Ce latin-là a raison.

LE MAÎTRE DE PHILOSOPHIE.

N'avez-vous point quelques principes, quelques commencements des sciences?

MONSIEUR JOURDAIN.

Oh! oui, je sais lire et écrire.

LE MAÎTRE DE PHILOSOPHIE.

Par où vous plaît-il que nous commencions[1]? Voulez-vous que je vous apprenne la logique?

MONSIEUR JOURDAIN.

Qu'est-ce que c'est que cette logique?

LE MAÎTRE DE PHILOSOPHIE.

C'est elle qui enseigne les trois opérations de l'esprit.

MONSIEUR JOURDAIN.

Qui sont-elles, ces trois opérations de l'esprit?

LE MAÎTRE DE PHILOSOPHIE.

La première, la seconde, et la troisième. La première est de bien concevoir, par le moyen des universaux; la seconde, de bien juger, par le moyen des catégories; et la troisième, de bien tirer une conséquence, par le moyen des figures: *Barbara*, *Celarent*, *Darii*, *Ferio*, *Baralipton*[2], etc.

[1] Dans les *Nuées* d'Aristophane, Socrate fait la même question à Strepsiade: « Or çà, par où voulez-vous commencer? que voulez-vous apprendre? Parlez; « vous enseignerai-je à connoître les mesures ou règles des vers et de leur harmo- « nie? » (Acte II, scène I, vers 636 et suivants.)

[2] Ces mots, qui n'ont aucun sens, servoient à désigner dans les anciennes écoles

MONSIEUR JOURDAIN.

Voilà des mots qui sont trop rébarbatifs. Cette logique-là ne me revient point. Apprenons autre chose qui soit plus joli [1].

LE MAÎTRE DE PHILOSOPHIE.

Voulez-vous apprendre la morale?

MONSIEUR JOURDAIN.

La morale?

LE MAÎTRE DE PHILOSOPHIE.

Oui.

MONSIEUR JOURDAIN.

Qu'est-ce qu'elle dit, cette morale?

LE MAÎTRE DE PHILOSOPHIE.

Elle traite de la félicité, enseigne aux hommes à modérer leurs passions, et...

MONSIEUR JOURDAIN.

Non; laissons cela. Je suis bilieux comme tous les diables, et il n'y a morale qui tienne : je me veux mettre en colère tout mon soûl, quand il m'en prend envie.

LE MAÎTRE DE PHILOSOPHIE.

Est-ce la physique que vous voulez apprendre?

MONSIEUR JOURDAIN.

Qu'est-ce qu'elle chante, cette physique?

LE MAÎTRE DE PHILOSOPHIE.

La physique est celle qui explique les principes des choses naturelles, et les propriétés du corps; qui discourt de la nature des éléments, des métaux, des minéraux, des pierres, des plantes et des animaux, et nous enseigne les causes de tous les météores, l'arc-en-ciel, les feux volants, les comètes, les éclairs,

les différents modes de syllogismes réguliers. Molière se moque ici, pour la seconde fois, de ce jargon barbare, et le ridicule dont il le couvre contribua sans doute à le bannir de l'enseignement. (Voyez les notes du *Mariage forcé.*)

[1] Molière a pris dans Aristophane l'idée de l'enseignement philosophique de M. Jourdain. Le poëte grec peint Socrate à peu près comme le poëte françois peint son pédagogue. Mais Molière avoit cet avantage sur Aristophane, qu'il corrigeoit le goût de son siècle, tandis que le poëte grec corrompoit la morale du sien, avilissoit son art, et cherchoit à rendre la vertu ridicule.

le tonnerre, la foudre, la pluie, la neige, la grêle, les vents, et les tourbillons.

MONSIEUR JOURDAIN.

Il y a trop de tintamarre là-dedans, trop de brouillamini.

LE MAÎTRE DE PHILOSOPHIE.

Que voulez-vous donc que je vous apprenne?

MONSIEUR JOURDAIN.

Apprenez-moi l'orthographe[1].

LE MAÎTRE DE PHILOSOPHIE.

Très volontiers.

MONSIEUR JOURDAIN.

Après, vous m'apprendrez l'almanach, pour savoir quand il y a de la lune, et quand il n'y en a point.

LE MAÎTRE DE PHILOSOPHIE.

Soit. Pour bien suivre votre pensée, et traiter cette matière en philosophe, il faut commencer, selon l'ordre des choses, par une exacte connoissance de la nature des lettres, et la différente manière de les prononcer toutes. Et là-dessus j'ai à vous dire que les lettres sont divisées en voyelles, parcequ'elles expriment les voix; et en consonnes, ainsi appelées consonnes, parcequ'elles sonnent avec les voyelles, et ne font que marquer les diverses articulations des voix. Il y a cinq voyelles ou voix: A, E, I, O, U.

MONSIEUR JOURDAIN.

J'entends tout cela.

LE MAÎTRE DE PHILOSOPHIE.

La voix A se forme en ouvrant fort la bouche: A[2].

[1] Cette chute si comique est encore une imitation d'Aristophane. Dans la pièce grecque, Socrate, après beaucoup de questions semblables à celles du maître de philosophie, demande à Strepsiade ce qu'il veut apprendre: celui-ci, qui est poursuivi pour dettes, répond naïvement qu'il veut apprendre à ne rien rendre aux usuriers. Socrate termine la scène par donner une leçon de grammaire, qui n'est pas moins ridicule que celle du maître de philosophie. (*Nuées*, sc. IV, v. 453 et 736.)

[2] Dans le *Dépit amoureux* et dans le *Mariage forcé*, Molière s'étoit moqué des prétentions ridicules de l'Université, et du jargon barbare des écoles. Ici il se donne une mission moins grave, mais non moins utile, en cherchant à débarrasser la grammaire des formes pédantesques qui nuisoient à son enseignement.

MONSIEUR JOURDAIN.

A, A. Oui.

LE MAÎTRE DE PHILOSOPHIE.

La voix E se forme en rapprochant la mâchoire d'en bas de celle d'en haut : A, E.

MONSIEUR JOURDAIN.

A, E; A, E. Ma foi, oui. Ah! que cela est beau!

LE MAÎTRE DE PHILOSOPHIE.

Et la voix I, en rapprochant encore davantage les mâchoires l'une de l'autre, et écartant les deux coins de la bouche vers les oreilles : A, E, I.

MONSIEUR JOURDAIN.

A, E, I, I, I, I. Cela est vrai. Vive la science!

LE MAÎTRE DE PHILOSOPHIE.

La voix O se forme en rouvrant les mâchoires, et rapprochant les lèvres par les deux coins, le haut et le bas : O.

MONSIEUR JOURDAIN.

O, O. Il n'y a rien de plus juste : A, E, I, O, I, O. Cela est admirable! I, O; I, O.

LE MAÎTRE DE PHILOSOPHIE.

L'ouverture de la bouche fait justement comme un petit rond qui représente un O.

MONSIEUR JOURDAIN.

O, O, O. Vous avez raison. O. Ah! la belle chose que de savoir quelque chose[1]!

Pour atteindre ce but, il lui suffit de mettre en action les leçons mêmes d'un des plus célèbres docteurs de son temps. En un mot, toutes les explications du maître de philosophie se trouvent dans un ouvrage de Cordemoy, de l'Académie françoise, intitulé *Discours physique de la parole*, et publié deux ans avant la représentation du *Bourgeois gentilhomme*. Le passage du livre de Cordemoy peut offrir un objet curieux de comparaison avec la scène de Molière. Il est impossible, en faisant cette comparaison, de ne pas s'étonner de la singulière originalité de ce génie qui, dans les pages lourdes et fastidieuses d'un traité scolastique, sut découvrir les éléments d'une des scènes les plus plaisantes de notre théâtre.

[1] « La sotte chose qu'un vieillard abecedaire! dit Montaigne; on peut continuer en tout temps l'estude, non pas l'escholage. » Cette distinction ingénieuse et profonde renferme tout le secret du comique de cette scène.

LE MAÎTRE DE PHILOSOPHIE.

La voix U se forme en rapprochant les dents sans les joindre entièrement, et allongeant les deux lèvres en dehors, les approchant aussi l'une de l'autre, sans les joindre tout-à-fait : U.

MONSIEUR JOURDAIN.

U, U. Il n'y a rien de plus véritable : U.

LE MAÎTRE DE PHILOSOPHIE.

Vos deux lèvres s'allongent comme si vous faisiez la moue : d'où vient que si vous la voulez faire à quelqu'un et vous moquer de lui, vous ne sauriez lui dire que U [1].

MONSIEUR JOURDAIN.

U, U. Cela est vrai. Ah! que n'ai-je étudié plus tôt, pour savoir tout cela!

LE MAÎTRE DE PHILOSOPHIE.

Demain, nous verrons les autres lettres, qui sont les consonnes.

MONSIEUR JOURDAIN.

Est-ce qu'il y a des choses aussi curieuses qu'à celles-ci?

LE MAÎTRE DE PHILOSOPHIE.

Sans doute. La consonne D, par exemple, se prononce en donnant du bout de la langue au-dessus des dents d'en haut : DA.

MONSIEUR JOURDAIN.

DA, DA. Oui! Ah! les belles choses! les belles choses!

LE MAÎTRE DE PHILOSOPHIE.

L'F, en appuyant les dents d'en haut sur la lèvre de dessous : FA.

[1] Le célèbre poëte Alfieri a laissé éclater de la manière la plus comique son indignation contre cette voyelle : « L'*u* françois, dit-il dans ses *Mémoires*, m'a tou« jours déplu par sa maigre articulation, et par la petite bouche que font les lèvres « de celui qui le prononce : on diroit la grimace ridicule des singes. A présent « même, ajoute-t-il ; depuis cinq ou six ans que je suis en France, quoique j'aie les « oreilles pleines de cet *u*, je ne puis m'empêcher d'en rire toutes les fois que j'y « prends garde au théâtre, et surtout dans les salons [*]. » On voit que, si Molière avoit vécu de nos jours, il eût trouvé un excellent trait de plus dans cette singulière délicatesse du poëte Alfieri.

[*] Mémoires d'Alfieri, tome I, page 124.

MONSIEUR JOURDAIN.

FA, FA. C'est la vérité. Ah! mon père et ma mère, que je vous veux de mal!

LE MAÎTRE DE PHILOSOPHIE.

Et l'R, en portant le bout de la langue jusqu'au haut du palais; de sorte qu'étant frôlée par l'air qui sort avec force, elle lui cède, et revient toujours au même endroit, faisant une manière de tremblement : R, RA [1].

[1] Voici quelques passages du livre de Cordemoy, où on reconnoîtra facilement les emprunts de Molière :

« Si, par exemple, on ouvre la bouche autant qu'on la peut ouvrir en criant, on « ne sauroit former qu'une voix en A.

« Que si l'on ouvre un peu moins la bouche, *en avançant la mâchoire d'en bas « vers celle d'en haut*, on formera une autre voix terminée en E.

« Et si *l'on approche encore un peu davantage les mâchoires l'une de l'autre*, « sans toutefois que les dents se touchent, on formera une troisième voix en I.

« Mais, si au contraire on vient à ouvrir les mâchoires, et à *rapprocher en « même temps les lèvres par les deux coins, le haut et le bas*, sans néanmoins « les fermer tout-à-fait, on formera une voix en O.

« Enfin, si l'on *rapproche les dents sans les joindre entièrement*, et si, en « même instant, *on allonge les deux lèvres, sans les joindre tout-à-fait*, on « formera une voix en U.

« Le D se prononce en approchant *le bout de la langue au-dessus des dents « d'en haut*.

« La lettre F se prononce quand on joint la lèvre de dessous aux dents de « dessus.

« *Et la lettre R en portant le bout de la langue jusqu'au haut du palais, de « manière qu'étant frôlée par l'air qui sort avec force, elle lui cède, et revient « souvent au même endroit.* » (A) — Tout ce fatras n'avoit rien de nouveau, et les spectateurs y reconnoissoient les études de leur jeunesse ; car il faut bien le remarquer, la critique de Molière ne porte pas seulement sur le livre de Cordemoy, mais sur l'enseignement général des écoles, qui perpétuoit l'étude puérile de ce premier bégaiement de la science. En un mot, les divers passages du livre de Cordemoy sont traduits littéralement d'un traité célèbre du quinzième siècle, dont voici le titre : *Galeoti Martii Narniensis de homine libri duo, cum annotationibus Georgii Merulæ*. (Cap. *de Literis*, p. 57.) Molière paroît même avoir emprunté à Galeotus plusieurs traits qui ne se trouvent pas dans Cordemoy ; tel est celui-ci : *O rotundiore spiritu comparatur, forma per se patet, nec declaratione indiget. Circulus enim est forma capacissima : unde ore rotundo loqui dicuntur hi qui multa paucis exprimunt* [*]. « Le son de l'*o* est produit par un mouvement arrondi de la bouche : on le lit sur les lèvres, qui le prononcent. Le cercle est de toutes les figures celle qui renferme le plus d'espace : et c'est pour cela qu'on

[*] Galeot., cap. *de Literis*, p. 60.

MONSIEUR JOURDAIN.

R, R, RA; R, R, R, R, R, RA. Cela est vrai. Ah! l'habile homme que vous êtes, et que j'ai perdu de temps! R, R, R, RA.

LE MAÎTRE DE PHILOSOPHIE.

Je vous expliquerai à fond toutes ces curiosités.

MONSIEUR JOURDAIN.

Je vous en prie. Au reste, il faut que je vous fasse une confidence. Je suis amoureux d'une personne de grande qualité, et je souhaiterois que vous m'aidassiez à lui écrire quelque chose dans un petit billet que je veux laisser tomber à ses pieds.

LE MAÎTRE DE PHILOSOPHIE.

Fort bien!

MONSIEUR JOURDAIN.

Cela sera galant, oui.

LE MAÎTRE DE PHILOSOPHIE.

Sans doute. Sont-ce des vers que vous lui voulez écrire?

MONSIEUR JOURDAIN.

Non, non; point de vers.

LE MAÎTRE DE PHILOSOPHIE.

Vous ne voulez que de la prose?

MONSIEUR JOURDAIN.

Non, je ne veux ni prose ni vers.

LE MAÎTRE DE PHILOSOPHIE.

Il faut bien que ce soit l'un ou l'autre.

MONSIEUR JOURDAIN.

Pourquoi?

LE MAÎTRE DE PHILOSOPHIE.

Par la raison, monsieur, qu'il n'y a, pour s'exprimer, que la prose ou les vers.

a dit de ceux qui expriment beaucoup de choses en peu de mots, qu'ils parlent avec une bouche arrondie. » Telles étoient les niaiseries que la routine perpétuoit dans nos écoles, et dont la scène de Molière fit enfin justice. Galeotus professoit à Bologne; Louis XI le fit venir en France, où il mourut en 1478. (Voyez Vossius, *de Histor. Lat.*, p. 592.) Quant à l'ouvrage de Cordemoy, il étoit dédié à Louis XIV; circonstance qui dut contribuer aux plaisirs de la cour et du roi à qui sans doute on ne laissa pas ignorer la source où Molière avoit puisé. (Voyez cet ouvrage, page 70.)

MONSIEUR JOURDAIN.

Il n'y a que la prose ou les vers?

LE MAÎTRE DE PHILOSOPHIE.

Non, monsieur. Tout ce qui n'est point prose est vers, et tout ce qui n'est point vers est prose.

MONSIEUR JOURDAIN.

Et comme l'on parle, qu'est-ce que c'est donc que cela?

LE MAÎTRE DE PHILOSOPHIE.

De la prose.

MONSIEUR JOURDAIN.

Quoi! quand je dis : Nicole, apportez-moi mes pantoufles, et me donnez mon bonnet de nuit, c'est de la prose?

LE MAÎTRE DE PHILOSOPHIE.

Oui, monsieur.

MONSIEUR JOURDAIN.

Par ma foi, il y a plus de quarante ans que je dis de la prose, sans que j'en susse rien[1]; et je vous suis le plus obligé du monde de m'avoir appris cela. Je voudrois donc lui mettre dans un billet : *Belle marquise, vos beaux yeux me font mourir d'amour;* mais je voudrois que cela fût mis d'une manière galante, que cela fût tourné gentiment.

LE MAÎTRE DE PHILOSOPHIE.

Mettre que les feux de ses yeux réduisent votre cœur en cendres; que vous souffrez nuit et jour pour elle les violences d'un...

MONSIEUR JOURDAIN.

Non, non, non, je ne veux point tout cela. Je ne veux que ce que je vous ai dit : *Belle marquise, vos beaux yeux me font mourir d'amour.*

LE MAÎTRE DE PHILOSOPHIE.

Il faut bien étendre un peu la chose.

[1] Molière avoit sans doute recueilli cette naïveté de la bouche d'un des plus grands seigneurs de la cour. Voyez ce que dit madame de Sévigné, dans une lettre du 12 juin 1681 : « Comment, ma fille, j'ai donc fait un sermon sans y penser! j'en « suis aussi étonnée que le comte de Soissons, quand on lui découvrit qu'il faisoit « de la prose. » (B.)

MONSIEUR JOURDAIN

Non, vous dis-je. Je ne veux que ces seules paroles-là dans le billet, mais tournées à la mode, bien arrangées comme il faut. Je vous prie de me dire un peu, pour voir, les diverses manières dont on les peut mettre.

LE MAÎTRE DE PHILOSOPHIE.

On les peut mettre premièrement comme vous avez dit : *Belle marquise, vos beaux yeux me font mourir d'amour.* Ou bien : *D'amour mourir me font, belle marquise, vos beaux yeux.* Ou bien : *Vos yeux beaux d'amour me font, belle marquise, mourir.* Ou bien : *Mourir vos beaux yeux, belle marquise, d'amour me font.* Ou bien : *Me font vos yeux beaux mourir, belle marquise, d'amour.*

MONSIEUR JOURDAIN.

Mais de toutes ces façons là, laquelle est la meilleure?

LE MAÎTRE DE PHILOSOPHIE.

Celle que vous avez dite : *Belle marquise, vos beaux yeux me font mourir d'amour* [1].

MONSIEUR JOURDAIN.

Cependant je n'ai point étudié, et j'ai fait cela tout du premier coup. Je vous remercie de tout mon cœur, et je vous prie de venir demain de bonne heure.

LE MAÎTRE DE PHILOSOPHIE.

Je n'y manquerai pas.

[1] N'est-ce pas là un trait excellent, qui fait sentir combien le naturel et la simplicité sont préférables à des termes recherchés qui gâtent une pensée, au lieu de l'embellir? Les ignorants et les sots méprisent cette simplicité et ce naturel comme trop faciles, et se tourmentent pour faire du galimatias. Si je voulois relever tout ce qu'il y a de vrai, de plaisant et d'instructif dans le dialogue du *Bourgeois gentilhomme*, je ferois un ouvrage plus long que la comédie de Molière. (G.)

SCÈNE VII.

MONSIEUR JOURDAIN, UN LAQUAIS.

MONSIEUR JOURDAIN, *à son laquais.*

Comment ! mon habit n'est point encore arrivé ?

LE LAQUAIS.

Non, monsieur.

MONSIEUR JOURDAIN.

Ce maudit tailleur me fait bien attendre pour un jour où j'ai tant d'affaires. J'enrage. Que la fièvre quartaine puisse serrer bien fort le bourreau de tailleur ! au diable le tailleur ! la peste étouffe le tailleur ! Si je le tenois maintenant, ce tailleur détestable, ce chien de tailleur-là, ce traître de tailleur, je...

SCÈNE VIII.

MONSIEUR JOURDAIN, UN MAITRE TAILLEUR ; UN GARÇON TAILLEUR *portant l'habit de M. Jourdain;* UN LAQUAIS.

MONSIEUR JOURDAIN.

Ah ! vous voilà ! je m'allois m'être en colère contre vous[1].

LE MAÎTRE TAILLEUR.

Je n'ai pas pu venir plus tôt, et j'ai mis vingt garçons après votre habit.

MONSIEUR JOURDAIN.

Vous m'avez envoyé des bas de soie si étroits que j'ai eu toutes les peines du monde à les mettre, et il y a déja deux mailles de rompues.

LE MAÎTRE TAILLEUR.

Ils ne s'élargiront que trop.

[1] Après la colère furibonde de M. Jourdain, rien n'est plus comique que cette apostrophe doucereuse ; M. Jourdain est impatient comme un parvenu, et timide comme un bourgeois qui ne sait pas encore se faire servir. Il n'y a point de traits d'esprit qui vaillent ces petites passions maniées avec une telle délicatesse.

MONSIEUR JOURDAIN.

Oui, si je romps toujours des mailles. Vous m'avez aussi fait faire des souliers qui me blessent furieusement.

LE MAÎTRE TAILLEUR.

Point du tout, monsieur.

MONSIEUR JOURDAIN.

Comment! point du tout?

LE MAÎTRE TAILLEUR.

Non, ils ne vous blessent point.

MONSIEUR JOURDAIN.

Je vous dis qu'ils me blessent, moi.

LE MAÎTRE TAILLEUR.

Vous vous imaginez cela.

MONSIEUR JOURDAIN.

Je me l'imagine parceque je le sens. Voyez la belle raison!

LE MAÎTRE TAILLEUR.

Tenez, voilà le plus bel habit de la cour, et le mieux assorti. C'est un chef-d'œuvre que d'avoir inventé un habit sérieux qui ne fût pas noir; et je le donne en six coups aux tailleurs les plus éclairés.

MONSIEUR JOURDAIN.

Qu'est-ce que c'est que ceci? vous avez mis les fleurs en en bas.

LE MAÎTRE TAILLEUR.

Vous ne m'avez pas dit que vous les vouliez en en haut.

MONSIEUR JOURDAIN.

Est-ce qu'il faut dire cela?

LE MAÎTRE TAILLEUR.

Oui, vraiment. Toutes les personnes de qualité les portent de la sorte.

MONSIEUR JOURDAIN.

Les personnes de qualité portent les fleurs en en bas?

LE MAÎTRE TAILLEUR.

Oui, monsieur.

MONSIEUR JOURDAIN.

Oh ! voilà qui est donc bien.

LE MAÎTRE TAILLEUR.

Si vous voulez, je les mettrai en en haut.

MONSIEUR JOURDAIN.

Non, non.

LE MAÎTRE TAILLEUR.

Vous n'avez qu'à dire.

MONSIEUR JOURDAIN.

Non, vous dis-je; vous avez bien fait. Croyez-vous que l'habit m'aille bien?

LE MAÎTRE TAILLEUR.

Belle demande! Je défie un peintre, avec son pinceau, de vous faire rien de plus juste. J'ai chez moi un garçon qui, pour monter une ringrave, est le plus grand génie du monde; et un autre qui, pour assembler un pourpoint, est le héros de notre temps.

MONSIEUR JOURDAIN.

La perruque et les plumes sont-elles comme il faut?

LE MAÎTRE TAILLEUR.

Tout est bien.

MONSIEUR JOURDAIN, *regardant le maître tailleur.*

Ah! ah! monsieur le tailleur, voilà de mon étoffe du dernier habit que vous m'avez fait. Je la reconnois bien.

LE MAÎTRE TAILLEUR.

C'est que l'étoffe me sembla si belle, que j'en ai voulu lever un habit pour moi.

MONSIEUR JOURDAIN.

Oui : mais il ne falloit pas le lever avec le mien.

LE MAÎTRE TAILLEUR.

Voulez-vous mettre votre habit?

MONSIEUR JOURDAIN.

Oui : donnez-le-moi.

LE MAÎTRE TAILLEUR.

Attendez. Cela ne va pas comme cela. J'ai amené des gens

pour vous habiller en cadence, et ces sortes d'habits se mettent avec cérémonie. Holà! entrez, vous autres.

SCÈNE IX.

MONSIEUR JOURDAIN, LE MAITRE TAILLEUR, LE GARÇON TAILLEUR, GARÇONS TAILLEURS DANSANTS, UN LAQUAIS.

LE MAÎTRE TAILLEUR, *à ses garçons.*

Mettez cet habit à monsieur, de la manière que vous faites aux personnes de qualité.

PREMIÈRE ENTRÉE DE BALLET.

Les quatre garçons tailleurs dansants s'approchent de M. Jourdain. Deux lui arrachent le haut-de-chausses de ses exercices; les deux autres lui ôtent la camisole; après quoi, toujours en cadence, ils lui mettent son habit neuf. M. Jourdain se promène au milieu d'eux, et leur montre son habit pour voir s'il est bien.

GARÇON TAILLEUR.

Mon gentilhomme, donnez, s'il vous plaît, aux garçons quelque chose pour boire.

MONSIEUR JOURDAIN.

Comment m'appelez-vous?

GARÇON TAILLEUR.

Mon gentilhomme.

MONSIEUR JOURDAIN.

Mon gentilhomme! Voilà ce que c'est que de se mettre en personne de qualité! Allez-vous-en demeurer toujours habillé en bourgeois, on ne vous dira point: Mon gentilhomme. (*donnant de l'argent.*) Tenez, voilà pour Mon gentilhomme.

GARÇON TAILLEUR.

Monseigneur, nous vous sommes bien obligés.

MONSIEUR JOURDAIN.

Monseigneur! Oh! oh! oh! Monseigneur! Attendez, mon ami; Monseigneur mérite quelque chose, et ce n'est pas une petite parole que Monseigneur ! Tenez, voilà ce que Monseigneur vous donne[1].

GARÇON TAILLEUR.

Monseigneur, nous allons boire tous à la santé de votre grandeur.

MONSIEUR JOURDAIN.

Votre grandeur! Oh! oh ! oh ! Attendez; ne vous en allez pas. A moi, Votre grandeur! (*bas, à part.*) Ma foi, s'il va jusqu'à l'altesse, il aura toute la bourse. (*haut.*) Tenez, voilà pour ma grandeur.

GARÇON TAILLEUR.

Monseigneur, nous la remercions très humblement de ses libéralités.

MONSIEUR JOURDAIN.

Il a bien fait, je lui allois tout donner.

DEUXIÈME ENTRÉE DE BALLET.

Les quatre garçons tailleurs se réjouissent, en dansant, de la libéralité de M. Jourdain.

[1] M. Jourdain paie les titres qu'on lui donne, et c'est ce qu'on voit tous les jours ; mais il avoue qu'il les paie, et c'est en quoi il renchérit sur ses modèles. L'art de Molière est de tirer d'un sot l'aveu de ce ridicule, afin de le faire remarquer dans ceux qui ont l'esprit de le dissimuler. (M.)

[2] Le premier et le second acte sont parfaitement remplis, et cependant ils ne représentent que la matinée d'un homme occupé à recevoir des maîtres et des ouvriers. On s'étonne que Molière ait trouvé une source inépuisable de comique, et tant de variété, dans les scènes les plus simples de la vie commune. Ce talent est celui des grands génies ; ils font beaucoup avec rien.

ACTE TROISIÈME.

SCÈNE I.

MONSIEUR JOURDAIN, DEUX LAQUAIS.

MONSIEUR JOURDAIN.

Suivez-moi, que j'aille un peu montrer mon habit par la ville; et surtout ayez soin tous deux de marcher immédiatement sur mes pas, afin qu'on voie bien que vous êtes à moi.

LAQUAIS.

Oui, monsieur.

MONSIEUR JOURDAIN.

Appelez-moi Nicole, que je lui donne quelques ordres. Ne bougez : la voilà.

SCÈNE II.

MONSIEUR JOURDAIN, NICOLE, DEUX LAQUAIS.

MONSIEUR JOURDAIN.

Nicole!

NICOLE.

Plait-il?

MONSIEUR JOURDAIN.

Écoutez.

NICOLE, *riant.*

Hi, hi, hi, hi, hi [1].

[1] L'actrice chargée d'abord de ce rôle se nommoit Beauval; elle avoit un tic qui nuisoit à la vérité de son jeu, elle rioit toujours. Le roi, frappé de ce défaut, re-

MONSIEUR JOURDAIN.

Qu'as-tu à rire?

NICOLE.

Hi, hi, hi, hi, hi, hi.

MONSIEUR JOURDAIN.

Que veut dire cette coquine-là?

NICOLE.

Hi, hi, hi. Comme vous voilà bâti! Hi, hi, hi.

MONSIEUR JOURDAIN.

Comment donc?

NICOLE.

Ah! ah! mon Dieu! Hi, hi, hi, hi, hi.

MONSIEUR JOURDAIN.

Quelle friponne est-ce là! Te moques-tu de moi?

NICOLE.

Nenni, monsieur; j'en serois bien fâchée. Hi, hi, hi, hi, hi, hi.

MONSIEUR JOURDAIN.

Je te baillerai sur le nez, si tu ris davantage.

NICOLE.

Monsieur, je ne puis pas m'en empêcher. Hi, hi, hi, hi, hi, hi.

MONSIEUR JOURDAIN.

Tu ne t'arrêteras pas?

NICOLE.

Monsieur, je vous demande pardon; mais vous êtes si plaisant, que je ne saurois me tenir de rire. Hi, hi, hi.

fusa d'abord d'admettre cette actrice dans la troupe de ses comédiens; mais Molière, qui desiroit la conserver, composa pour elle le rôle de Nicole, où son tic se trouvoit mis en scène d'une manière si heureuse, qu'on pouvoit le prendre pour une marque de talent. Le triomphe de mademoiselle Beauval fut complet; car après la pièce le roi dit à Molière: *Je reçois votre actrice.* C'est ainsi que Molière donnoit de la vérité à ses personnages, en faisant entrer dans leur rôle les qualités ou même les défauts de ses acteurs. Au reste, ce jeu de théâtre est fort comique, et il produit plus d'effet que n'en pourroit produire le dialogue le plus spirituel et le plus plaisant. (Voyez, sur mademoiselle Beauval, l'*Histoire de la troupe de Molière*, tome I, p. cxxxij.)

MONSIEUR JOURDAIN.

Mais voyez quelle insolence!

NICOLE.

Vous êtes tout-à-fait drôle comme cela. Hi, hi.

MONSIEUR JOURDAIN.

Je te...

NICOLE.

Je vous prie de m'excuser. Hi, hi, hi, hi.

MONSIEUR JOURDAIN.

Tiens, si tu ris encore le moins du monde, je te jure que je t'appliquerai sur la joue le plus grand soufflet qui se soit jamais donné.

NICOLE.

Hé bien! monsieur, voilà qui est fait : je ne rirai plus.

MONSIEUR JOURDAIN.

Prends-y bien garde. Il faut que, pour tantôt, tu nettoies...

NICOLE.

Hi, hi.

MONSIEUR JOURDAIN.

Que tu nettoies comme il faut...

NICOLE.

Hi, hi.

MONSIEUR JOURDAIN.

Il faut, dis-je, que tu nettoies la salle, et...

NICOLE.

Hi, hi.

MONSIEUR JOURDAIN.

Encore?

NICOLE, *tombant à force de rire.*

Tenez, monsieur, battez-moi plutôt, et me laissez rire tout mon soûl; cela me fera plus de bien. Hi, hi, hi, hi, hi.

MONSIEUR JOURDAIN.

J'enrage!

NICOLE.

De grace, monsieur, je vous prie de me laisser rire. Hi, hi, hi.

MONSIEUR JOURDAIN.

Si je te prends...

NICOLE.

Monsieur, eur, je crèverai, ai, si je ne ris. Hi, hi, hi.

MONSIEUR JOURDAIN.

Mais a-t-on jamais vu une pendarde comme celle-là, qui me vient rire insolemment au nez, au lieu de recevoir mes ordres?

NICOLE.

Que voulez-vous que je fasse, monsieur?

MONSIEUR JOURDAIN.

Que tu songes, coquine, à préparer ma maison pour la compagnie qui doit venir tantôt.

NICOLE, *se relevant.*

Ah! par ma foi, je n'ai plus envie de rire; et toutes vos compagnies font tant de désordres céans, que ce mot est assez pour me mettre en mauvaise humeur.

MONSIEUR JOURDAIN.

Ne dois-je point pour toi fermer ma porte à tout le monde?

NICOLE.

Vous devriez au moins la fermer à certaines gens.

SCÈNE III.

MADAME JOURDAIN, MONSIEUR JOURDAIN, NICOLE, DEUX LAQUAIS.

MADAME JOURDAIN.

Ah! ah! voici une nouvelle histoire! Qu'est-ce que c'est donc, mon mari, que cet équipage-là? Vous moquez-vous du monde, de vous être fait enharnacher de la sorte? et avez-vous envie qu'on se raille partout de vous?

MONSIEUR JOURDAIN.

Il n'y a que des sots et des sottes, ma femme, qui se railleront de moi.

MADAME JOURDAIN.

Vraiment, on n'a pas attendu jusqu'à cette heure; et il y a

long temps que vos façons de faire donnent à rire à tout le monde.

MONSIEUR JOURDAIN.

Qui est donc tout ce monde-là, s'il vous plait?

MADAME JOURDAIN.

Tout ce monde-là est un monde qui a raison, et qui est plus sage que vous. Pour moi, je suis scandalisée de la vie que vous menez. Je ne sais plus ce que c'est que notre maison. On diroit qu'il est céans carême-prenant tous les jours; et dès le matin, de peur d'y manquer, on y entend des vacarmes de violons et de chanteurs dont tout le voisinage se trouve incommodé.

NICOLE.

Madame parle bien. Je ne saurois plus voir mon ménage propre avec cet attirail de gens que vous faites venir chez vous. Ils ont des pieds qui vont chercher de la boue dans tous les quartiers de la ville, pour l'apporter ici; et la pauvre Françoise est presque sur les dents, à frotter les planchers que vos biaux maitres viennent crotter régulièrement tous les jours.

MONSIEUR JOURDAIN.

Ouais! notre servante Nicole, vous avez le caquet bien affilé pour une paysanne!

MADAME JOURDAIN.

Nicole a raison; et son sens est meilleur que le vôtre[1]. Je voudrois bien savoir ce que vous pensez faire d'un maître à danser, à l'âge que vous avez.

NICOLE.

Et d'un grand maître tireur d'armes, qui vient, avec ses battements de pieds, ébranler toute la maison, et nous déraciner tous les carriaux de notre salle.

MONSIEUR JOURDAIN.

Taisez-vous, ma servante et ma femme.

[1] De même que Martine, des *Femmes savantes*, soutient Chrysale contre sa femme et est soutenue par lui à son tour, Nicole, qui est son véritable pendant, prend contre M. Jourdain la défense de sa femme, par qui elle est défendue elle-même. C'est la ligue de la foiblesse contre la force, et plus encore celle de la raison contre la folie. A.

MADAME JOURDAIN.

Est-ce que vous voulez apprendre à danser pour quand vous n'aurez plus de jambes ?

NICOLE.

Est-ce que vous avez envie de tuer quelqu'un ?

MONSIEUR JOURDAIN.

Taisez-vous, vous dis-je : vous êtes des ignorantes l'une et l'autre ; et vous ne savez pas les prérogatives de tout cela.

MADAME JOURDAIN.

Vous devriez bien plutôt songer à marier votre fille, qui est en âge d'être pourvue [1].

MONSIEUR JOURDAIN.

Je songerai à marier ma fille quand il se présentera un parti pour elle ; mais je veux songer aussi à apprendre les belles choses.

NICOLE.

J'ai encore ouï dire, madame, qu'il a pris aujourd'hui, pour renfort de potage, un maître de philosophie.

MONSIEUR JOURDAIN.

Fort bien. Je veux avoir de l'esprit, et savoir raisonner des choses parmi les honnêtes gens.

MADAME JOURDAIN.

N'irez-vous point, l'un de ces jours, au collége vous faire donner le fouet, à votre âge ?

MONSIEUR JOURDAIN.

Pourquoi non ? Plût à Dieu l'avoir tout-à-l'heure, le fouet, devant tout le monde, et savoir ce qu'on apprend au collége !

NICOLE.

Oui, ma foi, cela vous rendroit la jambe bien mieux faite.

MONSIEUR JOURDAIN.

Sans doute.

[1] Ce contraste entre les prétentions du *Bourgeois gentilhomme* et ses manières communes, entre son extravagance et le bon sens de sa femme et de sa servante, est un des tableaux les plus vrais qu'ait tracés la plume de Molière. Les scènes qui se passent chaque jour sous nos yeux attestent assez l'excellence et la fidélité de la peinture.

MADAME JOURDAIN.

Tout cela est fort nécessaire pour conduire votre maison [1] !

MONSIEUR JOURDAIN.

Assurément. Vous parlez toutes deux comme des bêtes, et j'ai honte de votre ignorance. (*à madame Jourdain.*) Par exemple, savez-vous, vous, ce que c'est que vous dites à cette heure?

MADAME JOURDAIN.

Oui. Je sais que ce que je dis est fort bien dit, et que vous devriez songer à vivre d'autre sorte.

MONSIEUR JOURDAIN.

Je ne parle pas de cela. Je vous demande ce que c'est que les paroles que vous dites ici.

MADAME JOURDAIN.

Ce sont des paroles bien sensées, et votre conduite ne l'est guère.

MONSIEUR JOURDAIN.

Je ne parle pas de cela, vous dis-je. Je vous demande, ce que je parle avec vous, ce que je dis à cette heure, qu'est-ce que c'est?

MADAME JOURDAIN.

Des chansons.

MONSIEUR JOURDAIN.

Hé! non, ce n'est pas cela. Ce que nous disons tous deux, le langage que nous parlons à cette heure?

MADAME JOURDAIN.

Hé bien?

MONSIEUR JOURDAIN.

Comment est-ce que cela s'appelle?

[1] Cette scène est un tableau naïf des diverses opinions du peuple sur la science. Elle paroît à l'un le meilleur moyen de briller dans le monde, à l'autre le meilleur moyen d'être dupe et ridicule. Si elle flatte la vanité du Bourgeois gentilhomme, si elle désole madame Jourdain, qui voit bien qu'on se moque de son mari, elle ne se présente à l'imagination de la pauvre Nicole que comme une chose qui fait du bruit et de la poussière. Chacun a son point de vue particulier, d'accord avec son petit intérêt et l'étendue de son esprit. Mais le trait le plus frappant de ce tableau, c'est que dans ces trois personnages il n'en est pas un seul qui soupçonne même les plaisirs de l'intelligence.

MADAME JOURDAIN.

Cela s'appelle comme on veut l'appeler.

MONSIEUR JOURDAIN.

C'est de la prose, ignorante.

MADAME JOURDAIN.

De la prose?

MONSIEUR JOURDAIN.

Oui, de la prose. Tout ce qui est prose n'est point vers; et tout ce qui n'est point vers est prose. Hé! voilà ce que c'est que d'étudier. (*à Nicole.*) Et toi, sais-tu bien comme il faut faire pour dire un U?

NICOLE.

Comment?

MONSIEUR JOURDAIN.

Oui. Qu'est-ce que tu fais quand tu dis U?

NICOLE.

Quoi?

MONSIEUR JOURDAIN.

Dis un peu U, pour voir.

NICOLE.

Hé bien! U.

MONSIEUR JOURDAIN.

Qu'est-ce que tu fais?

NICOLE.

Je dis U.

MONSIEUR JOURDAIN.

Oui : mais quand tu dis U, qu'est-ce que tu fais?

NICOLE.

Je fais ce que vous me dites.

MONSIEUR JOURDAIN.

Oh! l'étrange chose, que d'avoir affaire à des bêtes! Tu allonges les lèvres en dehors, et approches la mâchoire d'en haut de celle d'en bas; U, vois-tu? Je fais la moue : U.

NICOLE.

Oui, cela est biau.

MADAME JOURDAIN.

Voilà qui est admirable!

MONSIEUR JOURDAIN.

C'est bien autre chose, si vous aviez vu O, et DA, DA, et FA, FA!

MADAME JOURDAIN.

Qu'est-ce que c'est que tout ce galimatias-là?

NICOLE.

De quoi est-ce que tout cela guérit?

MONSIEUR JOURDAIN.

J'enrage quand je vois des femmes ignorantes [1].

MADAME JOURDAIN.

Allez, vous devriez envoyer promener tous ces gens-là, avec leurs fariboles.

NICOLE.

Et surtout ce grand escogriffe de maître d'armes, qui remplit de poudre tout mon ménage.

MONSIEUR JOURDAIN.

Ouais! ce maître d'armes vous tient au cœur! Je te veux faire voir ton impertinence tout-à-l'heure. (*après avoir fait apporter des fleurets, et en avoir donné un à Nicole.* Tiens, raison démonstrative, la ligne du corps. Quand on pousse en quarte, on n'a qu'à faire cela; et, quand on pousse en tierce, on n'a qu'à faire cela. Voilà le moyen de n'être jamais tué; et cela n'est-il pas beau, d'être assuré de son fait quand on se bat contre quelqu'un? Là, pousse-moi un peu, pour voir.

NICOLE.

Hé bien! quoi!

(Nicole pousse plusieurs bottes à M. Jourdain.)

[1] Cette scène délicieuse est encore une imitation d'Aristophane. M. Jourdain répète ici, devant sa femme et sa servante, les leçons qu'il a reçues de ses maîtres, à-peu-près comme Strepsiade répète devant son fils la leçon de grammaire qu'il a reçue de Socrate. Mais si le fond de la scène est ancien, la disposition en est nouvelle, et personne ne songe à blâmer Molière de ses emprunts, parcequ'il se place toujours au-dessus de son modèle : « Quand on joue à la paume, dit quelque part « Pascal, c'est une même balle dont on joue l'un et l'autre; mais l'un la place « mieux, et c'est ce dernier seul qu'on applaudit. »

MONSIEUR JOURDAIN.

Tout beau ! Holà ! ho ! Doucement. Diantre soit la coquine.

NICOLE.

Vous me dites de pousser.

MONSIEUR JOURDAIN.

Oui; mais tu me pousses en tierce avant que de pousser en quarte, et tu n'as pas la patience que je pare.

MADAME JOURDAIN.

Vous êtes fou, mon mari, avec toutes vos fantaisies; et cela vous est venu depuis que vous vous mêlez de hanter la noblesse.

MONSIEUR JOURDAIN.

Lorsque je hante la noblesse, je fais paroître mon jugement; et cela est plus beau que de hanter votre bourgeoisie.

MADAME JOURDAIN.

Çamon[1] vraiment! il y a fort à gagner à fréquenter vos nobles, et vous avez bien opéré avec ce beau monsieur le comte, dont vous vous êtes embéguiné!

MONSIEUR JOURDAIN.

Paix; songez à ce que vous dites. Savez-vous bien, ma femme, que vous ne savez pas de qui vous parlez, quand vous parlez de lui? C'est une personne d'importance plus que vous ne pensez, un seigneur que l'on considère à la cour, et qui parle au roi tout comme je vous parle. N'est-ce pas une chose qui m'est tout-à-fait honorable, que l'on voie venir chez moi si souvent une personne de cette qualité, qui m'appelle son cher ami, et me traite comme si j'étois son égal? Il a pour moi des bontés qu'on ne devineroit jamais; et, devant tout le monde, il me fait des caresses dont je suis moi-même confus.

[1] *Çamon* est une corruption de *c'est mon*, ancienne expression qui signifioit *cela est vraiment certain*; c'étoit une affirmation très forte. On en voit un exemple dans Montaigne. (liv. II, ch. 37.) Un médecin vante à Nicoclès la puissance de la médecine : « Vraiment *c'est mon*, répond celui-ci, qui peut impunément tuer « tant de gens. » Ce qui veut dire : vraiment cela est certain, puisqu'il peut tuer ant de gens. (B.)

MADAME JOURDAIN.

Oui, il a des bontés pour vous, et vous fait des caresses; mais il vous emprunte votre argent.

MONSIEUR JOURDAIN.

Hé bien ! ne m'est-ce pas de l'honneur, de prêter de l'argent à un homme de cette condition-là? et puis-je faire moins pour un seigneur qui m'appelle son cher ami?

MADAME JOURDAIN.

Et ce seigneur, que fait-il pour vous?

MONSIEUR JOURDAIN.

Des choses dont on seroit étonné, si on les savoit.

MADAME JOURDAIN.

Et quoi?

MONSIEUR JOURDAIN.

Baste! je ne puis pas m'expliquer. Il suffit que si je lui ai prêté de l'argent, il me le rendra bien, et avant qu'il soit peu.

MADAME JOURDAIN.

Oui. Attendez-vous à cela.

MONSIEUR JOURDAIN.

Assurément. Ne me l'a-t-il pas dit?

MADAME JOURDAIN.

Oui, oui, il ne manquera pas d'y faillir.

MONSIEUR JOURDAIN.

Il m'a juré sa foi de gentilhomme.

MADAME JOURDAIN.

Chansons!

MONSIEUR JOURDAIN.

Ouais! Vous êtes bien obstinée, ma femme! Je vous dis qu'il me tiendra sa parole; j'en suis sûr.

MADAME JOURDAIN.

Et moi, je suis sûre que non, et que toutes les caresses qu'il vous fait ne sont que pour vous enjôler.

MONSIEUR JOURDAIN.

Taisez-vous. Le voici.

MADAME JOURDAIN.

Il ne nous faut plus que cela. Il vient peut-être encore vous faire quelque emprunt ; et il me semble que j'ai dîné quand je le vois.

MONSIEUR JOURDAIN.

Taisez-vous, vous dis-je [1].

SCÈNE IV.

DORANTE, MONSIEUR JOURDAIN, MADAME JOURDAIN, NICOLE.

DORANTE.

Mon cher ami monsieur Jourdain, comment vous portez-vous?

MONSIEUR JOURDAIN.

Fort bien, monsieur, pour vous rendre mes petits services.

DORANTE.

Et madame Jourdain, que voilà, comment se porte-t-elle?

MADAME JOURDAIN.

Madame Jourdain se porte comme elle peut.

DORANTE.

Comment! monsieur Jourdain ! vous voilà le plus propre du monde!

MONSIEUR JOURDAIN.

Vous voyez.

DORANTE.

Vous avez tout-à-fait bon air avec cet habit; et nous n'avons point de jeunes gens à la cour qui soient mieux faits que vous.

[1] Les deux premiers actes sont épisodiques, et, pour ainsi dire, formés de scènes à tiroir, où ne figurent que des personnages du dehors qui ne doivent plus reparoître. L'action commence avec le troisième par l'opposition intérieure, domestique, de madame Jourdain et de Nicole. On ne peut en imaginer une plus naturelle, ni plus propre à mettre en jeu les travers du principal personnage. Cette opposition va se développer avec autant de force que de comique dans les scènes suivantes. (A.)

MONSIEUR JOURDAIN.

Hai, hai.

MADAME JOURDAIN, *à part.*

Il le gratte par où il se démange.

DORANTE.

Tournez-vous. Cela est tout-à-fait galant.

MADAME JOURDAIN, *à part.*

Oui, aussi sot par-derrière que par-devant.

DORANTE.

Ma foi, monsieur Jourdain, j'avois une impatience étrange de vous voir. Vous êtes l'homme du monde que j'estime le plus; et je parlois encore de vous, ce matin, dans la chambre du roi.

MONSIEUR JOURDAIN.

Vous me faites beaucoup d'honneur, monsieur. (*à madame Jourdain.*) Dans la chambre du roi!

DORANTE.

Allons, mettez [1].

MONSIEUR JOURDAIN.

Monsieur, je sais le respect que je vous dois.

DORANTE.

Mon Dieu! mettez. Point de cérémonie entre nous, je vous prie.

MONSIEUR JOURDAIN.

Monsieur...

DORANTE.

Mettez, vous dis-je, monsieur Jourdain : vous êtes mon ami.

MONSIEUR JOURDAIN.

Monsieur, je suis votre serviteur.

DORANTE.

Je ne me couvrirai point, si vous ne vous couvrez.

MONSIEUR JOURDAIN, *se couvrant.*

J'aime mieux être incivil qu'importun.

[1] Phrase alors en usage pour inviter les gens à se couvrir. (Voyez *l'École des Femmes*, acte III, scène IV, et *le Mariage forcé*, scène II.)

DORANTE.

Je suis votre débiteur, comme vous le savez.

MADAME JOURDAIN, *à part.*

Oui : nous ne le savons que trop.

DORANTE.

Vous m'avez généreusement prêté de l'argent en plusieurs occasions, et m'avez obligé de la meilleure grace du monde, assurément.

MONSIEUR JOURDAIN.

Monsieur, vous vous moquez.

DORANTE.

Mais je sais rendre ce qu'on me prête, et reconnoître les plaisirs qu'on me fait.

MONSIEUR JOURDAIN.

Je n'en doute point, monsieur.

DORANTE.

Je veux sortir d'affaire avec vous; et je viens ici pour faire nos comptes ensemble.

MONSIEUR JOURDAIN, *bas, à madame Jourdain.*

Hé bien! vous voyez votre impertinence, ma femme.

DORANTE.

Je suis homme qui aime à m'acquitter le plus tôt que je puis.

MONSIEUR JOURDAIN, *bas, à madame Jourdain.*

Je vous le disois bien.

DORANTE.

Voyons un peu ce que je vous dois.

MONSIEUR JOURDAIN, *bas, à madame Jourdain.*

Vous voilà, avec vos soupçons ridicules.

DORANTE.

Vous souvenez-vous bien de tout l'argent que vous m'avez prêté?

MONSIEUR JOURDAIN.

Je crois qu'oui. J'en ai fait un petit mémoire. Le voici. Donné à vous une fois deux cents louis.

DORANTE.

Cela est vrai.

MONSIEUR JOURDAIN.

Une autre fois six-vingts.

DORANTE.

Oui.

MONSIEUR JOURDAIN.

Et une autre fois cent quarante.

DORANTE.

Vous avez raison.

MONSIEUR JOURDAIN.

Ces trois articles font quatre cent soixante louis, qui valent cinq mille soixante livres[1].

DORANTE.

Le compte est fort bon. Cinq mille soixante livres.

MONSIEUR JOURDAIN.

Mille huit cent trente-deux livres à votre plumassier.

DORANTE.

Justement.

MONSIEUR JOURDAIN.

Deux mille sept cent quatre-vingts livres à votre tailleur.

DORANTE.

Il est vrai.

MONSIEUR JOURDAIN.

Quatre mille trois cent septante-neuf livres douze sous huit deniers à votre marchand.

DORANTE.

Fort bien. Douze sous huit deniers; le compte est juste.

MONSIEUR JOURDAIN.

Et mille sept cent quarante-huit livres sept sous quatre deniers à votre sellier.

DORANTE.

Tout cela est véritable. Qu'est-ce que cela fait?

[1] Le louis valoit alors onze livres (voyez Le Blanc, *Traité des monnoies*, p. 306); ce qui est vérifié par le compte de M. Jourdain. (B.)

MONSIEUR JOURDAIN.

Somme totale, quinze mille huit cents livres.

DORANTE.

Somme totale est juste. Quinze mille huit cents livres. Mettez encore deux cents pistoles que vous m'allez donner : cela fera justement dix-huit mille francs, que je vous paierai au premier jour [1].

MADAME JOURDAIN, *bas, à M. Jourdain.*

Hé bien ! ne l'avois-je pas bien deviné ?

MONSIEUR JOURDAIN, *bas, à madame Jourdain.*

Paix.

DORANTE.

Cela vous incommodera-t-il, de me donner ce que je vous dis ?

MONSIEUR JOURDAIN.

Hé ! non.

MADAME JOURDAIN, *bas, à M. Jourdain.*

Cet homme-là fait de vous une vache à lait.

MONSIEUR JOURDAIN, *bas, à madame Jourdain.*

Taisez-vous.

DORANTE.

Si cela vous incommode, j'en irai chercher ailleurs.

MONSIEUR JOURDAIN.

Non, monsieur.

MADAME JOURDAIN, *bas, à M. Jourdain.*

Il ne sera pas content qu'il ne vous ait ruiné.

MONSIEUR JOURDAIN, *bas, à madame Jourdain.*

Taisez-vous, vous dis-je.

DORANTE.

Vous n'avez qu'à me dire si cela vous embarrasse.

MONSIEUR JOURDAIN.

Point, monsieur.

[1] Le trait est excellent : il peint le personnage, justifie aux yeux du public les craintes de madame Jourdain, déçoit les espérances du Bourgeois gentilhomme, et le met en scène de la manière la plus comique.

MADAME JOURDAIN, *bas, à M. Jourdain.*

C'est un vrai enjôleur.

MONSIEUR JOURDAIN, *bas, à madame Jourdain.*

Taisez-vous donc.

MADAME JOURDAIN, *bas, à M. Jourdain.*

Il vous sucera jusqu'au dernier sou.

MONSIEUR JOURDAIN, *bas, à madame Jourdain.*

Vous tairez-vous?

DORANTE.

J'ai force gens qui m'en prêteroient avec joie; mais comme vous êtes mon meilleur ami, j'ai cru que je vous ferois tort, si j'en demandois à quelque autre.

MONSIEUR JOURDAIN.

C'est trop d'honneur, monsieur, que vous me faites. Je vais querir votre affaire [1].

MADAME JOURDAIN, *bas, à M. Jourdain.*

Quoi! vous allez encore lui donner cela?

MONSIEUR JOURDAIN, *bas, à madame Jourdain.*

Que faire? voulez-vous que je refuse un homme de cette condition-là, qui a parlé de moi ce matin dans la chambre du roi?

MADAME JOURDAIN, *bas, à M. Jourdain.*

Allez, vous êtes une vraie dupe [2].

[1] Que de naturel dans cette scène! M. Jourdain sacrifie son argent au plaisir de se voir nommer dans la chambre du roi, et sans doute aussi au plaisir non moins grand de passer pour riche. C'est un nouveau ridicule que le poëte lui donne; mais ce ridicule naît toujours de la même passion, la vanité.

Supporter la bonne et la mauvaise fortune, deux choses également difficiles; c'est ce que Molière nous fait sentir dans ce tableau, où il oppose le ridicule d'un honnête bourgeois qui est devenu riche et veut devenir noble, à la bassesse d'un noble qui par indigence se dégrade, et tombe au rang des fripons. La vérité du caractère ajoute ici à la vérité de l'action. M. Jourdain est dupe, il le sent; mais sa vanité l'emporte. Dorante est avili, humilié, il le voit; mais il lui faut de l'or. Madame Jourdain seule conserve son bon sens; aussi déclare-t-elle la guerre à la sottise de l'un, et aux friponneries de l'autre. La morale est donc ici toute en action, et on peut s'amender, comme dit Montaigne, *par suite et par fuite*, c'est-à-dire par l'exemple à suivre et à éviter.

SCÈNE V.

DORANTE, MADAME JOURDAIN, NICOLE.

DORANTE.

Vous me semblez toute mélancolique. Qu'avez-vous, madame Jourdain ?

MADAME JOURDAIN.

J'ai la tête plus grosse que le poing, et si elle n'est pas enflée.

DORANTE.

Mademoiselle votre fille, où est-elle, que je ne la vois point?

MADAME JOURDAIN.

Mademoiselle ma fille est bien où elle est.

DORANTE.

Comment se porte-t-elle ?

MADAME JOURDAIN.

Elle se porte sur ses deux jambes.

DORANTE.

Ne voulez-vous point, un de ces jours, venir voir avec elle le ballet et la comédie que l'on fait chez le roi ?

MADAME JOURDAIN.

Oui, vraiment! nous avons fort envie de rire, fort envie de rire nous avons [1].

DORANTE.

Je pense, madame Jourdain, que vous avez eu bien des amants dans votre jeune âge, belle et d'agréable humeur comme vous étiez.

MADAME JOURDAIN.

Tredame! monsieur, est-ce que madame Jourdain est décrépite, et la tête lui grouille-t-elle déja ?

[1] Tableau frappant de vérité! Madame Jourdain se peint tout entière dans ses réponses aigres et brusques, mais elle peint encore mieux Dorante, parcequ'elle l'avilit. Cette scène n'est pas seulement une imitation naïve de la nature, c'est la nature elle-même prise sur le fait. Pour être comique, il a suffi à Molière de peindre ce qu'il avoit vu, et comme il l'avoit vu.

DORANTE.

Ah ! ma foi, madame Jourdain, je vous demande pardon ! je ne songeois pas que vous êtes jeune ; et je rêve le plus souvent. Je vous prie d'excuser mon impertinence.

SCÈNE VI.

MONSIEUR JOURDAIN, MADAME JOURDAIN, DORANTE, NICOLE.

MONSIEUR JOURDAIN, *à Dorante.*

Voilà deux cents louis bien comptés.

DORANTE.

Je vous assure, monsieur Jourdain, que je suis tout à vous, et que je brûle de vous rendre un service à la cour.

MONSIEUR JOURDAIN.

Je vous suis trop obligé.

DORANTE.

Si madame Jourdain veut voir le divertissement royal, je lui ferai donner les meilleures places de la salle.

MADAME JOURDAIN.

Madame Jourdain vous baise les mains.

DORANTE, *bas, à M. Jourdain.*

Notre belle marquise, comme je vous ai mandé par mon billet, viendra tantôt ici pour le ballet et le repas ; et je l'ai fait consentir enfin au cadeau que vous lui voulez donner [1].

MONSIEUR JOURDAIN.

Tirons-nous un peu plus loin, pour cause.

DORANTE.

Il y a huit jours que je ne vous ai vu ; et je ne vous ai point

[1] *Donner un cadeau* signifioit autrefois donner une fête, donner un repas. Ce mot conserva assez long-temps cette signification, puisque Bensserade dans sa traduction d'Ovide, publiée six ans après *le Bourgeois gentilhomme*, montre *Picus* insensible aux *cadeaux* que la magicienne Circé ne cessoit de lui donner. (Voyez la *Guerre civile sur la langue françoise*, p. 281.)

mandé de nouvelles du diamant que vous me mîtes entre les mains pour lui en faire présent de votre part; mais c'est que j'ai eu toutes les peines du monde à vaincre son scrupule; et ce n'est que d'aujourd'hui qu'elle s'est résolue à l'accepter.

MONSIEUR JOURDAIN.

Comment l'a-t-elle trouvé?

DORANTE.

Merveilleux; et je me trompe fort, ou la beauté de ce diamant fera pour vous sur son esprit un effet admirable.

MONSIEUR JOURDAIN.

Plût au ciel!

MADAME JOURDAIN, *à Nicole.*

Quand il est une fois avec lui, il ne peut le quitter.

DORANTE.

Je lui ai fait valoir comme il faut la richesse de ce présent, et la grandeur de votre amour.

MONSIEUR JOURDAIN.

Ce sont, monsieur, des bontés qui m'accablent; et je suis dans une confusion la plus grande du monde, de voir une personne de votre qualité s'abaisser pour moi à ce que vous faites[1].

DORANTE.

Vous moquez-vous? est-ce qu'entre amis on s'arrête à ces sortes de scrupules? et ne feriez-vous pas pour moi la même chose, si l'occasion s'en offroit?

[1] Dorante est un fripon, et quelque chose de plus méprisable encore. M. Jourdain dit tout cela comme il fait de la prose, sans s'en douter. On conçoit que le rôle de Dorante ait nui au succès de la pièce, devant une cour où Moliere avoit probablement choisi son modèle. Quant à la hardiesse de cet auteur, elle fut un objet d'étonnement pour ses ennemis eux-mêmes. « N'est-ce pas une chose étrange, que « des gens de qualité souffrent qu'on les joue en plein théâtre, et qu'ils aillent « admirer les portraits de leurs actions les plus ridicules, afin de donner de la ré- « putation au fameux Molière, et de l'obliger à les dépeindre une autre fois avec « des traits plus forts et de plus vives couleurs[*]? » Cette critique, qui étoit aussi une dénonciation, renferme aujourd'hui un des plus grands éloges qu'on puisse faire de Molière, et de la vérité de ses pinceaux.

[*] Voyez *la Zélinde*, acte I, scène III.

MONSIEUR JOURDAIN.

Oh ! assurément, et de très grand cœur !

MADAME JOURDAIN, *à Nicole.*

Que sa présence me pèse sur les épaules !

DORANTE.

Pour moi, je ne regarde rien quand il faut servir un ami ; et lorsque vous me fîtes confidence de l'ardeur que vous aviez prise pour cette marquise agréable, chez qui j'avois commerce, vous vîtes que d'abord je m'offris de moi-même à servir votre amour.

MONSIEUR JOURDAIN.

Il est vrai. Ce sont des bontés qui me confondent.

MADAME JOURDAIN, *à Nicole.*

Est-ce qu'il ne s'en ira point ?

NICOLE.

Ils se trouvent bien ensemble.

DORANTE.

Vous avez pris le bon biais pour toucher son cœur. Les femmes aiment surtout les dépenses qu'on fait pour elles ; et vos fréquentes sérénades, et vos bouquets continuels, ce superbe feu d'artifice qu'elle trouva sur l'eau, le diamant qu'elle a reçu de votre part, et le cadeau que vous lui préparez, tout cela lui parle bien mieux en faveur de votre amour que toutes les paroles que vous auriez pu lui dire vous-même.

MONSIEUR JOURDAIN.

Il n'y a point de dépenses que je ne fisse, si par-là je pouvois trouver le chemin de son cœur. Une femme de qualité a pour moi des charmes ravissants ; et c'est un honneur que j'achèterois au prix de toutes choses.

MADAME JOURDAIN, *bas, à Nicole.*

Que peuvent-ils tant dire ensemble ? Va-t'en un peu tout doucement prêter l'oreille.

DORANTE.

Ce sera tantôt que vous jouirez à votre aise du plaisir de sa vue ; et vos yeux auront tout le temps de se satisfaire.

MONSIEUR JOURDAIN.

Pour être en pleine liberté, j'ai fait en sorte que ma femme ira dîner chez ma sœur, où elle passera toute l'après-dînée.

DORANTE.

Vous avez fait prudemment, et votre femme auroit pu nous embarrasser. J'ai donné pour vous l'ordre qu'il faut au cuisinier, et à toutes les choses qui sont nécessaires pour le ballet. Il est de mon invention; et pourvu que l'exécution puisse répondre à l'idée, je suis sûr qu'il sera trouvé...

MONSIEUR JOURDAIN, *s'apercevant que Nicole écoute, et lui donnant un soufflet.*

Ouais! vous êtes bien impertinente! (*à Dorante.*) Sortons, s'il vous plaît[1].

SCÈNE VII.

MADAME JOURDAIN, NICOLE.

NICOLE.

Ma foi, madame, la curiosité m'a coûté quelque chose; mais je crois qu'il y a quelque anguille sous roche, et ils parlent de quelque affaire où ils ne veulent pas que vous soyez.

MADAME JOURDAIN.

Ce n'est pas d'aujourd'hui, Nicole, que j'ai conçu des soupçons de mon mari. Je suis la plus trompée du monde, ou il y a quelque amour en campagne; et je travaille à découvrir ce que ce peut être. Mais songeons à ma fille. Tu sais l'amour que Cléonte a pour elle : c'est un homme qui me revient; et je veux aider sa recherche, et lui donner Lucile, si je puis.

NICOLE.

En vérité, madame, je suis la plus ravie du monde de vous voir dans ces sentiments; car si le maître vous revient, le valet

[1] Le chevalier et la coquette de *Turcaret* sont dessinés d'après Dorante et Dorimène, et Le Sage a même produit dans sa pièce tout le fond de la scène du *Bourgeois gentilhomme*. (B.)

ne me revient pas moins, et je souhaiterois que notre mariage se pût faire à l'ombre du leur.

MADAME JOURDAIN.

Va-t'en lui parler de ma part, et lui dire que tout-à-l'heure il me vienne trouver, pour faire ensemble, à mon mari, la demande de ma fille.

NICOLE.

J'y cours, madame, avec joie, et je ne pouvois recevoir une commission plus agréable. (*seule.*) Je vais, je pense, bien réjouir les gens.

SCÈNE VIII.

CLÉONTE, COVIELLE, NICOLE.

NICOLE, *à Cléonte.*

Ah! vous voilà tout à propos! Je suis une ambassadrice de joie, et je viens...

CLÉONTE.

Retire-toi, perfide, et ne me viens point amuser avec tes traîtresses paroles.

NICOLE.

Est-ce ainsi que vous recevez...

CLÉONTE.

Retire-toi, te dis-je, et va-t'en dire, de ce pas, à ton infidèle maîtresse qu'elle n'abusera de sa vie le trop simple Cléonte.

NICOLE.

Quel vertigo est-ce donc là? Mon pauvre Covielle, dis-moi un peu ce que cela veut dire.

COVIELLE.

Ton pauvre Covielle, petite scélérate! Allons, vite, ôte-toi de mes yeux, vilaine, et me laisse en repos.

NICOLE.

Quoi! tu me viens aussi...

COVIELLE.

Ote-toi de mes yeux, te dis-je, et ne me parle de ta vie.

NICOLE, *à part.*

Ouais! Quelle mouche les a piqués tous deux? Allons de cette belle histoire informer ma maîtresse [1].

SCÈNE IX.

CLÉONTE, COVIELLE.

CLÉONTE.

Quoi! traiter un amant de la sorte, et un amant le plus fidèle et le plus passionné de tous les amants!

COVIELLE.

C'est une chose épouvantable que ce qu'on nous fait à tous deux.

CLÉONTE.

Je fais voir pour une personne toute l'ardeur et toute la tendresse qu'on peut imaginer; je n'aime rien au monde qu'elle, et je n'ai qu'elle dans l'esprit; elle fait tous mes soins, tous mes desirs, toute ma joie; je ne parle que d'elle, je ne pense qu'à elle, je ne fais des songes que d'elle, je ne respire que par elle, mon cœur vit tout en elle; et voilà de tant d'amitié la digne récompense! Je suis deux jours sans la voir, qui sont pour moi deux siècles effroyables : je la rencontre par hasard; mon cœur, à cette vue, se sent tout transporté, ma joie éclate sur mon visage, je vole avec ravissement vers elle, et l'infidèle détourne de moi ses regards, et passe brusquement, comme si de sa vie elle ne m'avoit vu.

[1] Ici Molière se prépare à traiter, pour la troisième fois, une situation qu'on a déjà vue dans *le Dépit amoureux* et dans *le Tartuffe*, celle de la brouillerie et du raccommodement de deux amants. La scène du *Dépit amoureux* est annoncée, amenée exactement comme celle-ci. Marinette, chargée d'un doux message pour Éraste, est reçue de même par le maître et par le valet; et elle dit de même, dans son étonnement : *Quelle mouche le pique?* (A.)

COVIELLE.

Je dis les mêmes choses que vous.

CLÉONTE.

Peut-on rien voir d'égal, Covielle, à cette perfidie de l'ingrate Lucile?

COVIELLE.

Et à celle, monsieur, de la pendarde de Nicole?

CLÉONTE.

Après tant de sacrifices ardents, de soupirs et de vœux que j'ai faits à ses charmes!

COVIELLE.

Après tant d'assidus hommages, de soins et de services que je lui ai rendus dans sa cuisine!

CLÉONTE.

Tant de larmes que j'ai versées à ses genoux!

COVIELLE.

Tant de seaux d'eau que j'ai tirés au puits pour elle!

CLÉONTE.

Tant d'ardeur que j'ai fait paroître à la chérir plus que moi-même!

COVIELLE.

Tant de chaleur que j'ai soufferte à tourner la broche à sa place!

CLÉONTE.

Elle me fuit avec mépris!

COVIELLE.

Elle me tourne le dos avec effronterie!

CLÉONTE.

C'est une perfidie digne des plus grands châtiments.

COVIELLE.

C'est une trahison à mériter mille soufflets.

CLÉONTE.

Ne t'avise point, je te prie, de me parler jamais pour elle.

COVIELLE.

Moi, monsieur? Dieu m'en garde!

CLÉONTE.

Ne viens point m'excuser l'action de cette infidèle.

COVIELLE.

N'ayez pas peur.

CLÉONTE.

Non, vois-tu, tous tes discours pour la défendre ne serviront de rien.

COVIELLE.

Qui songe à cela?

CLÉONTE.

Je veux contre elle conserver mon ressentiment, et rompre ensemble tout commerce.

COVIELLE.

J'y consens.

CLÉONTE.

Ce monsieur le comte qui va chez elle lui donne peut-être dans la vue; et son esprit, je le vois bien, se laisse éblouir à la qualité. Mais il me faut, pour mon honneur, prévenir l'éclat de son inconstance. Je veux faire autant de pas qu'elle au changement où je la vois courir, et ne lui laisser pas toute la gloire de me quitter.

COVIELLE.

C'est fort bien dit, et j'entre pour mon compte dans tous vos sentiments.

CLÉONTE.

Donne la main à mon dépit, et soutiens ma résolution contre tous les restes d'amour qui me pourroient parler pour elle. Dis-m'en, je t'en conjure, tout le mal que tu pourras. Fais-moi de sa personne une peinture qui me la rende méprisable, et marque-moi bien, pour m'en dégoûter, tous les défauts que tu peux voir en elle.

COVIELLE.

Elle, monsieur? voilà une belle mijaurée, une pimpesouée[1]

[1] Ces deux expressions se trouvent encore dans le Dictionnaire de l'Académie. *Mijaurée*, terme familier qui se dit d'une fille ou d'une femme dont les manières

bien bâtie, pour vous donner tant d'amour ! Je ne lui vois rien que de très médiocre; et vous trouverez cent personnes qui seront plus dignes de vous. Premièrement, elle a les yeux petits.

CLÉONTE.

Cela est vrai, elle a les yeux petits; mais elle les a pleins de feu, les plus brillants, les plus perçants du monde, les plus touchants qu'on puisse voir.

COVIELLE.

Elle a la bouche grande.

CLÉONTE.

Oui; mais on y voit des graces qu'on ne voit point aux autres bouches; et cette bouche, en la voyant, inspire des desirs, est la plus attrayante, la plus amoureuse du monde.

COVIELLE.

Pour sa taille, elle n'est pas grande.

CLÉONTE.

Non; mais elle est aisée et bien prise.

COVIELLE.

Elle affecte une nonchalance dans son parler et dans ses actions.

CLÉONTE.

Il est vrai; mais elle a grace à tout cela; et ses manières sont engageantes, ont je ne sais quel charme à s'insinuer dans les cœurs[1].

COVIELLE.

Pour de l'esprit...

CLÉONTE.

Ah ! elle en a, Covielle, du plus fin, du plus délicat.

sont affectées et ridicules. *Pimpesouée*, se dit aussi d'une femme qui fait la délicate et la précieuse. Ce mot est composé de deux vieux mots : *pimper* qui signifie *parer*, et *souef* qui veut dire *doux*, *agréable*. (B.)

[1] Cette peinture de la foiblesse d'un amant qui se croit guéri de son amour, et qui ne l'est point, est remarquable par le tour neuf et singulier que Molière lui fait prendre. Voilà ce qu'on peut appeler connoître le cœur humain, et en développer les sentiments d'une manière originale et tout-à-fait comique. (L. B.)

COVIELLE.

Sa conversation...

CLÉONTE.

Sa conversation est charmante.

COVIELLE.

Elle est toujours sérieuse.

CLÉONTE.

Veux-tu de ces enjouements épanouis, de ces joies toujours ouvertes? et vois-tu rien de plus impertinent que les femmes qui rient à tout propos?

COVIELLE.

Mais enfin, elle est capricieuse autant que personne du monde.

CLÉONTE.

Oui, elle est capricieuse, j'en demeure d'accord; mais tout sied bien aux belles, on souffre tout des belles[1].

COVIELLE.

Puisque cela va comme cela, je vois bien que vous avez envie de l'aimer toujours.

CLÉONTE.

Moi? j'aimerois mieux mourir; et je vais la haïr autant que je l'ai aimée.

COVIELLE.

Le moyen, si vous la trouvez si parfaite?

CLÉONTE.

C'est en quoi ma vengeance sera plus éclatante, en quoi je veux faire mieux voir la force de mon cœur à la haïr, à la quitter, toute belle, toute pleine d'attraits, tout aimable que je la trouve. La voici.

[1] Molière a fait ici le portrait de sa femme, et il ne paroît pas que leur mésintelligence, déja ancienne, eût affoibli la tendresse de cet époux malheureux. Rien de si vif, de si piquant, de si passionné que ce portrait. C'est un art bien sûr de réussir, que celui de mêler ainsi à la fable d'une pièce quelques traits qui, en peignant les acteurs, augmentent l'illusion des spectateurs. (B.

SCÈNE X.

LUCILE, CLÉONTE, COVIELLE, NICOLE.

NICOLE, *à Lucile.*

Pour moi, j'en ai été toute scandalisée.

LUCILE.

Ce ne peut être, Nicole, que ce que je te dis. Mais le voilà.

CLÉONTE, *à Covielle.*

Je ne veux pas seulement lui parler.

COVIELLE.

Je veux vous imiter.

LUCILE.

Qu'est-ce donc, Cléonte? qu'avez-vous?

NICOLE.

Qu'as-tu donc, Covielle?

LUCILE.

Quel chagrin vous possède?

NICOLE.

Quelle mauvaise humeur te tient?

LUCILE.

Êtes-vous muet, Cléonte?

NICOLE.

As-tu perdu la parole, Covielle?

CLÉONTE.

Que voilà qui est scélérat!

COVIELLE.

Que cela est Judas!

LUCILE.

Je vois bien que la rencontre de tantôt a troublé votre esprit.

CLÉONTE, *à Covielle.*

Ah! ah! On voit ce qu'on a fait.

NICOLE.

Notre accueil de ce matin t'a fait prendre la chèvre [1].

COVIELLE, *à Cléonte.*

On a deviné l'enclouure.

LUCILE.

N'est-il pas vrai, Cléonte, que c'est là le sujet de votre dépit?

CLÉONTE.

Oui, perfide, ce l'est, puisqu'il faut parler; et j'ai à vous dire que vous ne triompherez pas, comme vous pensez, de votre infidélité; que je veux être le premier à rompre avec vous, et que vous n'aurez pas l'avantage de me chasser. J'aurai de la peine, sans doute, à vaincre l'amour que j'ai pour vous; cela me causera des chagrins, je souffrirai un temps; mais j'en viendrai à bout, et je me percerai plutôt le cœur, que d'avoir la foiblesse de retourner à vous.

COVIELLE, *à Nicole.*

Queussi, queumi [2].

LUCILE.

Voilà bien du bruit pour un rien! Je veux vous dire, Cléonte, le sujet qui m'a fait ce matin éviter votre abord.

CLÉONTE, *voulant s'en aller pour éviter Lucile.*

Non, je ne veux rien écouter.

NICOLE, *à Covielle.*

Je te veux apprendre la cause qui nous a fait passer si vite.

COVIELLE, *voulant aussi s'en aller pour éviter Nicole.*

Je ne veux rien entendre.

LUCILE, *suivant Cléonte.*

Sachez que ce matin...

[1] *Prendre la chèvre*, se fâcher: cette expression vient de ce que la chèvre est un animal impatient et capricieux; de sorte que prendre la chèvre est comme si l'on disoit imiter la chèvre dans ses bonds, dans son emportement et dans ses caprices. (MÉN.)

[2] Expression encore en usage parmi les villageois des environs de Paris: elle signifie *tout de même*, *sans aucune différence*. (P.)

CLÉONTE, *marchant toujours sans regarder Lucile.*

Non, vous dis-je.

NICOLE, *suivant Covielle.*

Apprends que...

COVIELLE, *marchant aussi sans regarder Nicole.*

Non, traîtresse!

LUCILE.

Écoutez.

CLÉONTE.

Point d'affaire.

NICOLE.

Laisse-moi dire.

COVIELLE.

Je suis sourd.

LUCILE.

Cléonte!

CLÉONTE.

Non.

NICOLE.

Covielle!

COVIELLE.

Point.

LUCILE.

Arrêtez.

CLÉONTE.

Chansons.

NICOLE.

Entends-moi.

COVIELLE.

Bagatelle.

LUCILE.

Un moment.

CLÉONTE.

Point du tout.

NICOLE.

Un peu de patience.

COVIELLE.

Tarare.

LUCILE.

Deux paroles.

CLEONTE

Non : c'en est fait.

NICOLE.

Un mot.

COVIELLE.

Plus de commerce.

LUCILE, *s'arrêtant.*

Hé bien! puisque vous ne voulez pas m'écouter, demeurez dans votre pensée, et faites ce qu'il vous plaira.

NICOLE, *s'arrêtant aussi.*

Puisque tu fais comme cela, prends-le tout comme tu voudras.

CLÉONTE, *se tournant vers Lucile.*

Sachons donc le sujet d'un si bel accueil.

LUCILE, *s'en allant à son tour pour éviter Cleonte.*

Il ne me plaît plus de le dire.

COVIELLE, *se tournant vers Nicole*

Apprends-nous un peu cette histoire.

NICOLE, *s'en allant aussi pour eviter Covielle.*

Je ne veux plus, moi, te l'apprendre.

CLÉONTE, *suivant Lucile.*

Dites-moi...

LUCILE, *marchant toujours sans regarder Cléonte.*

Non, je ne veux rien dire.

COVIELLE, *suivant Nicole.*

Conte-moi..

NICOLE, *marchant aussi sans regarder Covielle.*

Non, je ne conte rien.

CLEONTE.

De grace!

LUCILE.

Non, vous dis-je.

COVIELLE.

Par charité.

NICOLE.

Point d'affaire.

CLÉONTE.

Je vous en prie.

LUCILE.

Laissez-moi.

COVIELLE.

Je t'en conjure.

NICOLE.

Ote-toi de là.

CLÉONTE.

Lucile !

LUCILE.

Non.

COVIELLE.

Nicole !

NICOLE.

Point.

CLÉONTE.

Au nom des dieux !

LUCILE.

Je ne veux pas.

COVIELLE.

Parle-moi.

NICOLE.

Point du tout.

CLÉONTE.

Éclaircissez mes doutes.

LUCILE.

Non : je n'en ferai rien.

COVIELLE.

Guéris-moi l'esprit.

NICOLE.

Non : il ne me plaît pas.

CLÉONTE.

Hé bien! puisque vous vous souciez si peu de me tirer de peine, et de vous justifier du traitement indigne que vous avez fait à ma flamme, vous me voyez, ingrate, pour la dernière fois; et je vais, loin de vous, mourir de douleur et d'amour.

COVIELLE, *à Nicole.*

Et moi, je vais suivre ses pas.

LUCILE, *à Cléonte, qui veut sortir.*

Cléonte!

NICOLE, *à Covielle, qui suit son maître.*

Covielle!

CLÉONTE, *s'arrêtant.*

Hé?

COVIELLE, *s'arrêtant aussi.*

Plaît-il?

LUCILE.

Où allez-vous?

CLÉONTE.

Où je vous ai dit.

COVIELLE.

Nous allons mourir.

LUCILE.

Vous allez mourir, Cléonte?

CLÉONTE.

Oui, cruelle, puisque vous le voulez.

LUCILE.

Moi! je veux que vous mouriez!

CLÉONTE.

Oui, vous le voulez.

LUCILE.

Qui vous le dit?

CLÉONTE, *s'approchant de Lucile.*

N'est-ce pas le vouloir, que de ne vouloir pas éclaircir mes soupçons?

LUCILE.

Est-ce ma faute? et, si vous aviez voulu m'écouter, ne vous aurois-je pas dit que l'aventure dont vous vous plaignez a été causée ce matin par la présence d'une vieille tante, qui veut à toute force que la seule approche d'un homme déshonore une fille, qui perpétuellement nous sermonne sur ce chapitre, et nous figure tous les hommes comme des diables qu'il faut fuir?

NICOLE, *à Covielle.*

Voilà le secret de l'affaire.

CLÉONTE.

Ne me trompez-vous point, Lucile?

COVIELLE, *à Nicole.*

Ne m'en donnes-tu point à garder?

LUCILE, *à Cléonte.*

Il n'est rien de plus vrai.

NICOLE, *à Covielle.*

C'est la chose comme elle est.

COVIELLE, *à Cléonte.*

Nous rendrons-nous à cela?

CLÉONTE.

Ah! Lucile, qu'avec un mot de votre bouche vous savez apaiser de choses dans mon cœur, et que facilement on se laisse persuader aux personnes qu'on aime!

COVIELLE.

Qu'on est aisément amadoué par ces diantres d'animaux-là[1]!

[1] Cette scène n'est ni aussi neuve ni aussi piquante que la scène qui précède cependant on y remarque un jeu de théâtre qui, quoique peu naturel, produit toujours beaucoup d'effet : Molière y oppose les griefs du maître et de la maîtresse aux griefs du valet et de la suivante; c'est-à-dire qu'il fait un seul tableau des deux scènes du *Dépit amoureux*. La symétrie du dialogue a été justement blâmée; mais le mouvement de l'action, la naïveté des personnages, la grace du sujet, font oublier tout ce qu'il y a de trop étudié dans la mise en scène.

SCÈNE XI.

MADAME JOURDAIN, CLÉONTE, LUCILE, COVIELLE, NICOLE.

MADAME JOURDAIN.

Je suis bien aise de vous voir, Cléonte, et vous voilà tout à propos. Mon mari vient ; prenez vite votre temps pour lui demander Lucile en mariage.

CLÉONTE.

Ah ! madame, que cette parole m'est douce, et qu'elle flatte mes desirs ! Pouvois-je recevoir un ordre plus charmant, une faveur plus précieuse?

SCÈNE XII.

CLÉONTE, M. JOURDAIN, MADAME JOURDAIN, LUCILE, COVIELLE, NICOLE.

CLÉONTE.

Monsieur, je n'ai voulu prendre personne pour vous faire une demande que je médite il y a long-temps. Elle me touche assez pour m'en charger moi-même, et, sans autre détour, je vous dirai que l'honneur d'être votre gendre est une faveur glorieuse que je vous prie de m'accorder.

MONSIEUR JOURDAIN.

Avant que de vous rendre réponse, monsieur, je vous prie de me dire si vous êtes gentilhomme.

CLÉONTE.

Monsieur, la plupart des gens, sur cette question, n'hésitent pas beaucoup; on tranche le mot aisément. Ce nom ne fait aucun scrupule à prendre, et l'usage aujourd'hui semble en autoriser le vol. Pour moi, je vous l'avoue, j'ai les sentiments, sur cette matière, un peu plus délicats. Je trouve que toute imposture est indigne d'un honnête homme, et qu'il y a de la lâcheté à déguiser ce que le ciel nous a fait naître, à se parer aux yeux du monde d'un titre dérobé, à se vouloir donner pour ce qu'on n'est pas. Je suis né de parents, sans doute, qui ont tenu des charges honorables; je me suis acquis, dans les armes, l'honneur de six ans de service, et je me trouve assez de bien pour tenir dans le monde un rang assez passable; mais, avec tout cela, je ne veux point me donner un nom où d'autres en ma place croiroient pouvoir prétendre, et je vous dirai franchement que je ne suis point gentilhomme.

MONSIEUR JOURDAIN.

Touchez là, monsieur; ma fille n'est pas pour vous[1].

CLÉONTE.

Comment?

MONSIEUR JOURDAIN.

Vous n'êtes point gentilhomme : vous n'aurez pas ma fille.

MADAME JOURDAIN.

Que voulez-vous donc dire avec votre gentilhomme? est-ce que nous sommes, nous autres, de la côte de saint Louis?

MONSIEUR JOURDAIN.

Taisez-vous, ma femme; je vous voir venir.

MADAME JOURDAIN.

Descendons-nous tous deux que de bonne bourgeoisie?

MONSIEUR JOURDAIN.

Voilà pas le coup de langue[2]?

MADAME JOURDAIN.

Et votre père n'étoit-il pas marchand aussi bien que le mien?

MONSIEUR JOURDAIN.

Peste soit de la femme! elle n'y a jamais manqué. Si votre

[1] On s'attendoit à cette réponse, mais sa tournure est si piquante, qu'elle cause presque de l'étonnement. Observez que l'amour de Cléonte et de Lucile sert à développer le ridicule de M. Jourdain. Ainsi, par un effet de l'art, toute l'intrigue se trouve subordonnée au caractère de ce personnage.

[2] Tout sert à faire ressortir la manie de ce pauvre M. Jourdain; jusque-là qu'il prend involontairement pour une médisance une réflexion dont l'unique but est de lui rappeler qu'il est le fils de son père. Les fortes passions s'aveuglent au point de ne plus voir la vérité que dans ce qui les flatte.

pere a été marchand, tant pis pour lui ; mais pour le mien, ce sont des malavisés qui disent cela. Tout ce que j'ai à vous dire, moi, c'est que je veux avoir un gendre gentilhomme.

MADAME JOURDAIN.

Il faut à votre fille un mari qui lui soit propre : et il vaut mieux, pour elle, un honnête homme riche et bien fait, qu'un gentilhomme gueux et mal bâti.

NICOLE.

Cela est vrai : nous avons le fils du gentilhomme de notre village, qui est le plus grand malitorne[1] et le plus sot dadais que j'aie jamais vu.

MONSIEUR JOURDAIN, *à Nicole.*

Taisez-vous, impertinente : vous vous fourrez toujours dans la conversation. J'ai du bien assez pour ma fille, je n'ai besoin que d'honneurs, et je la veux faire marquise.

MADAME JOURDAIN.

Marquise ?

MONSIEUR JOURDAIN.

Oui, marquise.

MADAME JOURDAIN.

Hélas ! Dieu m'en garde !

MONSIEUR JOURDAIN.

C'est une chose que j'ai résolue.

MADAME JOURDAIN.

C'est une chose, moi, où je ne consentirai point. Les alliances avec plus grand que soi sont sujettes toujours à de fâcheux inconvénients. Je ne veux point qu'un gendre puisse à ma fille reprocher ses parents, et qu'elle ait des enfants qui aient honte de m'appeler leur grand'maman. S'il falloit qu'elle me vînt visiter en équipage de grande dame, et qu'elle manquât, par mégarde, à saluer quelqu'un du quartier, on ne manqueroit pas aussitôt de dire cent sottises. Voyez-vous, diroit-on, cette

[1] Malitorne, [illegible]

madame la marquise qui fait tant la glorieuse? c'est la fille de monsieur Jourdain, qui étoit trop heureuse, étant petite, de jouer à la madame avec nous. Elle n'a pas toujours été si relevée que la voilà, et ses deux grands-pères vendoient du drap auprès de la porte Saint-Innocent. Ils ont amassé du bien à leurs enfants, qu'ils paient maintenant peut-être bien cher en l'autre monde; et l'on ne devient guère si riche à être honnêtes gens. Je ne veux point tous ces caquets, et je veux un homme, en un mot, qui m'ait obligation de ma fille, et à qui je puisse dire : Mettez- vous là, mon gendre, et dînez avec moi.

MONSIEUR JOURDAIN.

Voilà bien les sentiments d'un petit esprit, de vouloir demeurer toujours dans la bassesse. Ne me répliquez pas davantage : ma fille sera marquise, en dépit de tout le monde; et, si vous me mettez en colère, je la ferai duchesse [1].

[1] Cette discussion entre monsieur et madame Jourdain est imitée d'un entretien fort comique entre Sancho Pança et sa femme : « Si je viens à être gouverneur, dit « Sancho, je marierai si bien ma fille, qu'elle sera appelée madame par tout le « monde. — Oh! non pas, s'il vous plaît, mon mari, répondit Thérèse; mariez-la « à son égal, c'est bien plus sûr; et elle s'accommodera mieux avec des sabots et « de la serge qu'avec des souliers et des cottes de soie. Voire, ma foi, au lieu de « Marion, on l'appelleroit madame; la pauvre sotte ne sauroit comment se tenir, « et feroit bien voir ce que c'est qu'une grosse paysanne. — Que tu es sotte, ré- « pliqua Sancho; va, va, il ne faut qu'un an ou deux pour l'y accoutumer, et après « cela tu verras si elle ne fera pas comme les autres. — Mon Dieu! mon mari, ne « songeons pas à hausser notre état plus qu'il n'est; ne savez-vous pas bien ce que « dit le proverbe, qu'il faut que chacun se mesure à son aune? Vraiment, ce seroit « une jolie chose, que nous allassions marier notre fille avec quelque baron qui, « quand il lui en prendroit fantaisie, lui chanteroit pouille, en l'appelant paysanne, « fille de pitaud et meneur de cochons! Non, non, mon ami, je n'ai point nourri « votre fille pour cela! Apportez-moi seulement de l'argent, et me laissez faire.— « Viens çà, bête et femme opiniâtre! répliqua Sancho; Marion sera comtesse, « quand tu en devrois crever... — Prenez bien garde à ce que vous dites! repartit « Thérèse; vous en ferez ce que vous voudrez; mais, duchesse ou princesse, je « n'y donnerai jamais mon consentement. J'ai toujours aimé l'égalité, et je ne « saurois souffrir toutes ces suffisances : mon père s'appelle Cascayo, et moi je « m'appelle Thérèse Pança, parceque je suis votre femme, car je devrois m'ap- « peler Thérèse Cascayo; mais là où sont les rois, là sont les lois : tant y a que je « suis contente de mon nom, et que je ne veux pas qu'on le grossisse davantage, « de peur qu'il ne pèse trop; ni non plus donner à parler aux gens, en m'habillant « à la baronne ou à la gouverneuse. Vraiment, vraiment, ils ne manqueroient pas

SCÈNE XIII.

MADAME JOURDAIN, LUCILE, CLÉONTE, NICOLE, COVIELLE.

MADAME JOURDAIN.

Cléonte, ne perdez point courage encore. (*à Lucile.*) Suivez-moi, ma fille; et venez dire résolument à votre père que si vous ne l'avez, vous ne voulez épouser personne.

SCÈNE XIV.

CLÉONTE, COVIELLE.

COVIELLE.

Vous avez fait de belles affaires, avec vos beaux sentiments!

CLÉONTE.

Que veux-tu? j'ai un scrupule là-dessus que l'exemple ne sauroit vaincre.

COVIELLE.

Vous moquez-vous, de le prendre sérieusement avec un homme comme cela? Ne voyez-vous pas qu'il est fou? et vous coûtoit-il quelque chose de vous accommoder à ses chimères?

CLÉONTE.

Tu as raison; mais je ne croyois pas qu'il fallût faire ses preuves de noblesse pour être gendre de monsieur Jourdain.

COVIELLE, *riant.*

Ah! ah! ah!

CLÉONTE.

De quoi ris-tu?

« de dire aussitôt; Voyez: voyez comme elle fait la glorieuse, la gardeuse de pourceaux! hier elle filoit des étoupes, et alloit à la messe avec une serviette sur la tête; aujourd'hui la voilà qui marche avec le vertugadin, et toute couverte de soie; et elle fait la suffisante, comme si nous ne la connoissions pas. Si Dieu me garde mes cinq ou six sens de nature, je t'empêcherai bien de leur donner à jaser! » *Don Quixote*, part. II, ch. v.

COVIELLE.

D'une pensée qui me vient pour jouer notre homme, et vous faire obtenir ce que vous souhaitez.

CLÉONTE.

Comment?

COVIELLE.

L'idée est tout-à-fait plaisante.

CLÉONTE.

Quoi donc?

COVIELLE.

Il s'est fait depuis peu une certaine mascarade qui vient le mieux du monde ici, et que je prétends faire entrer dans une bourle[1] que je veux faire à notre ridicule. Tout cela sent un peu sa comédie; mais, avec lui, on peut hasarder toute chose; il n'y faut point chercher tant de façons, et il est homme à y jouer son rôle à merveille, à donner aisément dans toutes les fariboles qu'on s'avisera de lui dire. J'ai les acteurs, j'ai les habits tout prêts; laissez-moi faire seulement[2].

CLÉONTE.

Mais apprends-moi...

COVIELLE.

Je vais vous instruire de tout. Retirons-nous; le voilà qui revient.

[1] Bourle ou bourde, de l'italien *burlare*, se moquer, se jouer, se rire, faire un tour, une niche à quelqu'un. (MEN.) — « Caseneuve fait venir le mot *bourde* des « combats qui se faisoient aux tournois, où l'on se jouoit, bien qu'en apparence il « semblât qu'on se battît tout de bon; et cela s'appeloit vulgairement *burdare*, « dont les anciens François avoient fait *behourd* et *behourder*, ou *bourder*. »

[2] Ici s'annonce et se prépare la grande mystification qui va remplir les deux derniers actes de la pièce, et faire dégénérer en une farce une excellente comédie. La double nécessité d'exécuter à point nommé les ordres du roi, et de disposer sa pièce de manière à recevoir des divertissements de danse et de musique, a contraint Molière à imaginer la métamorphose bouffonne de M. Jourdain en mamamouchi. Du reste, il fait bon marché de son invention, et la donne pour ce qu'elle vaut. Covielle convient que cela *sent un peu la comédie*, et il prétend que ce n'est que la répétition d'une mascarade faite depuis peu. (A.)

SCÈNE XV.

MONSIEUR JOURDAIN.

Que diable est-ce là ? ils n'ont rien que les grands seigneurs à me reprocher, et moi je ne vois rien de si beau que de hanter les grands seigneurs ; il n'y a qu'honneur et que civilité avec eux ; et je voudrois qu'il m'eût coûté deux doigts de la main, et être né comte ou marquis.

SCÈNE XVI.

MONSIEUR JOURDAIN, UN LAQUAIS.

LE LAQUAIS.

Monsieur, voici monsieur le comte, et une dame qu'il mène par la main.

MONSIEUR JOURDAIN.

Hé ! mon Dieu ! j'ai quelques ordres à donner. Dis-leur que je vais venir ici tout-à-l'heure.

SCÈNE XVII.

DORIMÈNE, DORANTE, UN LAQUAIS.

LE LAQUAIS.

Monsieur dit comme cela qu'il va venir ici tout-à-l'heure.

DORANTE.

Voilà qui est bien.

SCÈNE XVIII.

DORIMÈNE, DORANTE.

DORIMÈNE.

Je ne sais pas, Dorante, je fais encore ici une étrange démarche, de me laisser amener par vous dans une maison où je ne connois personne.

DORANTE.

Quel lieu voulez-vous donc, madame, que mon amour choisisse pour vous régaler, puisque, pour fuir l'éclat, vous ne voulez ni votre maison ni la mienne?

DORIMÈNE.

Mais vous ne dites pas que je m'engage insensiblement chaque jour à recevoir de trop grands témoignages de votre passion. J'ai beau me défendre des choses, vous fatiguez ma résistance, et vous avez une civile opiniâtreté qui me fait venir doucement à tout ce qu'il vous plaît. Les visites fréquentes ont commencé, les déclarations sont venues ensuite, qui, après elles, ont traîné les sérénades et les cadeaux, que les présents ont suivis. Je me suis opposée à tout cela; mais vous ne vous rebutez point, et, pied à pied, vous gagnez mes résolutions. Pour moi, je ne puis plus répondre de rien, et je crois qu'à la fin vous me ferez venir au mariage, dont je me suis tant éloignée.

DORANTE.

Ma foi, madame, vous y devriez déja être: vous êtes veuve, et ne dépendez que de vous; je suis maître de moi, et vous aime plus que ma vie: à quoi tient-il que dès aujourd'hui vous ne fassiez tout mon bonheur?

DORIMÈNE.

Mon Dieu! Dorante, il faut des deux parts bien des qualités pour vivre heureusement ensemble; et les deux plus raisonnables personnes du monde ont souvent peine à composer une union dont ils soient satisfaits.

DORANTE.

Vous vous moquez, madame, de vous y figurer tant de difficultés; et l'expérience que vous avez faite ne conclut rien pour tous les autres.

DORIMÈNE.

Enfin j'en reviens toujours là; les dépenses que je vous vois faire pour moi m'inquiètent par deux raisons : l'une, qu'elles m'engagent plus que je ne voudrois; et l'autre, que je suis sûre, sans vous déplaire, que vous ne les faites point que vous ne vous incommodiez; et je ne veux point cela.

DORANTE.

Ah! madame, ce sont des bagatelles; et ce n'est pas par-là...

DORIMÈNE.

Je sais ce que je dis; et, entre autres, le diamant que vous m'avez forcée à prendre est d'un prix [1]...

DORANTE.

Hé! madame, de grace, ne faites point tant valoir une chose que mon amour trouve indigne de vous; et souffrez... Voici le maître du logis.

SCÈNE XIX.

MONSIEUR JOURDAIN, DORIMÈNE, DORANTE.

MONSIEUR JOURDAIN, *après avoir fait deux révérences, se trouvant trop près de Dorimène.*

Un peu plus loin, madame.

DORIMÈNE.

Comment?

MONSIEUR JOURDAIN.

Un pas, s'il vous plaît.

[1] Cette scène n'a d'autre but que d'affoiblir l'inconvenance de l'action de Dorimène. Le public est averti que, loin de partager les friponneries du comte, elle est sur le point d'être sa victime; dès-lors tout le mépris qu'inspire sa démarche imprudente retombe sur le misérable qui la trompe, et tout le ridicule des scènes qui vont suivre, sur le pauvre M. Jourdain, qui se croit en bonne fortune.

DORIMÈNE.

Quoi donc ?

MONSIEUR JOURDAIN.

Reculez un peu pour la troisième.

DORANTE.

Madame, monsieur Jourdain sait son monde.

MONSIEUR JOURDAIN.

Madame, ce m'est une gloire bien grande de me voir assez fortuné, pour être si heureux, que d'avoir le bonheur que vous ayez eu la bonté de m'accorder la grace, de me faire l'honneur de m'honorer de la faveur de votre présence ; et, si j'avois aussi le mérite pour mériter un mérite comme le vôtre, et que le ciel... envieux de mon bien... m'eût accordé... l'avantage de me voir digne... des...

DORANTE.

Monsieur Jourdain, en voilà assez. Madame n'aime pas les grands compliments, et elle sait que vous êtes homme d'esprit. (*bas, à Dorimène.*) C'est un bon bourgeois assez ridicule, comme vous voyez, dans toutes ses manières.

DORIMÈNE, *bas, à Dorante.*

Il n'est pas malaisé de s'en apercevoir.

DORANTE.

Madame, voilà le meilleur de mes amis.

MONSIEUR JOURDAIN.

C'est trop d'honneur que vous me faites.

DORANTE.

Galant homme tout-à-fait.

DORIMÈNE.

J'ai beaucoup d'estime pour lui.

MONSIEUR JOURDAIN.

Je n'ai rien fait encore, madame, pour mériter cette grace.

DORANTE, *bas, à M. Jourdain.*

Prenez bien garde, au moins, à ne lui point parler du diamant que vous lui avez donné.

MONSIEUR JOURDAIN, *bas, à Dorante.*

Ne pourrois-je pas seulement lui demander comment elle le trouve?

DORANTE, *bas, à M. Jourdain.*

Comment! gardez-vous-en bien! cela seroit vilain à vous; et, pour agir en galant homme, il faut que vous fassiez comme si ce n'étoit pas vous qui lui eussiez fait ce présent. (*haut.*) Monsieur Jourdain, madame, dit qu'il est ravi de vous voir chez lui.

DORIMÈNE.

Il m'honore beaucoup.

MONSIEUR JOURDAIN, *bas, à Dorante.*

Que je vous suis obligé, monsieur, de lui parler ainsi pour moi!

DORANTE, *bas, à M. Jourdain.*

J'ai eu une peine effroyable à la faire venir ici.

MONSIEUR JOURDAIN, *bas, à Dorante.*

Je ne sais quelle grace vous en rendre.

DORANTE.

Il dit, madame, qu'il vous trouve la plus belle personne du monde.

DORIMÈNE.

C'est bien de la grace qu'il me fait

MONSIEUR JOURDAIN.

Madame, c'est vous qui faites les graces; et...

DORANTE.

Songeons à manger[1].

[1] Dorante n'est ni un scélérat comme don Juan, ni un turlupin comme le marquis de *l'Impromptu de Versailles*, ni un fripon comme les Mascarille et les Sbrigani: c'est un de ces grands seigneurs à qui les mœurs permettoient de s'avilir sans se dégrader, et qui, pour avoir puisé avec adresse dans la bourse de leurs dupes, n'en restoient pas moins, aux yeux de la société, hommes d'honneur, et galants hommes. Pour se convaincre que Molière n'a rien exagéré, il suffit de lire les *Mémoires* du chevalier de Grammont et les *Lettres* du chevalier de Méré : le premier est le véritable modèle de ces escrocs de bonne compagnie: il a même eu soin de joindre la morale à l'exemple, et de justifier ses friponneries par ce raisonnement si simple et si cavalier, « qu'il rendoit en cent façons ce qu'il ne prenoit qu'en une

SCÈNE XX.

MONSIEUR JOURDAIN, DORIMÈNE, DORANTE, UN LAQUAIS.

LE LAQUAIS, *à M. Jourdain.*

Tout est prêt, monsieur.

DORANTE.

Allons donc nous mettre à table, et qu'on fasse venir les musiciens.

SCÈNE XXI.

ENTRÉE DE BALLET.

Six cuisiniers, qui ont préparé le festin, dansent ensemble, et font le troisième intermède; après quoi ils apportent une table couverte de plusieurs mets [1].

« seule. » Dorante n'est ni plus coupable ni moins homme d'honneur: il veut épouser Dorimène, et se sert de la folie de M. Jourdain pour arriver à son but: il est probable que ce mariage lui permettra de s'acquitter avec M. Jourdain comme le chevalier de Grammont lui-même s'acquitta avec le comte de Caméran, auquel il avoit fait jouer une si malheureuse partie. Ainsi Molière a passé en revue tous les travers de la noblesse de son temps, et c'est presque vivre dans son siècle que de lire et d'étudier ses ouvrages.

[1] Cette pièce porte l'empreinte d'une grande précipitation. Les trois premiers actes sont d'une disproportion dont notre théâtre n'offre peut-être pas un second exemple. Le second est double de celui qui le précède, et tous deux ensemble n'égalent pas la longueur du troisième. Mais, quoi qu'on y puisse reprendre, cette pièce ne peut être considérée comme un ouvrage médiocre. Les trois premiers actes égalent en effet tout ce que Molière a composé de plus parfait; et si les deux derniers sont une farce plus folle que plaisante, c'est que les ordres du roi ne laissèrent pas au poëte le temps de finir ainsi qu'il avoit commencé. (A.)

ACTE QUATRIÈME.

SCÈNE I.

DORIMÈNE, MONSIEUR JOURDAIN, DORANTE, TROIS MUSICIENS, UN LAQUAIS.

DORIMÈNE.

Comment ! Dorante, voilà un repas tout-à-fait magnifique!

MONSIEUR JOURDAIN.

Vous vous moquez, madame; et je voudrois qu'il fût plus digne de vous être offert.

(Dorimène, M. Jourdain, Dorante, et les trois musiciens se mettent à table.)

DORANTE.

Monsieur Jourdain a raison, madame, de parler de la sorte; et il m'oblige de vous faire si bien les honneurs de chez lui. Je demeure d'accord avec lui que le repas n'est pas digne de vous. Comme c'est moi qui l'ai ordonné, et que je n'ai pas sur cette matière les lumières de nos amis, vous n'avez pas ici un repas fort savant, et vous y trouverez des incongruités de bonne chère, et des barbarismes de bon goût. Si Damis s'en étoit mêlé, tout seroit dans les règles; il y auroit partout de l'élégance et de l'érudition, et il ne manqueroit pas de vous exagérer lui-même toutes les pièces du repas qu'il vous donneroit, et de vous faire tomber d'accord de sa haute capacité dans la science des bons morceaux; de vous parler d'un pain de rive à biseau doré, relevé de croûte partout, croquant tendrement sous la dent; d'un vin à sève veloutée, armé d'un vert qui n'est point trop commandant; d'un carré de mouton gourmandé de persil; d'une longe de veau de rivière, longue comme cela, blanche, délicate, et qui, sous les dents, est une vraie pâte d'amande; de perdrix relevées d'un fumet surprenant; et pour son opéra, d'une soupe à bouillon perlé, soutenue d'un jeune gros dindon cantonné de pigeonneaux, et couronné d'oignons blancs mariés avec la chicorée. Mais, pour moi, je vous avoue mon ignorance; et, comme monsieur Jourdain a fort bien dit, je voudrois que le repas fût plus digne de vous être offert[1].

DORIMÈNE.

Je ne réponds à ce compliment qu'en mangeant comme je fais.

MONSIEUR JOURDAIN.

Ah! que voilà de belles mains!

DORIMÈNE.

Les mains sont médiocres, monsieur Jourdain; mais vous voulez parler du diamant, qui est fort beau.

MONSIEUR JOURDAIN.

Moi, madame? Dieu me garde d'en vouloir parler! ce ne seroit pas agir en galant homme; et le diamant est fort peu de chose.

DORIMÈNE.

Vous êtes bien dégoûté.

MONSIEUR JOURDAIN.

Vous avez trop de bonté...

DORANTE, *après avoir fait signe à M. Jourdain.*

Allons, qu'on donne du vin à monsieur Jourdain et à ces messieurs, qui nous feront la grace de nous chanter un air à boire.

[1] *Un pain de rive* est un pain qui, ayant été placé au bord du four, est bien cuit sur les bords. *Gourmandé* veut dire ici lardé. *Veau de rivière*, veau élevé en Normandie, dans des prairies voisines de la Seine. *Cantonné* est une expression empruntée au blason, et qui signifie ayant à ses quatre coins; on dit, *une croix cantonnée de quatre étoiles.* Les plus célèbres gourmands, au siècle de Louis XIV, étoient ces *profès dans l'ordre des coteaux* dont parle Boileau, dans une de ses satires. Un évêque du Mans, M. de Lavardin, se mit sur les rangs pour entrer parmi eux; mais il fut effrayé de la rigidité de leurs principes; il auroit desiré un peu de relâchement dans la discipline: « Ces messieurs, disoit-il, outrent « tout, à force de vouloir raffiner sur tout. Ils ne sauroient manger que du *veau* « *de rivière*; il faut que leurs perdrix viennent d'Auvergne, etc. » (A.)

DORIMÈNE.

C'est merveilleusement assaisonner la bonne chère, que d'y mêler la musique; et je me vois ici admirablement régalée.

MONSIEUR JOURDAIN.

Madame, ce n'est pas...

DORANTE.

Monsieur Jourdain, prêtons silence à ces messieurs; ce qu'ils nous diront vaudra mieux que tout ce que nous pourrions dire.

PREMIER ET SECOND MUSICIEN ENSEMBLE,
un verre à la main.

Un petit doigt, Philis, pour commencer le tour :
Ah! qu'un verre en vos mains a d'agréables charmes!
Vous et le vin vous vous prêtez des armes,
Et je sens pour tous deux redoubler mon amour :
Entre lui, vous et moi, jurons, jurons, ma belle,
Une ardeur éternelle.

Qu'en mouillant votre bouche il en reçoit d'attraits!
Et que l'on voit par lui votre bouche embellie!
Ah! l'un de l'autre ils me donnent envie,
Et de vous et de lui je m'enivre à longs traits.
Entre lui, vous et moi, jurons, jurons, ma belle,
Une ardeur éternelle.

SECOND ET TROISIÈME MUSICIENS ENSEMBLE

Buvons, chers amis, buvons!
Le temps qui fuit nous y convie :
Profitons de la vie
Autant que nous pouvons.

Quand on a passé l'onde noire,
Adieu le bon vin, nos amours
Dépêchons-nous de boire :
On ne boit pas toujours.

Laissons raisonner les sots
Sur le vrai bonheur de la vie;
Notre philosophie
Le met parmi les pots.

Les biens, le savoir et la gloire,
N'ôtent point les soucis fâcheux;
Et ce n'est qu'à bien boire
Que l'on peut être heureux.

TOUS TROIS ENSEMBLE.

Sus, sus; du vin partout: versez, garçon, versez.
Versez, versez toujours, tant qu'on vous dise, Assez.

DORIMÈNE.

Je ne crois pas qu'on puisse mieux chanter; et cela est tout-à-fait beau.

MONSIEUR JOURDAIN.

Je vois encore ici, madame, quelque chose de plus beau.

DORIMÈNE.

Ouais! monsieur Jourdain est galant plus que je ne pensois.

DORANTE.

Comment, madame! pour qui prenez-vous monsieur Jourdain?

MONSIEUR JOURDAIN.

Je voudrois bien qu'elle me prît pour ce que je dirois.

DORIMÈNE.

Encore?

DORANTE, *à Dorimène.*

Vous ne le connoissez pas.

MONSIEUR JOURDAIN.

Elle me connoîtra quand il lui plaira.

DORIMÈNE.

Oh! je le quitte.

DORANTE.

Il est homme qui a toujours la riposte en main. Mais vous

MONSIEUR JOURDAIN.

Je ne sais qui me tient, maudite, que je ne vous fende la tête avec les pièces du repas que vous êtes venue troubler.

(Les laquais emportent la table.)

MADAME JOURDAIN, *sortant*.

Je me moque de cela. Ce sont mes droits que je défends, et j'aurai pour moi toutes les femmes[1].

MONSIEUR JOURDAIN.

Vous faites bien d'éviter ma colère.

SCÈNE IV.

MONSIEUR JOURDAIN.

Elle est arrivée bien malheureusement. J'étois en humeur de dire de jolies choses; et jamais je ne m'étois senti tant d'esprit. Qu'est-ce que c'est que cela?

[1] Ici, on peut le dire, la comédie finit, et la farce commence, pour durer jusqu'à la fin de la pièce. (A.) — On s'est beaucoup récrié sur la crédulité de M. Jourdain. Cependant les annales de la Normandie rapportent un exemple de vanité encore plus singulier. L'abbé de Saint-Martin, qui employa une partie de sa fortune à orner la ville de Caen de plusieurs monuments utiles, et entre autres de fort belles fontaines, porta la crédulité aussi loin que M. Jourdain, puisqu'il s'imagina que le roi de Siam, ayant lu ses ouvrages, l'avoit élevé à la dignité de mandarin, et qu'il fut reçu avec des cérémonies plus singulières encore que celles du *Bourgeois gentilhomme*. Le bon abbé resta toute sa vie persuadé qu'il étoit mandarin de Siam, et marquis de Miskou à la Nouvelle-France; et il ne manquoit jamais de joindre tous ces titres à sa signature. Cette grande réception se fit à Caen en 1686, c'est-à-dire seize ans après la première représentation du *Bourgeois gentilhomme*. Cette histoire a été recueillie en trois volumes in-12, sous le titre de *Mandarinade, ou Histoire comique du mandarinat, de M. l'abbé de Saint-Martin*, marquis de Miskou, docteur en théologie, et protonotaire du Saint-Siége, etc.; La Haye, 1738.

SCÈNE V.

MONSIEUR JOURDAIN; COVIELLE, *déguisé.*

COVIELLE.

Monsieur, je ne sais pas si j'ai l'honneur d'être connu de vous.

MONSIEUR JOURDAIN.

Non, monsieur.

COVIELLE, *étendant la main à un pied de terre.*

Je vous ai vu que vous n'étiez pas plus grand que cela.

MONSIEUR JOURDAIN.

Moi?

COVIELLE.

Oui. Vous étiez le plus bel enfant du monde, et toutes les dames vous prenoient dans leurs bras pour vous baiser.

MONSIEUR JOURDAIN.

Pour me baiser?

COVIELLE.

Oui. J'étois grand ami de feu monsieur votre père.

MONSIEUR JOURDAIN.

De feu monsieur mon père?

COVIELLE.

Oui. C'étoit un fort honnête gentilhomme.

MONSIEUR JOURDAIN.

Comment dites-vous?

COVIELLE.

Je dis que c'étoit un fort honnête gentilhomme.

MONSIEUR JOURDAIN.

Mon père?

COVIELLE.

Oui.

MONSIEUR JOURDAIN.

Vous l'avez fort connu?

COVIELLE.

Assurément.

MONSIEUR JOURDAIN.

Et vous l'avez connu pour gentilhomme?

COVIELLE.

Sans doute.

MONSIEUR JOURDAIN.

Je ne sais donc pas comment le monde est fait!

COVIELLE.

Comment?

MONSIEUR JOURDAIN.

Il y a de sottes gens qui me veulent dire qu'il a été marchand.

COVIELLE.

Lui, marchand? C'est pure médisance, il ne l'a jamais été. Tout ce qu'il faisoit, c'est qu'il étoit fort obligeant, fort officieux; et, comme il se connoissoit fort bien en étoffes, il en alloit choisir de tous les côtés, les faisoit apporter chez lui, et en donnoit à ses amis pour de l'argent.

MONSIEUR JOURDAIN.

Je suis ravi de vous connoître, afin que vous rendiez ce témoignage-là, que mon père étoit gentilhomme.

COVIELLE.

Je le soutiendrai devant tout le monde.

MONSIEUR JOURDAIN.

Vous m'obligerez. Quel sujet vous amène?

COVIELLE.

Depuis avoir connu feu monsieur votre père, honnête gentilhomme, comme je vous ai dit, j'ai voyagé par tout le monde.

MONSIEUR JOURDAIN.

Par tout le monde?

COVIELLE.

Oui.

MONSIEUR JOURDAIN.

Je pense qu'il y a bien loin en ce pays là.

COVIELLE.

Assurément. Je ne suis revenu de tous mes longs voyages que depuis quatre jours; et, par l'intérêt que je prends à tout ce qui vous touche, je viens vous annoncer la meilleure nouvelle du monde.

MONSIEUR JOURDAIN.

Quelle?

COVIELLE.

Vous savez que le fils du grand turc est ici[1]?

MONSIEUR JOURDAIN.

Moi? Non.

COVIELLE.

Comment! Il a un train tout-à-fait magnifique; tout le monde le va voir, et il a été reçu en ce pays comme un seigneur d'importance.

MONSIEUR JOURDAIN.

Par ma foi, je ne savois pas cela.

[1] A cette époque, dit l'auteur anonyme de la vie de Molière, un ambassadeur turc étoit à la cour de France. Le roi, qui aimoit à briller, lui donna audience avec un habit superbe, chargé de pierreries. Cet envoyé, sortant des appartements, témoigna de l'admiration pour la bonne mine et l'air majestueux du roi, sans dire un seul mot de la richesse des pierreries. Un courtisan voulant savoir ce qu'il en pensoit, s'avisa de le mettre sur ce chapitre, et eut pour réponse qu'il n'y avoit rien là de fort admirable pour un homme qui avoit vu le Levant; et que lorsque le grand-seigneur sortoit, son cheval étoit plus richement orné que l'habit qu'il venoit de voir. Colbert, qui entendit cette réponse, recommanda à Molière celui qui l'avoit faite; et comme Molière travailloit alors au *Bourgeois gentilhomme*, et qu'il savoit que l'excellence turque viendroit à la comedie, il imagina le spectacle ridicule qui sert de dénoûment à la pièce. Je tiens ce fait d'une personne encore vivante, qui étoit alors à la cour. Quant à l'exécution, il est à remarquer que Lulli, qui étoit aussi excellent grimacier qu'excellent musicien, voulut chanter lui-même le rôle du Muphti; en quoi personne n'a été capable de l'égaler. L'ambassadeur, qu'on vouloit mortifier par cette extravagante peinture des cérémonies de sa nation, en fit une critique fort modérée : il trouva à redire qu'on donnât la bastonnade sur le dos au lieu de la donner sur la plante des pieds, comme c'est l'usage. Molière répondit qu'il n'avoit pas prétendu représenter au juste les cérémonies turques, mais en imaginer une qui fût risible; et il faut avouer qu'il a réussi. (*Vie de Molière*, écrite en 1724 par un auteur anonyme.)

COVIELLE.

Ce qu'il y a d'avantageux pour vous, c'est qu'il est amoureux de votre fille.

MONSIEUR JOURDAIN.

Le fils du grand turc?

COVIELLE.

Oui; et il veut être votre gendre.

MONSIEUR JOURDAIN.

Mon gendre, le fils du grand turc?

COVIELLE.

Le fils du grand turc votre gendre. Comme je le fus voir, et que j'entends parfaitement sa langue, il s'entretint avec moi; et, après quelques autres discours, il me dit : *Acciam croc soler onch allu moustaph gidelum amanahem varahini oussere carbulath*[1], c'est-à-dire : N'as-tu point vu une jeune belle personne, qui est la fille de monsieur Jourdain, gentilhomme parisien?

MONSIEUR JOURDAIN.

Le fils du grand turc dit cela de moi?

COVIELLE.

Oui. Comme je lui eus répondu que je vous connoissois particulièrement, et que j'avois vu votre fille : Ah! me dit-il, *marababa sahem!* c'est-à-dire : Ah! que je suis amoureux d'elle!

MONSIEUR JOURDAIN.

Marababa sahem veut dire : Ah! que je suis amoureux d'elle?

COVIELLE.

Oui.

MONSIEUR JOURDAIN.

Par ma foi, vous faites bien de me le dire; car, pour moi, je n'aurois jamais cru que *marababa sahem* eût voulu dire : Ah! que je suis amoureux d'elle! Voilà une langue admirable que ce turc!

[1] Molière a pris la plupart de ses prétendus mots turcs dans une comédie de Rotrou, intitulée *la Sœur*; mais il y a pris mieux que cela, comme nous le verrons bientôt (A.)

COVIELLE.

Plus admirable qu'on ne peut croire. Savez-vous bien ce que veut dire *cacaracamouchen?*

MONSIEUR JOURDAIN.

Cacaracamouchen? Non.

COVIELLE.

C'est-à-dire, Ma chère ame.

MONSIEUR JOURDAIN.

Cacaracamouchen veut dire, Ma chère ame?

COVIELLE.

Oui.

MONSIEUR JOURDAIN.

Voilà qui est merveilleux! *Cacaracamouchen*, Ma chère ame. Diroit-on jamais cela? Voilà qui me confond.

COVIELLE.

Enfin, pour achever mon ambassade, il vient vous demander votre fille en mariage; et, pour avoir un beau-père qui soit digne de lui, il veut vous faire *mamamouchi* [1], qui est une certaine grande dignité de son pays.

MONSIEUR JOURDAIN.

Mamamouchi?

COVIELLE.

Oui, *mamamouchi;* c'est-à-dire, en notre langue, paladin. Paladin, ce sont de ces anciens... Paladin, enfin. Il n'y a rien de plus noble que cela dans le monde, et vous irez de pair avec les plus grands seigneurs de la terre.

MONSIEUR JOURDAIN.

Le fils du grand turc m'honore beaucoup; et je vous prie de me mener chez lui pour lui en faire mes remercîments.

COVIELLE.

Comment! le voilà qui va venir ici.

MONSIEUR JOURDAIN.

Il va venir ici?

[1] *Mamamouchi* est un mot forgé par Molière, qui n'a de rapport avec aucun mot turc ou arabe; mais il a pris place dans notre langage populaire, où il désigne un homme habillé à la turque : le peuple dit, *se déguiser en mamamouchi*. (A.

COVIELLE.

Oui ; et il amène toutes choses pour la cérémonie de votre dignité.

MONSIEUR JOURDAIN.

Voilà qui est bien prompt.

COVIELLE.

Son amour ne peut souffrir aucun retardement.

MONSIEUR JOURDAIN.

Tout ce qui m'embarrasse ici, c'est que ma fille est une opiniâtre qui s'est allé mettre dans la tête un certain Cléonte, et elle jure de n'épouser personne que celui-là.

COVIELLE.

Elle changera de sentiment quand elle verra le fils du grand turc ; et puis il se rencontre ici une aventure merveilleuse, c'est que le fils du grand turc ressemble à ce Cléonte, à peu de chose près. Je viens de le voir, on me l'a montré ; et l'amour qu'elle a pour l'un pourra passer aisément à l'autre, et... Je l'entends venir ; le voilà.

SCÈNE VI.

CLÉONTE, *en Turc* ; TROIS PAGES, *portant la veste de Cléonte* ; MONSIEUR JOURDAIN, COVIELLE.

CLÉONTE.

Ambousahim oqui boraf, Jordina, Salamalequi.

COVIELLE, *à M. Jourdain.*

C'est-à-dire : Monsieur Jourdain, votre cœur soit toute l'année comme un rosier fleuri. Ce sont façons de parler obligeantes de ces pays-là.

MONSIEUR JOURDAIN.

Je suis très humble serviteur de son altesse turque.

COVIELLE.

Carigar camboto oustin moraf.

CLÉONTE.

Oustin yoc catamalequi basum base alla moran.

COVIELLE.

Il dit : Que le ciel vous donne la force des lions et la prudence des serpents.

MONSIEUR JOURDAIN.

Son altesse turque m'honore trop, et je lui souhaite toutes sortes de prospérités.

COVIELLE.

Ossa binamen sadoc baballi oracaf ouram.

CLÉONTE.

Bel-men.

COVIELLE.

Il dit que vous alliez vite avec lui vous préparer pour la cérémonie, afin de voir ensuite votre fille, et de conclure le mariage.

MONSIEUR JOURDAIN.

Tant de choses en deux mots?

COVIELLE.

Oui. La langue turque est comme cela, elle dit beaucoup en peu de paroles. Allez vite où il souhaite.

SCÈNE VII.

COVIELLE.

Ah! ah! ah! Ma foi, cela est tout-à-fait drôle. Quelle dupe! quand il auroit appris son rôle par cœur, il ne pourroit pas le mieux jouer. Ah! ah!

SCÈNE VIII.

DORANTE, COVIELLE.

COVIELLE.

Je vous prie, monsieur, de nous vouloir aider céans dans une affaire qui s'y passe.

DORANTE.

Ah! ah! Covielle, qui t'auroit reconnu? Comme te voilà ajusté!

COVIELLE.

Vous voyez. Ah! ah!

DORANTE.

De quoi ris-tu?

COVIELLE.

D'une chose, monsieur, qui le mérite bien.

DORANTE.

Comment?

COVIELLE.

Je vous le donnerois en bien des fois, monsieur, à deviner le stratagème dont nous nous servons auprès de monsieur Jourdain, pour porter son esprit à donner sa fille à mon maître.

DORANTE.

Je ne devine point le stratagème; mais je devine qu'il ne manquera pas de faire son effet, puisque tu l'entreprends.

COVIELLE.

Je sais, monsieur, que la bête vous est connue.

DORANTE.

Apprends-moi ce que c'est.

COVIELLE.

Prenez la peine de vous tirer un peu plus loin, pour faire place à ce que j'aperçois venir. Vous pourrez voir une partie de l'histoire, tandis que je vous conterai le reste.

SCÈNE IX.

CÉRÉMONIE TURQUE.

LE MUPHTI [1], DERVIS, TURCS, *assistants du muphti, chantants et dansants.*

PREMIÈRE ENTRÉE DE BALLET.

Six Turcs entrent gravement deux à deux, au son des instruments. Ils portent trois tapis qu'ils lèvent fort haut, après en avoir fait, en dansant, plusieurs figures. Les Turcs chantants passent par-dessous ces tapis pour s'aller ranger aux deux côtés du théâtre. Le muphti, accompagné des dervis, ferme cette marche.

Alors les Turcs étendent les tapis par terre, et se mettent dessus à genoux. Le muphti et les dervis restent debout au milieu d'eux; et, pendant que le muphti invoque Mahomet, en faisant beaucoup de contorsions et de grimaces, sans proférer une seule parole, les Turcs assistants se prosternent jusqu'à terre, chantant *Alli*, lèvent les bras au ciel, en chantant *Alla* [2]; ce qu'ils continuent jus-

[1] Lulli, déja célèbre, avoit composé la musique de cette cérémonie; il fit plus encore pour le succès de Molière et les plaisirs de Louis, il se chargea à Chambord du rôle du Muphti. Le nom de Chiaccherone, qu'on trouve dans la liste des acteurs, n'étoit qu'un nom supposé sous lequel l'habile pantomime Lulli s'étoit caché. Sa gaieté donna à ce rôle tout le piquant dont il étoit susceptible; et l'on sait que, quelques années après, Lulli reparut encore à Versailles sous ce masque, malgré les avis qu'il avoit reçus que les secrétaires du roi, au nombre desquels il devoit être admis, se préparoient à le rejeter, donnant pour prétexte de cette exclusion sa complaisance pour les amusements de son maître. Ce qu'il y a de plaisant, c'est que Lulli l'emporta sur la compagnie des secrétaires, et sur le ministre Louvois lui-même, qui se vit obligé d'appeler Lulli son *cher confrère*, couvrant ainsi sa confusion de ce qu'on appela dans le temps un bon mot. On peut lire les détails de cette affaire dans la vie de *Quinault*, à la tête de ses ouvrages, et dans le parallèle de la musique des anciens avec la musique nouvelle, par M. de Freneuze. (B.) — On trouve un portrait fort piquant de Lulli dans une petite brochure intitulée *Lettre de Clément Marot, touchant ce qui s'est passé à l'arrivée de Jean-Baptiste Lulli aux champs Élysées.* Voici ce portrait, qui mérite de trouver place ici. « Sur une espèce de brancard composé de plusieurs branches de laurier parut, « porté par douze satyres, un petit homme d'assez mauvaise mine et d'un exté- « rieur fort négligé. De petits yeux bordés de rouge qu'on voyoit à peine, et qui « avoient peine à voir, brilloient en lui d'un feu sombre, qui marquoit tout en- « semble beaucoup d'esprit et beaucoup de malignité. Un caractère de plaisanterie « étoit répandu sur son visage; enfin sa figure entière respiroit la bizarrerie; et « quand nous n'aurions pas été instruits de ce qu'il étoit, sur la foi de sa physio- « nomie, nous l'aurions pris sans peine pour un musicien. »

[2] *Alli* et *Alla*, qui s'écrit *Allah*, signifient Dieu.

qu'à la fin de l'invocation, après laquelle ils se lèvent tous, chantant *Alla ekber*[1]; et deux dervis vont chercher M. Jourdain.

SCÈNE X.

LE MUPHTI, DERVIS, TURCS *chantants et dansants;* MONSIEUR JOURDAIN *vêtu à la turque, la tête rasée, sans turban et sans sabre.*

LE MUPHTI, *à M. Jourdain.*

Se ti sabir,
Ti respondir;
Se non sabir,
Tazir, tazir.

Mi star muphti,
Ti qui star si?
Non intendir;
Tazir, tazir[2].

(Deux dervis font retirer M. Jourdain.)

SCÈNE XI.

LE MUPHTI, DERVIS, TURCS *chantants et dansants.*

LE MUPHTI.

Dice, Turque, qui star quista? Anabatista? anabatista?

LES TURCS.

Ioc.

[1] *Alla eckber* signifie, Dieu est grand.

[2] Ces deux petits couplets chantés par le muphti sont en langue franque. On sait que cette langue, parlée dans les états barbaresques, est un mélange corrompu d'italien, d'espagnol, de portugais, etc., dans lequel les verbes sont employés à l'infinitif seulement, comme dans le jargon des nègres de nos colonies. Voici l'explication des deux couplets: « Si tu sais, réponds; si tu ne sais pas, tais-toi. Je « suis le muphti. Toi, qui es-tu? Tu ne comprends pas, tais-toi. » Tout ce qui se dit dans le reste de l'acte est également en langue franque, à l'exception de quelques mots turcs qui seront traduits à mesure. (A.)

LE MUPHTI.

Zuinglista?

LES TURCS.

Ioc.

LE MUPHTI.

Coffita?

LES TURCS.

Ioc.

LE MUPHTI.

Hussita? Morista? Fronista?

LES TURCS.

Ioc, ioc, ioc[1].

LE MUPHTI.

Ioc, ioc, ioc. Star pagana?

LES TURCS.

Ioc.

LE MUPHTI.

Luterana?

LES TURCS.

Ioc.

LE MUPHTI.

Puritana?

LES TURCS.

Ioc.

LE MUPHTI.

Bramina? Moffina? Zurina?

LES TURCS.

Ioc, ioc, ioc.

LE MUPHTI.

Ioc, ioc, ioc. Mahametana? Mahametana?

[1] « Dis, Turc, qui est celui-ci? Est-il anabaptiste? » — *Ioc*; ou plutôt *yoc*, mot turc qui signifie, non. — *Zuinglista*, zuinglien, ou de la secte de Zuingle. — *Coffita*, cophtite ou cophte, chrétien d'Égypte, de la secte des jacobites. — *Hussita*, hussite, ou de la secte de Jean Huss. *Morista*, more. *Fronista*, probablement phroniste, ou contemplatif. (A.)

LES TURCS.

Hi Valla. Hi Valla.

LE MUPHTI.

Como chamara? Como chamara [1]?

LES TURCS.

Giourdina, Giourdina.

LE MUPHTI, *sautant.*

Giourdina, Giourdina.

LES TURCS.

Giourdina, Giourdina.

LE MUPHTI.

Mahameta, per Giourdina,
Mi pregar, sera e matina.
Voler far un paladina
De Giourdina, de Giourdina;
Dar turbanta, e dar scarrina,
Con galera, e brigantina,
Per deffender Palestina.
Mahameta, per Giourdina,
Mi pregar sera e matina.

(Aux Turcs.)
Star bon Turca Giourdina [2]?

[1] « Est-il païen? » — *Luterana*, luthérien. — *Puritana*, puritain. — *Bramina*, bramine. Quant à *Moffina* et à *Zurina*, ce sont probablement des noms d'invention; au moins ne les ai-je trouvés dans aucun des livres qui traitent des religions et des sectes religieuses. — *Hi Valla*, mots arabes, qui devroient être écrits, *Ei Vallah*, et qui signifient, Oui, par Dieu. — *Como chamara*, « Comment se « nomme-t-il? » (A.)

[2] Les questions du muphti aux Turcs, et les réponses de ceux-ci, ont été imprimées, pour la première fois, dans l'édition de 1682 L'édition originale porte seulement ces mots, qui les indiquent: « Le muphti demande en même langue, aux » assistants, de quelle religion est le Bourgeois, et ils l'assurent qu'il est mahométan. » Les éditeurs de 1682 ont fait entrer dans leur texte ce qui se disoit à la représentation. — « Je prierai soir et matin Mahomet pour Jourdain. Je veux « faire de Jourdain un paladin. Je lui donnerai turban et sabre, avec galère et bri- « gantin, pour défendre la Palestine. Je prierai soir et matin Mahomet pour Jour- « dain. (*aux Turcs.*) Jourdain est-il bon Turc? » (A.)

LES TURCS.

Hi Valla. Hi Valla.

LE MUPHTI, *chantant et dansant.*

Ha la ba, ba la chou, ba la ba, ba la da[1].

LES TURCS.

Ha la ba, ba la chou, ba la ba, ba la da.

SCÈNE XII.

TURCS CHANTANTS ET DANSANTS.

DEUXIÈME ENTRÉE DE BALLET.

SCÈNE XIII.

LE MUPHTI, DERVIS, MONSIEUR JOURDAIN, TURCS *chantants et dansants.*

Le muphti revient coiffé avec son turban de cérémonie, qui est d'une grosseur démesurée, et garni de bougies allumées à quatre ou cinq rangs; il est accompagné de deux dervis qui portent l'Alcoran, et qui ont des bonnets pointus, garnis aussi de bougies allumées.

Les deux autres dervis amènent M. Jourdain, et le font mettre à genoux, les mains par terre, de façon que son dos, sur lequel est mis l'Alcoran, sert de pupitre au muphti, qui fait une seconde invocation burlesque, fronçant le sourcil, frappant de temps en temps sur l'Alcoran, et tournant les feuillets avec précipitation; après quoi, en levant les bras au ciel, le muphti crie à haute voix, *Hou.*

Pendant cette seconde invocation, les Turcs assistants, s'inclinant et se relevant alternativement, chantent aussi *Hou, hou, hou.*

MONSIEUR JOURDAIN, *après qu'on lui a ôté l'Alcoran de dessus le dos.*

Ouf.

LE MUPHTI, *à M. Jourdain.*

Ti non star furba?

[1] Comme on l'a vu plus haut, *Hi Valla*, ou plutôt *Ei Vallah*, signifie, en turc, Oui, par Dieu. Ces syllabes, ainsi détachées, n'ont aucun sens. Mais, en les rapprochant, et en rectifiant ce qu'elles ont d'incorrect, on en forme aisément ces mots : *Allah, baba, hou, Allah, baba*, qui sont véritablement turcs, et qui signifient, Dieu, mon père; Dieu, Dieu, mon père. (A.)

LES TURCS.

No, no, no.

LE MUPHTI.

Non star forfanta ?

LES TURCS.

No, no, no.

LE MUPHTI, *aux Turcs.*

Donar turbanta [1].

LES TURCS.

Ti non star furba?
No, no, no.
Non star forfanta?
No, no, no.
Donar turbanta.

TROISIÈME ENTRÉE DE BALLET.

Les Turcs dansants mettent le turban sur la tête de M. Jourdain au son des instruments.

LE MUPHTI, *donnant le sabre à M. Jourdain.*

Ti star nobile, non star fabbola.
Pigliar schiabbola.

LES TURCS, *mettant le sabre à la main.*

Ti star nobile, non star fabbola.
Pigliar schiabbola.

QUATRIÈME ENTRÉE DE BALLET.

Les Turcs dansants donnent en cadence plusieurs coups de sabre à M. Jourdain.

LE MUPHTI.

Dara, dara
Bastonnara [2].

[1] *Hou*, mot arabe qui signifie *lui*, est un des noms que les musulmans donnent Dieu : ils ne le prononcent qu'avec une crainte respectueuse. — « Tu n'es point fourbe ? » — « Tu n'es point imposteur ? » — « Donnez le turban. » (A.)

[2] « Tu es noble, ce n'est point une fable. Prends ce sabre. » — « Donnez, donnez

LES TURCS.

Dara, dara
Bastonnara.

CINQUIÈME ENTRÉE DE BALLET.

Les Turcs dansants donnent à M. Jourdain des coups de bâton en cadence.

LE MUPHTI.

Non tener honta,
Questa star l'ultima affronta[1].

LES TURCS.

Non tener honta,
Questa star l'ultima affronta.

Le muphti commence une troisième invocation. Les dervis le soutiennent par-dessous les bras avec respect; après quoi les Turcs chantants et dansants, sautant autour du muphti, se retirent avec lui, et emmènent M. Jourdain.

ACTE CINQUIÈME.

SCÈNE I.

MADAME JOURDAIN, MONSIEUR JOURDAIN.

MADAME JOURDAIN.

Ah! mon Dieu, miséricorde! Qu'est-ce que c'est donc que cela? Quelle figure! Est-ce un momon que vous allez porter, et est-il temps d'aller en masque? Parlez donc, qu'est-ce que c'est que ceci? Qui vous a fagoté comme cela?

MONSIEUR JOURDAIN.

Voyez l'impertinente, de parler de la sorte à un *mamamouchi!*

la bastonnade. » *Bastonata* seroit sûrement plus exact que *bastonara*; mais il falloit rimer avec *dara*. (A.)

[1] « N'aie point honte, c'est le dernier affront. » (A.)

MADAME JOURDAIN.

Comment donc?

MONSIEUR JOURDAIN.

Oui, il me faut porter du respect maintenant, et l'on vient de me faire *mamamouchi*.

MADAME JOURDAIN.

Que voulez-vous dire avec votre *mamamouchi?*

MONSIEUR JOURDAIN.

Mamamouchi, vous dis-je. Je suis *mamamouchi*.

MADAME JOURDAIN.

Quelle bête est-ce là?

MONSIEUR JOURDAIN.

Mamamouchi, c'est-à-dire, en notre langue, paladin.

MADAME JOURDAIN.

Baladin! Êtes-vous en âge de danser des ballets?

MONSIEUR JOURDAIN.

Quelle ignorante! Je dis paladin : c'est une dignité dont o vient de me faire la cérémonie.

MADAME JOURDAIN.

Quelle cérémonie donc?

MONSIEUR JOURDAIN.

Mahameta per Jordina.

MADAME JOURDAIN.

Qu'est-ce que cela veut dire?

MONSIEUR JOURDAIN.

Jordina, c'est-à-dire Jourdain.

MADAME JOURDAIN.

Hé bien! quoi, Jourdain?

MONSIEUR JOURDAIN.

Voler far un paladina de Jordina.

MADAME JOURDAIN.

Comment?

MONSIEUR JOURDAIN.

Dar turbanta con galera.

Depuis que de Tartuffe on le voit entêté ;
Il l'appelle son frère, et l'aime dans son ame
Cent fois plus qu'il ne fait mère, fils, fille, et femme.
C'est de tous ses secrets l'unique confident,
Et de ses actions le directeur prudent ;
Il le choie, il l'embrasse ; et pour une maîtresse
On ne sauroit, je pense, avoir plus de tendresse :
A table, au plus haut bout il veut qu'il soit assis ;
Avec joie il l'y voit manger autant que six [1] ;
Les bons morceaux de tout, il faut qu'on les lui cède ;
Et, s'il vient à roter, il lui dit, Dieu vous aide [2] !
Enfin il en est fou ; c'est son tout, son héros ;
Il l'admire à tous coups, le cite à tous propos ;
Ses moindres actions lui semblent des miracles,
Et tous les mots qu'il dit sont pour lui des oracles.
Lui, qui connoît sa dupe, et qui veut en jouir,

[1] Point de sagesse sans tempérance ; maxime d'autant plus frappante qu'elle est vulgaire. C'est commencer heureusement le portrait de l'hypocrisie que de montrer Tartuffe manquant à une vertu sur laquelle toutes les autres s'appuient. Ainsi Molière a eu raison de dire qu'*il avoit mis tout le soin possible à bien distinguer son personnage du vrai dévot* [*]. En effet, à peine a-t-il exposé son sujet, que nous voyons Tartuffe aspirant à tout gouverner par scrupule de conscience ; s'emparant des deniers du père de famille sous prétexte de bonnes œuvres ; se livrant avec effronterie à la plus honteuse intempérance, couvrant du nom de Dieu sa sensualité, son avarice, son ambition, et tournant pieusement au profit de ses vices toutes les lois naturelles, humaines et divines.

[2] Les comédiens retranchent ces deux vers, et l'on ne peut les en blâmer, puis, que le dernier renferme une expression aussi basse que grossière. Cependant comme cette expression fait tomber à plein le ridicule sur celui dont elle montre la dégoûtante intempérance, comme elle donne une idée de la sottise d'Orgon et du cynisme impertinent de Tartuffe, comme elle prépare enfin la cinquième scène de ce premier acte, on comprend que Molière n'ait pu se résoudre à l'effacer. Le trait d'ailleurs est emprunté de Juvénal, qui peint le bas flatteur toujours prêt à louer, si son ami a bien roté, etc.

. . . . Laudare paratus
Si bene ructavit, si rectum minxit amicus.

Mais le style de la satire n'est pas celui de la comédie ; d'ailleurs

Le latin dans les mots brave l'honnêteté.

[*] Voyez sa préface

Par cent dehors fardés a l'art de l'éblouir;
Son cagotisme en tire, à toute heure, des sommes,
Et prend droit de gloser sur tous tant que nous sommes.
Il n'est pas jusqu'au fat qui lui sert de garçon,
Qui ne se mêle aussi de nous faire leçon;
Il vient nous sermonner avec des yeux farouches,
Et jeter nos rubans, notre rouge, et nos mouches.
Le traître, l'autre jour, nous rompit de ses mains
Un mouchoir qu'il trouva dans une *Fleur des Saints*[1],
Disant que nous mêlions, par un crime effroyable,
Avec la sainteté les parures du diable.

SCÈNE III.

ELMIRE, MARIANE, DAMIS, CLÉANTE, DORINE.

ELMIRE, *à Cléante.*

Vous êtes bien heureux de n'être point venu
Au discours qu'à la porte elle nous a tenu.
Mais j'ai vu mon mari; comme il ne m'a point vue,
Je veux aller là-haut attendre sa venue[2].

[1] Si Molière n'a pas jugé convenable de mettre sur la scène ce valet si bien peint par Dorine, c'est que l'hypocrisie n'est pas seulement un vice ridicule, elle est encore un crime odieux. Or présenter la charge de l'hypocrisie, offrir à la risée dans le valet ce qui excite l horreur dans le maître, c'eût été en même temps blesser les convenances morales, et méconnoître le but de la comédie. On rit sans doute à la représentation de cette pièce, mais on rit de la dupe, et jamais du méchant. La folie d'Orgon est plus ou moins ridicule : la scélératesse de Tartuffe est toujours odieuse. C'est que la folie du premier est justiciable de la scène, et que les crimes de l'autre ne sont justiciables que de la loi. Cette idée véritablement morale fait tout le sujet de la pièce, et l'on verra plus tard qu'elle en a motivé le dénoûment.

[2] Elmire, qui, en reconduisant sa belle-mère, vient de montrer combien elle est attachée à ses moindres devoirs, évite ici, après deux jours d'absence, la rencontre de son mari. Cette retraite précipitée, suivie immédiatement de celle de Damis, apprend assez aux spectateurs qu'une influence étrangère a relâché tous les liens naturels qui unissent la famille à son chef. D'ailleurs Orgon en rentrant chez lui ne songe ni à son fils, ni à sa fille, ni à sa femme, et son indifférence semble justifier leur peu d'empressement.

CLÉANTE.

Moi, je l'attends ici pour moins d'amusement ;
Et je vais lui donner le bonjour seulement.

SCÈNE IV.

CLÉANTE, DAMIS, DORINE.

DAMIS.

De l'hymen de ma sœur touchez-lui quelque chose :
J'ai soupçon que Tartuffe à son effet s'oppose,
Qu'il oblige mon père à des détours si grands ;
Et vous n'ignorez pas quel intérêt j'y prends...
Si même ardeur enflamme et ma sœur et Valère,
La sœur de cet ami, vous le savez, m'est chère ;
Et s'il falloit...

DORINE.

Il entre.

SCÈNE V.

ORGON, CLÉANTE, DORINE.

ORGON.

Ah ! mon frère, bonjour.

CLÉANTE.

Je sortois, et j'ai joie à vous voir de retour.
La campagne à présent n'est pas beaucoup fleurie.

ORGON.

(à Cléante.)
Dorine... Mon beau-frère, attendez, je vous prie.
Vous voulez bien souffrir, pour m'ôter de souci,
Que je m'informe un peu des nouvelles d'ici.
(à Dorine.)
Tout s'est-il, ces deux jours, passé de bonne sorte ?

Qu'est-ce qu'on fait céans ? comme est-ce qu'on s'y porte ?

DORINE.

Madame eut avant-hier la fièvre jusqu'au soir,
Avec un mal de tête étrange à concevoir.

ORGON.

Et Tartuffe [1] ?

DORINE.

Tartuffe ! il se porte à merveille,
Gros et gras, le teint frais, et la bouche vermeille.

ORGON.

Le pauvre homme [2] !

[1] A peine Orgon a-t-il parlé, qu'il se peint tout entier par un de ces traits qui ne sont qu'à Molière. On peut s'attendre à tout d'un homme qui, arrivant dans sa maison, répond à tout ce qu'on lui dit par cette seule question : *et Tartuffe?* et s'apitoie sur lui de plus en plus quand on lui dit que Tartuffe a fort bien mangé et fort bien dormi. Cela n'est point exagéré, c'est ainsi qu'est fait ce que les Anglois appellent *l'infatuation*, mot assez peu usité parmi nous, mais nécessaire pour exprimer un travers très commun. (L.) — Le mot *engouement* exprime aussi très bien cette passion des esprits foibles ; car, il faut le remarquer, *l'infatuation* ou l'engouement est une maladie de l'esprit ; le cœur n'y a aucune part : ainsi l'infatuation du comte de Galiano pour son singe, d'un roi pour son favori, et d'Orgon pour Tartuffe, sont des passions du même genre. Et, loin d'accuser Molière et Le Sage d'avoir rien exagéré, il faut les louer d'être restés dans de si justes bornes. J'ai vu une mère de famille, en rentrant dans sa maison après un assez long voyage, se dérober aux empressements de son mari et de trois filles charmantes, pour prodiguer ses caresses à un chien favori, vilain animal dont elle faisoit ses délices. Une pareille scène est plus outrée cent fois que celle d'Orgon. L'art du poëte comique n'est pas de peindre les travers de la pauvre humanité dans leurs plus grands excès, mais de saisir ce point unique qui excite tout à la fois la réflexion et la gaieté du spectateur.

[2] Un soir, pendant la campagne de 16[illegible]2, comme Louis XIV alloit se mettre à table, il lui arriva de dire à Péréfixe, évêque de Rhodez, son ancien précepteur, qu'il lui conseilloit d'en aller faire autant. Je ne ferai qu'une légère collation, dit le prélat en se retirant ; c'est aujourd'hui vigile et jeûne. Cette réponse fit sourire un courtisan, qui, interrogé par Louis XIV, répondit que sa majesté pouvoit se tranquilliser sur le compte de M. de Rhodez : après quoi il fit un récit exact du dîner de S. Exc., dont le hasard l'avoit rendu témoin. A chaque mets exquis que le conteur nommoit, Louis XIV s'écrioit : *Le pauvre homme!* prononçant ces mots d'un son de voix varié qui les rendoit plus plaisants. Molière, témoin de cette scène, en fit usage dans le *Tartuffe*. B.) — Cette anecdote, racontée par l'abbé d'Olivet, est d'autant plus vraisemblable que Louis XIV ne fait ici que reproduire un mot familier à sa mère, et dont elle se servoit toujours pour désigner les choses qui lui

DORINE.

Le soir elle eut un grand dégoût,
Et ne put, au souper, toucher à rien du tout,
Tant sa douleur de tête étoit encor cruelle!

ORGON.

Et Tartuffe?

DORINE.

Il soupa, lui tout seul, devant elle;
Et fort dévotement il mangea deux perdrix,
Avec une moitié de gigot en hachis.

ORGON.

Le pauvre homme!

DORINE.

La nuit se passa tout entière
Sans qu'elle pût fermer un moment la paupière;
Des chaleurs l'empêchoient de pouvoir sommeiller,
Et jusqu'au jour, près d'elle, il nous fallut veiller.

ORGON.

Et Tartuffe?

DORINE.

Pressé d'un sommeil agréable,
Il passa dans sa chambre au sortir de la table;
Et dans son lit bien chaud il se mit tout soudain,
Où, sans trouble, il dormit jusques au lendemain.

ORGON.

Le pauvre homme!

étoient chères, et surtout le cardinal de Mazarin. Les Mémoires de Retz en offrent plusieurs exemples. Ce singulier conspirateur, qui savoit si bien saisir les ridicules, raconte qu'Anne d'Autriche, l'ayant fait venir pour le raccommoder avec Mazarin, lui laissa voir tout son engouement pour ce favori: « Car, dit-il, je crois qu'elle me « répéta vingt fois *Ce pauvre monsieur le cardinal*, en me parlant de l'amitié « qu'il avoit pour moi. » Et il ajoute: « Son cardinal entra demi-heure après, sup- « pliant la reine de lui permettre qu'il manquât au respect qu'il lui devoit pour « m'embrasser devant elle *. » Dans cette scène, le patelinage de Tartuffe s'unit à l'infatuation d'Orgon; aussi Molière a-t-il emprunté plusieurs traits de sa comédie à l'histoire de cette époque.

* *Mémoires du cardinal de Retz*, tome I, page 202.

DORINE.

A la fin, par nos raisons gagnée,
Elle se résolut à souffrir la saignée;
Et le soulagement suivit tout aussitôt.

ORGON.

Et Tartuffe?

DORINE.

Il reprit courage comme il faut;
Et, contre tous les maux fortifiant son ame,
Pour réparer le sang qu'avoit perdu madame,
But, à son déjeuner, quatre grands coups de vin.

ORGON.

Le pauvre homme[1]!

DORINE.

Tous deux se portent bien enfin;
Et je vais à madame annoncer, par avance,
La part que vous prenez à sa convalescence.

SCÈNE VI.

ORGON, CLÉANTE.

CLÉANTE.

A votre nez, mon frère, elle se rit de vous:
Et, sans avoir dessein de vous mettre en courroux,

[1] Chaque trait comique dans Molière ressort d'une observation profonde; aussi Dorine ne prononce-t-elle pas un mot qui ne fasse tout à-la-fois penser et rire. Un scélérat, un hypocrite peut sans beaucoup de peine en imposer au monde; il éblouira un homme foible, en l'environnant de fausses lumières; il s'emparera de l'esprit d'une femme naturellement bizarre et grondeuse, en excitant sa bile, en flattant sa médisance; mais s'il veut tromper une simple suivante, il sera forcé de mettre en harmonie ses paroles, ses manières et ses actions: elle ne le croira chaste, sobre, doux, désintéressé, que s'il pratique toutes ces vertus. Effectivement, la plus habile grimace ne dérobe rien à ceux qui comptent nos morceaux, épient nos passions, et entrent à toute heure dans le secret de nos délicatesses et de nos goûts. Nous pouvons corrompre nos valets, mais non les tromper. Voilà ce que Molière exprime admirablement dans chaque parole de Dorine. Ce caractère, si bien observé, nous présente une vive image de ce qui se passe chaque jour autour de nous.

Je vous dirai tout franc que c'est avec justice.
A-t-on jamais parlé d'un semblable caprice?
Et se peut-il qu'un homme ait un charme aujourd'hui
A vous faire oublier toutes choses pour lui;
Qu'après avoir chez vous réparé sa misère,
Vous en veniez au point...?

ORGON.

Halte-là, mon beau-frère!
Vous ne connoissez pas celui dont vous parlez.

CLÉANTE.

Je ne le connois pas, puisque vous le voulez;
Mais enfin, pour savoir quel homme ce peut être...

ORGON.

Mon frère, vous seriez charmé de le connoître;
Et vos ravissements ne prendroient point de fin.
C'est un homme... qui... ah! un homme... un homme enfin.
Qui suit bien ses leçons goûte une paix profonde,
Et comme du fumier regarde tout le monde.
Oui, je deviens tout autre avec son entretien;
Il m'enseigne à n'avoir affection pour rien;
De toutes amitiés il détache mon ame;
Et je verrois mourir frère, enfants, mère, et femme,
Que je m'en soucierois autant que de cela[1].

[1] On ne pouvoit marquer par des traits plus vigoureux l'espèce de fascination que peut exercer l'hypocrisie: Orgon est un homme foible, crédule, passionné, mais susceptible d'aimer la vertu, et le voilà qui, égaré par une fausse lumière, vient à se persuader que *pour goûter une paix profonde* il s'agit seulement d'oublier tous ses devoirs, et de se plonger dans une brutale indifférence! Il prend sans balancer l'étroit égoïsme dans lequel un méchant l'enchaîne, pour le sublime effort de la résignation et de la piété. La religion nous prescrit en effet le mépris des biens de ce monde et le détachement de nous-mêmes, mais elle sait en faire ressortir la tendre charité, les dévouements sublimes, l'amour des hommes. C'est par détachement que Fénelon condamne lui-même son livre et sa doctrine; c'est par détachement que Vincent de Paule se couvre des chaînes d'un galérien. La mort de Rotrou et de Jansénius, le dévouement du chevalier Rose et de Belzunce, ont la même origine. La vertu s'appuie de la résignation pour épurer le cœur de l'homme, le méchant la dénature pour le corrompre, et c'est à ce trait que Molière vient nous le faire reconnoître.

CLÉANTE.

Les sentiments humains, mon frère, que voilà!

ORGON.

Ah! si vous aviez vu comme j'en fis rencontre,
Vous auriez pris pour lui l'amitié que je montre.
Chaque jour à l'église il venoit, d'un air doux,
Tout vis-à-vis de moi se mettre à deux genoux.
Il attiroit les yeux de l'assemblée entière
Par l'ardeur dont au ciel il poussoit sa prière;
Il faisoit des soupirs, de grands élancements,
Et baisoit humblement la terre à tous moments:
Et, lorsque je sortois, il me devançoit vite
Pour m'aller, à la porte, offrir de l'eau bénite.
Instruit par son garçon, qui dans tout l'imitoit,
Et de son indigence, et de ce qu'il étoit[1],
Je lui faisois des dons: mais, avec modestie,
Il me vouloit toujours en rendre une partie.
C'est trop, me disoit-il, *c'est trop de la moitié;*
Je ne mérite pas de vous faire pitié.
Et quand je refusois de le vouloir reprendre,
Aux pauvres, à mes yeux, il alloit le répandre[2].

[1] *Et de ce qu'il étoit*: Molière, comme nous l'avons déja remarqué, ne se joue jamais d'une vertu véritable: il a soin de nous montrer la charité d'Orgon comme un calcul tout mondain, plutôt que comme un sentiment respectable. Ce n'est pas seulement à un homme pieux qu'il fait l'aumône, c'est à un homme qui a l'art de lui faire croire qu'il est noble, et que d'ailleurs il sera bientôt riche. Au reste, cet éloge de la fausse dévotion est admirablement placé dans la bouche d'Orgon. Il nous apprend qu'il y aura éternellement des dupes et des hypocrites, puisque l'affectation qui blesse les bons esprits a tant de charme pour les esprits vulgaires.

[2] Éclairé par une étude profonde des hommes, et persuadé sans doute qu'on ne doit jamais se lasser de leur reprocher leurs vices, La Bruyère refit, vingt ans après Molière, le portrait du faux dévot. Ce portrait se compose de deux parties bien distinctes: l'une est la copie exacte, quoique affoiblie, de ce que Molière dit ici, l'autre est la critique générale du caractère de Tartuffe. Tout ce qui, dans la création de Molière, est énergique, vaste, hardi, La Bruyère l'efface dans sa copie. Le plus grand des scélérats n'est plus qu'un misérable parasite, un intrigant vulgaire, le dernier des fripons, sans desirs, sans passions, sans audace. On diroit

Enfin le ciel chez moi me le fit retirer,
Et depuis ce temps-là tout semble y prospérer.
Je vois qu'il reprend tout, et qu'à ma femme même
Il prend, pour mon honneur, un intérêt extrême;
Il m'avertit des gens qui lui font les yeux doux,
Et plus que moi six fois il s'en montre jaloux.
Mais vous ne croiriez point jusqu'où monte son zèle :
Il s'impute à péché la moindre bagatelle;
Un rien presque suffit pour le scandaliser,
Jusque-là qu'il se vint l'autre jour accuser
D'avoir pris une puce en faisant sa prière,
Et de l'avoir tuée avec trop de colère.

CLÉANTE.

Parbleu, vous êtes fou, mon frère, que je croi.
Avec de tels discours, vous moquez-vous de moi?
Et que prétendez-vous? Que tout ce badinage...

que les yeux de La Bruyère, habitués aux perfections de détail, sont blessés des larges proportions que le génie donne à ses œuvres. « Onuphre ne dit point, Ma « haire et ma discipline, dit La Bruyère.... S'il se trouve bien d'un homme opulent « à qui il a su imposer, dont il est le parasite, et dont il peut tirer de grands secours, « il ne cajole point sa femme, il ne lui fait du moins ni avance ni déclaration ; il « s'enfuira, il lui laissera son manteau, s'il n'est aussi sûr d'elle que de lui-même. « Il est encore plus éloigné d'employer pour la flatter le jargon de la dévotion.... « Il ne s'insinue jamais dans une famille où se trouvent tout à-la-fois une fille à « pourvoir et un fils à établir. Il y a là des droits trop forts et trop inviolables; on ne « les traverse point sans faire de l'éclat, sans qu'une pareille entreprise ne vienne « aux oreilles du prince, à qui il dérobe sa marche.... » Mais que fait donc Onuphre? « Il marche par la ville les yeux baissés, l'air modeste et recueilli : s'il entre dans « une église, il observe d'abord de qui il peut être vu...... Arrive-t-il vers lui un « homme de bien et d'autorité, qui le verra et qui peut l'entendre, non seulement « il prie, mais il médite, il pousse des élans et des soupirs ; si l'homme de bien se « retire, celui-ci qui le voit partir s'apaise, et ne souffle pas..... Il n'oublie pas de « tirer avantage de l'aveuglement de son ami, et de la prévention où il l'a jeté en « sa faveur. Tantôt il lui emprunte de l'argent, tantôt il fait si bien que cet ami lui « en offre, etc. » Dans la première partie de ce portrait, on sent que l'auteur ne retranche que pour réduire des proportions qu'il ne peut embrasser ; mais c'est dans la seconde sur tout que son impuissance se décèle : il veut refaire, et ne trouve pas un seul trait nouveau ; il veut corriger, et son tableau n'est qu'une copie : c'est La Bruyère qui imite, c'est La Bruyère qui écrit, et il reste constamment au-dessous de son modèle : quel éloge pour Molière!

ORGON.

Mon frère, ce discours sent le libertinage[1] :
Vous en êtes un peu dans votre ame entiché ;
Et, comme je vous l'ai plus de dix fois prêché,
Vous vous attirerez quelque méchante affaire.

CLÉANTE.

Voilà de vos pareils le discours ordinaire :
Ils veulent que chacun soit aveugle comme eux.
C'est être libertin que d'avoir de bons yeux ;
Et qui n'adore pas de vaines simagrées
N'a ni respect ni foi pour les choses sacrées.
Allez, tous vos discours ne me font point de peur ;
Je sais comme je parle, et le ciel voit mon cœur.
De tous vos façonniers on n'est point les esclaves.
Il est de faux dévots ainsi que de faux braves :
Et, comme on ne voit pas qu'où l'honneur les conduit
Les vrais braves soient ceux qui font beaucoup de bruit,
Les bons et vrais dévots, qu'on doit suivre à la trace,
Ne sont pas ceux aussi qui font tant de grimace.
Hé quoi ! vous ne ferez nulle distinction
Entre l'hypocrisie et la dévotion ?
Vous les voulez traiter d'un semblable langage,
Et rendre même honneur au masque qu'au visage ;
Égaler l'artifice à la sincérité,
Confondre l'apparence avec la vérité,
Estimer le fantôme autant que la personne,
Et la fausse monnoie à l'égal de la bonne ?
Les hommes, la plupart, sont étrangement faits ;
Dans la juste nature on ne les voit jamais :

[1] Dans un chapitre intitulé *Du libertinage d'Estienne Pasquier*, le père Garasse définit ainsi le mot *libertin* : « Je n'entends, dit-il, par ce mot ni un huguenot, « ni un athée, ni un catholique, ni un hérétique, mais un composé de tout cela*. » Pascal, comme Molière, a employé le mot *libertinage* dans ce sens, qui n'est plus guère d'usage aujourd'hui, malgré l'autorité de l'Académie.

*. Voyez *Recherches des Recherches* d'Estienne Pasquier, liv. IV, p. 682.

La raison a pour eux des bornes trop petites;
En chaque caractère ils passent ses limites,
Et la plus noble chose, ils la gâtent souvent
Pour la vouloir outrer et pousser trop avant[1].
Que cela vous soit dit en passant, mon beau-frère.

ORGON.

Oui, vous êtes sans doute un docteur qu'on révère;
Tout le savoir du monde est chez vous retiré;
Vous êtes le seul sage et le seul éclairé,
Un oracle, un Caton, dans le siècle où nous sommes;
Et près de vous ce sont des sots que tous les hommes.

CLÉANTE.

Je ne suis point, mon frère, un docteur révéré[2];
Et le savoir chez moi n'est point tout retiré.
Mais, en un mot, je sais, pour toute ma science,
Du faux avec le vrai faire la différence.
Et comme je ne vois nul genre de héros
Qui soient plus à priser que les parfaits dévots,
Aucune chose au monde et plus noble et plus belle
Que la sainte ferveur d'un véritable zèle;
Aussi ne vois-je rien qui soit plus odieux
Que le dehors plâtré d'un zèle spécieux,
Que ces francs charlatans, que ces dévots de place,
De qui la sacrilége et trompeuse grimace
Abuse impunément et se joue, à leur gré,
De ce qu'ont les mortels de plus saint et sacré;
Ces gens qui, par une ame à l'intérêt soumise,

[1] Les ames foibles qui se laissent prendre aux grimaces des hypocrites perdent le goût de la vertu véritable, au point qu'elle leur paroît difforme toutes les fois qu'elle est ce qu'elle ne sauroit cesser d'être, simple et naturelle. C'est ainsi que, dans Homère, le prudent Ulysse, dont la beauté touchoit les déesses elles-mêmes, est traité par le cyclope d'homme laid, petit, sans force, seulement parcequ'il ne lui voit pas ses formes monstrueuses.

[2] Si les obstacles qu'on opposa long-temps à la représentation du *Tartuffe* furent un abus de pouvoir, du moins leur doit-on cette tirade fameuse, chef-d'œuvre de notre poésie, et qui fut ajoutée pour la représentation de 1669. (P.)

Font de dévotion métier et marchandise,
Et veulent acheter crédit et dignités
A prix de faux clins d'yeux et d'élans affectés;
Ces gens, dis-je, qu'on voit, d'une ardeur non commune,
Par le chemin du ciel courir à leur fortune;
Qui, brûlants et priants, demandent chaque jour,
Et prêchent la retraite au milieu de la cour;
Qui savent ajuster leur zèle avec leurs vices,
Sont prompts, vindicatifs, sans foi, pleins d'artifices,
Et, pour perdre quelqu'un, couvrent insolemment
De l'intérêt du ciel leur fier ressentiment;
D'autant plus dangereux dans leur âpre colère
Qu'ils prennent contre nous des armes qu'on révère,
Et que leur passion, dont on leur sait bon gré,
Veut nous assassiner avec un fer sacré:
De ce faux caractère on en voit trop paroître.
Mais les dévots de cœur sont aisés à connoître.
Notre siècle, mon frère, en expose à nos yeux
Qui peuvent nous servir d'exemples glorieux.
Regardez Ariston, regardez Périandre,
Oronte, Alcidamas, Polydore, Clitandre;
Ce titre par aucun ne leur est débattu;
Ce ne sont point du tout fanfarons de vertu;
On ne voit point en eux ce faste insupportable,
Et leur dévotion est humaine, est traitable:
Ils ne censurent point toutes nos actions,
Ils trouvent trop d'orgueil dans ces corrections;
Et, laissant la fierté des paroles aux autres,
C'est par leurs actions qu'ils reprennent les nôtres.
L'apparence du mal a chez eux peu d'appui,
Et leur ame est portée à juger bien d'autrui.
Point de cabale en eux, point d'intrigues à suivre;
On les voit, pour tous soins, se mêler de bien vivre.
Jamais contre un pécheur ils n'ont d'acharnement,
Ils attachent leur haine au péché seulement,

Et ne veulent point prendre, avec un zèle extrême,
Les intérêts du ciel plus qu'il ne veut lui-même.
Voilà mes gens, voilà comme il en faut user,
Voilà l'exemple enfin qu'il se faut proposer.
Votre homme, à dire vrai, n'est pas de ce modèle :
C'est de fort bonne foi que vous vantez son zèle ;
Mais par un faux éclat je vous crois ébloui [1].

ORGON.

Monsieur mon cher beau-frère, avez-vous tout dit [2] ?

[1] On a dit que les dehors de la vraie et de la fausse dévotion étoient presque semblables, et qu'on ne pouvoit peindre l'une sans défigurer l'autre *. Les deux portraits si bien tracés par Cléante détruisent cette objection. La véritable vertu a une simplicité, une candeur qu'on ne sauroit contrefaire : l'hypocrisie la grimace, mais ne l'imite pas. Que si les dehors de l'hypocrite et de l'homme de bien pouvoient être semblables, c'est alors surtout qu'il faudroit remercier celui dont la main habile sut si bien séparer l'ivraie du bon grain. En dévoilant l'hypocrite, il servit l humanité ; car l'hypocrite est le plus dangereux des méchants, sa fausse piété étant cause que les hommes n'osent plus se fier à la véritable **. — Mais, dira-t-on, les méchants ne manqueront pas de s'armer de vos railleries pour les diriger contre la vraie piété. Eh quoi! l'hypocrisie seroit une chose sainte qu'il faudroit respecter ? Les tartuffes auroient ce privilége, qu'on n'oseroit les démasquer, de peur de réjouir les incrédules ? mais, aux yeux des incrédules eux-mêmes, est-ce donc une seule et même chose de se rire de la religion, ou de ceux qui la profanent ? Croyez-en l'expérience de chaque jour ; c'est l'aveuglement des foibles qui fait triompher les impies. Un Orgon leur est un plus grand sujet de joie que toutes les railleries des justes contre les hypocrites. Ces railleries au contraire les étonnent, et quelquefois les éclairent. Saint-Évremond, cet esprit fort, ce bel esprit qui se piquoit de libertinage, écrivoit à un ami : « Je viens de lire *le Tartuffe*, « c'est le chef-d'œuvre de Molière. Je ne sais pas comment on a pu en empêcher si « long-temps la représentation. *Si je me sauve, je lui devrai mon salut*. La dévo- « tion est si raisonnable dans la bouche de Cléante, qu'elle me fait renoncer à « toute ma philosophie ; et les faux dévots sont si bien dépeints, que la honte de leur « peinture les fera renoncer à l'hypocrisie. Sainte piété, que vous allez apporter « de bien au monde ***! » Ainsi, *le Tartuffe*, qui souleva contre Molière l'effroyable cabale des faux dévots, touchoit le cœur des incrédules ; les honnêtes gens s'en réjouirent, et les hypocrites furent confondus.

[2] Cette courte réponse est un trait caractéristique : elle nous apprend que les gens sensés seuls comprennent la raison et savent en profiter, choses que ne veulent faire ni les imbéciles ni les fripons.

* Bourdaloue, sermon pour le dix-septième dimanche après Pâques.

** Fénelon, liv. XVIII du *Télémaque*.

*** Voyez *le Conservateur* du mois d'avril 1758, page 80. Cette lettre n'a pas été recueillie dans les Œuvres de Saint-Évremond.

CLÉANTE.

Oui.

ORGON, *s'en allant.*

Je suis votre valet.

CLÉANTE.

De grace, un mot, mon frère.
Laissons là ce discours. Vous savez que Valère,
Pour être votre gendre a parole de vous.

ORGON.

Oui.

CLÉANTE.

Vous aviez pris jour pour un lien si doux.

ORGON.

Il est vrai.

CLÉANTE.

Pourquoi donc en différer la fête?

ORGON.

Je ne sais.

CLÉANTE.

Auriez-vous autre pensée en tête?

ORGON.

Peut-être.

CLÉANTE.

Vous voulez manquer à votre foi?

ORGON.

Je ne dis pas cela.

CLÉANTE.

Nul obstacle, je croi,
Ne vous peut empêcher d'accomplir vos promesses.

ORGON

Selon.

CLÉANTE.

Pour dire un mot faut-il tant de finesses?
Valère, sur ce point, me fait vous visiter.

ORGON.

Le ciel en soit loué !

CLÉANTE.

Mais que lui reporter ?

ORGON.

Tout ce qu'il vous plaira.

CLÉANTE.

Mais il est nécessaire
De savoir vos desseins. Quels sont-ils donc ?

ORGON.

De faire
Ce que le ciel voudra[1].

CLÉANTE.

Mais parlons tout de bon.
Valère a votre foi, la tiendrez-vous, ou non ?

ORGON.

Adieu.

CLÉANTE, *seul*.

Pour son amour je crains une disgrace,
Et je dois l'avertir de tout ce qui se passe[2].

[1] Nous avons déja remarqué que Molière plaçoit toujours un dialogue vif, rapide et animé, après les longues tirades, où il fait raisonner ses personnages. Quant aux dix-huit vers qui composent ce dialogue, les *Lettres Provinciales* n'offrent rien de plus caractéristique : détour, restriction, fausse humilité, tout s'y trouve. Le dernier trait remet Tartuffe en scène : lui seul peut l'avoir inspiré, car la résignation apparente d'Orgon aux volontés du ciel cache le projet de manquer à tous ses engagements.

[2] Dans ce premier acte, Molière trace ses caractères, expose son sujet, et prépare son dénoûment. Il fait plus encore, il amuse l'esprit en lui présentant le tableau animé des passions et des ridicules, et il éclaire la raison en traitant les plus hautes questions de la morale, sans jamais nuire à la vivacité de l'action, ce qui est peut-être la plus grande difficulté que puisse se proposer un auteur comique. Enfin, la muse de Molière est ici l'interprète de la sagesse ; car chez lui, non seulement c'est la raison qui parle et qui instruit, mais c'est elle encore qui ouvre à notre esprit toutes les perspectives divertissantes qui le ravissent.

ACTE SECOND.

SCÈNE I.

ORGON, MARIANE.

ORGON.

Mariane!

MARIANE.

Mon père?

ORGON.

Approchez; j'ai de quoi
Vous parler en secret.

MARIANE, *à Orgon, qui regarde dans un cabinet.*

Que cherchez-vous?

ORGON.

Je voi
Si quelqu'un n'est point là qui pourroit nous entendre,
Car ce petit endroit est propre pour surprendre[1].
Or sus, nous voilà bien. J'ai, Mariane, en vous
Reconnu de tout temps un esprit assez doux,
Et de tout temps aussi vous m'avez été chère.

MARIANE.

Je suis fort redevable à cet amour de père.

ORGON.

C'est fort bien dit, ma fille; et, pour le mériter,
Vous devez n'avoir soin que de me contenter.

[1] C'est de ce *petit endroit propre pour surprendre* qu'au troisième acte, Damis entendra la déclaration de Tartuffe. Molière a toujours soin de lier par des préparations semblables toutes les parties de son sujet.

DEUX ESPAGNOLS.

Dulce muerte es el amor
Con correspondencia igual;
Y si esta gozamos hoy,
Porque la quieres turbar?

UN ESPAGNOL.

Alegrese enamorado
Y tome mi parecer,
Que en esto de querer,
Todo es hallar el vado.

TOUS TROIS ENSEMBLE.

Vaya, vaya de fiestas!
Vaya de bayle!
Alegria, alegria, alegria!
Que esto de dolor es fantasia[1].

QUATRIÈME ENTRÉE.

ITALIENS.

UNE MUSICIENNE ITALIENNE *fait le premier récit, dont voici les paroles :*

Di rigori armata il seno,
Contro amor mi ribellai;
Ma fui vinta in un baleno,
In mirar due vaghi rai.
Ahi! che resiste puoco

[1] TRADUCTION. « Ah! quelle folie de se plaindre de l'Amour avec tant de rigueur, « de l'enfant gentil qui est la douceur même! Ah! quelle folie! ah! quelle folie!

« La douleur tourmente celui qui s'abandonne à la douleur : et personne ne « meurt d'amour, si ce n'est celui qui ne sait pas aimer.

« L'amour est une douce mort, quand on est payé de retour; et si nous en« jouissons aujourd'hui, pourquoi la veux-tu troubler?

« Que l'amant se réjouisse, et adopte mon avis; car lorsqu'on desire, tout est de « trouver le moyen.

« Allons, allons, des fêtes; allons, de la danse. Gai, gai, gai; la douleur n'est « qu'une fantaisie. » (A.)

Cor di gelo a stral di fuoco!

Ma sì caro è 'l mio tormento,
Dolce è sì la piaga mia,
Ch'il penare è mio contento,
E'l sanarmi è tirannia.
Ahi! che più giova e piace,
Quanto amor è più vivace!

Après l'air que la musicienne a chanté, deux Scaramouches, deux Trivelins et un Arlequin, représentent une nuit à la manière des comédiens italiens, en cadence. Un musicien italien se joint à la musicien neitalienne, et chante avec elle les paroles qui suivent :

LE MUSICIEN ITALIEN.

Bel tempo che vola
Rapisce il contento :
D'Amor ne la scuola
Si coglie il momento.

LA MUSICIENNE

Insin che florida
Ride l'età,
Che pur tropp'orrida,
Da noi sen va :

TOUS DEUX

Sù cantiamo,
Sù godiamo
Ne' bei dì di gioventù;
Perduto ben non si racquista più

MUSICIEN.

Pupilla ch' è vaga
Mill'alme incatena,
Fà dolce la piaga,
Felice la pena.

MUSICIENNE.

Ma poichè frigida
Langue l'età,
Più l'alma rigida

Fiamme non ha.

TOUS DEUX.

Sù cantiamo,
Sù godiamo
Ne' bei dì di gioventù ;
Perduto ben non si racquista più [1].

Après les dialogues italiens, les Scaramouches et Trivelins dansent une réjouissance.

CINQUIÈME ENTRÉE.

FRANÇOIS.

DEUX MUSICIENS POITEVINS *dansent, et chantent les paroles qui suivent* :

PREMIER MENUET.

Ah ! qu'il fait beau dans ces bocages !
Ah ! que le ciel donne un beau jour !

AUTRE MUSICIEN.

Le rossignol, sous ces tendres feuillages,
Chante aux échos son doux retour :
Ce beau séjour,
Ces doux ramages,

[1] « Ayant armé mon sein de rigueurs, je me révoltai contre l'Amour ; mais je fus « vaincue, avec la promptitude de l'éclair, en regardant deux beaux yeux. Ah ! « qu'un cœur de glace résiste peu à une flèche de feu !

« Cependant mon tourment m'est si cher, et ma plaie m'est si douce, que ma « peine fait mon bonheur, et que me guérir seroit une tyrannie. Ah ! plus l'amour « est vif, plus il a de charmes et cause de plaisir.

« Le beau temps, qui s'envole, emporte le plaisir : à l'école d'Amour on apprend « à profiter du moment.

« Tant que rit l'âge fleuri, qui trop promptement, hélas ! s'éloigne de nous,

« Chantons, jouissons dans les beaux jours de la jeunesse ; un bien perdu ne se « recouvre plus.

« Un bel œil enchaîne mille cœurs ; ses blessures sont douces ; le mal qu'il cause « est un bonheur.

« Mais, quand languit l'âge glacé, l'ame engourdie n'a plus de feux.

« Chantons, jouissons dans les beaux jours de la jeunesse ; un bien perdu ne se « recouvre plus. » (A.)

Ce beau séjour
Nous invite à l'amour.

DEUXIÈME MENUET. — TOUS DEUX ENSEMBLE.

Vois, ma Climène,
Vois, sous ce chêne,
S'entre-baiser ces oiseaux amoureux :
Ils n'ont rien dans leurs vœux
Qui les gêne ;
De leurs doux feux
Leur ame est pleine.
Qu'ils sont heureux !
Nous pouvons tous deux,
Si tu le veux,
Être comme eux.

Six autres François viennent après, vêtus galamment à la poitevine, trois en hommes et trois en femmes, accompagnés de huit flûtes et de hautbois, et dansent les menuets.

SIXIEME ENTRÉE.

Tout cela finit par le mélange des trois nations, et les applaudissements en danse et en musique de toute l'assistance, qui chante les deux vers qui suivent :

Quels spectacles charmants ! quels plaisirs goûtons-nous !
Les dieux mêmes, les dieux n'en ont point de plus doux.

FIN DU BOURGEOIS GENTILHOMME.

NOMS DES PERSONNES

QUI ONT CHANTÉ ET DANSÉ

DANS LE BOURGEOIS GENTILHOMME.

DANS LE PREMIER ACTE.

UNE MUSICIENNE, mademoiselle *Hilaire*.
PREMIER MUSICIEN, le sieur *Langeais*.
SECOND MUSICIEN, le sieur *Gaye*.
DANSEURS, les sieurs *La Pierre*, *Saint-André*, et *Magny*.

DANS LE SECOND ACTE.

GARÇONS TAILLEURS dansants, les sieurs *Dolivet*, *Le Chantre*, *Bonnard*, *Isaac*, *Magny*, et *Saint-André*.

DANS LE TROISIÈME ACTE.

CUISINIERS dansants....

DANS LE QUATRIÈME ACTE.

PREMIER MUSICIEN, le sieur *Lagrille*.
SECOND MUSICIEN, le sieur *Morel*.
TROISIÈME MUSICIEN, le sieur *Blondel*.

CÉRÉMONIE TURQUE.

LE MUPHTI chantant, le sieur *Chiaccherone*.
DERVIS chantants, les sieurs *Morel! Guingan* le cadet, *Noblet*, et *Philibert*.
TURCS assistants du Muphti chantants, les sieurs *Estival*, *Blondel*, *Guingan* l'aîné, *Hédouin*, *Rebel*, *Gillet*, *Fernond* le cadet, *Bernard*, *Deschamps*, *Langeais*, et *Gaye*.
TURCS assistants du Muphti dansants, les sieurs *Beauchamp*, *Dolivet*, *La Pierre*, *Favier*, *Mayeu*, *Chicanneau*.

DANS LE CINQUIÈME ACTE.

BALLET DES NATIONS.

PREMIÈRE ENTRÉE.

UN DONNEUR DE LIVRES dansant, le sieur *Dolivet*.
IMPORTUNS dansants, les sieurs *Saint-André*, *La Pierre*, et *Favier*.
PREMIER HOMME du bel air, le sieur *Le Gros*.
SECOND HOMME du bel air, le sieur *Rebel*.
PREMIÈRE FEMME du bel air....
SECONDE FEMME du bel air....
PREMIER GASCON, le sieur *Gaye*.
SECOND GASCON, le sieur *Guingan* le cadet.
UN SUISSE, le sieur *Philibert*.
UN VIEUX BOURGEOIS babillard, le sieur *Blondel*.
UNE VIEILLE BOURGEOISE babillarde, le sieur *Langeais*.
TROUPE DE SPECTATEURS chantants, les sieurs *Estival*, *Hédouin*, *Morel*, *Guingau* l'aîné, *Fernond*, *Deschamps*, *Gillet*, *Bernard*, *Noblet*, *quatre Pages* de la musique.
FILLES COQUETTES, les sieurs *Jeannot*, *Pierrot*, *Renier*, un *Page* de la chapelle.

SECONDE ENTRÉE.

PREMIER ESPAGNOL chantant, le sieur *Morel*.
SECOND ESPAGNOL chantant, le sieur *Gillet*.
TROISIÈME ESPAGNOL chantant, le sieur *Martin*.
ESPAGNOLS dansants, les sieurs *Dolivet*, *Le Chantre*, *Bonnard*, *Lestang*, *Isaac* et *Joubert*.
DEUX AUTRES ESPAGNOLS dansants, les sieurs *Beauchamp* et *Chicanneau*.

TROISIÈME ENTRÉE.

UNE ITALIENNE chantante, mademoiselle *Hilaire*.
UN ITALIEN chantant, le sieur *Gaye*.
SCARAMOUCHES dansants, les sieurs *Beauchamp* et *Mayeu*.
TRIVELINS dansants, les sieurs *Magny* et *Foignard* le cadet.
ARLEQUIN, le sieur *Dominique*.

QUATRIÈME ENTRÉE.

PREMIER POITEVIN chantant et dansant, le sieur *Noblet*.
SECOND POITEVIN chantant et dansant, le sieur *La Grille*.
POITEVINS dansants, les sieurs *La Pierre*, *Favier*, et *Saint-André*.
POITEVINES dansantes, les sieurs *Favre*, *Foignard*, et *Favier* le jeune.

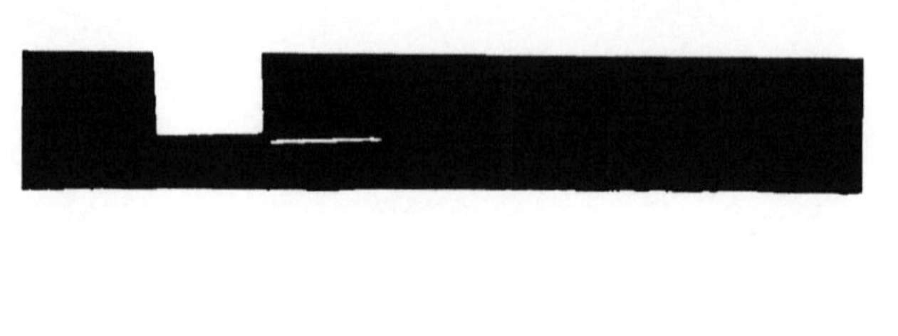

PSYCHÉ,

TRAGÉDIE-BALLET.

1671.

PERSONNAGES.

JUPITER [1].
VÉNUS [2].
L'AMOUR [3].
ZÉPHYRE [4].
ÆGIALE [5], } Graces.
PHAÈNE [6], }
LE ROI [7], père de Psyché.
PSYCHÉ [8].
AGLAURE [9], } sœurs de Psyché.
CIDIPPE [10], }
CLÉOMÈNE [11], } princes, amants de Psyché.
AGÉNOR [12], }
LYCAS [13], capitaine des gardes.
LE DIEU D'UN FLEUVE [14].
DEUX PETITS AMOURS [15].

ACTEURS.

[1] Du Croisy. — [2] Mademoiselle de Brie. — [3] Baron. — [4] Molière. — [5] Mademoiselle La Thorillière. — [6] Mademoiselle du Croisy. — [7] La Thorillière. — [8] Mademoiselle Molière. — [9] Mademoiselle Beaupré. — [10] Mademoiselle Beauval. — [11] Hubert. — [12] La Grange. — [13] Chateauneuf. — [14] de Brie. — [15] La Thorillière fils, et Barillonet.

LE LIBRAIRE AU LECTEUR.

Cet ouvrage n'est pas tout d'une main. M. Quinault a fait les paroles qui s'y chantent en musique, à la réserve de la plainte italienne. M. de Molière a dressé le plan de la pièce, et réglé la disposition, où il s'est plus attaché aux beautés et à la pompe du spectacle qu'à l'exacte régularité. Quant à la versification, il n'a pas eu le loisir de la faire entière. Le carnaval approchoit, et les ordres du roi, qui se vouloit donner ce magnifique divertissement plusieurs fois avant le carême, l'ont mis dans la nécessité de souffrir un peu de secours. Ainsi il n'y a que le Prologue, le premier acte, la première scène du second, et la première du troisième, dont les vers soient de lui. M. Corneille a employé une quinzaine au reste; et, par ce moyen, sa majesté s'est trouvée servie dans le temps qu'elle l'avoit ordonné[1].

[1] Il est probable que cet AVIS AU LECTEUR est de Molière.

PROLOGUE.

La scène représente, sur le devant, un lieu champêtre, et dans l'enfoncement un rocher percé à jour, au travers duquel on voit la mer en éloignement.

Flore paroit au milieu du théâtre, accompagnée de Vertumne, dieu des arbres et des fruits, et de Palémon, dieu des eaux. Chacun de ces dieux conduit une troupe de divinités : l'un mène à sa suite des dryades et des sylvains; et l'autre, des dieux des fleuves et des naïades Flore chante ce récit pour inviter Vénus à descendre en terre :

Ce n'est plus le temps de la guerre,
  Le plus puissant des rois
  Interrompt ses exploits,
Pour donner la paix à la terre [1].
Descendez, mère des Amours,
Venez nous donner de beaux jours.

Vertumne et Palémon, avec les divinités qui les accompagnent, joignent leurs voix à celle de Flore, et chantent ces paroles:

CHOEUR DES DIVINITÉS *de la terre et des eaux, composé de Flore, nymphes, Palémon, Vertumne, sylvains, faunes, dryades et naïades.*

Nous goûtons une paix profonde,
Les plus doux jeux sont ici-bas.
On doit ce repos plein d'appas
  Au plus grand roi du monde.
Descendez, mère des Amours,
Venez nous donner de beaux jours.

Il se fait ensuite une entrée de ballet, composée de deux dryades, quatre sylvains, deux fleuves, et deux naïades; après laquelle Vertumne et Palémon chantent ce dialogue :

[1] On jouissoit encore des douceurs de la paix signée à Aix-la-Chapelle le 2 mai 1668, et le roi venoit de détacher l'Angleterre de la ligue que cette puissance, la Hollande et l'Espagne, avoient formée contre lui. (A.)

VERTUMNE.

Rendez-vous, beautés cruelles,
Soupirez à votre tour.

PALÉMON.

Voici la reine des belles,
Qui vient inspirer l'amour.

VERTUMNE.

Un bel objet, toujours sévère,
Ne se fait jamais bien aimer.

PALÉMON.

C'est la beauté qui commence de plaire;
Mais la douceur achève de charmer.

TOUS DEUX ENSEMBLE.

C'est la beauté qui commence de plaire;
Mais la douceur achève de charmer.

VERTUMNE.

Souffrons tous qu'Amour nous blesse;
Languissons, puisqu'il le faut.

PALÉMON.

Que sert un cœur sans tendresse?
Est-il un plus grand défaut?

VERTUMNE.

Un bel objet, toujours sévère,
Ne se fait jamais bien aimer.

PALÉMON.

C'est la beauté qui commence de plaire;
Mais la douceur achève de charmer.

TOUS DEUX ENSEMBLE.

C'est la beauté qui commence de plaire;
Mais la douceur achève de charmer.

FLORE *répond au dialogue de Vertumne et de Palémon p*
menuet; et les autres divinités y mêlent leurs danses

Est-on sage,
Dans le bel âge,
Est-on sage

De n'aimer pas?
Que, sans cesse,
L'on se presse
De goûter les plaisirs ici-bas.
La sagesse
De la jeunesse,
C'est de savoir jouir de ses appas.
L'Amour charme
Ceux qu'il désarme;
L'Amour charme,
Cédons-lui tous.
Notre peine
Seroit vaine
De vouloir résister à ses coups;
Quelque chaîne
Qu'un amant prenne,
La liberté n'a rien qui soit si doux.

Vénus descend du ciel dans une grande machine, avec l'Amour son fils, et deux petites Graces nommées Ægiale et Phaène; et les divinités de la terre et des eaux recommencent de joindre toutes leurs voix, et continuent par leurs danses de lui témoigner la joie qu'elles ressentent à son abord.

CHOEUR *de toutes les divinités de la terre et des eaux.*

Nous goûtons une paix profonde,
Les plus doux jeux sont ici-bas;
On doit ce repos plein d'appas
Au plus grand roi du monde.
Descendez, mère des Amours,
Venez nous donner de beaux jours.

VÉNUS, *dans sa machine.*

Cessez, cessez pour moi tous vos chants d'allégresse;
De si rares honneurs ne m'appartiennent pas;
Et l'hommage qu'ici votre bonté m'adresse
Doit être réservé pour de plus doux appas.
C'est une trop vieille méthode
De me venir faire sa cour;

Toutes les choses ont leur tour,
Et Vénus n'est plus à la mode.
Il est d'autres attraits naissants
Où l'on va porter ses encens.
Psyché, Psyché la belle, aujourd'hui tient ma place;
Déja tout l'univers s'empresse à l'adorer;
Et c'est trop que, dans ma disgrace,
Je trouve encor quelqu'un qui me daigne honorer.
On ne balance point entre nos deux mérites;
A quitter mon parti tout s'est licencié,
Et du nombreux amas de Graces favorites,
Dont je traînois partout les soins et l'amitié,
Il ne m'en est resté que deux des plus petites,
Qui m'accompagnent par pitié.
Souffrez que ces demeures sombres
Prêtent leur solitude aux troubles de mon cœur,
Et me laissez, parmi leurs ombres,
Cacher ma honte et ma douleur.

Flore et les autres déités se retirent, et Vénus, avec sa suite, sort machine.

EGIALE.

Nous ne savons, déesse, comment faire,
Dans ce chagrin qu'on voit vous accabler.
Notre respect veut se taire,
Notre zèle veut parler.

VÉNUS.

Parlez; mais si vos soins aspirent à me plaire,
Laissez tous vos conseils pour une autre saison,
Et ne parlez de ma colère
Que pour dire que j'ai raison.
C'étoit là, c'étoit là la plus sensible offense
Que ma divinité pût jamais recevoir:
Mais j'en aurai la vengeance,
Si les dieux ont du pouvoir.

PHAÈNE.

Vous avez plus que nous de clarté, de sagesse,
Pour juger ce qui peut être digne de vous;
Mais, pour moi, j'aurois cru qu'une grande déesse
Devroit moins se mettre en courroux.

VÉNUS.

Et c'est là la raison de ce courroux extrême.
Plus mon rang a d'éclat, plus l'affront est sanglant;
Et, si je n'étois pas dans ce degré suprême,
Le dépit de mon cœur seroit moins violent.
Moi, la fille du dieu qui lance le tonnerre;
Mère du dieu qui fait aimer;
Moi, les plus doux souhaits du ciel et de la terre,
Et qui ne suis venue au jour que pour charmer;
Moi qui, par tout ce qui respire,
Ai vu de tant de vœux encenser mes autels,
Et qui de la beauté, par des droits immortels,
Ai tenu de tout temps le souverain empire;
Moi, dont les yeux ont mis deux grandes déités
Au point de me céder le prix de la plus belle,
Je me vois ma victoire et mes droits disputés
Par une chétive mortelle!
Le ridicule excès d'un fol entêtement
Va jusqu'à m'opposer une petite fille!
Sur ses traits et les miens j'essuierai constamment
Un téméraire jugement,
Et du haut des cieux, où je brille,
J'entendrai prononcer aux mortels prévenus :
Elle est plus belle que Vénus [1]!

[1] Imitation d'Apulée, dont voici le passage:

« Vénus, à qui la nature et les éléments doivent leur origine, qui maintient tout ce vaste univers, partagera les honneurs qui lui sont dus avec une simple mortelle; et mon nom, qui est consacré dans le ciel, sera profané sur la terre! Une fille sujette à la mort recevra les mêmes respects que moi, et les hommes seront incertains si c'est elle ou Vénus qu'ils doivent adorer! C'est donc en vain que ce

ÆGIALE.

Voilà comme l'on fait ; c'est le style des hommes;
Ils sont impertinents dans leurs comparaisons.

PHAÈNE.

Ils ne sauroient louer, dans le siècle où nous sommes,
Qu'ils n'outragent les plus grands noms.

VÉNUS.

Ah ! que de ces trois mots la rigueur insolente
Venge bien Junon et Pallas,
Et console leurs cœurs de la gloire éclatante
Que la fameuse pomme acquit à mes appas !
Je les vois s'applaudir de mon inquiétude,
Affecter à toute heure un ris malicieux,
Et, d'un fixe regard, chercher avec étude
Ma confusion dans mes yeux.
Leur triomphante joie, au fort d'un tel outrage,
Semble me venir dire, insultant mon courroux :
Vante, vante, Vénus, les traits de ton visage!
Au jugement d'un seul tu l'emportas sur nous;
Mais, par le jugement de tous,
Une simple mortelle a sur toi l'avantage.
Ah ! ce coup-là m'achève, il me perce le cœur;
Je n'en puis plus souffrir les rigueurs sans égales;
Et c'est trop de surcroît à ma vive douleur,
Que le plaisir de mes rivales.
Mon fils, si j'eus jamais sur toi quelque crédit,
Et si jamais je te fus chère,
Si tu portes un cœur à sentir le dépit
Qui trouble le cœur d'une mère
Qui si tendrement te chérit,
Emploie, emploie ici l'effort de ta puissance
A soutenir mes intérêts;

sage berger, dont Jupiter même a reconnu l'équité, m'a préférée à deux déesses qui me disputoient le prix de la beauté, etc. » (*Trad. de l'abbé Compain de Saint-Martin.*)

Et fais à Psyché, par tes traits,
Sentir les traits de ma vengeance.
Pour rendre son cœur malheureux,
Prends celui de tes traits le plus propre à me plaire,
Le plus empoisonné de ceux
Que tu lances dans ta colère.
Du plus bas, du plus vil, du plus affreux mortel,
Fais que, jusqu'à la rage, elle soit enflammée,
Et qu'elle ait à souffrir le supplice cruel
D'aimer et n'être point aimée.

L'AMOUR.

Dans le monde on n'entend que plaintes de l'Amour;
On m'impute partout mille fautes commises,
Et vous ne croiriez point le mal et les sottises
Que l'on dit de moi chaque jour.
Si pour servir votre colère...

VÉNUS.

Va, ne résiste point aux souhaits de ta mère;
N'applique tes raisonnements
Qu'à chercher les plus prompts moments
De faire un sacrifice à ma gloire outragée.
Pars, pour toute réponse à mes empressements,
Et ne me revois point que je ne sois vengée [1].

(L'Amour s'envole, et Vénus se retire avec les Graces. La scène est changée en une grande ville, où l'on découvre des deux côtés des palais et des maisons de différents ordres d'architecture.)

[1] Ce prologue n'est point postiche : la seconde partie tient à la pièce même, dont elle annonce et prépare le sujet. L'entretien de Vénus avec son fils, et les deux petites Graces qui sont restées à son service, est plein de naturel et de vivacité. La déesse de la beauté s'y montre animée de tous ces sentiments que la malice des hommes attribue à son sexe, l'insatiable desir de plaire, l'amour de la vengeance, et la haine des conseils qui contrarient la passion. On reconnoît là le génie de Molière; et le style même, en dépit de la noblesse des personnages, a une teinte de familiarité qui décèle le poëte comique. (A.)

FIN DU PROLOGUE.

PSYCHÉ.

ACTE PREMIER.

SCÈNE I[1].

AGLAURE, CIDIPPE.

AGLAURE.

Il est des maux, ma sœur, que le silence aigrit :
Laissons, laissons parler mon chagrin et le vôtre,
Et de nos cœurs l'un à l'autre
Exhalons le cuisant dépit.

[1] Le spectacle de l'Opéra, connu en France sous le ministère du cardinal Mazarin, étoit tombé par sa mort : il commençoit à se relever. Perrin, introducteur des ambassadeurs chez Monsieur, frère de Louis XIV; Cambert, intendant de la musique de la reine-mère, et le marquis de Soudiac, homme de goût, qui avoit du génie pour les machines, avoient obtenu en 1669 le privilége de l'Opéra; mais ils ne donnèrent rien au public qu'en 1671. On ne croyoit pas alors que les François pussent jamais soutenir trois heures de musique, et qu'une tragédie toute chantée pût réussir. On pensoit que le comble de la perfection est une tragédie déclamée, avec des chants et des danses dans les intermèdes. On ne songeoit pas que si une tragédie est belle et intéressante, les entr'actes de musique doivent en devenir froids; et que si les intermèdes sont brillants, l'oreille a peine à revenir tout d'un coup du charme de la musique à la simple déclamation. Un ballet peut délasser dans les entr'actes d'une pièce ennuyeuse; mais une bonne pièce n'en a pas besoin, et l'on joue *Athalie* sans les chœurs et sans la musique. Ce ne fut que quelques années après que Lulli et Quinault nous apprirent qu'on pouvoit chanter une tragédie, comme on faisoit en Italie, et qu'on la pouvoit même rendre intéressante : perfection que l'Italie ne connoissoit pas. Depuis la mort du cardinal Mazarin, on n'avoit donc donné que des pièces à machines avec des divertissements en musique, telles qu'*Andromède* et *la Toison d'or*. On voulut donner au roi et à la cour, pour l'hiver de 1670, un divertissement dans ce goût, et y ajouter des danses. Molière fut chargé du sujet de la fable le plus ingénieux et le plus galant, et qui étoit alors en vogue par le roman trop allongé que La Fontaine venoit de donner en 1669. Il ne put faire que le premier acte, la première scène

Nous nous voyons sœurs d'infortune ;
Et la vôtre et la mienne ont un si grand rapport,
Que nous pouvons mêler toutes les deux en une,
Et, dans notre juste transport,
Murmurer, à plainte commune,
Des cruautés de notre sort.
Quelle fatalité secrète,
Ma sœur, soumet tout l'univers
Aux attraits de notre cadette,
Et, de tant de princes divers
Qu'en ces lieux la fortune jette,
N'en présente aucun à nos fers?
Quoi! voir de toutes parts, pour lui rendre les armes,
Les cœurs se précipiter,
Et passer devant nos charmes,
Sans s'y vouloir arrêter!
Quel sort ont nos yeux en partage,
Et qu'est-ce qu'ils ont fait aux dieux,
De ne jouir d'aucun hommage
Parmi tous ces tributs de soupirs glorieux,
Dont le superbe avantage
Fait triompher d'autres yeux?
Est-il pour nous, ma sœur, de plus rudes disgraces
Que de voir tous les cœurs mépriser nos appas,
Et l'heureuse Psyché jouir avec audace

du second, et la première du troisième ; le temps pressoit : Pierre Corneille se chargea du reste de la pièce ; il voulut bien s'assujettir au plan d'un autre ; et ce génie mâle, que l'âge rendoit sec et sévère, s'amollit pour plaire à Louis XIV. L'auteur de *Cinna* fit, à l'âge de soixante-cinq ans, cette déclaration de Psyché à l'Amour, qui passe encore pour un des morceaux les plus tendres et les plus naturels qui soient au théâtre. Toutes les paroles qui se chantent sont de Quinault : Lulli composa les airs. Il ne manquoit à cette société de grands hommes que le seul Racine, afin que tout ce qu'il y eut jamais de plus excellent au théâtre se fût réuni pour servir un roi qui méritoit d'être servi par de tels hommes. *Psyché* n'est pas une excellente pièce, et les derniers actes en sont très languissants ; mais la beauté du sujet, les ornements dont elle fut embellie, et la dépense royale qu'on fit pour ce spectacle, firent pardonner ses défauts. (V.)

D'une foule d'amants attachés à ses pas?

CIDIPPE.

Ah! ma sœur, c'est une aventure
A faire perdre la raison;
Et tous les maux de la nature
Ne sont rien en comparaison.

AGLAURE.

Pour moi, j'en suis souvent jusqu'à verser des larmes.
Tout plaisir, tout repos par-là m'est arraché;
Contre un pareil malheur ma constance est sans armes.
Toujours à ce chagrin mon esprit attaché
Me tient devant les yeux la honte de nos charmes,
Et le triomphe de Psyché.
La nuit, il m'en repasse une idée éternelle,
Qui sur toute chose prévaut.
Rien ne me peut chasser cette image cruelle;
Et, dès qu'un doux sommeil me vient délivrer d'elle,
Dans mon esprit aussitôt
Quelque songe la rappelle,
Qui me réveille en sursaut.

CIDIPPE.

Ma sœur, voilà mon martyre :
Dans vos discours je me voi;
Et vous venez là de dire
Tout ce qui se passe en moi.

AGLAURE.

Mais encor, raisonnons un peu sur cette affaire.
Quels charmes si puissants en elle sont épars?
Et par où, dites-moi, du grand secret de plaire
L'honneur est-il acquis à ses moindres regards?
Que voit-on dans sa personne,
Pour inspirer tant d'ardeur?
Quel droit de beauté lui donne
L'empire de tous les cœurs?
Elle a quelques attraits, quelque éclat de jeunesse;

On en tombe d'accord; je n'en disconviens pas:
Mais lui cède-t-on fort pour quelque peu d'aînesse,
Et se voit-on sans appas?
Est-on d'une figure à faire qu'on se raille?
N'a-t-on point quelques traits et quelques agréments?
Quelque teint, quelques yeux, quelque air et quelque taille,
A pouvoir dans nos fers jeter quelques amants?
Ma sœur, faites-moi la grace
De me parler franchement:
Suis-je faite d'un air, à votre jugement,
Que mon mérite au sien doive céder la place?
Et, dans quelque ajustement,
Trouvez-vous qu'elle m'efface?

CIDIPPE.

Qui? vous, ma sœur? nullement.
Hier, à la chasse, près d'elle,
Je vous regardai long-temps;
Et, sans vous donner d'encens,
Vous me parûtes plus belle.
Mais moi, dites, ma sœur, sans me vouloir flatter [1],
Sont ce des visions que je me mets en tête,
Quand je me crois taillée à pouvoir mériter
La gloire de quelque conquête?

AGLAURE.

Vous, ma sœur? vous avez, sans nul déguisement,
Tout ce qui peut causer une amoureuse flamme.
Vos moindres actions brillent d'un agrément
Dont je me sens toucher l'ame;
Et je serois votre amant,
Si j'étois autre que femme.

CIDIPPE.

D'où vient donc qu'on la voit l'emporter sur nous deux;

[1] Cette petite peinture de la vanité des femmes est faite d'après nature, et trouveroit fort bien sa place dans la meilleure comédie de Molière. Le peintre des ridicules se montre partout. (L. B.)

Qu'à ses premiers regards les cœurs rendent les armes,
Et que d'aucun tribut de soupirs et de vœux
On ne fait honneur à nos charmes?

AGLAURE.

Toutes les dames, d'une voix,
Trouvent ses attraits peu de chose [1];
Et du nombre d'amants qu'elle tient sous ses lois,
Ma sœur, j'ai découvert la cause.

CIDIPPE.

Pour moi, je la devine; et l'on doit présumer
Qu'il faut que là-dessous soit caché du mystère.
Ce secret de tout enflammer
N'est point de la nature un effet ordinaire;
L'art de la Thessalie entre dans cette affaire;
Et quelque main a su, sans doute, lui former
Un charme pour se faire aimer.

AGLAURE.

Sur un plus fort appui ma croyance se fonde;
Et le charme qu'elle a pour attirer les cœurs,
C'est un air en tout temps désarmé de rigueurs,
Des regards caressants que la bouche seconde;
Un souris chargé de douceurs,
Qui tend les bras à tout le monde [2],
Et ne vous promet que faveurs.
Notre gloire n'est plus aujourd'hui conservée;
Et l'on n'est plus au temps de ces nobles fiertés
Qui, par un digne essai d'illustres cruautés,
Vouloient voir d'un amant la constance éprouvée.
De tout ce noble orgueil, qui nous seyoit si bien,

[1] Par ce trait d'une stupide et aveugle jalousie, Aglaure proclame elle-même la beauté de Psyché. Le premier des capitaines est celui que tous s'accordent à nommer le second; la plus belle des femmes est celle dont toutes les autres ont envie de contester les charmes. (A.)

[2] Ce couplet est rempli de détails gracieux; il est dommage qu'il soit gâté par cette expression précieuse, *un souris qui tend les bras*. Marivaux n'a rien de plus fort en ce genre. (L. B.)

On est bien descendu, dans le siècle où nous sommes;
Et l'on en est réduite à n'espérer plus rien,
A moins que l'on se jette à la tête des hommes [1].

CIDIPPE.

Oui, voilà le secret de l'affaire; et je voi
Que vous le prenez mieux que moi.
C'est pour nous attacher à trop de bienséance,
Qu'aucun amant, ma sœur, à nous ne veut venir;
Et nous voulons trop soutenir
L'honneur de notre sexe et de notre naissance.
Les hommes maintenant aiment ce qui leur rit;
L'espoir, plus que l'amour, est ce qui les attire;
Et c'est par-là que Psyché nous ravit
Tous les amants qu'on voit sous son empire.
Suivons, suivons l'exemple, ajustons-nous au temps;
Abaissons-nous, ma sœur, à faire des avances,
Et ne ménageons plus de tristes bienséances,
Qui nous ôtent les fruits du plus beau de nos ans.

AGLAURE.

J'approuve la pensée, et nous avons matière
D'en faire l'épreuve première
Aux deux princes qui sont les derniers arrivés.
Ils sont charmants, ma sœur; et leur personne entière
Me... Les avez-vous observés?

CIDIPPE.

Ah! ma sœur, ils sont faits tous deux d'une manière,
Que mon ame... Ce sont deux princes achevés.

AGLAURE.

Je trouve qu'on pourroit rechercher leur tendresse,

[1] Cette tirade est une allusion pleine de finesse au changement qui s'étoit opéré dans les mœurs depuis la première représentation des *Précieuses*. Psyché est douce, aimable, sans pruderie; et c'est ce qui lui attire les hommages de tous les hommes. Ses deux sœurs au contraire ont des sentiments romanesques, et sont aussi fières que les héroïnes de mademoiselle de Scudéry. Il y a dans cette opposition tous les éléments d'une excellente scène de comédie. P.

Sans se faire deshonneur.

CIDIPPE.

Je trouve que, sans honte, une belle princesse
Leur pourroit donner son cœur.

AGLAURE.

Les voici tous deux, et j'admire
Leur air et leur ajustement.

CIDIPPE.

Ils ne démentent nullement
Tout ce que nous venons de dire [1].

SCÈNE II.

CLÉOMÈNE, AGÉNOR, AGLAURE, CIDIPPE.

AGLAURE.

D'où vient, princes, d'où vient que vous fuyez ainsi?
Prenez-vous l'épouvante en nous voyant paroître?

CLÉOMÈNE.

On nous faisoit croire qu'ici
La princesse Psyché, madame, pourroit être.

AGLAURE.

Tous ces lieux n'ont-ils rien d'agréable pour vous,
Si vous ne les voyez ornés de sa présence?

AGÉNOR.

Ces lieux peuvent avoir des charmes assez doux;
Mais nous cherchons Psyché dans notre impatience.

CIDIPPE.

Quelque chose de bien pressant
Vous doit, à la chercher, pousser tous deux, sans doute.

CLÉOMÈNE.

Le motif est assez puissant,

[1] Cette nouvelle jalousie des deux sœurs de Psyché est peinte avec moins de noblesse que celle de Vénus, comme cela devoit être; mais elle l'est avec beaucoup de finesse et de connoissance du cœur des femmes. (L. B.)

Puisque notre fortune enfin en dépend toute.

AGLAURE.

Ce seroit trop à nous que de nous informer
Du secret que ces mots nous peuvent enfermer.

CLÉOMÈNE.

Nous ne prétendons point en faire de mystère :
Aussi bien, malgré nous, paroîtroit-il au jour ;
Et le secret ne dure guère,
Madame, quand c'est de l'amour.

CIDIPPE.

Sans aller plus avant, princes, cela veut dire
Que vous aimez Psyché tous deux.

AGÉNOR.

Tous deux soumis à son empire,
Nous allons, de concert, lui découvrir nos feux.

AGLAURE.

C'est une nouveauté, sans doute, assez bizarre,
Que deux rivaux si bien unis.

CLÉOMÈNE.

Il est vrai que la chose est rare,
Mais non pas impossible à deux parfaits amis.

CIDIPPE.

Est-ce que dans ces lieux il n'est qu'elle de belle?
Et n'y trouvez-vous point à séparer vos vœux ?

AGLAURE.

Parmi l'éclat du sang, vos yeux n'ont-ils vu qu'elle
A pouvoir mériter vos feux ?

CLÉOMÈNE.

Est-ce que l'on consulte au moment qu'on s'enflamme ?
Choisit-on qui l'on veut aimer?
Et, pour donner toute son ame,
Regarde-t-on quel droit on a de nous charmer ?

AGÉNOR.

Sans qu'on ait le pouvoir d'élire,
On suit, dans une telle ardeur,

Quelque chose qui nous attire :
Et, lorsque l'amour touche un cœur,
On n'a point de raison à dire.

AGLAURE.

En vérité, je plains les fâcheux embarras
Où je vois que vos cœurs se mettent.
Vous aimez un objet dont les riants appas
Mêleront des chagrins à l'espoir qu'ils vous jettent ;
Et son cœur ne vous tiendra pas
Tout ce que ses yeux vous promettent.

CIDIPPE.

L'espoir qui vous appelle au rang de ses amants
Trouvera du mécompte aux douceurs qu'elle étale ;
Et c'est pour essuyer de très fâcheux moments,
Que les soudains retours de son ame inégale.

AGLAURE.

Un clair discernement de ce que vous valez
Nous fait plaindre le sort où cet amour vous guide ;
Et vous pouvez trouver tous deux, si vous voulez,
Avec autant d'attraits, une ame plus solide.

CIDIPPE.

Par un choix plus doux de moitié,
Vous pouvez de l'amour sauver votre amitié ;
Et l'on voit en vous deux un mérite si rare,
Qu'un tendre avis veut bien prévenir, par pitié,
Ce que votre cœur se prépare.

CLÉOMÈNE.

Cet avis généreux fait, pour nous, éclater
Des bontés qui nous touchent l'ame ;
Mais le ciel nous réduit à ce malheur, madame,
De ne pouvoir en profiter.

AGÉNOR.

Votre illustre pitié veut en vain nous distraire
D'un amour dont tous deux nous redoutons l'effet ;
Ce que notre amitié, madame, n'a pas fait,

Il n'est rien qui le puisse faire.

CIDIPPE.

Il faut que le pouvoir de Psyché... La voici.

SCÈNE III.

PSYCHÉ, CIDIPPE, AGLAURE, CLÉOMÈNE, AGÉNOR

CIDIPPE.

Venez jouir, ma sœur, de ce qu'on vous apprête.

AGLAURE.

Préparez vos attraits à recevoir ici
Le triomphe nouveau d'une illustre conquête.

CIDIPPE.

Ces princes ont tous deux si bien senti vos coups,
Qu'à vous le découvrir leur bouche se dispose.

PSYCHÉ.

Du sujet qui les tient si rêveurs parmi nous
Je ne me croyois pas la cause;
Et j'aurois cru toute autre chose,
En les voyant parler à vous.

AGLAURE.

N'ayant ni beauté ni naissance
A pouvoir mériter leur amour et leurs soins,
Ils nous favorisent au moins
De l'honneur de la confidence.

CLÉOMÈNE, *à Psyché*.

L'aveu qu'il nous faut faire à vos divins appas
Est sans doute, madame, un aveu téméraire;
Mais tant de cœurs, près du trepas,
Sont, par de tels aveux, forcés à vous déplaire,
Que vous êtes reduite à ne les punir pas
Des foudres de votre colère.
Vous voyez en nous deux amis
Qu'un doux rapport d'humeurs sut joindre dès l'enfance;

Et ces tendres liens se sont vus affermis
Par cent combats d'estime et de reconnoissance.
Du destin ennemi les assauts rigoureux,
Les mépris de la mort, et l'aspect des supplices,
Par d'illustres éclats de mutuels offices,
Ont de notre amitié signalé les beaux nœuds;
Mais, à quelques essais qu'elle se soit trouvée,
Son grand triomphe est en ce jour;
Et rien ne fait tant voir sa constance éprouvée,
Que de se conserver au milieu de l'amour.
Oui, malgré tant d'appas, son illustre constance
Aux lois qu'elle nous fait a soumis tous nos vœux;
Elle vient, d'une douce et pleine déférence,
Remettre à votre choix le succès de nos feux;
Et, pour donner un poids à notre concurrence,
Qui des raisons d'état entraîne la balance
Sur le choix de l'un de nous deux,
Cette même amitié s'offre, sans répugnance,
D'unir nos deux états au sort du plus heureux.

AGÉNOR.

Oui, de ces deux états, madame,
Que sous votre heureux choix nous nous offrons d'unir,
Nous voulons faire à notre flamme
Un secours pour vous obtenir.
Ce que, pour ce bonheur, près du roi votre père,
Nous nous sacrifions tous deux,
N'a rien de difficile à nos cœurs amoureux;
Et c'est au plus heureux faire un don nécessaire
D'un pouvoir dont le malheureux,
Madame, n'aura plus affaire.

PSYCHÉ.

Le choix que vous m'offrez, princes, montre à mes yeux
De quoi remplir les vœux de l'ame la plus fière;
Et vous me le parez tous deux d'une manière
Qu'on ne peut rien offrir qui soit plus précieux.

Vos feux, votre amitié, votre vertu suprême,
Tout me relève en vous l'offre de votre foi,
Et j'y vois un mérite à s'opposer lui-même
A ce que vous voulez de moi.
Ce n'est pas à mon cœur qu'il faut que je défère,
Pour entrer sous de tels liens;
Ma main, pour se donner, attend l'ordre d'un père,
Et mes sœurs ont des droits qui vont devant les miens.
Mais, si l'on me rendoit sur mes vœux absolue,
Vous y pourriez avoir trop de part à-la-fois;
Et toute mon estime, entre vous suspendue,
Ne pourroit sur aucun laisser tomber mon choix.
A l'ardeur de votre poursuite,
Je répondrois assez de mes vœux les plus doux;
Mais c'est, parmi tant de mérite,
Trop que deux cœurs pour moi, trop peu qu'un cœur pour vous
De mes plus doux souhaits j'aurois l'ame gênée
A l'effort de votre amitié;
Et j'y vois l'un de vous prendre une destinée
A me faire trop de pitié.
Oui, princes, à tous ceux dont l'amour suit le vôtre,
Je vous préférerois tous deux avec ardeur;
Mais je n'aurois jamais le cœur
De pouvoir préférer l'un de vous deux à l'autre.
A celui que je choisirois
Ma tendresse feroit un trop grand sacrifice;
Et je m'imputerois à barbare injustice
Le tort qu'à l'autre je ferois.
Oui, tous deux vous brillez de trop de grandeur d'ame
Pour en faire aucun malheureux;
Et vous devez chercher dans l'amoureuse flamme
Le moyen d'être heureux tous deux.
Si votre cœur me considère
Assez pour me souffrir de disposer de vous,
J'ai deux sœurs capables de plaire,

Qui peuvent bien vous faire un destin assez doux;
Et l'amitié me rend leur personne assez chère
Pour vous souhaiter leurs époux.

CLÉOMÈNE.

Un cœur dont l'amour est extrême
Peut-il bien consentir, hélas!
D'être donné par ce qu'il aime?
Sur nos deux cœurs, madame, à vos divins appas
Nous donnons un pouvoir suprême;
Disposez-en pour le trépas:
Mais pour une autre que vous-même,
Ayez cette bonté de n'en disposer pas.

AGÉNOR.

Aux princesses, madame, on feroit trop d'outrage;
Et c'est, pour leurs attraits, un indigne partage,
Que les restes d'une autre ardeur.
Il faut d'un premier feu la pureté fidèle,
Pour aspirer à cet honneur
Où votre bonté nous appelle;
Et chacune mérite un cœur
Qui n'ait soupiré que pour elle.

AGLAURE.

Il me semble, sans nul courroux [1],
Qu'avant que de vous en défendre,
Princes, vous deviez bien attendre
Qu'on se fût expliqué sur vous.
Nous croyez-vous un cœur si facile et si tendre?
Et, lorsqu'on parle ici de vous donner à nous,
Savez-vous si l'on veut vous prendre?

[1] Molière a reproduit cette situation dans la deuxième scène des *Femmes savantes*, où Armande dit à Clitandre, dans un style plus comique :

Hé! qui vous dit, monsieur, que l'on ait cette envie,
Et que de vous enfin si fort on se soucie?
Je vous trouve plaisant de vous le figurer,
Et bien impertinent de me le déclarer.

CIDIPPE.

Je pense que l'on a d'assez hauts sentiments
Pour refuser un cœur qu'il faut qu'on sollicite,
Et qu'on ne veut devoir qu'à son propre mérite
La conquête de ses amants.

PSYCHÉ.

J'ai cru pour vous, mes sœurs, une gloire assez grande,
Si la possession d'un mérite si haut...

SCÈNE IV.

PSYCHÉ, AGLAURE, CIDIPPE, CLÉOMÈNE, AGÉN
LYCAS.

LYCAS, *à Psyché.*

Ah! madame!

PSYCHÉ.

Qu'as-tu?

LYCAS.

Le roi...

PSYCHÉ.

Quoi?

LYCAS.

Vous demande.

PSYCHÉ.

De ce trouble si grand que faut-il que j'attende?

LYCAS.

Vous ne le saurez que trop tôt.

PSYCHÉ.

Hélas! que pour le roi tu me donnes à craindre!

LYCAS.

Ne craignez que pour vous; c'est vous que l'on doit plain

PSYCHÉ.

C'est pour louer le ciel, et me voir hors d'effroi,
De savoir que je n'aie à craindre que pour moi.

Mais apprends-moi, Lycas, le sujet qui te touche.

LYCAS.

Souffrez que j'obéisse à qui m'envoie ici,
Madame, et qu'on vous laisse apprendre de sa bouche
Ce qui peut m'affliger ainsi.

PSYCHÉ.

Allons savoir sur quoi l'on craint tant ma foiblesse.

SCÈNE V.

AGLAURE, CIDIPPE, LYCAS.

AGLAURE.

Si ton ordre n'est pas jusqu'à nous étendu,
Dis-nous quel grand malheur nous couvre ta tristesse.

LYCAS.

Hélas! ce grand malheur, dans la cour répandu,
Voyez-le vous-même, princesse,
Dans l'oracle qu'au roi les destins ont rendu.
Voici ses propres mots, que la douleur, madame,
A gravés au fond de mon ame :
« Que l'on ne pense nullement
« A vouloir de Psyché conclure l'hyménée;
« Mais qu'au sommet d'un mont elle soit promptement
« En pompe funèbre menée,
« Et que, de tous abandonnée,
« Pour époux elle attende en ces lieux constamment
« Un monstre dont on a la vue empoisonnée,
« Un serpent qui répand son venin en tous lieux,
« Et trouble dans sa rage et la terre et les cieux. »
Après un arrêt si sévère,
Je vous quitte, et vous laisse à juger entre vous
Si, par de plus cruels et plus sensibles coups,
Tous les dieux nous pouvoient expliquer leur colere.

SCÈNE VI.

AGLAURE, CIDIPPE.

CIDIPPE.

Ma sœur, que sentez-vous à ce soudain malheur
Où nous voyons Psyché par les destins plongée?

AGLAURE.

Mais vous, que sentez-vous, ma sœur?

CIDIPPE.

A ne vous point mentir, je sens que, dans mon cœur,
Je n'en suis pas trop affligée

AGLAURE.

Moi, je sens quelque chose au mien
Qui ressemble assez à la joie.
Allons, le Destin nous envoie
Un mal que nous pouvons regarder comme un bien.

PREMIER INTERMÈDE.

La scène est changée en des rochers affreux, et fait voir en l'éloignement une grotte effroyable.

C'est dans ce désert que Psyché doit être exposée, pour obéir à l'oracle. Une troupe de personnes affligées y viennent déplorer sa disgrace. Une partie de cette troupe désolée témoigne sa pitié par des plaintes touchantes et par des concerts lugubres; et l'autre exprime sa désolation par une danse pleine de toutes les marques du plus violent désespoir.

AINTES EN ITALIEN *chantées par une femme désolée et deux hommes affligés.*

FEMME DÉSOLÉE.

Deh! piangete al pianto mio,
Sassi duri, antiche selve;
Lagrimate, fonti, e belve,
D'un bel volto il fato rio.

PREMIER HOMME AFFLIGÉ.

Ahi dolore!

SECOND HOMME AFFLIGÉ.

Ahi martire!

PREMIER HOMME AFFLIGÉ.

Cruda morte!

SECOND HOMME AFFLIGÉ.

Empia sorte!

TOUS TROIS.

Che condanni a morir tanta beltà!
Cieli! stelle! ahi crudeltà!

FEMME DÉSOLÉE.

Rispondete a miei lamenti,
Antri cavi, ascose rupi;
Deh! ridite, fondi cupi,
Del mio duolo i mesti accenti.

PREMIER HOMME AFFLIGÉ.

Ahi! dolore!

SECOND HOMME AFFLIGÉ.

Ahi martire!

PREMIER HOMME AFFLIGÉ.

Cruda morte!

FEMME DÉSOLÉE, ET SECOND HOMME AFFLIGÉ.

Empia sorte!

TOUS TROIS.

Che condanni a morir tanta beltà!
Cieli! stelle! ahi crudeltà!

SECOND HOMME AFFLIGÉ.

Com'esser può fra voi, o numi eterni,
Chi voglia estinta una beltà innocente?
Ahi! che tanto rigor, cielo inclemente,
Vince di crudeltà gli stessi inferni.

PREMIER HOMME AFFLIGÉ.

Nume fiero!

SECOND HOMME AFFLIGÉ.

Dio severo!

LES DEUX HOMMES AFFLIGÉS.

Perchè tanto rigor
Contro innocente cor?
Ahi! sentenza inudita!
Dar morte a la beltà, ch'altrui dà vita!

FEMME DÉSOLÉE.

Ahi! ch'indarno si tarda!
Non resiste à li dei mortale affetto,
Alto impero ne sforza,
Ove comanda il ciel, l'uom cede a forza.

PREMIER HOMME AFFLIGÉ.

Ahi dolore!

SECOND HOMME AFFLIGÉ.

Ahi martire!

PREMIER HOMME AFFLIGÉ.

Cruda morte!

FEMME DÉSOLÉE, ET SECOND HOMME AFFLIGÉ.

Empia sorte!

TOUS TROIS.

Che condanni a morir tanta beltà!
Cieli! stelle! ahi crudeltà![1]

Ces plaintes sont entrecoupées et finies par une entrée de ballet de huit personnes affligées.

[1] Tous les intermèdes sont de Quinault, à l'exception de celui-ci, dont les paroles sont de Lulli, auteur de toute la musique du poëme. (B.)

FEMME AFFLIGÉE.

Mêlez vos pleurs avec nos larmes,
Durs rochers, froides eaux, et vous, tigres affreux;
Pleurez le destin rigoureux
D'un objet dont le crime est d'avoir trop de charmes.

UN HOMME AFFLIGÉ.

O dieux! quelle douleur!

AUTRE HOMME AFFLIGÉ.

Ah! quel malheur!

UN HOMME AFFLIGÉ.

Rigueur mortelle!

AUTRE HOMME.

Fatalité cruelle!

TOUS TROIS.

Faut-il, hélas!
Qu'un sort barbare
Puisse condamner au trépas

ACTE SECOND.

SCÈNE I.

LE ROI, PSYCHÉ, AGLAURE, CIDIPPE, LYCAS, SUITE.

PSYCHÉ.

De vos larmes, seigneur, la source m'est bien chère;
Mais c'est trop aux bontés que vous avez pour moi,
Que de laisser régner les tendresses de père

Une beauté si rare!
Cieux, astres, pleins de dureté,
Ah! quelle cruauté!

FEMME AFFLIGÉE.

Répondez à ma plainte, échos de ces bocages;
Qu'un bruit lugubre éclate au fond de ces forêts;
Que les antres profonds, les cavernes sauvages,
Répètent les accents de mes tristes regrets.

AUTRE HOMME AFFLIGÉ.

Quel de vous, ô grands dieux! avec tant de furie,
Veut détruire tant de beauté?
Impitoyable ciel, par cette barbarie
Voulez-vous surmonter l'enfer en cruauté?

UN HOMME AFFLIGÉ.

Dieu plein de haine!

AUTRE HOMME AFFLIGÉ

Divinité trop inhumaine!

LES DEUX HOMMES

Pourquoi ce courroux si puissant
Contre un cœur innocent?
O rigueur inouïe!
Trancher de si beaux jours,
Lorsqu'ils donnent la vie
A tant d'amours!

FEMME DÉSOLÉE.

Que c'est un vain secours contre un mal sans remède,
Que d'inutiles pleurs et de cris superflus!
Quand le ciel a donné des ordres absolus,
Il faut que l'effort humain cède.
O dieux! quelle douleur, etc. *

Cette imitation des paroles de Lulli est de Fontenelle, et se trouve dans son opéra de *Psyché*

Jusque dans les yeux d'un grand roi.
Ce qu'on vous voit ici donner à la nature,
Au rang que vous tenez, seigneur, fait trop d'injure;
Et j'en dois refuser les touchantes faveurs.
Laissez moins sur votre sagesse
Prendre d'empire à vos douleurs,
Et cessez d'honorer mon destin par des pleurs
Qui dans le cœur d'un roi montrent de la foiblesse.

LE ROI.

Ah! ma fille, à ces pleurs laisse mes yeux ouverts.
Mon deuil est raisonnable, encor qu'il soit extrême;
Et lorsque pour toujours on perd ce que je perds,
La sagesse, crois-moi, peut pleurer elle-même.
En vain l'orgueil du diadème
Veut qu'on soit insensible à ces cruels revers;
En vain de la raison les secours sont offerts
Pour vouloir d'un œil sec voir mourir ce qu'on aime.
L'effort en est barbare aux yeux de l'univers,
Et c'est brutalité plus que vertu suprême.
Je ne veux point, dans cette adversité,
Parer mon cœur d'insensibilité,
Et cacher l'ennui qui me touche.
Je renonce à la vanité
De cette dureté farouche
Que l'on appelle fermeté;
Et de quelque façon qu'on nomme
Cette vive douleur dont je ressens les coups,
Je veux bien l'étaler, ma fille, aux yeux de tous,
Et dans le cœur d'un roi montrer le cœur d'un homme.

PSYCHÉ.

Je ne mérite pas cette grande douleur:
Opposez, opposez un peu de résistance
Aux droits qu'elle prend sur un cœur
Dont mille événements ont marqué la puissance.
Quoi! faut-il que pour moi vous renonciez, seigneur,

A cette royale constance
ont vous avez fait voir, dans les coups du malheur,
Une fameuse expérience?

LE ROI.

onstance est facile en mille occasions.
toutes les révolutions
u nous peut exposer la fortune inhumaine,
La perte des grandeurs, les persécutions,
Le poison de l'envie et les traits de la haine,
N'ont rien que ne puissent, sans peine,
Braver les résolutions
D'une ame où la raison est un peu souveraine;
Mais ce qui porte des rigueurs
A faire succomber les cœurs
Sous le poids des douleurs amères,
Ce sont, ce sont les rudes traits
De ces fatalités sévères
Qui nous enlèvent pour jamais
Les personnes qui nous sont chères.
La raison, contre de tels coups,
N'offre point d'armes secourables;
Et voilà, des dieux en courroux,
Les foudres les plus redoutables
Qui se puissent lancer sur nous.

PSYCHÉ.

Seigneur, une douceur ici vous est offerte:
Votre hymen a reçu plus d'un présent des dieux;
Et, par une faveur ouverte,
Ils ne vous ôtent rien, en m'ôtant à vos yeux,
Dont ils n'ayent pris soin de réparer la perte.
Il vous reste de quoi consoler vos douleurs;
Et cette loi du ciel, que vous nommez cruelle,
Dans les deux princesses mes sœurs,
Laisse à l'amitié paternelle
Où placer toutes ses douceurs.

LE ROI.

Ah! de mes maux soulagement frivole!
Rien, rien ne s'offre à moi qui de toi me console.
C'est sur mes déplaisirs que j'ai les yeux ouverts;
Et, dans un destin si funeste,
Je regarde ce que je perds,
Et ne vois point ce qui me reste.

PSYCHÉ.

Vous savez mieux que moi qu'aux volontés des dieux,
Seigneur, il faut régler les nôtres;
Et je ne puis vous dire, en ces tristes adieux,
Que ce que beaucoup mieux vous pouvez dire aux autres.
Ces dieux sont maîtres souverains
Des présents qu'ils daignent nous faire;
Ils ne les laissent dans nos mains
Qu'autant de temps qu'il peut leur plaire.
Lorsqu'ils viennent les retirer,
On n'a nul droit de murmurer
Des graces que leur main ne veut plus nous étendre;
Seigneur, je suis un don qu'ils ont fait à vos vœux;
Et quand, par cet arrêt, ils veulent me reprendre,
Ils ne vous ôtent rien que vous ne teniez d'eux;
Et c'est sans murmurer que vous devez me rendre.

LE ROI

Ah! cherche un meilleur fondement
Aux consolations que ton cœur me présente;
Et, de la fausseté de ce raisonnement,
Ne fais point un accablement
A cette douleur si cuisante,
Dont je souffre ici le tourment.
Crois-tu là me donner une raison puissante
Pour ne me plaindre point de cet arrêt des cieux?
Et dans le procédé des dieux,
Dont tu veux que je me contente,
Une rigueur assassinante

Ne paroit-elle pas aux yeux?
Vois l'état où ces dieux me forcent à te rendre,
Et l'autre où te reçut mon cœur infortuné;
Tu connoîtras par-là qu'ils me viennent reprendre
Bien plus que ce qu'ils m'ont donné.
Je reçus d'eux en toi, ma fille,
Un présent que mon cœur ne leur demandoit pas;
J'y trouvois alors peu d'appas,
Et leur en vis, sans joie, accroître ma famille.
Mais mon cœur, ainsi que mes yeux,
S'est fait de ce présent une douce habitude:
J'ai mis quinze ans de soins, de veilles et d'étude
A me le rendre précieux;
Je l'ai paré de l'aimable richesse
De mille brillantes vertus;
En lui j'ai renfermé, par des soins assidus,
Tous les plus beaux trésors que fournit la sagesse;
A lui j'ai de mon ame attaché la tendresse;
J'en ai fait de ce cœur le charme et l'allégresse,
La consolation de mes sens abattus,
Le doux espoir de ma vieillesse.
Ils m'ôtent tout cela, ces dieux!
Et tu veux que je n'aie aucun sujet de plainte
Sur cet affreux arrêt dont je souffre l'atteinte!
Ah! leur pouvoir se joue avec trop de rigueur
Des tendresses de notre cœur.
Pour m'ôter leur présent, leur falloit-il attendre
Que j'en eusse fait tout mon bien?
Ou plutôt, s'ils avoient dessein de le reprendre,
N'eût-il pas été mieux de ne me donner rien[1]?

[1] La fin de ce couplet est admirable; elle respire la tendresse paternelle la plus touchante et la mieux exprimée. Le raisonnement sur la destinée renferme en lui-même un sentiment bien tendre et bien vrai: on doit le pardonner à la douleur d'un père. Je ne sais si Racine a écrit quelque chose de plus doux et de plus attendrissant; mais, à coup sûr, il n'y a rien dans Quinault qui puisse être comparé à ces derniers vers.

PSYCHÉ.

Seigneur, redoutez la colère
De ces dieux contre qui vous osez éclater.

LE ROI.

Après ce coup, que peuvent-ils me faire ?
Ils m'ont mis en état de ne rien redouter.

PSYCHÉ.

Ah ! seigneur, je tremble des crimes
Que je vous fais commettre, et je dois me haïr...

LE ROI.

Ah ! qu'ils souffrent du moins mes plaintes légitimes ;
Ce m'est assez d'effort que de leur obéir ;
Ce doit leur être assez que mon cœur t'abandonne
Au barbare respect qu'il faut qu'on ait pour eux,
Sans prétendre gêner la douleur que me donne
L'épouvantable arrêt d'un sort si rigoureux.
Mon juste désespoir ne sauroit se contraindre ;
Je veux, je veux garder ma douleur à jamais ;
Je veux sentir toujours la perte que je fais ;
De la rigueur du ciel je veux toujours me plaindre ;
Je veux, jusqu'au trépas, incessamment pleurer
Ce que tout l'univers ne peut me réparer.

PSYCHÉ.

Ah ! de grace, Seigneur, épargnez ma foiblesse ;
J'ai besoin de constance en l'état où je suis.
Ne fortifiez point l'excès de mes ennuis
Des larmes de votre tendresse.
Seuls ils sont assez forts, et c'est trop pour mon cœur
De mon destin et de votre douleur.

LE ROI.

Oui, je dois t'épargner mon deuil inconsolable.
Voici l'instant fatal de m'arracher de toi ;
Mais comment prononcer ce mot épouvantable ?
Il le faut toutefois ; le ciel m'en fait la loi.
Une rigueur inévitable

M'oblige à le laisser en ce funeste lieu.
Adieu ; je vais..... Adieu[1].

Ce qui suit jusqu'à la fin de la pièce est de M. Corneille, à la réserve de la première scène du troisième acte, qui est de la même main que ce qui a précédé.

SCÈNE II.

PSYCHÉ, AGLAURE, CIDIPPE.

PSYCHÉ.

Suivez le roi, mes sœurs : vous essuierez ses larmes,
Vous adoucirez ses douleurs ;
Et vous l'accableriez d'alarmes,
Si vous vous exposiez encore à mes malheurs.
Conservez-lui ce qui lui reste :
Le serpent que j'attends peut vous être funeste,
Vous envelopper dans mon sort,
Et me porter en vous une seconde mort.
Le ciel m'a seule condamnée
A son haleine empoisonnée ;
Rien ne sauroit me secourir ;
Et je n'ai pas besoin d'exemple pour mourir[2].

AGLAURE.

Ne nous enviez pas ce cruel avantage,

[1] La situation de Psyché et de son père est la même que celle d'Iphigénie et d'Agamemnon. Le père de Psyché est plus touchant que le roi de Mycènes, parce qu'il ne mérite en rien son malheur, qu'il ne peut rien pour s'y soustraire, et que rien ne pourra l'en consoler. Mais, d'un autre côté, Iphigénie, laissant échapper ces regrets si naturels dans une jeune fille qui va perdre, avec la vie qu'elle aime, un amant qu'elle chérit encore davantage, est bien plus attendrissante que Psyché encourageant son père à la constance, et lui remontrant ce qu'il doit à sa qualité de roi et à son respect pour les dieux. La scène est longue et un peu délayée : il y a, dans les discours des deux personnages, un ton d'argumentation et quelquefois de subtilité qui convient peu dans une situation si terrible ; mais il y a souvent aussi, surtout dans la bouche du père, des traits de sentiment aussi vrais que naturellement exprimés. (A.)

[2] Quand on ne seroit pas averti par une note que Corneille vient de prendre la plume, il semble que ce vers sublime,

Et je n'ai pas besoin d'exemple pour mourir,

suffiroit pour déceler sa main. (A.)

De confondre nos pleurs avec vos déplaisirs,
De mêler nos soupirs à vos derniers soupirs :
D'une tendre amitié souffrez ce dernier gage.

PSYCHÉ.

C'est vous perdre inutilement.

CIDIPPE.

C'est en votre faveur espérer un miracle,
Ou vous accompagner jusques au monument.

PSYCHÉ.

Que peut-on se promettre après un tel oracle?

AGLAURE.

Un oracle jamais n'est sans obscurité :
On l'entend d'autant moins, que mieux on croit l'entendre[1];
Et peut-être, après tout, n'en devez-vous attendre
Que gloire et que félicité.
Laissez-nous voir, ma sœur, par une digne issue,
Cette frayeur mortelle heureusement déçue,
Ou mourir du moins avec vous,
Si le ciel à nos vœux ne se montre plus doux.

PSYCHÉ.

Ma sœur, écoutez mieux la voix de la nature,
Qui vous appelle auprès du roi.
Vous m'aimez trop; le devoir en murmure;
Vous en savez l'indispensable loi.
Un père vous doit être encor plus cher que moi.
Rendez-vous toutes deux l'appui de sa vieillesse;
Vous lui devez chacune un gendre et des neveux;
Mille rois, à l'envi, vous gardent leur tendresse;
Mille rois, à l'envi, vous offriront leurs vœux.
L'oracle me veut seule; et seule aussi je veux
Mourir, si je puis, sans foiblesse,
Ou ne vous avoir pas pour témoins toutes deux
De ce que, malgré moi, la nature m'en laisse.

[1] Ce vers et le précédent se trouvent dans *Horace*, acte III, scène III.

AGLAURE.

Partager vos malheurs, c'est vous importuner.

CIDIPPE.

J'ose dire un peu plus, ma sœur, c'est vous déplaire.

PSYCHÉ.

Non; mais enfin c'est me gêner,
Et peut-être du ciel redoubler la colère.

AGLAURE.

Vous le voulez, et nous partons.
Daigne ce même ciel, plus juste et moins sévère,
Vous envoyer le sort que nous vous souhaitons,
Et que notre amitié sincère,
En dépit de l'oracle et malgré vous, espère.

PSYCHÉ.

Adieu. C'est un espoir, ma sœur, et des souhaits
Qu'aucun des dieux ne remplira jamais.

SCÈNE III.

PSYCHÉ.

Enfin, seule et toute à moi-même,
Je puis envisager cet affreux changement
Qui, du haut d'une gloire extrême,
Me précipite au monument.
Cette gloire étoit sans seconde;
L'éclat s'en répandoit jusqu'aux deux bouts du monde.
Tout ce qu'il a de rois sembloient faits pour m'aimer;
Tous leurs sujets, me prenant pour déesse,
Commençoient à m'accoutumer
Aux encens qu'ils m'offroient sans cesse;
Leurs soupirs me suivoient, sans qu'il m'en coûtât rien;
Mon ame restoit libre en captivant tant d'ames;
Et j'étois, parmi tant de flammes,
Reine de tous les cœurs et maîtresse du mien[1].

[1] Ces vers sont d'autant plus remarquables, qu'ils s'éloignent beaucoup du genre

O ciel! m'auriez-vous fait un crime
De cette insensibilité?
Déployez-vous sur moi tant de sévérité,
Pour n'avoir à leurs vœux rendu que de l'estime?
Si vous m'imposiez cette loi,
Qu'il fallût faire un choix pour ne pas vous déplaire,
Puisque je ne pouvois le faire,
Que ne le faisiez-vous pour moi?
Que ne m'inspiriez-vous ce qu'inspire à tant d'autres
Le mérite, l'amour, et... Mais que vois-je ici?

SCÈNE IV.

CLÉOMÈNE, AGENOR, PSYCHÉ.

CLÉOMÈNE.

Deux amis, deux rivaux, dont l'unique souci
Est d'exposer leurs jours pour conserver les vôtres.

PSYCHÉ.

Puis-je vous écouter, quand j'ai chassé deux sœurs?
Princes, contre le ciel pensez-vous me défendre?
Vous livrer au serpent qu'ici je dois attendre,
Ce n'est qu'un désespoir qui sied mal aux grands cœurs;
Et mourir alors que je meurs,
C'est accabler une ame tendre
Qui n'a que trop de ses douleurs.

AGÉNOR.

Un serpent n'est pas invincible:
Cadmus, qui n'aimoit rien, défit celui de Mars.
Nous aimons, et l'Amour sait rendre tout possible

de Corneille. Nous verrons ce grand poëte exprimer la passion de l'amour avec un charme qui étonne dans un vieillard dont l'ame s'étoit nourrie d'objets sublimes. Ici il peint d'un seul trait la coquetterie, dans ces deux vers :

Et j'étois, parmi tant de flammes,
Reine de tous les cœurs et maîtresse du mien. (P.)

Au cœur qui suit ses étendards,
A la main dont lui-même il conduit tous les dards.

PSYCHÉ.

Voulez-vous qu'il vous serve en faveur d'une ingrate
Que tous ses traits n'ont pu toucher,
Qu'il dompte sa vengeance au moment qu'elle éclate,
Et vous aide à m'en arracher?
Quand même vous m'auriez servie,
Quand vous m'auriez rendu la vie,
Quel fruit espérez-vous de qui ne peut aimer?

CLÉOMÈNE.

Ce n'est point par l'espoir d'un si charmant salaire
Que nous nous sentons animer;
Nous ne cherchons qu'à satisfaire
Aux devoirs d'un amour qui n'ose présumer
Que jamais, quoi qu'il puisse faire,
Il soit capable de vous plaire,
Et digne de vous enflammer.
Vivez, belle princesse, et vivez pour un autre:
Nous le verrons d'un œil jaloux,
Nous en mourrons, mais d'un trépas plus doux
Que s'il nous falloit voir le vôtre;
Et, si nous ne mourons en vous sauvant le jour,
Quelque amour qu'à nos yeux vous préfériez au nôtre,
Nous voulons bien mourir de douleur et d'amour.

PSYCHÉ.

Vivez, princes, vivez, et de ma destinée
Ne songez plus à rompre ou partager la loi:
Je crois vous l'avoir dit, le ciel ne veut que moi;
Le ciel m'a seule condamnée.
Je pense ouïr déja les mortels sifflements
De son ministre qui s'approche:
Ma frayeur me le peint, me l'offre à tous moments;
Et, maîtresse qu'elle est de tous mes sentiments,
Elle me le figure au haut de cette roche.

J'en tombe de foiblesse, et mon cœur abattu
Ne soutient plus qu'à peine un reste de vertu.
Adieu, princes, fuyez, qu'il ne vous empoisonne.

AGÉNOR.

Rien ne s'offre à nos yeux encor qui les étonne;
Et, quand vous vous peignez un si proche trépas,
Si la force vous abandonne,
Nous avons des cœurs et des bras
Que l'espoir n'abandonne pas.
Peut-être qu'un rival a dicté cet oracle,
Que l'or a fait parler celui qui l'a rendu.
Ce ne seroit pas un miracle
Que, pour un dieu muet, un homme eût répondu;
Et, dans tous les climats, on n'a que trop d'exemples
Qu'il est, ainsi qu'ailleurs, des méchants dans les temples.

CLÉOMÈNE.

Laissez-nous opposer, au lâche ravisseur
A qui le sacrilége indignement vous livre,
Un amour qu'a le ciel choisi pour défenseur
De la seule beauté pour qui nous voulons vivre.
Si nous n'osons prétendre à sa possession,
Du moins, en son péril, permettez-nous de suivre
L'ardeur et les devoirs de notre passion.

PSYCHÉ.

Portez-les à d'autres moi-mêmes,
Princes, portez-les à mes sœurs,
Ces devoirs, ces ardeurs extrêmes
Dont pour moi sont remplis vos cœurs;
Vivez pour elles, quand je meurs;
Plaignez de mon destin les funestes rigueurs,
Sans leur donner en vous de nouvelles matières.
Ce sont mes volontés dernières;
Et l'on a reçu, de tout temps,
Pour souveraines lois les ordres des mourants.

CLÉOMÈNE.

Princesse...

PSYCHÉ.

Encore un coup, princes, vivez pour elles.
Tant que vous m'aimerez, vous devez m'obéir :
Ne me réduisez pas à vouloir vous haïr,
Et vous regarder en rebelles,
A force de m'être fidèles.
Allez, laissez-moi seule expirer en ce lieu,
Où je n'ai plus de voix que pour vous dire adieu.
Mais je sens qu'on m'enlève, et l'air m'ouvre une route
D'où vous n'entendrez plus cette mourante voix.
Adieu, princes; adieu pour la dernière fois :
Voyez si de mon sort vous pouvez être en doute.

(Psyché est enlevée en l'air par deux Zéphyrs.)

AGÉNOR.

Nous la perdons de vue. Allons tous deux chercher
Sur le faîte de ce rocher,
Prince, les moyens de la suivre.

CLÉOMÈNE.

Allons-y chercher ceux de ne lui point survivre.

SCÈNE V.

L'AMOUR, *en l'air.*

Allez mourir, rivaux d'un dieu jaloux,
Dont vous méritez le courroux,
Pour avoir eu le cœur sensible aux mêmes charmes.
Et toi, forge, Vulcain, mille brillants attraits
Pour orner un palais
Où l'Amour de Psyché veut essuyer les larmes,
Et lui rendre les armes.

SECOND INTERMÈDE.

La scène se change en une cour magnifique, ornée de colonnes de lapis, enrichies de figures d'or, qui forment un palais pompeux et brillant que l'Amour destine pour Psyché. Six Cyclopes, avec quatre Fées, y font une entrée de ballet, où ils achèvent en cadence quatre gros vases d'argent que les Fées leur ont apportés. Cette entrée est entrecoupée par ce récit de Vulcain, qu'il fait à deux reprises :

Dépêchez, préparez ces lieux
Pour le plus aimable des dieux :
Que chacun pour lui s'intéresse ;
N'oubliez rien des soins qu'il faut.
Quand l'Amour presse,
On n'a jamais fait assez tôt.

L'Amour ne veut point qu'on diffère,
Travaillez, hâtez-vous,
Frappez, redoublez vos coups ;
Que l'ardeur de lui plaire
Fasse vos soins les plus doux.

SECOND COUPLET.

Servez bien un dieu si charmant ;
Il se plaît dans l'empressement :
Que chacun pour lui s'intéresse ;
N'oubliez rien de ce qu'il faut.
Quand l'Amour presse,
On n'a jamais fait assez tôt.

L'Amour ne veut point qu'on diffère ;
Travaillez, hâtez-vous,
Frappez, redoublez vos coups ;
Que l'ardeur de lui plaire
Fasse vos soins les plus doux.

ACTE TROISIÈME.

SCÈNE I.

L'AMOUR, ZÉPHYRE.

ZÉPHYRE.

Oui, je me suis galamment acquitté
De la commission que vous m'avez donnée;
Et, du haut du rocher, je l'ai, cette beauté,
Par le milieu des airs doucement amenée
Dans ce beau palais enchanté,
Où vous pouvez en liberté
Disposer de sa destinée.
Mais vous me surprenez par ce grand changement
Qu'en votre personne vous faites;
Cette taille, ces traits, et cet ajustement,
Cachent tout-à-fait qui vous êtes;
Et je donne aux plus fins à pouvoir, en ce jour,
Vous reconnoître pour l'Amour.

L'AMOUR.

Aussi ne veux-je pas qu'on puisse me connoître;
Je ne veux à Psyché découvrir que mon cœur,
Rien que les beaux transports de cette vive ardeur
Que ses doux charmes y font naître;
Et, pour en exprimer l'amoureuse langueur,
Et cacher ce que je puis être
Aux yeux qui m'imposent des lois,
J'ai pris la forme que tu vois.

ZÉPHYRE.

En tout vous êtes un grand maître;

C'est ici que je le connois.
Sous des déguisements de diverse nature,
On a vu les dieux amoureux
Chercher à soulager cette douce blessure
Que reçoivent les cœurs de vos traits pleins de feux;
Mais en bon sens vous l'emportez sur eux;
Et voilà la bonne figure
Pour avoir un succès heureux
Près de l'aimable sexe où l'on porte ses vœux.
Oui, de ces formes-là l'assistance est bien forte;
Et, sans parler ni de rang ni d'esprit,
Qui peut trouver moyen d'être fait de la sorte
Ne soupire guère à crédit.

L'AMOUR.

J'ai résolu, mon cher Zéphyre,
De demeurer ainsi toujours;
Et l'on ne peut le trouver à redire
A l'aîné de tous les Amours.
Il est temps de sortir de cette longue enfance
Qui fatigue ma patience;
Il est temps désormais que je devienne grand.

ZÉPHYRE.

Fort bien. Vous ne pouvez mieux faire;
Et vous entrez dans un mystère
Qui ne demande rien d'enfant.

L'AMOUR.

Ce changement, sans doute, irritera ma mère.

ZÉPHYRE.

Je prévois là-dessus quelque peu de colère.
Bien que les disputes des ans
Ne doivent point régner parmi des immortelles,
Votre mère Vénus est de l'humeur des belles,
Qui n'aiment point de grands enfants [1].

[1] Le germe de cette idée plaisante est dans Apulée, qui fait dire à Vénus e

Mais où je la trouve outragée,
C'est dans le procédé que l'on vous voit tenir;
Et c'est l'avoir étrangement vengée,
Que d'aimer la beauté qu'elle vouloit punir!
Cette haine où ses vœux prétendent que réponde
La puissance d'un fils que redoutent les dieux...

L'AMOUR

Laissons cela, Zéphyre, et me dis si tes yeux
Ne trouvent pas Psyché la plus belle du monde.
Est-il rien sur la terre, est-il rien dans les cieux
Qui puisse lui ravir le titre glorieux
De beauté sans seconde?
Mais je la vois, mon cher Zéphyre,
Qui demeure surprise à l'éclat de ces lieux.

ZÉPHYRE.

Vous pouvez vous montrer pour finir son martyre,
Lui découvrir son destin glorieux,
Et vous dire, entre vous, tout ce que peuvent dire
Les soupirs, la bouche et les yeux.
En confident discret, je sais ce qu'il faut faire
Pour ne pas interrompre un amoureux mystère [1].

SCÈNE II.

PSYCHÉ.

Où suis-je? et, dans un lieu que je croyois barbare,
Quelle savante main a bâti ce palais,
Que l'art, que la nature parc
De l'assemblage le plus rare
Que l'œil puisse admirer jamais?
Tout rit, tout brille, tout éclate

même : *Felix vero ego quæ in ipso ætatis meæ flore vocabor avia?* « Ne serai-je « pas fort heureuse de m'entendre appeler grand'mère à la fleur de mon âge? » (A.)

[1] Cette scène est la dernière de Molière.

.IF

.rtements,
ments
et ne flatte :
.t mes faveurs,
l'or ou des fleurs

! merveilles
:pent ?
amuse et suspend
s sans pareilles,
s'en repent ?
en cruauté féconde,
d'un it.
velle et sans seconde,
elle a fait
sur le monde
avec plus de regret

est ridicule,
mes douleurs !
moments que ma mort se recule
de nouveaux malheurs :
plus de fois je meurs.

languir, viens prendre ta victime,
dois me déchirer.
cherche, et faut-il que j'anime
à me dévorer ?
ma mort, si ma vie est un crime,
m'en reste ose enfin t'emparer.
lasse de murmurer
un châtiment légitime
lasse de soupirer ;
que j'achève d'expirer

SCÈNE III.

L'AMOUR, PSYCHÉ, ZÉPHYRE.

L'AMOUR.

Le voilà, ce serpent, ce monstre impitoyable,
Qu'un oracle étonnant pour vous a préparé,
Et qui n'est pas, peut-être, à tel point effroyable
Que vous vous l'êtes figuré.

PSYCHÉ.

Vous, seigneur, vous seriez ce monstre dont l'oracle
A menacé mes tristes jours,
Vous qui semblez plutôt un dieu qui, par miracle,
Daigne venir lui-même à mon secours!

L'AMOUR.

Quel besoin de secours au milieu d'un empire
Où tout ce qui respire
N'attend que vos regards pour en prendre la loi,
Où vous n'avez à craindre autre monstre que moi?

PSYCHÉ.

Qu'un monstre tel que vous inspire peu de crainte!
Et que, s'il a quelque poison,
Une ame auroit peu de raison
De basarder la moindre plainte
Contre une favorable atteinte,
Dont tout le cœur craindroit la guérison!
A peine je vous vois, que mes frayeurs cessées
Laissent évanouir l'image du trépas,
Et que je sens couler dans mes veines glacées
Un je ne sais quel feu que je ne connois pas.
J'ai senti de l'estime et de la complaisance,
De l'amitié, de la reconnoissance;
De la compassion les chagrins innocents
M'en ont fait sentir la puissance;

Mais je n'ai point encor senti ce que je sens.
Je ne sais ce que c'est; mais je sais qu'il me charme,
Que je n'en conçois point d'alarme.
Plus j'ai les yeux sur vous, plus je m'en sens charmer.
Tout ce que j'ai senti n'agissoit point de même;
Et je dirois que je vous aime,
Seigneur, si je savois ce que c'est que d'aimer.
Ne les détournez point, ces yeux qui m'empoisonnent,
Ces yeux tendres, ces yeux perçants, mais amoureux,
Qui semblent partager le trouble qu'ils me donnent.
Hélas! plus ils sont dangereux,
Plus je me plais à m'attacher sur eux.
Par quel ordre du ciel, que je ne puis comprendre,
Vous dis-je plus que je ne dois,
Moi de qui la pudeur devroit du moins attendre
Que vous m'expliquassiez le trouble où je vous vois?
Vous soupirez, seigneur, ainsi que je soupire;
Vos sens, comme les miens, paroissent interdits
C'est à moi de m'en taire, à vous de me le dire;
Et cependant c'est moi qui vous le dis [1].

[1] Corneille avoit soixante-cinq ans lorsqu'il fit cette déclaration si tendre et si véhémente; mais ce qui peut en expliquer la tendresse et la verve, c'est qu'il étoit alors fort amoureux de mademoiselle Molière, qui jouoit le rôle de Psyché. C'est donc pour elle qu'il composa ces vers; et la déclaration qu'il met dans la bouche de la jeune fille exprime, comme il le dit lui-même, tout le feu qui circule dans *des veines glacées*. Un an plus tard, il lui rendit un nouvel hommage, dans *Pulchérie*, sous le nom de Martian. Robinet (*Gazette en vers*, du 26 novembre 1672) dit expressément que Corneille composa *Pulchérie* par l'effet de *l'extrême estime* que lui avoit inspirée mademoiselle Moliere; d'autre part, Fontenelle nous apprend que Corneille se peignit lui-même dans cette piece, sous le nom de Martian, vieillard amoureux de Pulchérie: or Pulchérie, c'étoit mademoiselle Molière elle-même, qui vit ainsi successivement à ses pieds les deux plus beaux génies du siècle, Molière et Corneille. Tout le monde alors remarqua le passage où ce dernier a exprimé avec une admirable énergie les supplices d'une passion au déclin de l'âge,

Qui n'ose souhaiter ni même accepter rien

Le rapprochement de ces deux anecdotes, rapportées par Fontenelle et Robinet, ne laisse aucun doute sur la passion de Corneille, et cette passion explique la verve des vers de Psyché et du rôle de Martian. Tous les détails amoureux de la

L'AMOUR.

Vous avez eu, Psyché, l'ame toujours si dure,
Qu'il ne faut pas vous étonner
Si, pour en réparer l'injure,
L'amour, en ce moment, se paie avec usure
De ceux qu'elle a dû lui donner.
Ce moment est venu qu'il faut que votre bouche
Exhale des soupirs si long-temps retenus,
Et qu'en vous arrachant à cette humeur farouche,
Un amas de transports aussi doux qu'inconnus
Aussi sensiblement tout à-la-fois vous touche,
Qu'ils ont dû vous toucher durant tant de beaux jours
Dont cette ame insensible a profané le cours.

PSYCHÉ.

N'aimer point, c'est donc un grand crime?

L'AMOUR.

En souffrez-vous un rude châtiment?

PSYCHÉ.

C'est punir assez doucement.

L'AMOUR.

C'est lui choisir sa peine légitime,
Et se faire justice, en ce glorieux jour,
D'un manquement d'amour par un excès d'amour.

PSYCHÉ.

Que n'ai-je été plus tôt punie!
J'y mets le bonheur de ma vie.
Je devrois en rougir, ou le dire plus bas;
Mais le supplice a trop d'appas.

pièce de *Pulchérie* viennent d'ailleurs à l'appui de notre opinion; ainsi dans *Pulchérie*, Martian déclare qu'il aime depuis dix ans:

> J'aime, et depuis dix ans ma flamme et mon silence
> Font à mon triste cœur égale violence.

Or, la passion de Corneille datoit précisément de dix années, puisqu'il ne vit mademoiselle Molière qu'en 1662, époque à laquelle il vint se fixer à Paris, et que *Pulchérie* ne fut jouée qu'en 1672.

[illegible] . tout haut, je le die et redie :
Je le dirois cent fois, et n'en rougirois pas.
Ce n'est point moi qui parle; et de votre présence
L'empire surprenant, l'aimable violence,
Dès que je veux parler s'empare de ma voix.
C'est en vain qu'en secret ma pudeur s'en offense,
Que le sexe et la bienséance
Osent me faire d'autres lois :
Vos yeux de ma réponse eux-mêmes font le choix,
Et ma bouche asservie à leur toute-puissance
Ne me consulte plus sur ce que je me dois.

L'AMOUR.

Croyez, belle Psyché, croyez ce qu'ils vous disent,
Ces yeux qui ne sont point jaloux;
Qu'à l'envi les vôtres m'instruisent
De tout ce qui se passe en vous.
Croyez-en ce cœur qui soupire,
Et qui, tant que le vôtre y voudra repartir,
Vous dira bien plus d'un soupir,
Que cent regards ne peuvent dire.
C'est le langage le plus doux,
C'est le plus fort, c'est le plus sûr de tous.

PSYCHÉ.

L'intelligence en étoit due
A nos cœurs, pour les rendre également contents.
J'ai soupiré, vous m'avez entendue;
Vous soupirez, je vous entends.
Mais ne me laissez plus en doute,
Seigneur, et dites moi si, par la même route,
Après moi, le Zéphyre ici vous a rendu
Pour me dire ce que j'écoute.
Quand j'y suis arrivée, étiez-vous attendu?
Et quand vous lui parlez, êtes-vous entendu?

L'AMOUR.

J'ai dans ce doux climat un souverain empire,

Comme vous l'avez sur mon cœur ;
L'Amour m'est favorable, et c'est en sa faveur
Qu'à mes ordres Éole a soumis le Zéphyre.
C'est l'Amour qui, pour voir mes feux récompensés,
Lui-même a dicté cet oracle
Par qui vos beaux jours menacés
D'une foule d'amants se sont débarrassés,
Et qui m'a délivré de l'éternel obstacle
De tant de soupirs empressés
Qui ne méritoient pas de vous être adressés.
Ne me demandez point quelle est cette province,
Ni le nom de son prince.
Vous le saurez quand il en sera temps.
Je veux vous acquérir, mais c'est par mes services,
Par des soins assidus et par des vœux constants,
Par les amoureux sacrifices
De tout ce que je suis,
De tout ce que je puis,
Sans que l'éclat du rang pour moi vous sollicite,
Sans que de mon pouvoir je me fasse un mérite ;
Et, bien que souverain dans cet heureux séjour,
Je ne vous veux, Psyché, devoir qu'à mon amour.
Venez en admirer avec moi les merveilles,
Princesse, et préparez vos yeux et vos oreilles
A ce qu'il a d'enchantements ;
Vous y verrez des bois et des prairies
Contester sur leurs agréments
Avec l'or et les pierreries ;
Vous n'entendrez que des concerts charmants ;
De cent beautés vous y serez servie,
Qui vous adoreront sans vous porter envie,
Et brigueront à tous moments,
D'une ame soumise et ravie,
L'honneur de vos commandements.

PSYCHÉ.

Mes volontés suivent les vôtres ;
Je n'en saurois plus avoir d'autres :
Mais votre oracle enfin vient de me séparer
De deux sœurs et du roi mon père,
Que mon trépas imaginaire
Réduit tous trois à me pleurer.
Pour dissiper l'erreur dont leur ame accablée
De mortels déplaisirs se voit pour moi comblée,
Souffrez que mes sœurs soient témoins
Et de ma gloire et de vos soins.
Prêtez-leur, comme à moi, les ailes du Zéphyre,
Qui leur puissent de votre empire,
Ainsi qu'à moi, faciliter l'accès;
Faites-leur voir en quel lieu je respire ;
Faites-leur de ma perte admirer le succès.

L'AMOUR.

Vous ne me donnez pas, Psyché, toute votre ame ;
Ce tendre souvenir d'un père et de deux sœurs
Me vole une part des douceurs
Que je veux toutes pour ma flamme.
N'ayez d'yeux que pour moi, qui n'en ai que pour vous ;
Ne songez qu'à m'aimer, ne songez qu'à me plaire :
Et, quand de tels soucis osent vous en distraire ...

PSYCHÉ.

Des tendresses du sang peut-on être jaloux ?

L'AMOUR.

Je le suis, ma Psyché, de toute la nature.
Les rayons du soleil vous baisent trop souvent :
Vos cheveux souffrent trop les caresses du vent :
Dès qu'il les flatte, j'en murmure.
L'air même que vous respirez
Avec trop de plaisir passe par votre bouche.
Votre habit de trop près vous touche :
Et, sitôt que vous soupirez,

Je ne sais quoi qui m'effarouche
nt, parmi vos soupirs, des soupirs égarés.
vous voulez vos sœurs; allez, partez, Zéphyre;
yché le veut, je ne l'en puis dédire [1].

(Zéphyre s'envole.)

SCÈNE IV.

L'AMOUR, PSYCHÉ.

L'AMOUR.

nd vous leur ferez voir ce bienheureux séjour,
e ces trésors faites-leur cent largesses,
odiguez-leur caresses sur caresses;
u sang, s'il se peut, épuisez les tendresses,
Pour vous rendre toute à l'amour.

tte tirade est un modèle inimitable de grace, de naïveté et de sentiment. l'a point été inspirée par le souvenir de la vingtième ode d'Anacréon, inti- les *Souhaits*, comme l'avance un commentateur : car il n'y a aucune ressem- entre les deux pièces. Corneille a emprunté la pensée et quelquefois même ssion de ses vers à un vieux poëte françois qui jouit encore aujourd'hui de e réputation : c'est dans la tragédie de *Pyrame et Thisbé*, par Théophile, trouve le passage imité. — Pyrame répond à Thisbé, qui se plaint de sa ie :

Ah! laisse à tant d'amour un peu de jalousie!
Non pas pour les mortels, car j'ose m'assurer
Que tu n'aimes que moi.

THISBÉ.

Tu le peux bien jurer.

PYRAME.

Mais je me sens jaloux de tout ce qui te touche,
De l'air qui si souvent entre et sort par ta bouche;
Je crois qu'à ton sujet le soleil fait le jour,
Avecque des flambeaux et d'envie et d'amour.
Les fleurs que sous tes pas tous les chemins produisent,
Dans l'honneur qu'elles ont de te plaire, me nuisent;
Si je pouvois complaire à mon jaloux dessein,
J'empêcherois tes yeux de regarder ton sein;
Ton ombre suit ton corps de trop près, ce me semble,
Car nous deux seulement devons aller ensemble.
Bref, un si rare objet m'est si doux et si cher,
Que ta main seulement me nuit de te toucher.

(*Pyrame et Thisbé*, acte IV, scène I.)

Je n'y mêlerai point d'importune présence;
Mais ne leur faites pas de si longs entretiens :
Vous ne sauriez pour eux avoir de complaisance,
Que vous ne dérobiez aux miens.

PSYCHÉ.

Votre amour me fait une grace
Dont je n'abuserai jamais.

L'AMOUR.

Allons voir cependant ces jardins, ce palais,
Où vous ne verrez rien que votre éclat n'efface.
Et vous, petits Amours, et vous, jeunes Zéphyrs,
Qui pour armes n'avez que de tendres soupirs,
Montrez tous à l'envi ce qu'à voir ma princesse
Vous avez senti d'allégresse [1].

TROISIÈME INTERMÈDE.

Il se fait une entrée de ballet de quatre Amours et quatre phyrs, interrompue deux fois par un dialogue chanté par Amour et un Zéphyr.

L'AMOUR, PSYCHÉ.

LE ZÉPHYR.

Aimable jeunesse,
Suivez la tendresse;
Joignez aux beaux jours
La douceur des Amours.
C'est pour vous surprendre
Qu'on vous fait entendre

[1] Ce troisième acte n'a, pour ainsi dire, qu'une scène, celle de la declar de Psyché; mais cette scène est un chef-d'œuvre, et l'acte où elle se trouve meilleur de tous. (A.)

Qu'il faut éviter leurs soupirs,
Et craindre leurs desirs :
Laissez-vous apprendre
Quels sont leurs plaisirs.

ILS CHANTENT ENSEMBLE.

Chacun est obligé d'aimer
A son tour;
Et plus on a de quoi charmer,
Plus on doit à l'Amour.

LE ZEPHYR SEUL.

Un cœur jeune et tendre
Est fait pour se rendre;
Il n'a point à prendre
De fâcheux détour.

LES DEUX ENSEMBLE.

Chacun est obligé d'aimer
A son tour;
Et plus on a de quoi charmer,
Plus on doit à l'Amour.

L'AMOUR SEUL.

Pourquoi se défendre?
Que sert-il d'attendre?
Quand on perd un jour,
On le perd sans retour.

LES DEUX ENSEMBLE.

Chacun est obligé d'aimer
A son tour;
Et plus on a de quoi charmer.
Plus on doit à l'Amour.

SECOND COUPLET.

LE ZEPHYR.

L'Amour a des charmes,
Rendons-lui les armes;
Ses soins et ses pleurs
Ne sont pas sans douceurs.
Un cœur, pour le suivre,
A cent maux se livre.
Il faut, pour goûter ses appas,
Languir jusqu'au trépas :
Mais ce n'est pas vivre
Que de n'aimer pas.

ILS CHANTENT ENSEMBLE.

S'il faut des soins et des travaux
En aimant,
On est payé de mille maux
Par un heureux moment.

LE ZÉPHYR SEUL.

On craint, on espère;
Il faut du mystère;
Mais on n'obtient guère
De bien sans tourment.

LES DEUX ENSEMBLE.

S'il faut des soins et des travaux
En aimant,
On est payé de mille maux
Par un heureux moment.

L'AMOUR SEUL.

Que peut-on mieux faire,
Qu'aimer et que plaire?
C'est un soin charmant,
Que l'emploi d'un amant.

LES DEUX ENSEMBLE.

S'il faut des soins et des travaux
En aimant,
On est payé de mille maux
Par un heureux moment.

ACTE QUATRIÈME.

Le théâtre devient un autre palais magnifique, coupé dans le fond par un vestibule, au travers duquel on voit un jardin superbe et charmant, décoré de plusieurs vases d'orangers, et d'arbres chargés de toutes sortes de fruits.

SCÈNE I.

AGLAURE, CIDIPPE.

AGLAURE.

Je n'en puis plus, ma sœur; j'ai vu trop de merveilles,
L'avenir aura peine à les bien concevoir;
Le soleil qui voit tout, et qui nous fait tout voir,
N'en a vu jamais de pareilles.
Elles me chagrinent l'esprit:
Et ce brillant palais, ce pompeux équipage,
Font un odieux étalage
Qui m'accable de honte autant que de dépit.
Que la Fortune indignement nous traite,
Et que sa largesse indiscrète
Prodigue aveuglément, épuise, unit d'efforts,
Pour faire de tant de trésors
Le partage d'une cadette[1] !

[1] Nouvelle imitation d'Apulée. — « Fortune aveugle et cruelle ! dit l'une, pourquoi faut-il qu'étant nées d'un même père et d'une même mère, nous ayons une destinée si différente, que nous, qui sommes les aînées, soyons livrées comme des esclaves à des maris étrangers, et que nous passions notre vie exilées loin de notre patrie et de nos parents, pendant que Psyché, qui n'est que notre cadette, et qui a bien moins de mérite que nous, a le bonheur d'avoir un dieu pour époux, et jouit d'une fortune si éclatante, qu'elle ne sait pas même en connoître le prix? »

CIDIPPE.

J'entre dans tous vos sentiments;
J'ai les mêmes chagrins; et, dans ces lieux charmants,
Tout ce qui vous déplaît me blesse;
Tout ce que vous prenez pour un mortel affront,
Comme vous, m'accable, et me laisse
L'amertume dans l'ame, et la rougeur au front.

AGLAURE.

Non, ma sœur, il n'est point de reines
Qui, dans leur propre état, parlent en souveraines
Comme Psyché parle en ces lieux.
On l'y voit obéie avec exactitude;
Et de ses volontés une amoureuse étude
Les cherche jusque dans ses yeux.
Mille beautés s'empressent autour d'elle,
Et semblent dire, à nos regards jaloux :
Quels que soient nos attraits, elle est encor plus belle,
Et nous, qui la servons, le sommes plus que vous
Elle prononce, on exécute;
Aucun ne s'en défend, aucun ne s'en rebute.
Flore, qui s'attache à ses pas,
Répand à pleines mains, autour de sa personne,
Ce qu'elle a de plus doux appas.
Zéphyre vole aux ordres qu'elle donne;
Et son amante et lui, s'en laissant trop charmer,
Quittent, pour la servir, les soins de s'entr'aimer.

CIDIPPE.

Elle a des dieux à son service,
Elle aura bientôt des autels;
Et nous ne commandons qu'à de chétifs mortels
De qui l'audace et le caprice,
Contre nous, à toute heure, en secret révoltés,
Opposent à nos volontés
Ou le murmure ou l'artifice.

AGLAURE.

C'étoit peu que, dans notre cour,
Tant de cœurs, à l'envi, nous l'eussent préférée;
Ce n'étoit pas assez que, de nuit et de jour,
D'une foule d'amants elle y fût adorée.
Quand nous nous consolions de la voir au tombeau
Par l'ordre imprévu d'un oracle,
Elle a voulu, de son destin nouveau,
Faire, en notre présence, éclater le miracle,
Et choisir nos yeux pour témoins
De ce qu'au fond du cœur nous souhaitions le moins[1].

CIDIPPE.

Ce qui le plus me désespère,
C'est cet amant parfait et si digne de plaire
Qui se captive sous ses lois.
Quand nous pourrions choisir entre tous les monarques,
En est-il un, de tant de rois,
Qui porte de si nobles marques?
Se voir du bien par-delà ses souhaits
N'est souvent qu'un bonheur qui fait des misérables;
Il n'est ni train pompeux ni superbe palais
Qui n'ouvre quelque porte à des maux incurables:
Mais avoir un amant d'un mérite achevé,
Et s'en voir chèrement aimée,
C'est un bonheur si haut, si relevé,
Que sa grandeur ne peut être exprimée.

AGLAURE.

N'en parlons plus, ma sœur, nous en mourrions d'ennui.
Songeons plutôt à la vengeance,
Et trouvons le moyen de rompre entre elle et lui
Cette adorable intelligence.
La voici. J'ai des coups tout prêts à lui porter,

[1] « Souvenez-vous avec quelle fierté et quelle arrogance elle en a usé envers nous, avec quelle ostentation insupportable elle nous a fait voir toutes ses richesses. » APULÉE.

Qu'elle aura peine d'éviter.

SCÈNE II.

PSYCHÉ, AGLAURE, CIDIPPE.

PSYCHÉ

Je viens vous dire adieu ; mon amant vous renvoie,
Et ne sauroit plus endurer
Que vous lui retranchiez un moment de la joie
Qu'il prend de se voir seul à me considérer.
Dans un simple regard, dans la moindre parole,
Son amour trouve des douceurs
Qu'en faveur du sang je lui vole,
Quand je les partage à des sœurs.

AGLAURE

La jalousie est assez fine ;
Et ces délicats sentiments
Méritent bien qu'on s'imagine
Que celui qui pour vous a ces empressements
Passe le commun des amants.
Je vous en parle ainsi, faute de le connoître.
Vous ignorez son nom, et ceux dont il tient l'être.
Nos esprits en sont alarmés.
Je le tiens un grand prince, et d'un pouvoir suprême,
Bien au-delà du diadème ;
Ses trésors, sous vos pas confusément semés
Ont de quoi faire honte à l'abondance même :
Vous l'aimez autant qu'il vous aime ;
Il vous charme, et vous le charmez :
Votre félicité, ma sœur, seroit extrême,
Si vous saviez qui vous aimez.

PSYCHÉ

Que m'importe? J'en suis aimée.
Plus il me voit, plus je lui plais

Il n'est point de plaisirs dont l'ame soit charmée
Qui ne préviennent mes souhaits ;
Et je vois mal de quoi la vôtre est alarmée,
Quand tout me sert dans ce palais.

AGLAURE.

Qu'importe qu'ici tout vous serve,
Si toujours cet amant vous cache ce qu'il est?
Nous ne nous alarmons que pour votre intérêt.
En vain tout vous y rit, en vain tout vous y plaît,
Le véritable amour ne fait point de réserve;
Et qui s'obstine à se cacher
Sent quelque chose en soi qu'on lui peut reprocher.
Si cet amant devient volage
(Car souvent, en amour, le change est assez doux;
Et j'ose le dire entre nous,
Pour grand que soit l'éclat dont brille ce visage,
Il en peut être ailleurs d'aussi belles que vous);
Si, dis-je, un autre objet sous d'autres lois l'engage;
Si, dans l'état où je vous voi,
Seule en ses mains, et sans défense,
Il va jusqu'à la violence;
Sur qui vous vengera le roi,
Ou de ce changement, ou de cette insolence?

PSYCHÉ.

Ma sœur, vous me faites trembler.
Juste ciel, pourrois-je être assez infortunée...

CIDIPPE.

Que sait-on si déja les nœuds de l'hyménée...

PSYCHÉ.

N'achevez pas; ce seroit m'accabler.

AGLAURE.

Je n'ai plus qu'un mot à vous dire :
Ce prince qui vous aime, et qui commande aux vents,
Qui nous donne pour char les ailes du Zéphyre,
Et de nouveaux plaisirs vous comble à tous moments,

Quand il rompt à vos yeux l'ordre de la nature,
Peut-être à tant d'amour mêle un peu d'imposture;
Peut-être ce palais n'est qu'un enchantement;
Et ces lambris dorés, ces amas de richesses,
Dont il achète vos tendresses,
Dès qu'il sera lassé de souffrir vos caresses,
Disparoîtront en un moment.
Vous savez, comme nous, ce que peuvent les charmes.

PSYCHÉ.

Que je sens à mon tour de cruelles alarmes!

AGLAURE.

Notre amitié ne veut que votre bien.

PSYCHÉ.

Adieu, mes sœurs; finissons l'entretien.
J'aime, et je crains qu'on ne s'impatiente.
Partez; et demain, si je puis,
Vous me verrez ou plus contente,
Ou dans l'accablement des plus mortels ennuis.

AGLAURE.

Nous allons dire au roi quelle nouvelle gloire,
Quel excès de bonheur le ciel répand sur vous.

CIDIPPE.

Nous allons lui conter d'un changement si doux
La surprenante et merveilleuse histoire.

PSYCHÉ.

Ne l'inquiétez point, ma sœur, de vos soupçons;
Et, quand vous lui peindrez un si charmant empire..

AGLAURE.

Nous savons toutes deux ce qu'il faut taire ou dire.
Et n'avons pas besoin, sur ce point, de leçons.

Zéphyre enlève les deux sœurs de Psyché dans un nuage qui descend jusqu'à terre, et dans lequel il les emporte avec rapidité.

SCÈNE III.

L'AMOUR, PSYCHÉ.

L'AMOUR.

Enfin vous êtes seule, et je puis vous redire,
Sans avoir pour témoins vos importunes sœurs,
Ce que des yeux si beaux ont pris sur moi d'empire,
Et quels excès ont les douceurs
Qu'une sincère ardeur inspire
Sitôt qu'elle assemble deux cœurs.
Je puis vous expliquer de mon ame ravie
Les amoureux empressements,
Et vous jurer qu'à vous seule asservie
Elle n'a pour objet de ses ravissements
Que de voir cette ardeur, de même ardeur suivie.
Ne concevoir plus d'autre envie
Que de régler mes vœux sur vos desirs,
Et de ce qui vous plaît faire tous mes plaisirs.
Mais d'où vient qu'un triste nuage
Semble offusquer l'éclat de ces beaux yeux?
Vous manque-t-il quelque chose en ces lieux?
Des vœux qu'on vous y rend dédaignez-vous l'hommage?

PSYCHÉ.

Non, seigneur.

L'AMOUR.

Qu'est-ce donc? et d'où vient mon malheur?
J'entends moins de soupirs d'amour que de douleur;
Je vois de votre teint les roses amorties
Marquer un déplaisir secret;
Vos sœurs à peine sont parties,
Que vous soupirez de regret.
Ah! Psyché, de deux cœurs quand l'ardeur est la même,
Ont-ils des soupirs différents?

Et quand on aime bien, et qu'on voit ce qu'on aime,
Peut-on songer à des parents?

PSYCHÉ.

Ce n'est point là ce qui m'afflige.

L'AMOUR.

Est-ce l'absence d'un rival,
Et d'un rival aimé, qui fait qu'on me néglige?

PSYCHÉ.

Dans un cœur tout à vous que vous pénétrez mal!
Je vous aime, seigneur, et mon amour s'irrite
De l'indigne soupçon que vous avez formé.
Vous ne connoissez pas quel est votre mérite,
Si vous craignez de n'être pas aimé.
Je vous aime; et, depuis que j'ai vu la lumière,
Je me suis montrée assez fière
Pour dédaigner les vœux de plus d'un roi;
Et, s'il vous faut ouvrir mon ame tout entière,
Je n'ai trouvé que vous qui fût digne de moi.
Cependant j'ai quelque tristesse
Qu'en vain je voudrois vous cacher;
Un noir chagrin se mêle à toute ma tendresse,
Dont je ne la puis détacher.
Ne m'en demandez point la cause;
Peut-être, la sachant, voudrez-vous m'en punir;
Et, si j'ose aspirer encore à quelque chose,
Je suis sûre du moins de ne point l'obtenir.

L'AMOUR.

Eh! ne craignez-vous point qu'à mon tour je m'irrite
Que vous connoissiez mal quel est votre mérite,
Ou feigniez de ne pas savoir
Quel est sur moi votre absolu pouvoir?
Ah! si vous en doutez, soyez désabusée.
Parlez.

PSYCHÉ.

J'aurai l'affront de me voir refusée.

L'AMOUR.

Prenez en ma faveur de meilleurs sentiments ;
L'expérience en est aisée.
Parlez, tout se tient prêt à vos commandements.
Si, pour m'en croire, il vous faut des serments,
J'en jure vos beaux yeux, ces maîtres de mon ame,
Ces divins auteurs de ma flamme;
Et, si ce n'est assez d'en jurer vos beaux yeux,
J'en jure par le Styx, comme jurent les dieux.

PSYCHÉ

J'ose craindre un peu moins, après cette assurance.
Seigneur, je vois ici la pompe et l'abondance;
Je vous adore, et vous m'aimez;
Mon cœur en est ravi, mes sens en sont charmés;
Mais, parmi ce bonheur suprême,
J'ai le malheur de ne savoir qui j'aime :
Dissipez cet aveuglement,
Et faites-moi connoître un si parfait amant.

L'AMOUR.

Psyché, que venez-vous de dire?

PSYCHÉ.

Que c'est le bonheur où j'aspire;
Et si vous ne me l'accordez...

L'AMOUR.

Je l'ai juré, je n'en suis plus le maître :
Mais vous ne savez pas ce que vous demandez.
Laissez-moi mon secret. Si je me fais connoître,
Je vous perds, et vous me perdez.
Le seul remède est de vous en dédire.

PSYCHÉ.

C'est là sur vous mon souverain empire?

L'AMOUR.

Vous pouvez tout, et je suis tout à vous.
Mais, si nos feux vous semblent doux,
Ne mettez point d'obstacle à leur charmante suite;

Ne me forcez point à la fuite;
C'est le moindre malheur qui nous puisse arriver
D'un souhait qui vous a séduite.

PSYCHÉ

Seigneur, vous voulez m'éprouver;
Mais je sais ce que j'en dois croire.
De grace, apprenez-moi tout l'excès de ma gloire,
Et ne me cachez plus pour quel illustre choix
J'ai rejeté les vœux de tant de rois.

L'AMOUR.

Le voulez-vous?

PSYCHE.

Souffrez que je vous en conjure.

L'AMOUR.

Si vous saviez, Psyché, la cruelle aventure
Que par-là vous vous attirez...

PSYCHE.

Seigneur, vous me désespérez.

L'AMOUR.

Pensez-y bien; je puis encor me taire.

PSYCHÉ.

Faites vous des serments pour n'y point satisfaire?

L'AMOUR.

Hé bien, je suis le dieu le plus puissant des dieux,
Absolu sur la terre, absolu dans les cieux;
Dans les eaux, dans les airs, mon pouvoir est suprême:
En un mot, je suis l'Amour même,
Qui de mes propres traits m'étois blessé pour vous[1],
Et, sans la violence, hélas! que vous me faites,
Et qui vient de changer mon amour en courroux,
Vous m'alliez avoir pour époux.
Vos volontés sont satisfaites;
Vous avez su qui vous aimiez;

[1] *Præclarus ille sagittarius, ipse me telo meo percussi.* « Moi, le plus [illegible] des archers, je me suis blessé pour vous d'un de mes traits. » APULÉE.

Vous connoissez l'amant que vous charmiez;
Psyché, voyez où vous en êtes.
Vous me forcez vous-même à vous quitter;
Vous me forcez vous-même à vous ôter
Tout l'effet de votre victoire.
Peut-être vos beaux yeux ne me reverront plus.
Ce palais, ces jardins, avec moi disparus,
Vont faire évanouir votre naissante gloire.
Vous n'avez pas voulu m'en croire;
Et, pour tout fruit de ce doute éclairci,
Le Destin, sous qui le ciel tremble,
Plus fort que mon amour, que tous les dieux ensemble,
Vous va montrer sa haine, et me chasse d'ici.

(L'Amour disparoît; et, dans l'instant qu'il s'envole, le superbe jardin s'évanouit; Psyché demeure seule au milieu d'une vaste campagne, et sur le bord sauvage d'un grand fleuve où elle veut se précipiter. Le dieu du fleuve paroît assis sur un amas de joncs et de roseaux, et appuyé sur une grande urne, d'où sort une grosse source d'eau.)

SCÈNE IV.

PSYCHÉ, LE DIEU DU FLEUVE.

PSYCHÉ.

Cruel destin, funeste inquiétude!
Fatale curiosité!
Qu'avez-vous fait, affreuse solitude,
De toute ma félicité?
J'aimois un dieu, j'en étois adorée,
Mon bonheur redoubloit de moment en moment;
Et je me vois seule, éplorée,
Au milieu d'un désert, où, pour accablement,
Et confuse et désespérée,
Je sens croître l'amour quand j'ai perdu l'amant.
Le souvenir m'en charme et m'empoisonne,
Sa douceur tyrannise un cœur infortuné
Qu'aux plus cuisants chagrins ma flamme a condamné.
O ciel! quand l'Amour m'abandonne,

Pourquoi me laisse-t-il l'amour qu'il m'a donné?
Source de tous les biens, inépuisable et pure,
Maître des hommes et des dieux,
Cher auteur des maux que j'endure,
Êtes-vous pour jamais disparu de mes yeux?
Je vous en ai banni moi-même :
Dans un excès d'amour, dans un bonheur extrême,
D'un indigne soupçon mon cœur s'est alarmé :
Cœur ingrat! tu n'avois qu'un feu mal allumé;
Et l'on ne peut vouloir, du moment que l'on aime,
Que ce que veut l'objet aimé.
Mourons, c'est le parti qui seul me reste à suivre,
Après la perte que je fais.
Pour qui, grands dieux! voudrois-je vivre?
Et pour qui former des souhaits?
Fleuve, de qui les eaux baignent ces tristes sables,
Ensevelis mon crime dans tes flots;
Et, pour finir des maux si déplorables,
Laisse-moi dans ton lit assurer mon repos.

LE DIEU DU FLEUVE.

Ton trépas souilleroit mes ondes [1],
Psyché; le ciel te le défend;
Et peut-être qu'après des douleurs si profondes,
Un autre sort t'attend.
Fuis plutôt de Vénus l'implacable colère :
Je la vois qui te cherche et qui te veut punir :
L'amour du fils a fait la haine de la mère.
Fuis, je saurai la retenir [2].

PSYCHÉ.

J'attends ses fureurs vengeresses;

[1] *Ne tua miserrima morte meas sanctas aquas polluas* — « Psyché, gardez-vous de souiller la pureté de mes eaux par votre mort. » APULÉE.

[2] Dans Apulée, Psyché se précipite dans un fleuve; mais le dieu, par égard pour l'Amour, dont il redoute le pouvoir, la soutient, la conduit au rivage, et la dépose sur un gazon semé de fleurs. Cette fiction gracieuse n'est pas heureusement remplacée par le petit discours que le dieu du fleuve tient à Psyché. A.

Qu'auront-elles pour moi qui ne me soit trop doux?
Qui cherche le trépas ne craint dieux ni déesses,
Et peut braver tout leur courroux.

SCÈNE V.

VÉNUS, PSYCHÉ, LE DIEU DU FLEUVE.

VÉNUS.

Orgueilleuse Psyché, vous m'osez donc attendre,
Après m'avoir sur terre enlevé mes honneurs;
Après que vos traits suborneurs
Ont reçu les encens qu'aux miens seuls on doit rendre?
J'ai vu mes temples désertés;
J'ai vu tous les mortels, séduits par vos beautés,
Idolâtrer en vous la beauté souveraine,
Vous offrir des respects jusqu'alors inconnus,
Et ne se mettre pas en peine
S'il étoit une autre Vénus;
Et je vous vois encor l'audace
De n'en pas redouter les justes châtiments,
Et de me regarder en face,
Comme si c'étoit peu que mes ressentiments.

PSYCHÉ.

Si de quelques mortels on m'a vue adorée,
Est-ce un crime pour moi d'avoir eu des appas,
Dont leur ame inconsidérée
Laissoit charmer des yeux qui ne vous voyoient pas?
Je suis ce que le ciel m'a faite;
Je n'ai que les beautés qu'il m'a voulu prêter.
Si les vœux qu'on m'offroit vous ont mal satisfaite,
Pour forcer tous les cœurs à vous les reporter,
Vous n'aviez qu'à vous présenter,
Qu'à ne leur cacher plus cette beauté parfaite
Qui, pour les rendre à leur devoir,

Pour se faire adorer, n'a qu'à se faire voir.

VÉNUS.

Il falloit vous en mieux défendre.
Ces respects, ces encens se doivent refuser;
Et, pour les mieux désabuser,
Il falloit, à leurs yeux, vous-même me les rendre.
Vous avez aimé cette erreur,
Pour qui vous ne deviez avoir que de l'horreur.
Vous avez bien fait plus: votre humeur arrogante,
Sur le mépris de mille rois,
Jusques aux cieux a porté de son choix
L'ambition extravagante.

PSYCHÉ.

J'aurois porté mon choix, déesse, jusqu'aux cieux?

VÉNUS.

Votre insolence est sans seconde.
Dédaigner tous les rois du monde,
N'est-ce pas aspirer aux dieux?

PSYCHÉ.

Si l'Amour pour eux tous m'avoit endurci l'ame,
Et me réservoit toute à lui,
En puis-je être coupable? et faut-il qu'aujourd'hui,
Pour prix d'une si belle flamme,
Vous vouliez m'accabler d'un éternel ennui?

VÉNUS.

Psyché, vous deviez mieux connoître
Qui vous étiez, et quel étoit ce dieu.

PSYCHÉ.

Eh! m'en a-t-il donné ni le temps ni le lieu,
Lui qui de tout mon cœur d'abord s'est rendu maître?

VÉNUS.

Tout votre cœur s'en est laissé charmer,
Et vous l'avez aimé dès qu'il vous a dit J'aime.

PSYCHÉ.

Pouvois-je n'aimer pas le dieu qui fait aimer,

Et qui me parloit pour lui-même ?
C'est votre fils : vous savez son pouvoir ;
Vous en connoissez le mérite.

VÉNUS.

Oui, c'est mon fils, mais un fils qui m'irrite,
Un fils qui me rend mal ce qu'il sait me devoir,
Un fils qui fait qu'on m'abandonne,
Et qui, pour mieux flatter ses indignes amours,
Depuis que vous l'aimez ne blesse plus personne
Qui vienne à mes autels implorer mon secours.
Vous m'en avez fait un rebelle :
On m'en verra vengée, et hautement sur vous ;
Et je vous apprendrai s'il faut qu'une mortelle
Souffre qu'un dieu soupire à ses genoux.
Suivez-moi, vous verrez, par votre expérience,
A quelle folle confiance
Vous portoit cette ambition.
Venez, et préparez autant de patience
Qu'on vous voit de présomption[1].

QUATRIÈME INTERMÈDE.

La scène représente les enfers. On y voit une mer toute de feu, dont les flots sont dans une perpétuelle agitation. Cette mer effroyable est bornée par des ruines enflammées ; et, au milieu de ses flots agités, au travers d'une gueule affreuse, paroît le palais infernal de Pluton. Huit furies en sortent et forment une

[1] L'entretien de Vénus et de Psyché me rappelle involontairement celui du loup et de l'agneau : c'est la foible innocence aux prises avec la force injuste, dont la fureur croît avec la douceur de l'autre, et dont l'iniquité augmente à mesure qu'elle lui est démontrée. Molière dans son plan, et Corneille dans la manière dont il l'a exécuté, semblent s'être attachés à rassembler sur Psyché tout ce que peuvent exciter d'intérêt la jeunesse, la beauté et l'infortune. (A.)

entrée de ballet, où elles se réjouissent de la rage qu'elles ont allumée dans l'ame de la plus douce des divinités. Un lutin mêle quantité de sauts périlleux à leurs danses, cependant que Psyché, qui a passé aux enfers par le commandement de Vénus, repasse dans la barque de Caron, avec la boîte qu'elle a reçue de Proserpine pour cette déesse.

ACTE CINQUIÈME.

SCÈNE I.

PSYCHÉ.

Effroyables replis des ondes infernales,
Noirs palais où Mégère et ses sœurs font leur cour,
Éternels ennemis du jour,
Parmi vos Ixions et parmi vos Tantales,
Parmi tant de tourments qui n'ont point d'intervalles,
Est-il, dans votre affreux séjour,
Quelques peines qui soient égales
Aux travaux où Vénus condamne mon amour?
Elle n'en peut être assouvie;
Et, depuis qu'à ses lois je me trouve asservie,
Depuis qu'elle me livre à ses ressentiments,
Il m'a fallu, dans ces cruels moments,
Plus d'une ame et plus d'une vie
Pour remplir ses commandements.
Je souffrirois tout avec joie,
Si, parmi les rigueurs que sa haine déploie,
Mes yeux pouvoient revoir, ne fût-ce qu'un moment,
Ce cher objet, cet adorable amant.

Je n'ose le nommer; ma bouche, criminelle
D'avoir trop exigé de lui,
S'en est rendue indigne; et, dans ce dur ennui,
La souffrance la plus mortelle,
Dont m'accable à toute heure un renaissant trépas,
Est celle de ne le voir pas.
Si son courroux duroit encore,
Jamais aucun malheur n'approcheroit du mien;
Mais, s'il avoit pitié d'une ame qui l'adore,
Quoi qu'il fallût souffrir, je ne souffrirois rien.
Oui, Destins, s'il calmoit cette juste colère,
Tous mes malheurs seroient finis:
Pour me rendre insensible aux fureurs de la mère,
Il ne faut qu'un regard du fils.
Je n'en veux plus douter, il partage ma peine,
Il voit ce que je souffre, et souffre comme moi.
Tout ce que j'endure le gêne;
Lui-même il s'en impose une amoureuse loi.
En dépit de Vénus, en dépit de mon crime,
C'est lui qui me soutient, c'est lui qui me ranime
Au milieu des périls où l'on me fait courir;
Il garde la tendresse où son feu le convie,
Et prend soin de me rendre une nouvelle vie
Chaque fois qu'il me faut mourir.
Mais que me veulent ces deux ombres
Qu'à travers le faux jour de ces demeures sombres
J'entrevois s'avancer vers moi?

SCÈNE II.

PSYCHE, CLÉOMENE, AGÉNOR.

PSYCHÉ.

Cléomène, Agénor, est-ce vous que je voi?
Qui vous a ravi la lumière?

CLÉOMÈNE.

La plus juste douleur qui d'un beau désespoir
Nous eût pu fournir la matière ;
Cette pompe funèbre, où du sort le plus noir
Vous attendiez la rigueur la plus fière,
L'injustice la plus entière.

AGÉNOR.

Sur ce même rocher où le ciel en courroux
Vous promettoit, au lieu d'époux,
Un serpent dont soudain vous seriez dévorée,
Nous tenions la main préparée
A repousser sa rage, ou mourir avec vous.
Vous le savez, princesse ; et, lorsqu'à notre vue,
Par le milieu des airs vous êtes disparue,
Du haut de ce rocher, pour suivre vos beautés,
Ou plutôt pour goûter cette amoureuse joie
D'offrir pour vous au monstre une première proie,
D'amour et de douleur l'un et l'autre emportés,
Nous nous sommes précipités.

CLÉOMÈNE.

Heureusement déçus au sens de votre oracle,
Nous en avons ici reconnu le miracle,
Et su que le serpent prêt à vous dévorer
Étoit le dieu qui fait qu'on aime,
Et qui, tout dieu qu'il est, vous adorant lui-même,
Ne pouvoit endurer
Qu'un mortel comme nous osât vous adorer.

AGÉNOR.

Pour prix de vous avoir suivie,
Nous jouissons ici d'un trépas assez doux.
Qu'avions-nous affaire de vie,
Si nous ne pouvions être à vous?
Nous revoyons ici vos charmes,
Qu'aucun des deux là-haut n'auroit revus jamais.
Heureux si nous voyons la moindre de vos larmes

Honorer des malheurs que vous nous avez faits!

PSYCHÉ.

Puis-je avoir des larmes de reste,
Après qu'on a porté les miens au dernier point?
Unissons nos soupirs dans un sort si funeste;
Les soupirs ne s'épuisent point :
Mais vous soupireriez, princes, pour une ingrate.
Vous n'avez point voulu survivre à mes malheurs;
Et, quelque douleur qui m'abatte,
Ce n'est point pour vous que je meurs.

CLÉOMÈNE.

L'avons-nous mérité, nous dont toute la flamme
N'a fait que vous lasser du récit de nos maux?

PSYCHÉ.

Vous pouviez mériter, princes, toute mon ame,
Si vous n'eussiez été rivaux.
Ces qualités incomparables,
Qui de l'un et de l'autre accompagnoient les vœux,
Vous rendoient tous deux trop aimables
Pour mépriser aucun des deux.

AGÉNOR.

Vous avez pu, sans être injuste ni cruelle,
Nous refuser un cœur réservé pour un dieu.
Mais revoyez Vénus. Le Destin nous rappelle,
Et nous force à vous dire adieu.

PSYCHÉ.

Ne vous donne-t-il point le loisir de me dire
Quel est ici votre séjour?

CLÉOMÈNE

Dans des bois toujours verts, où d'amour on respire,
Aussitôt qu'on est mort d'amour.
D'amour on y revit, d'amour on y soupire,
Sous les plus douces lois de son heureux empire;
Et l'éternelle nuit n'ose en chasser le jour
Que lui-même il attire

Sur nos fantômes qu'il inspire,
Et dont aux enfers même il se fait une cour.

AGÉNOR.

Vos envieuses sœurs, après nous descendues,
Pour vous perdre se sont perdues;
Et l'une et l'autre tour-à-tour,
Pour le prix d'un conseil qui leur coûte la vie,
A côté d'Ixion, à côté de Titye,
Souffrent tantôt la roue, et tantôt le vautour.
L'Amour, par les Zéphyrs, s'est fait prompte justice
De leur envenimée et jalouse malice;
Ces ministres ailés de son juste courroux,
Sous couleur de les rendre encore auprès de vous,
Ont plongé l'une et l'autre au fond d'un précipice,
Où le spectacle affreux de leurs corps déchirés
N'étale que le moindre et le premier supplice
De ces conseils, dont l'artifice
Fait les maux dont vous soupirez.

PSYCHÉ.

Que je les plains!

CLÉOMÈNE.

Vous êtes seule à plaindre:
Mais nous demeurons trop à vous entretenir;
Adieu. Puissions-nous vivre en votre souvenir!
Puissiez-vous, et bientôt, n'avoir plus rien à craindre!
Puisse, et bientôt, l'Amour vous enlever aux cieux,
Vous y mettre à côté des dieux,
Et, rallumant un feu qui ne se puisse éteindre,
Affranchir à jamais l'éclat de vos beaux yeux
D'augmenter le jour en ces lieux!

SCÈNE III.

PSYCHÉ.

Pauvres amants ! Leur amour dure encore !
Tout morts qu'ils sont, l'un et l'autre m'adore,
Moi, dont la dureté reçut si mal leurs vœux !
Tu n'en fais pas ainsi, toi qui seul m'as ravie,
Amant, que j'aime encor cent fois plus que ma vie,
Et qui brises de si beaux nœuds !
Ne me fuis plus, et souffre que j'espère
Que tu pourras un jour rabaisser l'œil sur moi,
Qu'à force de souffrir j'aurai de quoi te plaire,
De quoi me rengager ta foi.
Mais ce que j'ai souffert m'a trop défigurée,
Pour rappeler un tel espoir.
L'œil abattu, triste, désespérée,
Languissante et décolorée,
De quoi puis-je me prévaloir,
Si, par quelque miracle impossible à prévoir,
Ma beauté, qui t'a plu, ne se voit réparée ?
Je porte ici de quoi la réparer :
Ce trésor de beauté divine
Qu'en mes mains, pour Vénus, a remis Proserpine,
Enferme des appas dont je puis m'emparer ;
Et l'éclat en doit être extrême,
Puisque Vénus, la beauté même,
Les demande pour se parer [1].

[1] Dans La Fontaine, Psyché va de même chercher aux enfers une boite de *fard*. L'auteur a profité de cette descente au noir séjour pour en faire une description dont on nous pardonnera de rapporter ici la fin.

En un lieu séparé l'on voit ceux de qui l'ame
A violé les droits de l'amoureuse flamme,
Offensé Cupidon, méprisé ses autels,
Refusé le tribut qu'il impose aux mortels.
Là souffre un monde entier d'ingrates, de coquettes,

En dérober un peu, seroit-ce un si grand crime?
Pour plaire aux yeux d'un dieu qui s'est fait mon amant,
Pour regagner son cœur et finir mon tourment,
Tout n'est-il pas trop légitime?
Ouvrons. Quelles vapeurs m'offusquent le cerveau?
Et que vois-je sortir de cette boîte ouverte?
Amour, si ta pitié ne s'oppose à ma perte,
Pour ne revivre plus, je descends au tombeau.

Elle s'évanouit, et l'Amour descend auprès d'elle en volant.

SCÈNE IV.

L'AMOUR; PSYCHÉ, *évanouie.*

L'AMOUR.

Votre péril, Psyché, dissipe ma colère,
Ou plutôt de mes feux l'ardeur n'a point cessé ;
Et, bien qu'au dernier point vous m'ayez su déplaire,
Je ne me suis intéressé
Que contre celle de ma mère :

La Mégere punit les langues indiscretes,
Sur tout ceux qui, tachés du plus noir des forfaits
Se sont vantés d'un bien qu'on ne leur fit jamais
Par de cruels vautours l'inhumaine est rongée,
Dans un fleuve glacé la volage est plongée;
Et l'insensible expie en des lieux embrasés,
Aux yeux de ses amants, les maux qu'elle a causés
Ministres, confidents, domestiques perfides,
Y lassent sous le fouet le bras des Euménides
Près d'eux sont les auteurs de maint hymen forcé
L'amant chiche, et la dame au cœur interessé;
La troupe des censeurs, peuple à l'amour rebelle,
Ceux enfin dont les vers ont noirci quelque belle

Le tableau des enfers, dans le roman de *Psyché*, paroît être celui qui coûta le plus au fabuliste, et sous ce rapport il est curieux. On se rappelle que lorsque ce poëte se convertit, on eut beaucoup de peine à lui faire comprendre les souffrances éternelles des damnés: «Je me flatte, répondit-il, *qu'ils s'y accoutument.*» Il faut bien croire qu'il lui fut très difficile de peindre le Tartare, dont le sixième livre de *l'Énéide* nous donne une idée si terrible. Il est à regretter que Molière et Corneille n'aient pas profité de ses idées, qui étoient neuves, et qui convenoient très bien à un sujet tel que celui de *Psyché*. (P.)

J'ai vu tous vos travaux, j'ai suivi vos malheurs ;
Mes soupirs ont partout accompagné vos pleurs.
Tournez les yeux vers moi ; je suis encor le même.
Quoi ! je dis et redis tout haut que je vous aime,
Et vous ne dites point, Psyché, que vous m'aimez !
Est-ce que pour jamais vos beaux yeux sont fermés,
Qu'à jamais la clarté leur vient d'être ravie ?
O Mort ! devois-tu prendre un dard si criminel,
Et, sans aucun respect pour mon être éternel,
Attenter à ma propre vie !
Combien de fois, ingrate déité,
Ai-je grossi ton noir empire
Par les mépris et par la cruauté
D'une orgueilleuse ou farouche beauté !
Combien même, s'il le faut dire,
T'ai-je immolé de fidèles amants,
A force de ravissements !
Va, je ne blesserai plus d'ames,
Je ne percerai plus de cœurs
Qu'avec des dards trempés aux divines liqueurs
Qui nourrissent du ciel les immortelles flammes,
Et n'en lancerai plus que pour faire à tes yeux
Autant d'amants, autant de dieux.
Et vous, impitoyable mère,
Qui la forcez à m'arracher
Tout ce que j'avois de plus cher,
Craignez, à votre tour, l'effet de ma colère.
Vous me voulez faire la loi,
Vous qu'on voit si souvent la recevoir de moi ;
Vous, qui portez un cœur sensible comme un autre,
Vous enviez au mien les délices du vôtre !
Mais dans ce même cœur j'enfoncerai des coups
Qui ne seront suivis que de chagrins jaloux ;
Je vous accablerai de honteuses surprises,
Et choisirai partout, à vos vœux les plus doux,

Des Adonis et des Anchises
Qui n'auront que haine pour vous.

SCÈNE V.

VÉNUS, L'AMOUR; PSYCHÉ, *évanouie.*

VÉNUS.

La menace est respectueuse;
Et, d'un enfant qui fait le révolté,
La colère présomptueuse...

L'AMOUR.

Je ne suis plus enfant, et je l'ai trop été;
Et ma colère est juste autant qu'impétueuse.

VÉNUS.

L'impétuosité s'en devroit retenir;
Et vous pourriez vous souvenir
Que vous me devez la naissance

L'AMOUR.

Et vous pourriez n'oublier pas
Que vous avez un cœur et des appas
Qui relèvent de ma puissance;
Que mon arc de la vôtre est l'unique soutien;
Que, sans mes traits, elle n'est rien;
Et que si les cœurs les plus braves
En triomphe, par vous, se sont laissé traîner,
Vous n'avez jamais fait d'esclaves
Que ceux qu'il m'a plu d'enchaîner.
Ne me vantez donc plus ces droits de la naissance
Qui tyrannisent mes desirs;
Et, si vous ne voulez perdre mille soupirs,
Songez, en me voyant, à la reconnoissance,
Vous qui tenez de ma puissance
Et votre gloire et vos plaisirs.

VÉNUS.

Comment l'avez-vous défendue,
Cette gloire dont vous parlez ?
Comment me l'avez-vous rendue?
Et, quand vous avez vu mes autels désolés,
Mes temples violés,
Mes honneurs ravalés,
Si vous avez pris part à tant d'ignominie,
Comment en a-t-on vu punie
Psyché qui me les a volés?
Je vous ai commandé de la rendre charmée
Du plus vil des mortels,
Qui ne daignât répondre à son ame enflammée
Que par des rebuts éternels,
Par les mépris les plus cruels;
Et vous-même l'avez aimée !
Vous avez contre moi séduit des immortels;
C'est pour vous qu'à mes yeux les Zéphyrs l'ont cachée;
Qu'Apollon même, suborné,
Par un oracle adroitement tourné,
Me l'avoit si bien arrachée,
Que si sa curiosité,
Par une aveugle défiance,
Ne l'eût rendue à ma vengeance,
Elle échappoit à mon cœur irrité.
Voyez l'état où votre amour l'a mise,
Votre Psyché : son ame va partir ;
Voyez; et, si la vôtre en est encore éprise,
Recevez son dernier soupir.
Menacez, bravez-moi, cependant qu'elle expire :
Tant d'insolence vous sied bien;
Et je dois endurer quoi qu'il vous plaise dire,
Moi qui, sans vos traits, ne puis rien.

L'AMOUR.

Vous ne pouvez que trop, déesse impitoyable !

Le Destin l'abandonne à tout votre courroux :
Mais soyez moins inexorable
Aux prières, aux pleurs d'un fils à vos genoux.
Ce doit vous être un spectacle assez doux
De voir d'un œil Psyché mourante,
Et de l'autre ce fils, d'une voix suppliante,
Ne vouloir plus tenir son bonheur que de vous.
Rendez-moi ma Psyché, rendez-lui tous ses charmes;
Rendez-la, déesse, à mes larmes;
Rendez à mon amour, rendez à ma douleur,
Le charme de mes yeux et le choix de mon cœur.

VÉNUS

Quelque amour que Psyché vous donne,
De ses malheurs par moi n'attendez pas la fin.
Si le Destin me l'abandonne,
Je l'abandonne à son destin.
Ne m'importunez plus; et, dans cette infortune,
Laissez-la, sans Vénus, triompher ou périr.

L'AMOUR.

Hélas! si je vous importune,
Je ne le ferois pas si je pouvois mourir.

VÉNUS.

Cette douleur n'est pas commune,
Qui force un immortel à souhaiter la mort.

L'AMOUR.

Voyez, par son excès, si mon amour est fort.
Ne lui ferez-vous grace aucune?

VÉNUS.

Je vous l'avoue, il me touche le cœur,
Votre amour; il désarme, il fléchit ma rigueur :
Votre Psyché reverra la lumière.

L'AMOUR.

Que je vous vais partout faire donner d'encens!

VÉNUS.

Oui, vous la reverrez dans sa beauté première,

Mais de vos vœux reconnoissants
Je veux la déférence entière;
Je veux qu'un vrai respect laisse à mon amitié
Vous choisir une autre moitié.

L'AMOUR.

Et moi, je ne veux plus de grace :
Je reprends toute mon audace;
Je veux Psyché, je veux sa foi;
Je veux qu'elle revive, et revive pour moi;
Et tiens indifférent que votre haine lasse
En faveur d'une autre se passe.
Jupiter, qui paroît, va juger entre nous
De mes emportements et de votre courroux.

Après quelques éclairs et des roulements de tonnerre, Jupiter paroît en l'air sur son aigle.

SCÈNE VI.

JUPITER, VÉNUS, L'AMOUR; PSYCHÉ, *évanouie.*

L'AMOUR.

Vous, à qui seul tout est possible,
Père des dieux, souverain des mortels,
Fléchissez la rigueur d'une mère inflexible,
Qui, sans moi, n'auroit point d'autels.
J'ai pleuré, j'ai prié, je soupire, menace,
Et perds menaces et soupirs.
Elle ne veut pas voir que de mes déplaisirs
Dépend du monde entier l'heureuse ou triste face;
Et que, si Psyché perd le jour,
Si Psyché n'est à moi, je ne suis plus l'Amour.
Oui, je romprai mon arc, je briserai mes flèches,
J'éteindrai jusqu'à mon flambeau,
Je laisserai languir la Nature au tombeau;
Ou, si je daigne aux cœurs faire encor quelques brèches,
Avec ces pointes d'or qui me font obéir

Une félicité qui doit être éternelle.

TOUTES LES DIVINITÉS *chantent ensemble ce couplet à la gl*
de l'Amour.

Célébrons ce grand jour,
Célébrons tous une fête si belle;
Que nos chants en tous lieux en portent la nouvelle,
Qu'ils fassent retentir le céleste séjour.
Chantons, répétons tour-à-tour,
Qu'il n'est point d'ame si cruelle
Qui tôt ou tard ne se rende à l'Amour.

APOLLON *continue.*

Le dieu qui nous engage
A lui faire la cour
Défend qu'on soit trop sage.
Les plaisirs ont leur tour :
C'est leur plus doux usage
Que de finir les soins du jour.
La nuit est le partage
Des jeux et de l'amour.

Ce seroit grand dommage
Qu'en ce charmant séjour
On eût un cœur sauvage.
Les plaisirs ont leur tour :
C'est leur plus doux usage
Que de finir les soins du jour.
La nuit est le partage
Des jeux et de l'amour.

Deux Muses, qui ont toujours évité de s'engager sous les lois de l'Amour, seillent aux belles qui n'ont point encore aimé de s'en défendre avec so leur exemple.

CHANSON DES MUSES.

Gardez-vous, beautés sévères :
Les amours font trop d'affaires;
Craignez toujours de vous laisser charmer.
Quand il faut que l'on soupire,

Tout le mal n'est pas de s'enflammer;
Le martyre
De le dire
Coûte plus cent fois que d'aimer.

SECOND COUPLET DES MUSES.

On ne peut aimer sans peines;
Il est peu de douces chaînes;
A tout moment on se sent alarmer.
Quand il faut que l'on soupire,
Tout le mal n'est pas de s'enflammer;
Le martyre
De le dire
Coûte plus cent fois que d'aimer.

Bacchus faisant entendre qu'il n'est pas si dangereux que l'Amour.

RÉCIT DE BACCHUS.

Si quelquefois
Suivant nos douces lois,
La raison se perd et s'oublie,
Ce que le vin nous cause de folie
Commence et finit en un jour;
Mais quand un cœur est enivré d'amour,
Souvent c'est pour toute la vie.

Mome déclare qu'il n'a point de plus doux emploi que de médire, et que ce n'est qu'à l'Amour seul qu'il n'ose se jouer.

RÉCIT DE MOME.

Je cherche à médire
Sur la terre et dans les cieux;
Je soumets à ma satire
Les plus grands des dieux.
Il n'est dans l'univers que l'Amour qui m'étonne,
Il est le seul que j'épargne aujourd'hui;
Il n'appartient qu'à lui
De n'épargner personne.

ENTRÉE DE BALLET,

Composée de deux Ménades et de deux Égipans qui suivent Bacchus.

ENTRÉE DE BALLET,

Composée de quatre Polichinelles et de deux Matassins qui suivent Mome, et viennent joindre leur plaisanterie et leur badinage aux divertissements de cette grande fête.

Bacchus et Mome, qui les conduisent, chantent au milieu d'eux chacun une chanson, Bacchus à la louange du vin, et Mome une chanson enjouée sur le sujet et les avantages de la raillerie.

RÉCIT DE BACCHUS.

Admirons le jus de la treille :
Qu'il est puissant, qu'il a d'attraits!
Il sert aux douceurs de la paix,
Et dans la guerre il fait merveille :
Mais surtout pour les amours
Le vin est d'un grand secours.

RÉCIT DE MOME.

Folâtrons, divertissons-nous,
Raillons, nous ne saurions mieux faire;
La raillerie est nécessaire
Dans les jeux les plus doux.
Sans la douceur que l'on goûte à médire,
On trouve peu de plaisirs sans ennui :
Rien n'est si plaisant que de rire,
Quand on rit aux dépens d'autrui.
Plaisantons, ne pardonnons rien,
Rions, rien n'est plus à la mode;
On court péril d'être incommode
En disant trop de bien.
Sans la douceur que l'on goûte à médire,
On trouve peu de plaisirs sans ennui;
Rien n'est si plaisant que de rire,
Quand on rit aux dépens d'autrui.

Mars arrive au milieu du théâtre, suivi de sa troupe guerrière, qu'il excite à profiter de leur loisir, en prenant part aux divertissements.

RÉCIT DE MARS.

Laissons en paix toute la terre;
Cherchons de doux amusements.
Parmi les jeux les plus charmants,
Mêlons l'image de la guerre.

ENTRÉE DE BALLET.

Suivants de Mars, qui font, en dansant avec des enseignes, une manière d'exercice.

DERNIÈRE ENTRÉE DE BALLET.

Les troupes différentes de la suite d'Apollon, de Bacchus, de Mome et de Mars, après avoir achevé leurs entrées particulières, s'unissent ensemble, et forment la dernière entrée, qui renferme toutes les autres.

Un chœur de toutes les voix et de tous les instruments, qui sont au nombre de quarante, se joint à la danse générale, et termine la fête des noces de l'Amour et de Psyché.

DERNIER CHOEUR.

Chantons les plaisirs charmants
Des heureux amants.
Que tout le ciel s'empresse
A leur faire sa cour.
Célébrons ce beau jour
Par mille doux chants d'allégresse;
Célébrons ce beau jour
Par mille doux chants pleins d'amour.

Dans le grand salon du palais des Tuileries, où *Psyché* a été représentée devant leurs majestés, il y avoit des tymbales, des trompettes et des tambours mêlés dans ces derniers concerts; et ce dernier couplet se chantoit ainsi:

Chantons les plaisirs charmants
Des heureux amants.
Répondez-nous, trompettes,
Tymbales et tambours;
Accordez-vous toujours
Avec le doux son des musettes;
Accordez-vous toujours

Avec le doux chant des amours [1].

[1] VAR.

MARS.

Mes plus fiers ennemis, vaincus ou pleins d'effroi,
Ont vu toujours ma valeur triomphante;
L'Amour est le seul qui se vante
D'avoir pu triompher de moi.

SILÈNE, *monté sur un âne.*

Bacchus veut qu'on boive à longs traits;
On ne se plaint jamais
Sous son heureux empire;
Tout le jour on n'y fait que rire,
Et la nuit on y dort en paix.
Ce dieu rend nos vœux satisfaits
Que sa cour a d'attraits!
Chantons-y bien sa gloire.
Tout le jour on n'y fait que boire,
Et la nuit on y dort en paix.

SILÈNE ET DEUX SATYRES ENSEMBLE.

Voulez-vous des douceurs parfaites?
Ne les cherchez qu'au fond des pots.

PREMIER SATYRE.

Les grandeurs sont sujettes
A mille peines secrètes.

SECOND SATYRE.

L'amour fait perdre le repos.

TOUS TROIS ENSEMBLE.

Voulez-vous des douceurs parfaites?
Ne les cherchez qu'au fond des pots.

PREMIER SATYRE.

C'est là que sont les ris, les jeux, les chansonnettes.

SECOND SATYRE.

C'est dans le vin qu'on trouve les bons mots

TOUS TROIS ENSEMBLE.

Voulez-vous des douceurs parfaites?
Ne les cherchez qu'au fond des pots

FIN DE PSYCHÉ.

NOMS DES PERSONNES

QUI ONT RÉCITÉ, DANSÉ ET CHANTÉ

DANS PSYCHÉ.

DANS LE PROLOGUE.

FLORE, mademoiselle *Hilaire*.
VERTUMNE, le sieur *de La Grille*.
SYLVAINS dansants, les sieurs *Chicanneau*, *La Pierre*, *Favier*, *Maguy*.
DRYADES dansantes, les sieurs *de Lorge*, *Bonnard*, *Chauveau*, *Favre*.
PALÉMON, le sieur *Gaye*.
DIEUX DES FLEUVES dansants, les sieurs *Beauchamp*, *Mayeu*, *Desbrosses*, et *Saint-André* le cadet.
NAÏADES dansantes, les sieurs *Lestang*, *Arnal*, *Favier* le cadet, et *Foignard* le cadet.
CHŒURS DES DIVINITÉS chantantes de la terre et des eaux ....
VÉNUS, mademoiselle *de Brie*.
LES DEUX GRACES, mesdemoiselles *La Thorillière* et *du Croisy*.
L'AMOUR, le sieur *La Thorillière* le fils.
SIX AMOURS ....

DANS LA TRAGÉDIE-BALLET.

L'AMOUR, le sieur *Baron*.
PSYCHÉ, mademoiselle *Molière*.
LES DEUX SŒURS DE PSYCHÉ, mesdemoiselles *Marotte* et *Beauval*.
LE ROI, le sieur *La Thorillière*.
LYCAS, le sieur *Châteauneuf*.
LES DEUX AMANTS DE PSYCHÉ, les sieurs *Hubert* et *La Grange*.
VÉNUS, mademoiselle *de Brie*.

Un Fleuve, le sieur *de Brie*.
Jupiter, le sieur *du Croisy*.
Zephyre, le sieur *Molière*.
Suite du Roi ....

DANS LE BALLET.

PREMIER INTERMÈDE.

Femme désolée, mademoiselle *Hilaire*.
Hommes affligés, les sieurs *Morel* et *Langeais*.
Hommes affligés dansants, les sieurs *Dolivet*, *Le Chantre*, *Saint-André* l'aîné et *Saint-André* le cadet, *La Montagne*, et *Foignard* l'aîné.
Femmes affligées dansantes, les sieurs *Bonnard*, *Joubert*, *Dolivet* le fils, *Isaac*, *Vaignard* l'aîné, et *Girard*.

SECOND INTERMÈDE.

Vulcain, le sieur ...
Cyclopes dansants, les sieurs *Beauchamp*, *Chicanneau*, *Mayeu*, *La Pierre*, *Favier*, *Desbrosses*, *Joubert*, et *Saint-André* le cadet.
Fées dansantes, les sieurs *Noblet*, *Magny*, *de Lorge*, *Lestang*, *La Montagne*, *Foignard* l'aîné, *Foignard* le cadet, et *Vaignard* l'aîné.

TROISIEME INTERMÈDE.

Zéphyre chantant, le sieur *Jeannot*.
Deux Amours chantants, les sieurs *Renier* et *Pierrot*.
Zéphyrs dansants, les sieurs *Bouteville*, *des Airs*, *Artus*, *Vaignard* le cadet, *Germain*, *Pécourt*, *du Mirail*, et *Lestang* le jeune.
Amours dansants, le chevalier *Pol*, les sieurs *Rouillant*, *Thibaut*, *La Montagne*, *Dolivet* fils, *Daluzeau*, *Vitrou*, et *La Thorillière*.

QUATRIÈME INTERMÈDE.

Furies dansantes, les sieurs *Beauchamp*, *Hidieu*, *Chicanneau*, *Mayeu*, *Desbrosses*, *Magny*, *Foignard* le cadet, *Joubert*, *Lestang*, *Favier* l'aîné, et *Saint-André* le cadet.

Lutins faisant des sauts périlleux, les sieurs *Cobus*, *Maurice*, *Poulet*, et *Petit-Jean*.

DERNIER INTERMÈDE.

Apollon, le sieur *Langeais*.

Arts, travestis en bergers, dansants, les sieurs *Beauchamp*, *Chicanneau*, *La Pierre*, *Favier* l'aîné, *Magny*, *Noblet*, *Desbrosses*, *Lestang*, *Foignard* l'aîné, et *Foignard* le cadet.

Deux Muses chantantes, mesdemoiselles *Hilaire* et *des Fronteaux*.

Bacchus, le sieur *Gaye*.

Ménades dansantes, les sieurs *Isaac*, *Paysan*, *Joubert*, *Dolivet* fils, *Bretau*, et *Desforges*.

Égipans dansants, les sieurs *Dolivet*, *Hidieu*, *Le Chantre*, *Royer*, *Saint-André* l'aîné, et *Saint-André* le cadet.

Silène, le sieur *Blondel*.

Satyres chantants, les sieurs *La Grille* et *Bernard*.

Satyres voltigeurs, les sieurs *de Miniglaise* et *de Vieux-Amant*.

Mome, le sieur *Morel*.

Matassins dansants, les sieurs *de Lorge*, *Bonnard*, *Arnal*, *Favier* le cadet, *Goyer*, et *Bureau*.

Polichinelles dansants, les sieurs *Manceau*, *Girard*, *La Vallée*, *Favre*, *Le Febvre*, et *La Montagne*.

Mars, le sieur *Estival*.

Conducteur de la suite de Mars, le sieur *Rebel*.

Suivants de Mars dansants.

Guerriers avec des drapeaux, les sieurs *Beauchamp*, *Mayeu*, *La Pierre*, et *Favier*.

Guerriers armés de piques, les sieurs *Noblet*, *Chicanneau*, *Magny*, et *Lestang*.

Guerriers portant des masses et des boucliers, les sieurs *Camet*, *La Haye*, *Le Duc*, et *du Buisson*.

Chœur des Divinités célestes.

LES FOURBERIES
DE SCAPIN,

COMÉDIE EN TROIS ACTES.

1671.

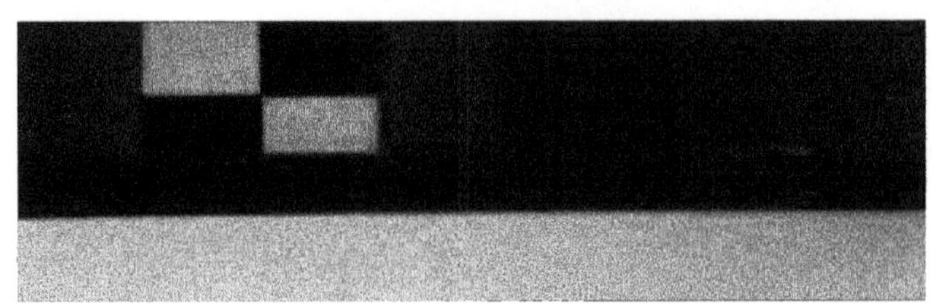

PERSONNAGES.

ARGANTE, père d'Octave et de Zerbinette[1].
GÉRONTE, père de Léandre et d'Hyacinte[2].
OCTAVE, fils d'Argante, et amant d'Hyacinte[3].
LÉANDRE, fils de Géronte, et amant de Zerbinette[4].
ZERBINETTE, crue Égyptienne, et reconnue fille d'Argante, et amante de Léandre[5].
HYACINTE, fille de Géronte, et amante d'Octave[6].
SCAPIN, valet de Léandre, et fourbe[7].
SYLVESTRE, valet d'Octave[8].
NÉRINE, nourrice d'Hyacinte[9].
CARLE, fourbe.
DEUX PORTEURS.

La scène est à Naples.

ACTEURS.

[1] Hubert. — [2] Du Croisy. — [3] Baron. — [4] La Grange. — [5] Mademoiselle Beauval. — [6] Mademoiselle Molière. — [7] Molière. — [8] La Thorillière. — [9] De Brie.

LES FOURBERIES DE SCAPIN.

ACTE PREMIER.

SCÈNE I[1].

OCTAVE, SYLVESTRE.

OCTAVE.

Ah! fâcheuses nouvelles pour un cœur amoureux! Dures extrémités où je me vois réduit! Tu viens, Sylvestre, d'apprendre au port que mon père revient?

[1] Cette pièce fut représentée pour la première fois sur le théâtre du Palais-Royal, le 24 mai 1671; Molière en tira le sujet du *Phormion* de Térence, et il ne fit point difficulté de s'enrichir de plusieurs passages de *la Sœur*, comédie de Rotrou, et de deux scènes du *Pédant joué* de Cyrano de Bergerac. Quand on lui reprochoit ce dernier emprunt, il répondoit: « Les deux scènes sont assez bonnes, cela « m'appartenoit de droit; il est permis de reprendre son bien partout où on le « trouve. » (B.) — La confession si comique de Scapin est imitée de *Pantalon père de famille*, canevas italien. Un fils de Pantalon vole un étui d'or sur la toilette de sa belle-mère; on accuse Arlequin, on le menace de le faire pendre s'il n'avoue son larcin; il se met à genoux, et déclare une infinité de vols dont on ne l'avoit pas soupçonné. Enfin le sac tant reproché à notre auteur, ce sac dans lequel Scapin enferme Géronte est emprunté de la *Francisquine*, farce de *Tabarin*; et c'est la critique de Boileau qui nous indique cette source. (C.) — Molière a également imité plusieurs passages de l'*Émilie* de Grotto, et d'une comédie de Pierre Larrivey, intitulée *la Constance*. Mais en empruntant il donne la vie, et les auteurs dont il prend les idées ne sont originaux que dans ses pièces. C'est ce que ses ennemis eux-mêmes étoient forcés de reconnoître: « Molière, disoit l'un, lit tous les « livres satiriques; il pille dans l'italien, il pille dans l'espagnol, il n'y a *point de* « *bouquin* qui ne se sauve de ses mains; mais le bon usage qu'il fait de ces choses « le rend encore plus louable*. — Pour réussir, disoit un autre, il faut prendre la

* *La Guerre comique, ou la Défense de l'École des Femmes*, pag. 70

SYLVESTRE.

Oui.

OCTAVE.

Qu'il arrive ce matin même ?

SYLVESTRE.

Ce matin même.

OCTAVE.

Et qu'il revient dans la résolution de me marier ?

SYLVESTRE.

Oui.

OCTAVE.

Avec une fille du seigneur Géronte ?

SYLVESTRE.

Du seigneur Géronte.

OCTAVE.

Et que cette fille est mandée de Tarente ici pour cela ?

SYLVESTRE.

Oui.

OCTAVE.

Et tu tiens ces nouvelles de mon oncle ?

SYLVESTRE.

De votre oncle.

OCTAVE.

A qui mon père les a mandées par une lettre ?

SYLVESTRE.

Par une lettre.

OCTAVE.

Et cet oncle, dis-tu, sait toutes nos affaires ?

« manière de Molière, lire tous les livres satiriques, prendre dans l'espagnol, « prendre dans l'italien, et lire tous les *vieux bouquins* : il faut avouer que c'est « un galant homme, et qu'il est louable de savoir se servir de tout ce qu'il lit de « bon *. » Ces reproches, dictés par la haine, sont devenus des titres de gloire. On aime à voir comment le génie emprunte au génie, en s'efforçant de le surpasser. Mais on aime surtout à le voir dépouiller ces auteurs obscurs qui n'ont eu qu'une pensée ; car en les dépouillant il est obligé de les élever jusques à lui.

* *Zélinde*, comédie, acte I, scene VII.

SYLVESTRE.

Toutes nos affaires [1].

OCTAVE.

Ah! parle, si tu veux, et ne te fais point, de la sorte, arracher les mots de la bouche.

SYLVESTRE.

Qu'ai-je à parler davantage? vous n'oubliez aucune circonstance, et vous dites les choses tout justement comme elles sont.

OCTAVE.

Conseille-moi, du moins, et me dis ce que je dois faire dans ces cruelles conjonctures.

SYLVESTRE.

Ma foi, je m'y trouve autant embarrassé que vous; et j'aurois bon besoin que l'on me conseillât moi-même.

OCTAVE.

Je suis assassiné par ce maudit retour.

SYLVESTRE.

Je ne le suis pas moins.

OCTAVE.

Lorsque mon père apprendra les choses, je vais voir fondre sur moi un orage soudain d'impétueuses réprimandes.

SYLVESTRE.

Les réprimandes ne sont rien; et plût au ciel que j'en fusse quitte à ce prix! mais j'ai bien la mine, pour moi, de payer plus cher vos folies; et je vois se former, de loin, un nuage de coups de bâton qui crèvera sur mes épaules [2].

[1] Excellente exposition empruntée à Rotrou (acte I, scène I de *la Sœur*), et dont Molière avoit déjà fait usage, mais avec moins de bonheur, dans le second acte de *Mélicerte*. L'entrée des deux personnages est pleine de vivacité et d'originalité; elle fixe l'attention. Octave voudroit douter de ce qu'il vient d'apprendre. Ses interrogations expriment ses craintes; elles sont si vives que le valet ne peut répondre qu'en répétant les derniers mots du maître. Cette forme de dialogue en vogue étoit un jeu d'esprit fort en usage à cette époque, et auquel la passion de celui qui parle donne ici beaucoup de naturel.

[2] Dans le *Médecin volant*, farce attribuée à Molière, Sganarelle dit : « Le nuage « est fort épais, et j'ai bien peur que, s'il vient à crever, il ne grêle sur mon dos « force coups de bâton. » Dans le *Phormion* de Térence, l'esclave Géta dit d'une

OCTAVE.

O ciel! par où sortir de l'embarras où je me trouve!

SYLVESTRE.

C'est à quoi vous deviez songer, avant que de vous y jeter.

OCTAVE.

Ah! tu me fais mourir par tes leçons hors de saison.

SYLVESTRE.

Vous me faites bien plus mourir par vos actions étourdies.

OCTAVE.

Que dois-je faire? Quelle résolution prendre? A quel remède recourir?

SCÈNE II.

OCTAVE, SCAPIN, SYLVESTRE.

SCAPIN.

Qu'est-ce, seigneur Octave? Qu'avez-vous? Qu'y a-t-il? Quel désordre est-ce là? Je vous vois tout troublé.

OCTAVE.

Ah! mon pauvre Scapin, je suis perdu; je suis désespéré: je suis le plus infortuné de tous les hommes.

SCAPIN.

Comment?

OCTAVE.

N'as-tu rien appris de ce qui me regarde?

SCAPIN.

Non.

OCTAVE.

Mon père arrive avec le seigneur Géronte, et ils me veulent marier.

SCAPIN.

Hé bien! qu'y a-t-il là de si funeste?

nière beaucoup moins comique: « Vous allez recevoir une réprimande, et moi les étrivières, ou je serois bien trompé. »

OCTAVE.

Hélas! tu ne sais pas la cause de mon inquiétude.

SCAPIN.

Non; mais il ne tiendra qu'à vous que je la sache bientôt; et je suis homme consolatif, homme à m'intéresser aux affaires des jeunes gens.

OCTAVE.

Ah! Scapin, si tu pouvois trouver quelque invention, forger quelque machine, pour me tirer de la peine où je suis, je croirois t'être redevable de plus que de la vie.

SCAPIN.

A vous dire la vérité, il y a peu de choses qui me soient impossibles quand je m'en veux mêler. J'ai sans doute reçu du ciel un génie assez beau pour toutes les fabriques de ces gentillesses d'esprit, de ces galanteries ingénieuses, à qui le vulgaire ignorant donne le nom de fourberies; et je puis dire, sans vanité, qu'on n'a guère vu d'homme qui fût plus habile ouvrier de ressorts et d'intrigues, qui ait acquis plus de gloire que moi dans ce noble métier. Mais, ma foi, le mérite est trop maltraité aujourd'hui; et j'ai renoncé à toutes choses depuis certain chagrin d'une affaire qui m'arriva.

OCTAVE.

Comment? quelle affaire, Scapin?

SCAPIN.

Une aventure où je me brouillai avec la justice.

OCTAVE.

La justice?

SCAPIN.

Oui. Nous eûmes un petit démêlé ensemble.

SYLVESTRE.

Toi et la justice?

SCAPIN.

Oui. Elle en usa fort mal avec moi; et je me dépitai de telle sorte contre l'ingratitude du siècle, que je résolus de ne plus rien faire[1]. Baste! Ne laissez pas de me conter votre aventure.

OCTAVE.

Tu sais, Scapin, qu'il y a deux mois que le seigneur Géronte et mon père s'embarquèrent ensemble pour un voyage qui regarde certain commerce où leurs intérêts sont mêlés[2].

SCAPIN.

Je sais cela.

OCTAVE.

Et que Léandre et moi nous fûmes laissés par nos pères, moi sous la conduite de Sylvestre, et Léandre sous ta direction.

SCAPIN.

Oui. Je me suis fort bien acquitté de ma charge.

OCTAVE.

Quelque temps après, Léandre fit rencontre d'une jeune Égyptienne, dont il devint amoureux.

SCAPIN.

Je sais cela encore.

OCTAVE.

Comme nous sommes grands amis, il me fit aussitôt confidence de son amour, et me mena voir cette fille, que je trouvai belle, à la vérité, mais non pas tant qu'il vouloit que je la trouvasse.

[1] Cette espèce de valet fourbe et fripon appartient à l'ancienne comédie; cependant les commentateurs se sont trompés lorsqu'ils ont dit que les *Scapin*, les *Mascarille*, les *Sbrigani*, n'avoient point de modèles parmi les modernes: « Ils existent « dans plusieurs cantons de l'Italie, dit un voyageur, tels que nous les voyons sur « nos théâtres. Le *Pantalon* est un bourgeois de Venise, le *Docteur* un Bolonois, « *Arlequin* un Bergamasque, et *Scapin* un valet intrigant dont les mœurs rap- « pellent les Daves de Térence. Tous ces personnages ont conservé sur la scène « l'habillement et le caractère de leur patrie *, et ils ont pour les Italiens un mérite « qu'ils ne peuvent avoir pour les François, celui de la ressemblance. » Ainsi Molière reste toujours fidèle au costume, car nous ne devons pas oublier que le lieu de la scène est à Naples.

[2] Tout le récit qui va suivre est tiré du *Phormion*; mais dans Térence c'est un esclave qui parle, ce qui refroidit nécessairement un peu la scène. Molière, en mettant ce récit dans la bouche du héros de l'aventure, donne au contraire à cette scène tout le mouvement et tout l'intérêt dont elle est susceptible.

* *Diversités galantes et littéraires*, tome I, page 120.

Il ne m'entretenoit que d'elle chaque jour, m'exagéroit à tous moments sa beauté et sa grace, me louoit son esprit, et me parloit avec transport des charmes de son entretien, dont il me rapportoit jusqu'aux moindres paroles, qu'il s'efforçoit toujours de me faire trouver les plus spirituelles du monde. Il me querelloit quelquefois de n'être pas assez sensible aux choses qu'il me venoit dire, et me blâmoit sans cesse de l'indifférence où j'étois pour les feux de l'amour.

SCAPIN.

Je ne vois pas encore où ceci veut aller.

OCTAVE.

Un jour que je l'accompagnois pour aller chez les gens qui gardent l'objet de ses vœux, nous entendîmes, dans une petite maison d'une rue écartée, quelques plaintes mêlées de beaucoup de sanglots. Nous demandons ce que c'est; une femme nous dit, en soupirant, que nous pouvions voir là quelque chose de pitoyable en des personnes étrangères, et qu'à moins que d'être insensibles, nous en serions touchés.

SCAPIN.

Où est-ce que cela nous mène?

OCTAVE.

La curiosité me fit presser Léandre de voir ce que c'étoit. Nous entrons dans une salle, où nous voyons une vieille femme mourante, assistée d'une servante qui faisoit des regrets, et d'une jeune fille toute fondante en larmes, la plus belle et la plus touchante qu'on puisse jamais voir.

SCAPIN.

Ah! ah!

OCTAVE.

Une autre auroit paru effroyable en l'état où elle étoit; car elle n'avoit pour habillement qu'une méchante petite jupe, avec des brassières de nuit, qui étoient de simple futaine; et sa coiffure étoit une cornette jaune, retroussée au haut de sa tête, qui laissoit tomber en désordre ses cheveux sur ses épaules; et cependant, faite comme cela, elle brilloit de mille attraits, et ce n'étoit qu'agréments et que charmes que toute sa personne[1].

SCAPIN.

Je sens venir la chose.

OCTAVE.

Si tu l'avois vue, Scapin, en l'état que je te dis, tu l'aurois trouvée admirable.

SCAPIN.

Oh! je n'en doute point; et, sans l'avoir vue, je vois bien qu'elle étoit tout-à-fait charmante.

OCTAVE.

Ses larmes n'étoient point de ces larmes désagréables qui défigurent un visage; elle avoit, à pleurer, une grace touchante, et sa douleur étoit la plus belle du monde.

SCAPIN.

Je vois tout cela.

OCTAVE.

Elle faisoit fondre chacun en larmes, en se jetant amoureusement sur le corps de cette mourante, qu'elle appeloit sa chère mère; et il n'y avoit personne qui n'eût l'ame percée de voir un si bon naturel.

SCAPIN.

En effet, cela est touchant; et je vois bien que ce bon naturel-là vous la fit aimer.

OCTAVE.

Ah! Scapin, un barbare l'auroit aimée[2].

SCAPIN.

Assurément. Le moyen de s'en empêcher!

[1] Térence trace ainsi le portrait de Phanie :

« Nous partons : nous arrivons, nous la voyons. Belle fille! et ce qui te l'auroit fait trouver plus belle encore, c'est que rien ne relevoit ses attraits. Elle étoit éplorée, pieds nus, les cheveux épars, mal vêtue; de sorte que, si elle n'avoit été naturellement très belle, tout cela auroit éteint sa beauté. »

[2] Molière ne dit pas mieux que Térence assurément, mais il ajoute un trait qui n'est pas dans Térence, et ce trait est enchanteur : « Ah! Scapin, un barbare l'au- « roit aimée. » (B.)

OCTAVE.

Après quelques paroles, dont je tâchai d'adoucir la douleur de cette charmante affligée, nous sortîmes de là; et demandant à Léandre ce qu'il lui sembloit de cette personne, il me répondit froidement qu'il la trouvoit assez jolie. Je fus piqué de la froideur avec laquelle il m'en parloit, et je ne voulus point lui découvrir l'effet que ses beautés avoient fait sur mon ame[1].

SYLVESTRE, *à Octave.*

Si vous n'abrégez ce récit, nous en voilà pour jusqu'à demain. Laissez-le-moi finir en deux mots[2]. (*A Scapin.*) Son cœur prend feu; dès ce moment, il ne sauroit plus vivre qu'il n'aille consoler son aimable affligée. Ses fréquentes visites sont rejetées de la servante, devenue la gouvernante par le trépas de la mère. Voilà mon homme au désespoir; il presse, supplie, conjure: point d'affaire. On lui dit que la fille, quoique sans bien et sans appui, est de famille honnête, et qu'à moins que de l'épouser, on ne peut souffrir ses poursuites. Voilà son amour augmenté par les difficultés. Il consulte dans sa tête, agite, raisonne, balance, prend sa résolution: le voilà marié avec elle depuis trois jours.

SCAPIN.

J'entends.

[1] Dans Térence l'esclave fait la même remarque. « Préoccupé de sa chanteuse, « dit-il, Phédria dit froidement: Cette fille est assez bien, mais Antiphon en de« vint amoureux. » En faisant observer cette froideur par un amant qui s'en offense, Molière a transformé un simple récit en un trait de passion plein de délicatesse. Un amant veut qu'on admire ce qu'il aime: s'il redoute les rivaux, il ne comprend pas les indifférents, et les indifférents lui semblent indignes de sa confiance. En lisant l'observation que Térence met dans la bouche d'un esclave, toutes ces pensées se sont réveillées dans le cœur de Molière, et il lui a suffi de changer d'interlocuteur pour les exprimer.

[2] L'auteur semble partager l'impatience des spectateurs, et par ce trait imprévu il les réveille et les amuse. Dès-lors la narration devient aussi vive qu'elle étoit languissante. Ce tour ingénieux est emprunté à Rotrou, dans *la Sœur*. Comme ici le valet dit au maître:

> Si de ce long récit vous n'abrégez le cours,
> Le jour achèvera plus tôt que ce discours.
> Laissez-moi le finir avec une parole

SYLVESTRE.

Maintenant, mets avec cela le retour imprévu du père, qu'on n'attendoit que dans deux mois; la découverte que l'oncle a faite du secret de notre mariage, et l'autre mariage qu'on veut faire de lui avec la fille que le seigneur Géronte a eue d'une seconde femme qu'on dit qu'il a épousée à Tarente.

OCTAVE.

Et, par-dessus tout cela, mets encore l'indigence où se trouve cette aimable personne, et l'impuissance où je me vois d'avoir de quoi la secourir.

SCAPIN.

Est-ce là tout? Vous voilà bien embarrassés tous deux pour une bagatelle! c'est bien là de quoi se tant alarmer! N'as-tu point de honte, toi, de demeurer court à si peu de chose? Que diable! te voilà grand et gros comme père et mère, et tu ne saurois trouver dans ta tête, forger dans ton esprit quelque ruse galante, quelque honnête petit stratagème, pour ajuster vos affaires! Fi! peste soit du butor! Je voudrois bien que l'on m'eût donné autrefois nos vieillards à duper; je les aurois joués tous deux par-dessous la jambe : et je n'étois pas plus grand que cela, que je me signalois déja par cent tours d'adresse jolis [1].

SYLVESTRE.

J'avoue que le ciel ne m'a pas donné tes talents, et que je n'ai pas l'esprit, comme toi, de me brouiller avec la justice.

OCTAVE.

Voici mon aimable Hyacinte.

[1] Cette tirade peint le héros de la pièce. Aucun scrupule ne l'arrête, aucun accident ne l'embarrasse; ses discours, son style, sont l'expression de son caractère. Scapin seul pouvoit parler avec cette rondeur, cette impudence, de l'art de duper; et Molière, en lui donnant ce langage, faisoit, long-temps avant Buffon, l'application de cette pensée profonde : Le style est l'homme même!

SCÈNE III.

HYACINTE, OCTAVE, SCAPIN, SYLVESTRE.

HYACINTE

Ah ! Octave, est-il vrai ce que Sylvestre vient de dire à Nérine, que votre père est de retour, et qu'il veut vous marier !

OCTAVE.

Oui, belle Hyacinte ; et ces nouvelles m'ont donné une atteinte cruelle. Mais que vois-je ! vous pleurez ! Pourquoi ces larmes ? Me soupçonnez-vous, dites-moi, de quelque infidélité ? et n'êtes-vous pas assurée de l'amour que j'ai pour vous ?

HYACINTE.

Oui, Octave, je suis sûre que vous m'aimez ; mais je ne le suis pas que vous m'aimiez toujours.

OCTAVE.

Hé ! peut-on vous aimer, qu'on ne vous aime toute sa vie ?

HYACINTE.

J'ai ouï dire, Octave, que votre sexe aime moins longtemps que le nôtre, et que les ardeurs que les hommes font voir sont des feux qui s'éteignent aussi facilement qu'ils naissent.

OCTAVE.

Ah ! ma chère Hyacinte, mon cœur n'est donc pas fait comme celui des autres hommes ; et je sens bien, pour moi, que je vous aimerai jusqu'au tombeau.

HYACINTE.

Je veux croire que vous sentez ce que vous dites, et je ne doute point que vos paroles ne soient sincères ; mais je crains un pouvoir qui combattra dans votre cœur les tendres sentiments que vous pouvez avoir pour moi. Vous dépendez d'un père qui veut vous marier à une autre personne ; et je suis sûre que je mourrai si ce malheur m'arrive.

OCTAVE.

Non, belle Hyacinte, il n'y a point de père qui puisse me contraindre à vous manquer de foi; et je me résoudrai à quitter mon pays, et le jour même, s'il est besoin, plutôt qu'à vous quitter. J'ai déja pris, sans l'avoir vue, une aversion effroyable pour celle que l'on me destine; et, sans être cruel, je souhaiterois que la mer l'écartât d'ici pour jamais. Ne pleurez donc point, je vous prie, mon aimable Hyacinte; car vos larmes me tuent, et je ne les puis voir sans me sentir percer le cœur.

HYACINTE.

Puisque vous le voulez, je veux bien essuyer mes pleurs, et j'attendrai, d'un œil constant, ce qu'il plaira au ciel de résoudre de moi.

OCTAVE.

Le ciel nous sera favorable.

HYACINTE.

Il ne sauroit m'être contraire, si vous m'êtes fidèle.

OCTAVE.

Je le serai, assurément.

HYACINTE.

Je serai donc heureuse.

SCAPIN, *à part.*

Elle n'est pas tant sotte, ma foi; et je la trouve assez passable.

OCTAVE, *montrant Scapin.*

Voici un homme qui pourroit bien, s'il le vouloit, nous être, dans tous nos besoins, d'un secours merveilleux.

SCAPIN.

J'ai fait de grands serments de ne me mêler plus du monde; mais, si vous m'en priez bien fort tous deux, peut-être...

OCTAVE.

Ah! s'il ne tient qu'à te prier bien fort pour obtenir ton aide, je te conjure de tout mon cœur de prendre la conduite de notre barque.

SCAPIN, *à Hyacinte.*

Et vous, ne me dites-vous rien?

HYACINTE.

Je vous conjure, à son exemple, par tout ce qui vous est le plus cher au monde, de vouloir servir notre amour.

SCAPIN.

Il faut se laisser vaincre, et avoir de l'humanité. Allez, je veux m'employer pour vous.

OCTAVE.

Crois que...

SCAPIN, *à Octave.*

Chut! (*à Hyacinte.*) Allez-vous-en, vous, et soyez en repos[1].

SCÈNE IV.

OCTAVE, SCAPIN, SYLVESTRE.

SCAPIN, *à Octave.*

Et vous, préparez-vous à soutenir avec fermeté l'abord de votre père.

OCTAVE.

Je t'avoue que cet abord me fait trembler par avance; et j'ai une timidité naturelle que je ne saurois vaincre.

SCAPIN.

Il faut pourtant paroître ferme au premier choc, de peur que, sur votre foiblesse, il ne prenne le pied de vous mener comme un enfant. Là, tâchez de vous composer par étude un peu de hardiesse; et songez à répondre résolument sur tout ce qu'il vous pourra dire.

OCTAVE.

Je ferai du mieux que je pourrai.

[1] Il étoit bon qu'Hyacinte justifiât, par la délicatesse de ses sentiments et les graces de son langage, la haute opinion que nous ont fait concevoir d'elle les discours d'Octave; et, en effet, il y a dans toutes ses paroles un mélange de raison et de sensibilité qui donne gain de cause à son amant. (A.)

SCAPIN.

Çà, essayons un peu, pour vous accoutumer. Répétons un peu votre rôle, et voyons si vous ferez bien. Allons; la mine résolue, la tête haute, les regards assurés.

OCTAVE.

Comme cela?

SCAPIN.

Encore un peu davantage.

OCTAVE.

Ainsi?

SCAPIN.

Bon. Imaginez-vous que je suis votre père qui arrive, et répondez-moi fermement, comme si c'étoit à lui-même. Comment! pendard, vaurien, infame, fils indigne d'un père comme moi, oses tu bien paroître devant mes yeux, après tes bons déportements, après le lâche tour que tu m'as joué pendant mon absence? Est-ce là le fruit de mes soins, maraud? est-ce là le fruit de mes soins? le respect qui m'est dû? le respect que tu me conserves? (Allons donc.) Tu as l'insolence, fripon, de t'engager sans le consentement de ton père, de contracter un mariage clandestin! Réponds-moi, coquin, réponds-moi. Voyons un peu tes belles raisons... Oh! que diable, vous demeurez interdit!

OCTAVE.

C'est que je m'imagine que c'est mon père que j'entends.

SCAPIN.

Hé! oui; c'est par cette raison qu'il ne faut pas être comme un innocent.

OCTAVE

Je m'en vais prendre plus de résolution, et je répondrai fermement.

SCAPIN.

Assurément?

OCTAVE.

Assurément.

SYLVESTRE.

Voilà votre père qui vient.

OCTAVE.

O ciel! je suis perdu [1].

SCÈNE V.

SCAPIN, SYLVESTRE.

SCAPIN.

Holà, Octave! demeurez, Octave. Le voilà enfui! Quelle pauvre espèce d'homme! Ne laissons pas d'attendre le vieillard.

SYLVESTRE.

Que lui dirai-je?

SCAPIN.

Laisse-moi dire, moi, et ne fais que me suivre.

SCÈNE VI.

ARGANTE; SCAPIN ET SYLVESTRE, *dans le fond du théâtre.*

ARGANTE, *se croyant seul.*

A-t-on jamais ouï parler d'une action pareille à celle-là?

SCAPIN, *à Sylvestre.*

Il a déja appris l'affaire; et elle lui tient si fort en tête, que tout seul, il en parle haut [2].

[1] Scapin jouant le rôle d'Argante pour éprouver la résolution d'Octave est une idée fort comique, qu'on chercheroit vainement dans Térence. Molière a fécondé la scène de l'auteur latin, en y ajoutant ce jeu de théâtre. Les génies élevés voient dans un auteur cent choses que les autres hommes n'y voient pas, et à l'*aventure*, suivant l'expression de Montaigne, *outre ce que l'auteur y avoit mis.*

[2] Parler seul et tout haut est l'effet d'une extrême agitation. Argante est dans cet état, et son monologue est des plus naturels. La judicieuse remarque de Scapin est une adroite apologie de l'auteur. (A.)

ARGANTE, *se croyant seul.*

Voilà une témérité bien grande.

SCAPIN, *à Sylvestre.*

Écoutons-le un peu.

ARGANTE, *se croyant seul.*

Je voudrois bien savoir ce qu'ils me pourront dire sur ce b[eau] mariage.

SCAPIN, *à part.*

Nous y avons songé.

ARGANTE, *se croyant seul.*

Tâcheront-ils de me nier la chose?

SCAPIN, *à part.*

Non, nous n'y pensons pas.

ARGANTE, *se croyant seul.*

Ou s'ils entreprendront de l'excuser?

SCAPIN, *à part.*

Celui-là se pourra faire.

ARGANTE, *se croyant seul.*

Prétendront-ils m'amuser par des contes en l'air?

SCAPIN, *à part.*

Peut-être.

ARGANTE, *se croyant seul.*

Tous leurs discours seront inutiles.

SCAPIN, *à part.*

Nous allons voir.

ARGANTE, *se croyant seul.*

Ils ne m'en donneront point à garder.

SCAPIN, *à part.*

Ne jurons de rien.

ARGANTE, *se croyant seul.*

Je saurai mettre mon pendard de fils en lieu de sûreté.

SCAPIN, *à part.*

Nous y pourvoirons.

ARGANTE, *se croyant seul.*

Et pour le coquin de Sylvestre, je le rouerai de coups.

SYLVESTRE, *à Scapin.*

J'étois bien étonné s'il m'oublioit [1].

ARGANTE, *apercevant Sylvestre.*

Ah! ah! vous voilà donc, sage gouverneur de famille, beau directeur de jeunes gens!

SCAPIN.

Monsieur, je suis ravi de vous voir de retour.

ARGANTE.

Bonjour, Scapin. (*à Sylvestre.*) Vous avez suivi mes ordres vraiment d'une belle manière! et mon fils s'est comporté fort sagement pendant mon absence!

SCAPIN.

Vous vous portez bien, à ce que je vois?

ARGANTE.

Assez bien. (*à Sylvestre.*) Tu ne dis mot, coquin, tu ne dis mot!

SCAPIN.

Votre voyage a-t-il été bon?

[1] Ce singulier dialogue est encore une imitation de Térence.

DÉMIPHON.

« Voilà donc Antiphon marié sans mon consentement! N'avoir pas respecté mon « autorité! Mais laissons là mon autorité : n'avoir pas au moins redouté ma co- « lère! n'avoir pas de honte! Ah! quelle audace! ah! Géta, bon conseiller!

GÉTA.

« A la fin, m'y voilà.

DÉMIPHON.

« Que me diront-ils? quelle excuse trouveront-ils? J'en suis inquiet.

GÉTA.

« L'excuse est déja trouvée. Inquiétez-vous d'autre chose.

DÉMIPHON.

« Me dira-t-il : J'ai fait ce mariage malgré moi : la loi m'y a contraint? J'entends « cela, j'en conviens.

GÉTA.

« Bon.

DÉMIPHON.

« Mais, contre sa propre connoissance, sans rien répondre, donner gain de « cause à son adversaire; y a-t-il été contraint par la loi? » (Traduction de Le Monnier.)

ARGANTE.

Mon Dieu, fort bon! Laisse-moi un peu quereller en repos.

SCAPIN.

Vous voulez quereller?

ARGANTE.

Oui, je veux quereller.

SCAPIN.

Hé! qui, monsieur?

ARGANTE, *montrant Sylvestre.*

Ce maraud-là.

SCAPIN.

Pourquoi?

ARGANTE.

Tu n'as pas ouï parler de ce qui s'est passé dans mon absence?

SCAPIN.

J'ai bien ouï parler de quelque petite chose [1].

ARGANTE.

Comment! quelque petite chose! Une action de cette nature!

SCAPIN.

Vous avez quelque raison.

ARGANTE.

Une hardiesse pareille à celle-là!

SCAPIN.

Cela est vrai.

ARGANTE.

Un fils qui se marie sans le consentement de son père!

SCAPIN.

Oui, il y a quelque chose à dire à cela. Mais je serois d'avis que vous ne fissiez point de bruit.

ARGANTE.

Je ne suis pas de cet avis, moi; et je veux faire du bruit tout

[1] Avec quelle dextérité Scapin détourne ou rompt tous les coups qui s'adressent Sylvestre! Il a si bien fait, que le vieillard, oubliant le valet qu'il veut *quereller*, se trouve engagé dans une discussion dont Scapin va profiter pour commencer à accommoder l'affaire du jeune homme. (A.)

mon soûl. Quoi! tu ne trouves pas que j'aie tous les sujets du monde d'être en colère?

SCAPIN.

Si fait. J'y ai d'abord été, moi, lorsque j'ai su la chose; et je me suis intéressé pour vous, jusqu'à quereller votre fils. Demandez-lui un peu quelles belles réprimandes je lui ai faites, et comme je l'ai chapitré sur le peu de respect qu'il gardoit à un père dont il devoit baiser les pas. On ne peut pas lui mieux parler, quand ce seroit vous même. Mais quoi! je me suis rendu à la raison, et j'ai considéré que, dans le fond, il n'a pas tant de tort qu'on pourroit croire.

ARGANTE.

Que me viens-tu conter? Il n'a pas tant de tort de s'aller marier de but en blanc avec une inconnue?

SCAPIN.

Que voulez-vous? Il y a été poussé par sa destinée.

ARGANTE.

Ah! ah! Voici une raison la plus belle du monde. On n'a plus qu'à commettre tous les crimes imaginables, tromper, voler, assassiner, et dire, pour excuse, qu'on y a été poussé par sa destinée.

SCAPIN.

Mon Dieu! vous prenez mes paroles trop en philosophe. Je veux dire qu'il s'est trouvé fatalement engagé dans cette affaire.

ARGANTE.

Et pourquoi s'y engageoit-il?

SCAPIN.

Voulez-vous qu'il soit aussi sage que vous? Les jeunes gens sont jeunes, et n'ont pas toute la prudence qu'il leur faudroit pour ne rien faire que de raisonnable : témoin notre Léandre, qui, malgré toutes mes leçons, malgré toutes mes remontrances, est allé faire, de son côté, pis encore que votre fils. Je voudrois bien savoir si vous-même n'avez pas été jeune, et n'avez pas, dans votre temps, fait des fredaines comme les autres. J'ai ouï dire, moi, que vous avez été autrefois un compagnon parmi les femmes, que vous faisiez de votre drôle avec les plus galantes de ce temps-là [1], et que vous n'en approchiez point que vous ne poussassiez à bout [2].

ARGANTE.

Cela est vrai, j'en demeure d'accord; mais je m'en suis toujours tenu à la galanterie, et je n'ai point été jusqu'à faire ce qu'il a fait.

SCAPIN.

Que vouliez-vous qu'il fît? Il voit une jeune personne qui lui veut du bien (car il tient cela de vous, d'être aimé de toutes les femmes); il la trouve charmante, il lui rend des visites, lui conte des douceurs, soupire galamment, fait le passionné. Elle se rend à sa poursuite; il pousse sa fortune. Le voilà surpris avec elle par ses parents, qui, la force à la main, le contraignent de l'épouser [3].

SYLVESTRE, *à part.*

L'habile fourbe que voilà!

SCAPIN.

Eussiez-vous voulu qu'il se fût laissé tuer? Il vaut mieux encore être marié qu'être mort.

ARGANTE.

On ne m'a pas dit que l'affaire se soit ainsi passée.

SCAPIN, *montrant Sylvestre.*

Demandez-lui plutôt: il ne vous dira pas le contraire.

[1] Du temps de Molière, le mot *drôle* signifioit *gaillard, plaisant*. Il s'emploie encore en ce sens dans quelques villes de province: l'expression *faire du drôle avec les femmes* n'est plus d'usage.

[2] Les ruses vulgaires sont indignes du génie de Scapin: il s'élève plus haut, ce sont les passions qu'il attaque. Voyez avec quel art il trouve le moyen de louer, dans le même personnage, la sagesse du vieillard et les fredaines du jeune homme! comme il sait par des souvenirs flatteurs atténuer les foiblesses d'un fils qui suit si bien les exemples de son père! Jamais la flatterie ne s'est insinuée avec plus d'adresse, et n'a trompé plus hardiment. Tout le comique de cette scène prend sa source dans une profonde connoissance du cœur humain. Elle auroit dû trouver grace devant Boileau.

Ce récit est imité du *Phormion*. Mais Scapin, il faut l'avouer, est loin de l'éloquente précision de Géta: ... *Factum est, ventum est, vincimur, duxit...*, et, comme l'a traduit si heureusement Le Monnier: *assignation, plaidoirie, procès perdu, mariage.* (B.)

ARGANTE, *à Sylvestre.*

C'est par la force qu'il a été marié?

SYLVESTRE.

Oui, monsieur.

SCAPIN.

Voudrois-je vous mentir?

ARGANTE.

Il devoit donc aller tout aussitôt protester de violence chez un notaire.

SCAPIN.

C'est ce qu'il n'a pas voulu faire.

ARGANTE.

Cela m'auroit donné plus de facilité à rompre ce mariage.

SCAPIN.

Rompre ce mariage?

ARGANTE.

Oui.

SCAPIN.

Vous ne le romprez point.

ARGANTE.

Je ne le romprai point?

SCAPIN.

Non.

ARGANTE.

Quoi! je n'aurai pas pour moi les droits de père, et la raison de la violence qu'on a faite à mon fils?

SCAPIN.

C'est une chose dont il ne demeurera pas d'accord.

ARGANTE.

Il n'en demeurera pas d'accord?

SCAPIN.

Non.

ARGANTE.

Mon fils?

SCAPIN.

Votre fils. Voulez-vous qu'il confesse qu'il ait été capable de crainte, et que ce soit par force qu'on lui ait fait faire les choses? Il n'a garde d'aller avouer cela; ce seroit se faire tort, et se montrer indigne d'un père comme vous [1].

ARGANTE.

Je me moque de cela.

SCAPIN.

Il faut, pour son honneur et pour le vôtre, qu'il dise dans le monde que c'est de bon gré qu'il l'a épousée.

ARGANTE.

Et je veux, moi, pour mon honneur et pour le sien, qu'il dise le contraire.

SCAPIN.

Non, je suis sûr qu'il ne le fera pas.

ARGANTE.

Je l'y forcerai bien.

SCAPIN.

Il ne le fera pas, vous dis-je.

ARGANTE.

Il le fera, ou je le déshériterai.

SCAPIN.

Vous?

ARGANTE.

Moi.

SCAPIN.

Bon!

ARGANTE.

Comment, bon?

[1] L'adroit fripon, après avoir adouci le vieillard en caressant sa vanité, tente de le maîtriser par le sentiment des convenances et de l'honneur. Tentative inutile, parce qu'elle blesse les intérêts d'Argante. Aussi Argante répond-il : *Je me moque de cela.* Ces nuances sont des traits de caractère; et l'on ne pouvoit montrer avec plus d'habileté, d'un côté, la ruse qui s'essaie, et de l'autre, l'égoïsme qui se dé-

SCAPIN.

Vous ne le déshériterez point.

ARGANTE.

Je ne le déshériterai point?

SCAPIN.

Non.

ARGANTE.

Non?

SCAPIN.

Non.

ARGANTE.

Ouais! voici qui est plaisant! Je ne déshériterai pas mon fils?

SCAPIN.

Non, vous dis-je.

ARGANTE.

Qui m'en empêchera?

SCAPIN.

Vous-même.

ARGANTE.

Moi?

SCAPIN.

Oui. Vous n'aurez pas ce cœur-là.

ARGANTE.

Je l'aurai.

SCAPIN.

Vous vous moquez.

ARGANTE.

Je ne me moque point.

SCAPIN.

La tendresse paternelle fera son office.

ARGANTE.

Elle ne fera rien.

SCAPIN.

Oui, oui.

ARGANTE.

Je vous dis que cela sera.

SCAPIN.

Bagatelles.

ARGANTE.

Il ne faut point dire, Bagatelles.

SCAPIN.

Mon Dieu! je vous connois; vous êtes bon naturellement.

ARGANTE.

Je ne suis point bon, et je suis méchant quand je veux[1]. Finisons ce discours, qui m'échauffe la bile. (*à Sylvestre.*) Va-t'en, pendard; va-t'en me chercher mon fripon, tandis que j'irai rejoindre le seigneur Géronte, pour lui conter ma disgrace.

SCAPIN.

Monsieur, si je vous puis être utile en quelque chose, vous n'avez qu'à me commander.

ARGANTE.

Je vous remercie. (*à part.*) Ah! pourquoi faut-il qu'il soit fils unique! et que n'ai-je à cette heure la fille que le ciel m'a ôtée, pour la faire mon héritière[2]!

[1] Molière a emprunté au *Tartuffe* le motif d'une partie de cette scene, qui se trouve aussi mot à mot dans *le Malade imaginaire*.

[2] Cette phrase, si naturelle dans la bouche d'un père mécontent de son fils, est une adroite préparation au dénoûment, qui doit nous présenter, dans cette même fille regrettée par Argante, la jeune Égyptienne aimée par Léandre. A. — Quel habile fourbe que ce Scapin! avec quel art il se rend maître du pauvre Argante! comme il sait endormir ou réveiller ses passions! Dans le même instant il excite gaieté, il excite sa colère, il l'irrite, il l'apaise, il le conduit comme un enfant. fin il a tenu parole, le résultat de l'entrevue est tout à son avantage; car non lement la colère du vieillard est affoiblie, mais l'indulgence se fait jour dans on cœur, et en quittant Scapin il n'a plus de projet arrêté.

SCÈNE VII.

SCAPIN, SYLVESTRE.

SYLVESTRE.

J'avoue que tu es un grand homme, et voilà l'affaire en bon train ; mais l'argent, d'autre part, nous presse pour notre subsistance, et nous avons de tous côtés des gens qui aboient après nous.

SCAPIN.

Laisse-moi faire, la machine est trouvée. Je cherche seulement dans ma tête un homme qui nous soit affidé, pour jouer un personnage dont j'ai besoin. Attends. Tiens-toi un peu. Enfonce ton bonnet en méchant garçon. Campe-toi sur un pied. Mets la main au côté. Fais les yeux furibonds. Marche un peu en roi de théâtre. Voilà qui est bien. Suis-moi. J'ai des secrets pour déguiser ton visage et ta voix.

SYLVESTRE.

Je te conjure, au moins, de ne m'aller point brouiller avec la justice.

SCAPIN.

Va, va, nous partagerons les périls en frères ; et trois ans de galères de plus ou de moins ne sont pas pour arrêter un noble cœur[1].

[1] Excellent premier acte, acte plein de naturel, de gaieté et de verve comique que cette dernière petite scène termine de la manière la plus vive et la plus brillante. Comme dit Sylvestre, *l'affaire est en bon train*, pour ce qui regarde les amours d'Octave ; mais ce n'est pas tout : l'argent manque à nos jeunes amoureux, et il s'agit de leur en procurer. Soyons tranquilles : Scapin s'en charge, et déjà *sa machine est trouvée*. Cette légère indication nous prépare aux événements du second acte. (A.)

ACTE SECOND.

SCÈNE I.

GÉRONTE, ARGANTE.

GÉRONTE.

Oui, sans doute, par le temps qu'il fait, nous aurons ici nos gens aujourd'hui; et un matelot qui vient de Tarente m'a assuré qu'il avoit vu mon homme qui étoit près de s'embarquer. Mais l'arrivée de ma fille trouvera les choses mal disposées à ce que nous nous proposions: et ce que vous venez de m'apprendre de votre fils rompt étrangement les mesures que nous avions prises ensemble

ARGANTE.

Ne vous mettez pas en peine; je vous réponds de renverser tout cet obstacle, et j'y vais travailler de ce pas.

GÉRONTE.

Ma foi, seigneur Argante, voulez-vous que je vous dise? l'éducation des enfants est une chose à quoi il faut s'attacher fortement.

ARGANTE.

Sans doute. A quel propos cela?

GÉRONTE.

A propos de ce que les mauvais déportements des jeunes gens viennent le plus souvent de la mauvaise éducation que leurs pères leur donnent.

ARGANTE.

Cela arrive parfois. Mais que voulez-vous dire par-là?

GÉRONTE.

Ce que je veux dire par-là?

ARGANTE.

Oui.

GÉRONTE.

Que si vous aviez, en brave père, bien morigéné votre fils, il ne vous auroit pas joué le tour qu'il vous a fait.

ARGANTE.

Fort bien. De sorte donc que vous avez bien mieux morigéné le vôtre?

GÉRONTE.

Sans doute, et je serois bien fâché qu'il m'eût rien fait approchant de cela.

ARGANTE.

Et si ce fils, que vous avez, en brave père, si bien morigéné, avoit fait pis encore que le mien? Hé[1]?

GÉRONTE.

Comment?

ARGANTE.

Comment?

GÉRONTE.

Qu'est-ce que cela veut dire?

ARGANTE.

Cela veut dire, seigneur Géronte, qu'il ne faut pas être si prompt à condamner la conduite des autres; et que ceux qui veulent gloser doivent bien regarder chez eux s'il n'y a rien qui cloche.

GÉRONTE.

Je n'entends point cette énigme.

ARGANTE.

On vous l'expliquera.

GÉRONTE.

Est-ce que vous auriez ouï dire quelque chose de mon fils?

[1] Absorbé par son propre malheur, Argante a fait peu d'attention au récit des malheurs de son ami, dans l'acte précédent. Mais les reproches de ce dernier blessent sa vanité et réveillent ses souvenirs. Cette manière naturelle d'instruire Géronte des folies de son fils produit une scène à la fois morale et comique, et dont Térence n'a pas fourni le modèle.

ARGANTE.

Cela se peut faire.

GÉRONTE.

Et quoi, encore?

ARGANTE.

Votre Scapin, dans mon dépit, ne m'a dit la chose qu'en gros, et vous pourrez de lui, ou de quelque autre, être instruit du détail. Pour moi, je vais vite consulter un avocat, et aviser des biais que j'ai à prendre. Jusqu'au revoir.

SCÈNE II.

GÉRONTE.

Que pourroit-ce être que cette affaire-ci? Pis encore que le sien? Pour moi, je ne vois pas ce que l'on peut faire de pis; et je trouve que se marier sans le consentement de son père est une action qui passe tout ce qu'on peut s'imaginer.

SCÈNE III.

GÉRONTE, LÉANDRE.

GÉRONTE.

Ah! vous voilà!

LÉANDRE, *courant à Géronte, pour l'embrasser.*

Ah! mon père, que j'ai de joie de vous voir de retour!

GÉRONTE, *refusant d'embrasser Léandre.*

Doucement. Parlons un peu d'affaire.

LÉANDRE.

Souffrez que je vous embrasse, et que...

GÉRONTE, *le repoussant encore.*

Doucement, vous dis-je.

LÉANDRE.

Quoi! vous me refusez, mon père, de vous exprimer mon transport par mes embrassements?

GÉRONTE.

Oui. Nous avons quelque chose à démêler ensemble.

LÉANDRE.

Et quoi?

GÉRONTE.

Tenez-vous, que je vous voie en face.

LÉANDRE.

Comment?

GÉRONTE.

Regardez-moi entre deux yeux.

LÉANDRE.

Hé bien!

GÉRONTE

Qu'est-ce donc qu'il s'est passé ici?

LEANDRE.

Ce qui s'est passé?

GÉRONTE.

Oui. Qu'avez-vous fait dans mon absence?

LÉANDRE.

Que voulez-vous, mon père, que j'aie fait?

GÉRONTE.

Ce n'est pas moi qui veux que vous ayez fait, mais qui demande ce que c'est que vous avez fait?

LEANDRE.

Moi? Je n'ai fait aucune chose dont vous ayez lieu de vous plaindre.

GÉRONTE.

Aucune chose?

LÉANDRE.

Non.

GÉRONTE.

Vous êtes bien résolu!

LÉANDRE.

C'est que je suis sûr de mon innocence.

GÉRONTE.

Scapin pourtant m'a dit de vos nouvelles.

LÉANDRE.

Scapin?

GÉRONTE.

Ah! ah! ce mot vous fait rougir.

LÉANDRE.

Il vous a dit quelque chose de moi?

GÉRONTE.

Ce lieu n'est pas tout-à-fait propre à vider cette affaire, et nous allons l'examiner ailleurs. Qu'on se rende au logis; j'y vais revenir tout-à-l'heure. Ah! traître, s'il faut que tu me déshonores, je te renonce pour mon fils, et tu peux bien, pour jamais, te résoudre à fuir de ma présence [1].

SCÈNE IV.

LÉANDRE.

Me trahir de cette manière! Un coquin qui doit, par cent raisons, être le premier à cacher les choses que je lui confie, est le premier à les aller découvrir à mon père. Ah! je jure le ciel que cette trahison ne demeurera pas impunie.

[1] Un seul mot dit à Géronte par Argante donne naissance à cette scène pleine de naturel. Un seul mot dit à Léandre par Géronte fait naître la scène suivante entre Octave, Léandre et Scapin, donne du mouvement à la pièce, de l'intérêt à l'action, et nous fait passer successivement du mécontentement de Géronte à la colère de Léandre, et de la colère de Léandre à la vengeance de Scapin. Ainsi il a suffi à Molière de trois mots, qui semblent jetés à l'aventure, pour nouer toute sa pièce.

SCÈNE V.

OCTAVE, LÉANDRE, SCAPIN.

OCTAVE.

Mon cher Scapin, que ne dois-je point à tes soins! Que tu es un homme admirable! et que le ciel m'est favorable de t'envoyer à mon secours!

LÉANDRE.

Ah! ah! vous voilà! Je suis ravi de vous trouver, monsieur le coquin [1].

SCAPIN.

Monsieur, votre serviteur. C'est trop d'honneur que vous me faites.

LÉANDRE, *mettant l'épée à la main.*

Vous faites le méchant plaisant. Ah! je vous apprendrai...

SCAPIN, *se mettant à genoux.*

Monsieur!

OCTAVE, *se mettant entre deux pour empêcher Léandre de frapper Scapin.*

Ah! Léandre!

LÉANDRE.

Non, Octave, ne me retenez point, je vous prie.

SCAPIN, *à Léandre.*

Hé! monsieur!

OCTAVE, *retenant Léandre.*

De grace!

LÉANDRE, *voulant frapper Scapin.*

Laissez-moi contenter mon ressentiment.

OCTAVE.

Au nom de l'amitié, Léandre, ne le maltraitez point.

[1] Voilà notre maître fripon dans une situation fort plaisante. Loué par Octave, son génie triomphe; maltraité par Léandre, son génie va s'humilier. Il n'appartient qu'à Molière d'imaginer des scènes aussi comiques.

SCAPIN.

Monsieur, que vous ai-je fait?

LÉANDRE, *voulant frapper Scapin.*

Ce que tu m'as fait, traître!

OCTAVE, *retenant encore Léandre.*

Hé! doucement.

LÉANDRE.

Non, Octave, je veux qu'il me confesse lui-même, tout-à l'heure, la perfidie qu'il m'a faite. Oui, coquin, je sais le trait que tu m'as joué; on vient de me l'apprendre, et tu ne croyois pas peut-être que l'on me dût révéler ce secret; mais je veux en avoir la confession de ta propre bouche, ou je vais te passer cette épée au travers du corps

SCAPIN.

Ah! monsieur, auriez-vous bien ce cœur-là?

LÉANDRE.

Parle donc.

SCAPIN.

Je vous ai fait quelque chose, monsieur [1]?

LÉANDRE.

Oui, coquin, et ta conscience ne te dit trop ce que c'est.

SCAPIN.

Je vous assure que je l'ignore.

LÉANDRE, *s'avançant pour frapper Scapin.*

Tu l'ignores!

OCTAVE, *retenant Léandre.*

Léandre!

SCAPIN.

Hé bien! monsieur, puisque vous le voulez, je vous confesse que j'ai bu avec mes amis ce petit quartaut de vin d'Espagne dont on vous fit présent il y a quelques jours, et que c'est moi

[1] L'étonnement est le premier moyen de défense de tous les fripons. Plus ils sont coupables, plus ils sont étonnés. Aussi la situation de Scapin est-elle d'autant plus comique que son étonnement est plus près de sa confession.

qui fis une fente au tonneau, et répandis de l'eau autour, pour faire croire que le vin s'étoit échappé.

LÉANDRE.

C'est toi, pendard, qui m'as bu mon vin d'Espagne, et qui as été cause que j'ai tant querellé la servante, croyant que c'étoit elle qui m'avoit fait le tour?

SCAPIN.

Oui, monsieur; je vous en demande pardon.

LÉANDRE.

Je suis bien aise d'apprendre cela. Mais ce n'est pas l'affaire dont il est question maintenant.

SCAPIN.

Ce n'est pas cela, monsieur?

LÉANDRE.

Non : c'est une autre affaire qui me touche bien plus, et je veux que tu me la dises.

SCAPIN.

Monsieur, je ne me souviens pas d'avoir fait autre chose.

LÉANDRE, *voulant frapper Scapin.*

Tu ne veux pas parler?

SCAPIN.

Hé!

OCTAVE, *retenant Léandre.*

Tout doux!

SCAPIN

Oui, monsieur; il est vrai qu'il y a trois semaines que vous m'envoyâtes porter, le soir, une petite montre à la jeune Égyptienne que vous aimez. Je revins au logis, mes habits tout couverts de boue, et le visage plein de sang, et vous dis que j'avois trouvé des voleurs qui m'avoient bien battu, et m'avoient dérobé la montre. C'étoit moi, monsieur, qui l'avois retenue.

LÉANDRE.

C'est toi qui as retenu ma montre?

SCAPIN.

Oui, monsieur, afin de voir quelle heure il est.

LÉANDRE.

Ah! ah! j'apprends ici de jolies choses, et j'ai un serviteur fort fidèle, vraiment! Mais ce n'est pas cela encore que je demande.

SCAPIN.

Ce n'est pas cela?

LÉANDRE.

Non, infame; c'est autre chose encore que je veux que tu me confesses.

SCAPIN, *à part.*

Peste!

LÉANDRE.

Parle vite, j'ai hâte.

SCAPIN.

Monsieur, voilà tout ce que j'ai fait.

LÉANDRE, *voulant frapper Scapin.*

Voilà tout?

OCTAVE, *se mettant au-devant de Léandre.*

Hé!

SCAPIN.

Hé bien! oui, monsieur. Vous vous souvenez de ce loup-garou, il y a six mois, qui vous donna tant de coups de bâton la nuit, et vous pensa faire rompre le cou dans une cave où vous tombâtes en fuyant.

LÉANDRE.

Hé bien?

SCAPIN.

C'étoit moi, monsieur, qui faisois le loup-garou.

LÉANDRE.

C'étoit toi, traître, qui faisois le loup-garou?

SCAPIN.

Oui, monsieur; seulement pour vous faire peur, et vous ôter l'envie de nous faire courir toutes les nuits comme vous aviez de coutume.

LÉANDRE.

Je saurai me souvenir, en temps et lieu, de tout ce que je

viens d'apprendre. Mais je veux venir au fait, et que tu me confesses ce que tu as dit à mon père.

SCAPIN.

A votre père?

LÉANDRE.

Oui, fripon, à mon père.

SCAPIN.

Je ne l'ai pas seulement vu depuis son retour.

LÉANDRE.

Tu ne l'as pas vu?

SCAPIN.

Non, monsieur.

LÉANDRE.

Assurément?

SCAPIN.

Assurément. C'est une chose que je vais vous faire dire par lui-même.

LÉANDRE.

C'est de sa bouche que je le tiens pourtant.

SCAPIN.

Avec votre permission, il n'a pas dit la vérité [1].

SCÈNE VI.

LÉANDRE, OCTAVE, CARLE, SCAPIN.

CARLE.

Monsieur, je vous apporte une nouvelle qui est fâcheuse pour votre amour.

LÉANDRE.

Comment?

[1] Cette scène est imitée de *Pantalon père de famille*, canevas italien joué à l'impromptu. (C.) — Que l'idée de cette scène soit empruntée à un canevas italien, cela est possible; mais il faut remarquer cependant que la date de ces canevas est ignorée, et qu'ils n'ont, pour la plupart, été recueillis que long-temps après Molière.

CARLE.

Vos Égyptiens sont sur le point de vous enlever Zerbinette; et elle-même, les larmes aux yeux, m'a chargé de venir promptement vous dire que, si dans deux heures vous ne songez à leur porter l'argent qu'ils vous ont demandé pour elle, vous l'allez perdre pour jamais.

LÉANDRE.

Dans deux heures?

CARLE.

Dans deux heures.

SCÈNE VII.

LÉANDRE, OCTAVE, SCAPIN.

LÉANDRE.

Ah! mon pauvre Scapin, j'implore ton secours.

SCAPIN, *se levant, et passant fièrement devant Léandre.*

Ah! mon pauvre Scapin! Je suis mon pauvre Scapin, à cette heure qu'on a besoin de moi [1].

LÉANDRE.

Va, je te pardonne tout ce que tu viens de me dire, et pis encore, si tu me l'as fait.

SCAPIN.

Non, non; ne me pardonnez rien; passez-moi votre épée au travers du corps. Je serai ravi que vous me tuiez [2].

LÉANDRE.

Non. Je te conjure plutôt de me donner la vie, en servant mon amour.

[1] *George Dandin* dit à sa femme qui le cajole pour rentrer dans la maison, et qui l'appelle son *pauvre petit mari*: «Je suis votre petit mari, maintenant, parce- « que vous vous sentez prise. »

[2] Quel contraste rapide et singulier! les deux scènes se touchent, et les personnages ont changé de rôles: celui qui étoit humilié triomphe, celui qui triomphoit s'humilie. Pour faire naître le comique, Molière ne combine pas des effets, il crée des situations, et celle-ci est sans doute une des plus amusantes qui soit au théâtre.

SCAPIN.

Point, point; vous ferez mieux de me tuer.

LÉANDRE.

Tu m'es trop précieux; et je te prie de vouloir employer pour moi ce génie admirable qui vient à bout de toutes choses[1].

SCAPIN.

Non. Tuez-moi, vous dis-je.

LÉANDRE.

Ah! de grace, ne songe plus à tout cela, et pense à me donner le secours que je te demande.

OCTAVE.

Scapin, il faut faire quelque chose pour lui[2].

SCAPIN.

Le moyen, après une avanie de la sorte?

LÉANDRE.

Je te conjure d'oublier mon emportement, et de me prêter ton adresse.

OCTAVE.

Je joins mes prières aux siennes.

SCAPIN.

J'ai cette insulte-là sur le cœur.

OCTAVE.

Il faut quitter ton ressentiment.

LÉANDRE.

Voudrois-tu m'abandonner, Scapin, dans la cruelle extrémité où se voit mon amour?

[1] C'est ainsi que raisonne la passion; elle s'emporte contre tout ce qui lui nuit, elle pardonne tout ce qui la sert. Les aveux de Scapin détournent-ils pour un moment Léandre de son amour, il veut tuer le valet qui le trompe, le vole, et l'outrage; la crainte de perdre Zerbinette s'empare-t-elle de son esprit, il s'étonne de s'être emporté pour si peu de chose contre un *homme précieux*, contre un *génie supérieur*, c'est-à-dire contre le seul homme qui puisse lui rendre sa maîtresse. Cette peinture est aussi vraie que morale; car le poëte ne la présente pas comme un modèle à suivre, mais comme une chose à éviter.

[2] Il y a un instant, Octave demandoit à Léandre la grace de Scapin; à présent il demande à Scapin la grace de Léandre. Ce nouveau contraste est d'autant plus comique, qu'il se présente sans efforts, et nait tout naturellement de l'action.

SCAPIN.

Me venir faire, à l'improviste, un affront comme celui-là!

LÉANDRE.

J'ai tort, je le confesse.

SCAPIN.

Me traiter de coquin, de fripon, de pendard, d'infame[1]!

LÉANDRE.

J'en ai tous les regrets du monde.

SCAPIN.

Me vouloir passer son épée au travers du corps!

LÉANDRE.

Je t'en demande pardon de tout mon cœur; et, s'il ne tient qu'à me jeter à tes genoux, tu m'y vois, Scapin, pour te conjurer encore une fois de ne me point abandonner[2].

OCTAVE.

Ah! ma foi, Scapin, il se faut rendre à cela.

SCAPIN.

Levez-vous. Une autre fois ne soyez point si prompt.

LÉANDRE.

Me promets-tu de travailler pour moi?

SCAPIN.

On y songera.

LÉANDRE.

Mais tu sais que le temps presse.

SCAPIN.

Ne vous mettez pas en peine. Combien est-ce qu'il vous faut?

[1] Scapin vient d'être pris pour dupe, voilà l'affront qu'il ne peut pardonner. Homme d'esprit comme il est, il vient de mériter le titre de sot, et ce titre blesse plus la vanité d'un fourbe que celui de fripon.

[2] Après avoir indiqué une passion, Molière nous en montre les effets, en faisant ressortir sa morale de la vérité de ses tableaux. Ainsi jamais, ni dans ses pièces, ni dans la société, ni dans la nature, un mauvais sentiment ne produit rien de bon. Scapin s'est dénoncé lui-même parcequ'il est un lâche, Léandre s'humilie parcequ'il est un libertin. Le voilà aux pieds du fourbe qui l'a trompé, volé, battu, parceque lui-même veut tromper son père, et posséder à tout prix sa maîtresse. Molière, il est vrai, n'a pas fait punir Léandre à la fin de la pièce; mais l'insolence même de son valet est une punition assez forte, puisqu'elle l'avilit. Les passions qui nous égarent nous apprennent à tout supporter.

LÉANDRE.

Cinq cents écus.

SCAPIN.

Et à vous?

OCTAVE.

Deux cents pistoles.

SCAPIN.

Je veux tirer cet argent de vos pères. (*à Octave.*) Pour ce qui est du vôtre, la machine est déja toute trouvée. (*à Léandre.*) Et, quant au vôtre, bien qu'avare au dernier degré, il y faudra moins de façons encore[1]; car vous savez que, pour l'esprit, il n'en a pas, grace à Dieu, grande provision; et je le livre pour une espèce d'homme à qui l'on fera toujours croire tout ce que l'on voudra. Cela ne vous offense point; il ne tombe entre lui et vous aucun soupçon de ressemblance; et vous savez assez l'opinion de tout le monde, qui veut qu'il ne soit votre père que pour la forme.

LÉANDRE.

Tout beau, Scapin!

SCAPIN.

Bon, bon, on fait bien scrupule de cela! Vous moquez-vous? Mais j'aperçois venir le père d'Octave. Commençons par lui, puisqu'il se présente. Allez-vous-en tous deux. (*à Octave.* Et vous, avertissez votre Sylvestre de venir vite jouer son rôle.

SCÈNE VIII.

ARGANTE, SCAPIN.

SCAPIN, *à part.*

Le voilà qui rumine.

[1] Quoique Géronte et Argante soient tous deux intéressés, crédules et sots, leurs caractères offrent cependant quelques différences assez sensibles, et qui ont dû frapper un observateur aussi habile que Scapin. L'art de nuancer des caractères presque semblables est aussi difficile et aussi nécessaire que celui des contrastes.

ARGANTE, *se croyant seul.*

Avoir si peu de conduite et de considération! S'aller jeter dans un engagement comme celui-là! Ah! ah! jeunesse impertinente!

SCAPIN.

Monsieur, votre serviteur.

ARGANTE.

Bonjour, Scapin.

SCAPIN.

Vous rêvez à l'affaire de votre fils?

ARGANTE.

Je t'avoue que cela me donne un furieux chagrin.

SCAPIN.

Monsieur, la vie est mêlée de traverses; il est bon de s'y tenir sans cesse préparé; et j'ai ouï dire, il y a long-temps, une parole d'un ancien que j'ai toujours retenue.

ARGANTE.

Quoi?

SCAPIN.

Que, pour peu qu'un père de famille ait été absent de chez lui, il doit promener son esprit sur tous les fâcheux accidents que son retour peut rencontrer, se figurer sa maison brûlée, son argent dérobé, sa femme morte, son fils estropié, sa fille subornée; et ce qu'il trouve qui ne lui est point arrivé, l'imputer à bonne fortune. Pour moi, j'ai pratiqué toujours cette leçon dans ma petite philosophie; et je ne suis jamais revenu au logis que je ne me sois tenu prêt à la colère de mes maîtres, aux réprimandes, aux injures, aux coups de pied au cul, aux bastonnades, aux étrivières; et ce qui a manqué à m'arriver, j'en ai rendu grace à mon bon destin[1].

[1] Dans Térence, Démiphon cherche à se consoler de son malheur par ce tableau philosophique :

« Un pere de famille, qui revient de voyage, devroit s'attendre à trouver son fils dérangé, sa femme morte, sa fille malade; se dire que ces accidents sont communs, qu'ils ont pu lui arriver. Avec cette prévoyance, rien ne l'étonneroit. Les

ARGANTE.

Voilà qui est bien; mais ce mariage impertinent, qui trouble celui que nous voulons faire, est une chose que je ne puis souffrir, et je viens de consulter des avocats pour le faire casser.

SCAPIN.

Ma foi, monsieur, si vous m'en croyez, vous tâcherez, par quelque autre voie, d'accommoder l'affaire. Vous savez ce que c'est que les procès en ce pays-ci, et vous allez vous enfoncer dans d'étranges épines.

ARGANTE.

Tu as raison, je le vois bien. Mais quelle autre voie?

SCAPIN.

Je pense que j'en ai trouvé une[1]. La compassion que m'a donnée tantôt votre chagrin m'a obligé à chercher dans ma tête quelque moyen pour vous tirer d'inquiétude; car je ne saurois voir d'honnêtes pères chagrinés par leurs enfants, que cela ne m'émeuve; et, de tout temps, je me suis senti pour votre personne une inclination particulière.

ARGANTE.

Je te suis obligé.

SCAPIN.

J'ai donc été trouver le frère de cette fille qui a été épousée.

malheurs dont il seroit exempt contre son attente, il les regarderoit comme autant de gagné. »

Et Géta, parodiant le discours du vieillard, dit :

« J'ai déja passé en revue toutes les infortunes dont je suis menacé. Au retour de mon maître, me suis-je dit, on m'enverra, pour le reste de mes jours, tourner la meule du moulin; je recevrai les étrivières; je serai chargé de chaînes; je serai condamné à travailler aux champs. Aucun de ces malheurs ne m'étonnera. Ceux dont je serai exempt contre mon attente, je les regarderai comme autant de gagné. »

Cette philosophie mise dans la bouche de Scapin, et le retour plaisant qu'il fait sur lui-même, sont beaucoup plus dramatiques que les sages méditations de Démiphon. (P.)

[1] Dans Térence, Géta dit de même à Chrémès : « En réfléchissant avec attention à votre malheur, je crois en vérité avoir trouvé le moyen d'y remédier. »

C'est un de ces braves de profession, de ces gens qui sont tout coups d'épée, qui ne parlent que d'échiner, et ne font non plus de conscience de tuer un homme que d'avaler un verre de vin. Je l'ai mis sur ce mariage, lui ai fait voir quelle facilité offroit la raison de la violence pour le faire casser, vos prérogatives du nom de père, et l'appui que vous donneroient auprès de la justice, et votre droit, et votre argent, et vos amis. Enfin je l'ai tant tourné de tous les côtés, qu'il a prêté l'oreille aux propositions que je lui ai faites d'ajuster l'affaire pour quelque somme; et il donnera son consentement à rompre le mariage, pourvu que vous lui donniez de l'argent [1].

ARGANTE.

Et qu'a-t-il demandé?

SCAPIN.

Oh! d'abord des choses par-dessus les maisons.

ARGANTE.

Et quoi?

SCAPIN.

Des choses extravagantes.

ARGANTE.

Mais encore?

SCAPIN.

Il ne parloit pas moins que de cinq ou six cents pistoles.

ARGANTE.

Cinq ou six cents fièvres quartaines qui le puissent serrer! Se moque-t-il des gens?

SCAPIN.

C'est ce que je lui ai dit. J'ai rejeté bien loin de pareilles propositions, et je lui ai bien fait entendre que vous n'étiez point

[1] Géta, dans le *Phormion* de Térence, se conduit comme Scapin; et voici le tour qu'il a pris pour concilier l'affaire qui inquiète Chrémès:

« Quand je vous ai eu quitté, le hasard m'a présenté Phormion... J'ai entrepris » sonder ses dispositions, j'ai pris mon homme seul. Pourquoi, lui ai-je dit. mion, ne pensez-vous pas plutôt à employer dans cette affaire l'honnêteté l'aigreur? Mon maître est un galant homme, il fuit les procès. »

une dupe, pour vous demander des cinq ou six cents pistoles. Enfin, après plusieurs discours, voici où s'est réduit le résultat de notre conférence. Nous voilà au temps, m'a-t-il dit, que je dois partir pour l'armée; je suis après à m'équiper, et le besoin que j'ai de quelque argent me fait consentir, malgré moi, à ce qu'on me propose. Il me faut un cheval de service, et je n'en saurois avoir un qui soit tant soit peu raisonnable[1], à moins de soixante pistoles.

ARGANTE.

Hé bien! pour soixante pistoles, je les donne.

SCAPIN.

Il faudra les harnois et les pistolets; et cela ira bien à vingt pistoles encore.

ARGANTE.

Vingt pistoles et soixante, ce seroit quatre-vingts.

SCAPIN.

Justement.

ARGANTE.

C'est beaucoup : mais, soit; je consens à cela.

SCAPIN.

Il me faut aussi un cheval pour monter mon valet, qui coûtera bien trente pistoles.

ARGANTE.

Comment, diantre! Qu'il se promène, il n'aura rien du tout.

SCAPIN.

Monsieur!

ARGANTE.

Non : c'est un impertinent.

[1] *Raisonnable*, qui signifie proprement doué de raison, signifie aussi convenable, tel qu'on doit s'en contenter. C'est dans ce dernier sens que Perrette de la fable dit, en parlant de son cochon :

Il étoit, quand je l'eus, de grosseur raisonnable.

Mais cela n'empêche pas que *cheval raisonnable* ne soit une singulière expression Un étranger demanderoit si c'est qu'on veut un cheval qui ait de la raison. (A.)

SCAPIN.

Voulez-vous que son valet aille à pied?

ARGANTE.

Qu'il aille comme il lui plaira, et le maître aussi.

SCAPIN.

Mon Dieu, monsieur, ne vous arrêtez point à peu de chose. N'allez point plaider, je vous prie; et donnez tout, pour vous sauver des mains de la justice.

ARGANTE.

Hé bien! soit; je me résous à donner encore ces trente pistoles.

SCAPIN.

Il me faut encore, a-t-il dit, un mulet pour porter...

ARGANTE.

Oh! qu'il aille au diable avec son mulet! C'en est trop; et nous irons devant les juges.

SCAPIN.

De grace! monsieur...

ARGANTE.

Non, je n'en ferai rien.

SCAPIN.

Monsieur, un petit mulet.

ARGANTE.

Je ne lui donnerois pas seulement un âne.

SCAPIN.

Considérez...

ARGANTE.

Non : j'aime mieux plaider.

SCAPIN.

Eh! monsieur, de quoi parlez-vous là, et à quoi vous résolvez-vous? Jetez les yeux sur les détours de la justice [1]. Voyez combien d'appels et de degrés de juridiction; combien de pro-

[1] Le mot *détour* est excellent ici, quel que soit le sens qu'on lui donne. Molière ne doit point à Térence l'idée de cette admirable tirade, qui ressort si naturellement du sujet. Elle lui appartient tout entière, ainsi que le reste de la scène.

cédures embarrassantes; combien d'animaux ravissants, par les griffes desquels il vous faudra passer ; sergents, procureurs, avocats, greffiers, substituts, rapporteurs, juges, et leurs clercs. Il n'y a pas un de tous ces gens-là qui, pour la moindre chose, ne soit capable de donner un soufflet au meilleur droit du monde. Un sergent baillera de faux exploits, sur quoi vous serez condamné sans que vous le sachiez. Votre procureur s'entendra avec votre partie, et vous vendra à beaux deniers comptants. Votre avocat, gagné de même, ne se trouvera point lorsqu'on plaidera votre cause, ou dira des raisons qui ne feront que battre la campagne, et n'iront point au fait. Le greffier délivrera par contumace des sentences et arrêts contre vous. Le clerc du rapporteur soustraira des pièces, ou le rapporteur même ne dira pas ce qu'il a vu; et, quand, par les plus grandes précautions du monde, vous aurez paré tout cela, vous serez ébahi que vos juges auront été sollicités contre vous, ou par des gens dévots, ou par des femmes qu'ils aimeront. Eh! monsieur, si vous le pouvez, sauvez-vous de cet enfer-là. C'est être damné dès ce monde que d'avoir à plaider; et la seule pensée d'un procès seroit capable de me faire fuir jusqu'aux Indes[1].

ARGANTE.

A combien est-ce qu'il fait monter le mulet?

SCAPIN.

Monsieur, pour le mulet, pour son cheval et celui de son

[1] Cette leçon est si vivement tracée, qu'elle frappe même un vieil avare, et le détermine à un sacrifice d'argent. (L.) — En lisant ce morceau, on est tenté de croire que Molière avoit étudié le mécanisme de la justice humaine dans l'antre même de la chicane[*]; mais on perd cette idée lorsqu'on vient à songer qu'il a peint avec une perfection égale les travers de toutes les classes de la société. Avec quel art ce génie admirable agite ici les grelots de la folie, pour nous faire entendre ensuite plus facilement la voix de la raison! Mais les hommes sont incorrigibles; témoin le testament de cet avocat de Colmar qui, en 1826, légua une somme de 74,000 francs à l'hôpital des fous. «Je les ai gagnés, disoit-il dans son testament, » avec ceux qui passent leur vie à plaider; ce n'est donc qu'une restitution. » Cette facétie d'un mourant vaut un traité complet contre les plaideurs.

[*] Grimarest dit que Molière fit des études pour se faire recevoir avocat.

homme, pour le harnois et les pistolets, et pour payer quelque petite chose qu'il doit à son hôtesse, il demande en tout deux cents pistoles.

ARGANTE.

Deux cents pistoles!

SCAPIN.

Oui.

ARGANTE, *se promenant en colère.*

Allons, allons; nous plaiderons.

SCAPIN.

Faites réflexion.

ARGANTE.

Je plaiderai.

SCAPIN.

Ne vous allez pas jeter...

ARGANTE.

Je veux plaider.

SCAPIN.

Mais pour plaider il vous faudra de l'argent. Il vous en faudra pour l'exploit; il vous en faudra pour le contrôle; il vous en faudra pour la procuration, pour la présentation, conseils, productions, et journées du procureur. Il vous en faudra pour les consultations et plaidoiries des avocats, pour le droit de retirer le sac, et pour les grosses d'écritures. Il vous en faudra pour le rapport des substituts, pour les épices de conclusion[1], pour l'enregistrement du greffier, façon d'appointement, sentences et arrêts, contrôles, signatures et expéditions de leurs clercs, sans parler de tous les présents qu'il vous faudra faire. Donnez cet argent-là à cet homme-ci, vous voilà hors d'affaire.

[1] Anciennement les plaideurs donnoient aux juges des dragées et des confitures, pour les remercier du gain d'un procès; et cela s'appeloit des *épices*, parcequ'avant la découverte des Indes on employoit, dans ces friandises, les épices au lieu de sucre; les épices du palais, qui n'étoient d'abord qu'un présent volontaire, devinrent par la suite une véritable taxe qui se payoit en argent, et n'en conservoit pas moins le nom d'*épices*. (A.)

ARGANTE.

Comment! deux cents pistoles!

SCAPIN.

Oui. Vous y gagnerez. J'ai fait un petit calcul, en moi-même, de tous les frais de la justice; et j'ai trouvé qu'en donnant deux cents pistoles à votre homme vous en aurez de reste, pour le moins, cent cinquante, sans compter les soins, les pas et les chagrins que vous vous épargnerez. Quand il n'y auroit à essuyer que les sottises que disent devant tout le monde de méchants plaisants d'avocats, j'aimerois mieux donner trois cents pistoles, que de plaider.

ARGANTE.

Je me moque de cela, et je défie les avocats de rien dire de moi.

SCAPIN.

Vous ferez ce qu'il vous plaira; mais, si j'étois que de vous, je fuirois les procès.

ARGANTE.

Je ne donnerai point deux cents pistoles.

SCAPIN.

Voici l'homme dont il s'agit[1].

[1] Le fond de cette admirable scène appartient à Térence. Dans sa pièce, le parasite, faisant le calcul de ce qu'il lui falloit d'argent, a demandé d'abord dix mines pour dégager une *petite* terre, puis dix autres mines pour dégager une *petite* maison, puis encore dix autres mines pour acheter une *petite* esclave à sa femme, pour se procurer quelques *petits* meubles, et pour payer les frais de la noce. A chaque somme nouvelle, les deux vieillards font alternativement le même personnage qu'Argante fait ici tout seul : ils se récrient, ils accordent, ils s'emportent, ils accordent encore : enfin chacun d'eux faisant une concession à mesure que l'autre exprime un refus, tous les articles passent, et le bon homme Chrémès remet la somme entière à Géta. On reconnoît là tout le sujet, toute la marche de la scène françoise ; mais celle-ci, faite avec deux personnages seulement, au lieu de trois et même quatre, comme dans le *Phormion*, a incontestablement plus de rapidité, de mouvement et de force. (A.)

SCÈNE IX.

ARGANTE, SCAPIN; SYLVESTRE, *déguisé en spadassin*.

SYLVESTRE.

Scapin, fais-moi connoître un peu cet Argante, qui est père d'Octave.

SCAPIN.

Pourquoi, monsieur?

SYLVESTRE.

Je viens d'apprendre qu'il veut me mettre en procès, et faire rompre par justice le mariage de ma sœur.

SCAPIN.

Je ne sais pas s'il a cette pensée; mais il ne veut point consentir aux deux cents pistoles que vous voulez; et il dit que c'est trop.

SYLVESTRE.

Par la mort! par la tête! par le ventre! si je le trouve, je le veux échiner, dussé-je être roué tout vif.

(Argante, pour n'être point vu, se tient en tremblant derrière Scapin.)

SCAPIN.

Monsieur, ce père d'Octave a du cœur, et peut-être ne vous craindra-t-il point.

SYLVESTRE.

Lui, lui? Par le sang, par la tête! s'il étoit là, je lui donnerois tout-à-l'heure de l'épée dans le ventre. (*apercevant Argante.*) Qui est cet homme-là?

SCAPIN.

Ce n'est pas lui, monsieur; ce n'est pas lui.

SYLVESTRE.

N'est-ce point quelqu'un de ses amis?

SCAPIN.

Non, monsieur; au contraire, c'est son ennemi capital.

SYLVESTRE.

Son ennemi capital?

SCAPIN.

Oui.

SYLVESTRE.

Ah! parbleu, j'en suis ravi. (*à Argante.*) Vous êtes ennemi, monsieur, de ce faquin d'Argante? Hé?

SCAPIN.

Oui, oui; je vous en réponds.

SYLVESTRE, *secouant rudement la main d'Argante.*

Touchez là, touchez. Je vous donne ma parole, et vous jure sur mon honneur, par l'épée que je porte, par tous les serments que je saurois faire, qu'avant la fin du jour je vous déferai de ce maraud fieffé, de ce faquin d'Argante. Reposez-vous sur moi.

SCAPIN.

Monsieur, les violences en ce pays-ci ne sont guère souffertes.

SYLVESTRE.

Je me moque de tout, et je n'ai rien à perdre.

SCAPIN.

Il se tiendra sur ses gardes, assurément; et il a des parents, des amis et des domestiques, dont il se fera un secours contre votre ressentiment.

SYLVESTRE.

C'est ce que je demande, morbleu! c'est ce que je demande. (*mettant l'épée à la main.*) Ah, tête! ah, ventre! Que ne le trouvé-je à cette heure avec tout son secours! Que ne paroît-il à mes yeux au milieu de trente personnes! Que ne les vois-je fondre sur moi les armes à la main! (*se mettant en garde.*) Comment! marauds, vous avez la hardiesse de vous attaquer à moi! Allons, morbleu, tue! (*poussant de tous les côtés, comme s'il avoit plusieurs personnes à combattre.*) Point de quartier. Donnons. Ferme. Poussons. Bon pied, bon œil. Ah! coquins! ah! canaille! vous en voulez par-là! je vous en ferai tâter votre soûl. Soutenez, marauds; soutenez. Allons. A cette botte. A cette autre. (*se tournant du côté d'Argante et de Scapin.*) A celle-ci. A celle-là. Comment, vous reculez! Pied ferme, morbleu; pied ferme!

SCAPIN.

Hé, hé, hé! monsieur, nous n'en sommes pas.

SYLVESTRE.

Voilà qui vous apprendra à vous oser jouer à moi[1].

SCÈNE X.

ARGANTE, SCAPIN.

SCAPIN.

Hé bien! vous voyez combien de personnes tuées pour deux cents pistoles. Or sus, je vous souhaite une bonne fortune.

ARGANTE, *tout tremblant.*

Scapin.

SCAPIN.

Plait-il?

ARGANTE.

Je me résous à donner les deux cents pistoles.

SCAPIN.

J'en suis ravi pour l'amour de vous.

ARGANTE.

Allons le trouver; je les ai sur moi.

SCAPIN.

Vous n'avez qu'à me les donner. Il ne faut pas, pour votre honneur, que vous paroissiez là, après avoir passé ici pour autre que ce que vous êtes; et, de plus, je craindrois qu'en vous faisant connoître il n'allât s'aviser de vous demander davantage.

ARGANTE.

Oui; mais j'aurois été bien aise de voir comme je donne mon argent.

[1] Plusieurs scènes de cette pièce peuvent donner une idée de la comédie telle qu'elle étoit chez les Latins. Quelques autres appartiennent à la farce italienne, et celle-ci est empruntée au théâtre espagnol. De ce mélange singulier, l'auteur a cependant formé un ouvrage dont l'esprit est tout françois. En résumé, cette pièce est une farce, où l'on trouve d'excellentes scènes de comédie.

SCAPIN.

Est-ce que vous vous défiez de moi?

ARGANTE.

Non pas; mais...

SCAPIN.

Parbleu! monsieur, je suis un fourbe, ou je suis honnête homme; c'est l'un des deux. Est-ce que je voudrois vous tromper, et que, dans tout ceci, j'ai d'autre intérêt que le vôtre et celui de mon maître, à qui vous voulez vous allier? Si je vous suis suspect, je ne me mêle plus de rien, et vous n'avez qu'à chercher dès cette heure qui accommodera vos affaires.

ARGANTE.

Tiens donc.

SCAPIN.

Non, monsieur, ne me confiez point votre argent. Je serai bien aise que vous vous serviez de quelque autre [1].

ARGANTE.

Mon Dieu! tiens.

SCAPIN.

Non, vous dis-je, ne vous fiez point à moi. Que sait-on si je ne veux point vous attraper votre argent?

ARGANTE.

Tiens, te dis-je; ne me fais point contester davantage. Mais songe à bien prendre tes sûretés avec lui.

SCAPIN.

Laissez-moi faire; il n'a pas affaire à un sot.

ARGANTE.

Je vais t'attendre chez moi.

[1] On trouve dans Plaute une scène presque semblable à celle de Scapin. Molière lui a emprunté le refus si naturel et si adroit de Scapin; mais il a eu soin de motiver ce refus par la défiance du vieillard, ce que n'avoit pas fait le poëte latin:

« Prends cet argent, Chrysale, et va le porter à mon fils. — Je ne le prendrai point, monsieur; chargez un autre de cette commission; je ne veux pas qu'on me confie d'argent. — Prends, tu me désobliges. — Je n'en ferai rien, je vous jure. — Mais je t'en prie. — N'importe. — Ah! tu me fais enrager. — Donnez donc, puisqu'il le faut, etc. » (*Bacchides*, acte IV, scène IX.)

SCAPIN.

Je ne manquerai pas d'y aller. (*seul.*) Et un. Je n'ai qu'à chercher l'autre. Ah! ma foi, le voici. Il semble que le ciel, l'un après l'autre, les amène dans mes filets.

SCÈNE XI.

GERONTE, SCAPIN.

SCAPIN, *faisant semblant de ne point voir Géronte.*

O ciel! ô disgrace imprévue! ô misérable père! Pauvre Géronte, que feras-tu?

GÉRONTE, *à part.*

Que dit-il là de moi, avec ce visage affligé?

SCAPIN.

N'y a-t-il personne qui puisse me dire où est le seigneur Géronte?

GÉRONTE.

Qu'y a-t-il, Scapin?

SCAPIN, *courant sur le théâtre sans vouloir entendre ni voir Géronte.*

Où pourrai-je le rencontrer pour lui dire cette infortune?

GÉRONTE, *courant après Scapin.*

Qu'est-ce que c'est donc?

SCAPIN.

En vain je cours de tous côtés pour le pouvoir trouver.

GÉRONTE.

Me voici.

SCAPIN.

Il faut qu'il soit caché en quelque endroit qu'on ne puisse point deviner.

GÉRONTE, *arrêtant Scapin.*

Holà! Es-tu aveugle, que tu ne me vois pas?

SCAPIN.

Ah! monsieur, il n'y a pas moyen de vous rencontrer [1].

[1] On trouve ce jeu de théâtre dans presque toutes les pièces des anciens. Molière

GÉRONTE.

Il y a une heure que je suis devant toi. Qu'est-ce que c'est donc qu'il y a?

SCAPIN.

Monsieur...

GÉRONTE.

Quoi !

SCAPIN.

Monsieur votre fils...

GÉRONTE.

Hé bien ! mon fils...

SCAPIN.

Est tombé dans une disgrace la plus étrange du monde.

GÉRONTE.

Et quelle?

SCAPIN.

Je l'ai trouvé tantôt tout triste de je ne sais quoi que vous lui avez dit, où vous m'avez mêlé assez mal-à-propos ; et cherchant à divertir cette tristesse, nous nous sommes allés promener sur le port. Là, entre autres plusieurs choses, nous avons arrêté nos yeux sur une galère turque assez bien équipée. Un jeune Turc de bonne mine nous a invité d'y entrer, et nous a présenté la main. Nous y avons passé. Il nous a fait mille civilités, nous a donné la collation, où nous avons mangé des fruits les plus excellents qui se puissent voir, et bu du vin que nous avons trouvé le meilleur du monde [1].

GÉRONTE.

Qu'y a-t-il de si affligeant à tout cela?

SCAPIN.

Attendez, monsieur, nous y voici. Pendant que nous man

l'a employé dans *l'Amour médecin*, dans *Pourceaugnac*, et dans *le Malade imaginaire*. Mais il paroît avoir emprunté les idées de celui-ci à une comédie italienne, *la Emilia*, de Grotto (acte I, scène v), et à une pièce françoise de Larivey, intitulée *la Constance* (acte IV, scène v).

[1] Ce tableau charmant, qui forme un si piquant contraste avec la feinte douleur de Scapin et l'attente pénible de Géronte, n'est pas même indiqué dans la scène de Cyrano de Bergerac.

gions, il a fait mettre la galère en mer, et, se voyant éloigné du port, il m'a fait mettre dans un esquif, et m'envoie vous dire que si vous ne lui envoyez par moi, tout-à-l'heure, cinq cents écus, il va vous emmener votre fils en Alger,

GÉRONTE.

Comment, diantre! cinq cents écus!

SCAPIN.

Oui, monsieur; et, de plus, il ne m'a donné pour cela que deux heures.

GÉRONTE.

Ah! le pendard de Turc! m'assassiner de la façon!

SCAPIN.

C'est à vous, monsieur, d'aviser promptement aux moyens de sauver des fers un fils que vous aimez avec tant de tendresse.

GÉRONTE.

Que diable alloit-il faire dans cette galère [1]?

SCAPIN.

Il ne songeoit pas à ce qui est arrivé.

GÉRONTE.

Va-t'en, Scapin, va-t'en vite dire à ce Turc que je vais envoyer la justice après lui.

SCAPIN.

La justice en pleine mer! Vous moquez-vous des gens?

[1] Cette scène est devenue fameuse par l'emprunt et la répétition de ce seul mot; car il faut bien le remarquer, c'est, quant aux détails, à-peu-près tout ce que Molière doit à Cyrano de Bergerac. Cette répétition est amenée dans Molière d'une manière si piquante, qu'elle devient un trait de caractère, et sert à peindre Géronte tout entier. Sans doute il y a beaucoup d'esprit dans la scène de Cyrano; mais il n'y a que de l'esprit; tandis que dans celle de Molière il y a du naturel et de la profondeur. Cependant on doit regretter un trait excellent perdu dans la scène du *Pédant joué*. Le valet fripon y parle ainsi: « Ah, mon Dieu! monsieur le Turc, « permettez-moi d'aller avertir son père qui vous enverra tout-à-l'heure sa rançon. » A quoi le vieillard effrayé répond: « Tu ne devois pas parler de rançon; ils se « seront moqués de toi. » Mot qui révèle l'inquiétude secrète du vieillard, et qui est une ruse fort habile de son avarice. Il nous semble que ce mot étoit digne d'entrer dans la scène de Molière.

GÉRONTE.

Que diable alloit-il faire dans cette galère ?

SCAPIN.

Une méchante destinée conduit quelquefois les personnes.

GÉRONTE.

Il faut, Scapin, il faut que tu fasses ici l'action d'un serviteur fidèle.

SCAPIN.

Quoi, monsieur ?

GÉRONTE.

Que tu ailles dire à ce Turc qu'il me renvoie mon fils, et que tu te mettes à sa place jusqu'à ce que j'aie amassé la somme qu'il demande [1].

SCAPIN.

Hé ! monsieur, songez-vous à ce que vous dites ? et vous figurez-vous que ce Turc ait si peu de sens que d'aller recevoir un misérable comme moi à la place de votre fils ?

GÉRONTE.

Que diable alloit-il faire dans cette galère ?

SCAPIN.

Il ne devinoit pas ce malheur. Songez, monsieur, qu'il ne m'a donné que deux heures.

GÉRONTE.

Tu dis qu'il demande..

SCAPIN.

Cinq cents écus.

GÉRONTE.

Cinq cents écus ! N'a-t-il point de conscience ?

SCAPIN.

Vraiment oui, de la conscience à un Turc !

GÉRONTE.

Sait-il bien ce que c'est que cinq cents écus ?

[1] Excellente idée, que Molière ne doit point à Cyrano de Bergerac. Les détails qui suivent appartiennent également à Molière, et sont du meilleur comique.

SCAPIN.

Oui, monsieur; il sait que c'est mille cinq cents livres.

GÉRONTE.

Croit-il, le traître, que mille cinq cents livres se trouvent dans le pas d'un cheval?

SCAPIN.

Ce sont des gens qui n'entendent point de raison.

GÉRONTE.

Mais que diable alloit-il faire à cette galère?

SCAPIN.

Il est vrai. Mais quoi! on ne prévoyoit pas les choses. De grace, monsieur, dépêchez!

GÉRONTE.

Tiens, voilà la clef de mon armoire.

SCAPIN.

Bon.

GÉRONTE.

Tu l'ouvriras.

SCAPIN.

Fort bien.

GÉRONTE.

Tu trouveras une grosse clef du côté gauche, qui est celle de mon grenier.

SCAPIN.

Oui.

GÉRONTE.

Tu iras prendre toutes les hardes qui sont dans cette grande manne, et tu les vendras aux fripiers pour aller racheter mon fils.

SCAPIN, *en lui rendant la clef.*

Eh! monsieur, rêvez-vous? Je n'aurois pas cent francs de tout ce que vous dites; et, de plus, vous savez le peu de temps qu'on m'a donné [1].

[1] Dans *le Pédant joué*, le vieillard dit à Corbinelli: « Va prendre dans mes armoires ce pourpoint découpé que quitta feu mon père, l'année du grand hiver.»

GÉRONTE.

Mais que diable alloit-il faire à cette galère?

SCAPIN.

Oh! que de paroles perdues! Laissez là cette galère, et songez que le temps presse, et que vous courez risque de perdre votre fils. Hélas! mon pauvre maître! peut-être que je ne te verrai de ma vie, et qu'à l'heure que je parle on t'emmène esclave en Alger. Mais le ciel me sera témoin que j'ai fait pour toi tout ce que j'ai pu; et que, si tu manques à être racheté, il n'en faut accuser que le peu d'amitié d'un père.

GÉRONTE.

Attends, Scapin, je m'en vais querir cette somme.

SCAPIN.

Dépêchez donc vite, monsieur; je tremble que l'heure ne sonne.

GÉRONTE.

N'est-ce pas quatre cents écus que tu dis?

SCAPIN.

Non. Cinq cents écus.

GÉRONTE.

Cinq cents écus!

SCAPIN.

Oui.

GÉRONTE.

Que diable alloit-il faire à cette galère?

SCAPIN.

Vous avez raison: mais hâtez-vous.

GÉRONTE.

N'y avoit-il point d'autre promenade?

SCAPIN.

Cela est vrai: mais faites promptement.

Ce trait est du meilleur comique, et Molière l'a embelli en le mettant en action. La colère de Géronte contre les Turcs *qui n'ont pas de conscience*, la distraction qui lui fait remettre la bourse dans sa poche, tout ce qui suit enfin, appartient à Molière.

GÉRONTE.

Ah ! maudite galère !

SCAPIN, *à part.*

Cette galère lui tient au cœur.

GÉRONTE.

Tiens, Scapin, je ne me souvenois pas que je viens justement de recevoir cette somme en or, et je ne croyois pas qu'elle dût m'être si tôt ravie. (*tirant sa bourse de sa poche, et la présentant à Scapin.*) Tiens, va-t'en racheter mon fils.

SCAPIN, *tendant la main.*

Oui, monsieur.

GÉRONTE, *retenant sa bourse qu'il fait semblant de vouloir donner à Scapin.*

Mais dis à ce Turc que c'est un scélérat.

SCAPIN, *tendant encore la main.*

Oui.

GÉRONTE, *recommençant la même action.*

Un infame.

SCAPIN, *tendant toujours la main.*

Oui.

GÉRONTE, *de même.*

Un homme sans foi, un voleur.

SCAPIN.

Laissez-moi faire.

GÉRONTE, *de même.*

Qu'il me tire cinq cents écus contre toute sorte de droit.

SCAPIN.

Oui.

GÉRONTE, *de même.*

Que je ne les lui donne ni à la mort ni à la vie.

SCAPIN

Fort bien.

GÉRONTE, *de même.*

Et que, si jamais je l'attrape, je saurai me venger de lui.

SCAPIN.

Oui.

GÉRONTE, *remettant sa bourse dans sa poche, et s'en allant.*

Va, va vite requérir mon fils.

SCAPIN, *courant après Géronte.*

Holà, monsieur.

GÉRONTE.

Quoi?

SCAPIN.

Où est donc cet argent?

GÉRONTE.

Ne te l'ai-je pas donné?

SCAPIN.

Non, vraiment; vous l'avez remis dans votre poche.

GÉRONTE.

Ah! c'est la douleur qui me trouble l'esprit.

SCAPIN.

Je le vois bien.

GÉRONTE.

Que diable alloit-il faire dans cette galère? Ah! maudite galère! traître de Turc! à tous les diables[1].

SCAPIN, *seul.*

Il ne peut digérer les cinq cents écus que je lui arrache; mais il n'est pas quitte envers moi; et je veux qu'il me paie en une autre monnoie l'imposture qu'il m'a faite auprès de son fils.

[1] La scène de Cyrano de Bergerac et celle de Molière ont le même but, et sont tracées sur le même plan. Cependant elles diffèrent par les détails, qui placent l'imitateur fort au-dessus de son modèle. Molière n'a donc pas copié cette scène (il l'a imitée), car il l'a embellie, condition nécessaire de toute imitation, et qu'il n'est donné qu'au génie de pouvoir remplir.

SCÈNE XII.

OCTAVE, LÉANDRE, SCAPIN.

OCTAVE.

Hé bien! Scapin, as-tu réussi pour moi dans ton ent prise?

LÉANDRE.

As-tu fait quelque chose pour tirer mon amour de la peine il est?

SCAPIN, *à Octave.*

Voilà deux cents pistoles que j'ai tirées de votre père.

OCTAVE.

Ah! que tu me donnes de joie!

SCAPIN, *à Léandre.*

Pour vous, je n'ai pu faire rien.

LÉANDRE, *voulant s'en aller.*

Il faut donc que j'aille mourir; et je n'ai que faire de vi si Zerbinette m'est ôtée.

SCAPIN.

Holà! holà! tout doucement. Comme diantre vous allez v

LÉANDRE, *se retournant.*

Que veux-tu que je devienne?

SCAPIN.

Allez, j'ai votre affaire ici.

LÉANDRE.

Ah! tu me redonnes la vie.

SCAPIN.

Mais à condition que vous me permettrez, à moi, une p vengeance contre votre père, pour le tour qu'il m'a fait.

LÉANDRE.

Tout ce que tu voudras.

SCAPIN.

Vous me le promettez devant témoin.

LÉANDRE.

Oui [1].

SCAPIN.

Tenez, voilà cinq cents écus.

LÉANDRE.

Allons-en promptement acheter celle que j'adore [2].

ACTE TROISIÈME.

SCÈNE I.

ZERBINETTE, HYACINTE, SCAPIN, SYLVESTRE.

SYLVESTRE.

Oui, vos amants ont arrêté entre eux que vous fussiez ensemble; et nous nous acquittons de l'ordre qu'ils nous ont donné.

HYACINTE, *à Zerbinette.*

Un tel ordre n'a rien qui ne me soit fort agréable. Je reçois avec joie une compagne de la sorte; et il ne tiendra pas à moi que l'amitié qui est entre les personnes que nous aimons ne se répande entre nous deux.

ZERBINETTE.

J'accepte la proposition, et ne suis point personne à reculer lorsqu'on m'attaque d'amitié [3].

[1] Molière ne donne qu'une pensée à Léandre. C'est un homme léger, étourdi, sans méchanceté, mais aussi sans prévoyance; il n'a jamais qu'un but, c'est de satisfaire à tout prix le desir du moment. Ce caractère est fort commun dans le monde, qui lui pardonne beaucoup; car l'étourderie est également susceptible de ce qui est bien et de ce qui est mal.

[2] Acte bien tissu et bien rempli, dont toutes les scènes, habilement liées entre elles, ou se succédant les unes aux autres, forment un ensemble où rien ne languit, et où le comique, à défaut d'intérêt, devient toujours plus fort à mesure que l'action se développe. (A.)

[3] Zerbinette paroît en scène pour la première fois. Nous avons entendu parler

SCAPIN.

Et lorsque c'est d'amour qu'on vous attaque ?

ZERBINETTE.

Pour l'amour, c'est une autre chose; on y court un peu plus de risque, et je n'y suis pas si hardie.

SCAPIN.

Vous l'êtes, que je crois, contre mon maître maintenant; et ce qu'il vient de faire pour vous doit vous donner du cœur pour répondre comme il faut à sa passion.

ZERBINETTE.

Je ne m'y fie encore que de la bonne sorte; et ce n'est pas assez pour m'assurer[1] entièrement, que ce qu'il vient de faire. J'ai l'humeur enjouée, et sans cesse je ris : mais, tout en riant, je suis sérieuse sur de certains chapitres; et ton maître s'abusera, s'il croit qu'il lui suffise de m'avoir achetée pour me voir toute à lui. Il doit lui en coûter autre chose que de l'argent; et, pour répondre à son amour de la manière qu'il souhaite, il me faut un don de sa foi, qui soit assaisonné de certaines cérémonies qu'on trouve nécessaires.

SCAPIN.

C'est là aussi comme il l'entend. Il ne prétend à vous qu'en tout bien et en tout honneur; et je n'aurois pas été homme à me mêler de cette affaire, s'il avoit une autre pensée.

d'elle jusqu'à présent comme d'une jeune et jolie fille associée à des Bohémiens; ce qui n'étoit pas une grande recommandation. Mais ici sa position change. Léandre ayant obtenu, par les soins de Scapin, l'argent nécessaire pour l'enlever à une aussi mauvaise compagnie, son premier soin a été de la mettre dans celle de l'honnête Hyacinte, épouse d'Octave, à l'abri des séductions d'autrui et de ses propres tentatives. Cet arrangement, auquel elle a consenti avec joie, commence à donner une bonne idée d'elle; ses discours vont achever de lui concilier l'estime et l'intérêt du spectateur. (A.)

[1] Ce mot se disoit autrefois pour *rassurer*; en voici un exemple, tiré d'Amyot. Agis disoit aux Argiens : « *Assurez*-vous, mes amis; car si nous qui les avons desja « battus avons peur, que pensez-vous qu'ils ayent, eux? » Du temps de Molière, ce mot s'employoit encore dans cette acception, et l'on en trouve plusieurs exemples dans les tragédies de Racine. (Plutarque, *Apophthegmes des Lacédémoniens*, p. [illegible].)

ZERBINETTE.

C'est ce que je veux croire, puisque vous me le dites; mais, du côté du père, j'y prévois des empêchements.

SCAPIN.

Nous trouverons moyen d'accommoder les choses.

HYACINTE, *à Zerbinette.*

La ressemblance de nos destins doit contribuer encore à faire naître notre amitié; et nous nous voyons toutes deux dans les mêmes alarmes, toutes deux exposées à la même infortune.

ZERBINETTE.

Vous avez cet avantage au moins, que vous savez de qui vous êtes née, et que l'appui de vos parents, que vous pouvez faire connoître, est capable d'ajuster tout, peut assurer votre bonheur, et faire donner un consentement au mariage qu'on trouve fait. Mais, pour moi, je ne rencontre aucun secours dans ce que je puis être; et l'on me voit dans un état qui n'adoucira pas les volontés d'un père qui ne regarde que le bien.

HYACINTE.

Mais aussi avez-vous cet avantage, que l'on ne tente point, par un autre parti, celui que vous aimez.

ZERBINETTE.

Le changement du cœur d'un amant n'est pas ce qu'on peut le plus craindre. On se peut naturellement croire assez de mérite pour garder sa conquête; et ce que je vois de plus redoutable dans ces sortes d'affaires, c'est la puissance paternelle, auprès de qui tout le mérite ne sert de rien.

HYACINTE.

Hélas! pourquoi faut-il que de justes inclinations se trouvent traversées? La douce chose que d'aimer, lorsque l'on ne voit point d'obstacle à ces aimables chaînes dont deux cœurs se lient ensemble!

SCAPIN.

Vous vous moquez! la tranquillité en amour est un calme désagréable. Un bonheur tout uni nous devient ennuyeux; il faut du haut et du bas dans la vie; et les difficultés qui se mêlent aux choses réveillent les ardeurs, augmentent les plaisirs.

ZERBINETTE.

Mon Dieu! Scapin, fais-nous un peu ce récit, qu'on m'a dit qui est si plaisant, du stratagème dont tu t'es avisé pour tirer de l'argent de ton vieillard avare. Tu sais qu'on ne perd point sa peine lorsqu'on me fait un conte, et que je le paie assez bien, par la joie qu'on m'y voit prendre.

SCAPIN.

Voilà Sylvestre qui s'en acquittera aussi bien que moi. J'ai dans la tête certaine petite vengeance dont je vais goûter le plaisir.

SYLVESTRE.

Pourquoi, de gaieté de cœur, veux-tu chercher à t'attirer de méchantes affaires?

SCAPIN.

Je me plais à tenter des entreprises hasardeuses.

SYLVESTRE.

Je te l'ai déja dit, tu quitterois le dessein que tu as, si tu m'en voulois croire.

SCAPIN.

Oui : mais c'est moi que j'en croirai.

SYLVESTRE.

A quoi diable te vas-tu amuser?

SCAPIN.

De quoi diable te mets-tu en peine?

SYLVESTRE.

C'est que je vois que, sans nécessité, tu vas courir risque de t'attirer une venue de coups de bâton [1].

SCAPIN.

Hé bien! c'est aux dépens de mon dos, et non pas du tien.

[1] On disoit anciennement d'un homme qui avoit été fort maltraité, *on lui en a donné d'une venue* : c'est peut-être de ce proverbe que Molière a tiré l'expression singulière et inusitée de *venue de coups de bâton*. (A.)

SYLVESTRE.

Il est vrai que tu es maître de tes épaules, et tu en disposeras comme il te plaira.

SCAPIN.

Ces sortes de périls ne m'ont jamais arrêté; et je hais ces cœurs pusillanimes qui, pour trop prévoir les suites des choses, n'osent rien entreprendre.

ZERBINETTE, *à Scapin.*

Nous aurons besoin de tes soins.

SCAPIN.

Allez. Je vous irai bientôt rejoindre. Il ne sera pas dit qu'impunément on m'ait mis en état de me trahir moi-même, et de découvrir des secrets qu'il étoit bon qu'on ne sût pas [1].

SCÈNE II.

GÉRONTE, SCAPIN.

GÉRONTE.

Hé bien! Scapin, comment va l'affaire de mon fils?

SCAPIN.

Votre fils, monsieur, est en lieu de sûreté: mais vous courez maintenant, vous, le péril le plus grand du monde, et je voudrois, pour beaucoup, que vous fussiez dans votre logis.

GÉRONTE.

Comment donc?

SCAPIN.

A l'heure que je parle, on vous cherche de toutes parts pour vous tuer.

GÉRONTE.

Moi?

[1] Cette scène est un peu froide, défaut bien difficile à éviter dans les intrigues romanesques du genre de celle-ci. Les anciens, qui ne traitoient guère que ces sortes de sujets, éloignoient les femmes de la scène, afin, sans doute, de ne pas tomber dans les dialogues langoureux. (L. B.)

SCAPIN.

Oui.

GÉRONTE

Et qui?

SCAPIN.

Le frère de cette personne qu'Octave a épousée. Il croit que le dessein que vous avez de mettre votre fille à la place que tient sa sœur est ce qui pousse le plus fort à faire rompre leur mariage; et, dans cette pensée, il a résolu hautement de décharger son désespoir sur vous, et de vous ôter la vie pour venger son honneur. Tous ses amis, gens d'épée comme lui, vous cherchent de tous les côtés, et demandent de vos nouvelles. J'ai vu même, deçà et delà, des soldats de sa compagnie qui interrogent ceux qu'ils trouvent, et occupent par pelotons toutes les avenues de votre maison : de sorte que vous ne sauriez aller chez vous, vous ne sauriez faire un pas, ni à droite, ni à gauche, que vous ne tombiez dans leurs mains.

GÉRONTE.

Que ferai-je, mon pauvre Scapin?

SCAPIN.

Je ne sais pas, monsieur; et voici une étrange affaire. Je tremble pour vous depuis les pieds jusqu'à la tête, et... Attendez. (*Scapin fait semblant d'aller voir au fond du théâtre s'il n'y a personne.*)

GÉRONTE, *en tremblant*

Hé?

SCAPIN, *revenant.*

Non, non, non, ce n'est rien.

GÉRONTE.

Ne saurois-tu trouver quelque moyen pour me tirer de peine?

SCAPIN.

J'en imagine bien un; mais je courrois risque, moi, de me faire assommer.

GÉRONTE.

Hé! Scapin, montre-toi serviteur zélé Ne m'abandonne pas, je te prie.

SCAPIN.

Je le veux bien. J'ai une tendresse pour vous qui ne sauroit souffrir que je vous laisse sans secours.

GÉRONTE.

Tu en seras récompensé, je t'assure; et je te promets cet habit-ci quand je l'aurai un peu usé.

SCAPIN.

Attendez. Voici une affaire que je me suis trouvée fort à propos pour vous sauver. Il faut que vous vous mettiez dans ce sac, et que...

GÉRONTE, *croyant voir quelqu'un.*

Ah!

SCAPIN.

Non, non, non, non, ce n'est personne. Il faut, dis-je, que vous vous mettiez là-dedans, et que vous gardiez de remuer en aucune façon. Je vous chargerai sur mon dos comme un paquet de quelque chose, et je vous porterai ainsi, au travers de vos ennemis, jusque dans votre maison, où, quand nous serons une fois, nous pourrons nous barricader, et envoyer querir main-forte contre la violence.

GÉRONTE.

L'invention est bonne.

SCAPIN.

La meilleure du monde. Vous allez voir. (*à part.*) Tu me paieras l'imposture.

GÉRONTE.

Hé?

SCAPIN.

Je dis que vos ennemis seront bien attrapés. Mettez-vous bien jusqu'au fond; et surtout prenez garde de ne vous point montrer [1], et de ne branler pas, quelque chose qui puisse arriver.

[1] Boileau a eu raison s'il n'a regardé, comme indigne de Molière, que le sac où Géronte s'enveloppe. Boileau a eu tort s'il n'a pas reconnu l'auteur du *Misanthrope* dans l'éloquence de Scapin avec le père de son maître; dans l'avarice de ce vieillard; dans la scène des deux pères; dans l'amour des deux fils, tableaux

GÉRONTE.

Laisse-moi faire ; je saurai me tenir...

SCAPIN.

Cachez-vous ; voici un spadassin qui vous cherche. (*en contrefaisant sa voix.*) « Quoi ! jé n'aurai pas l'abantage dé tuer cé Géronte, et quelqu'un, par charité, né m'enseignera pas où il est ! » (*à Géronte, avec sa voix ordinaire.*) Ne branlez pas. « Cadédis, jé lé trouberai, sé cachât-il au centre de la terre. » (*à Géronte, avec son ton naturel.*) Ne vous montrez pas. (*tout le langage gascon est supposé de celui qu'il contrefait, et le reste de lui.*) « Oh ! l'homme au sac. » Monsieur. « Jé té vaille un louis, et m'enseigne où put être Géronte. » Vous cherchez le seigneur Géronte ? « Oui, mordi, jé lé cherche. » Et pour quelle affaire, monsieur ? « Pour quelle affaire ? » Oui. « Jé beux, cadédis, lé faire mourir sous les coups dé vaton. « Oh ! monsieur, les coups de bâton ne se donnent point à des gens comme lui, et ce n'est pas un homme à être traité de la sorte. « Qui ? cé fat dé Géronte, cé maraud, cé vélître ? » Le seigneur Géronte, monsieur, n'est ni fat, ni maraud, ni béltre ; et vous devriez, s'il vous plait, parler d'autre façon. « Comment, tu mé traites, à moi, avec cette hautur ? » Je défends, comme je dois, un homme d'honneur qu'on offense. « Est-ce que tu es des amis dé cé Géronte ? » Oui, monsieur, j'en suis. « Ah ! cadédis, tu es dé ses amis : à la vonne hure. » (*donnant plusieurs coups de bâton sur le sac.*) « Tiens, boilà cé qué jé vaille pour lui. » (*criant comme s'il recevoit les coups de bâton.*) Ah, ah, ah, ah, monsieur. Ah, ah, monsieur, tout beau. Ah, doucement. Ah, ah, ah. « Va, porte-lui cela dé ma part. Adiusias. » Ah. Diable soit le Gascon ! Ah [1].

dignes de Térence ; dans la confession de Scapin, qui se croit convaincu ; dans son insolence, dès qu'il sent que son maître a besoin de lui. (M.)

[1] Molière a pris l'idée de cette scène dans *Tabarin*, comme l'indique la critique de Boileau. On peut voir le passage qui lui a servi de modèle, dans le recueil général des œuvres et fantaisies de Tabarin, seconde partie, page 131, édition de Rouen ; chez Jacques Cailloué, 1629.

GÉRONTE, *mettant la tête hors du sac.*

Ah! Scapin, je n'en puis plus.

SCAPIN.

Ah! monsieur, je suis tout moulu, et les épaules me font un mal épouvantable.

GÉRONTE.

Comment! c'est sur les miennes qu'il a frappé.

SCAPIN.

Nenni, monsieur, c'étoit sur mon dos qu'il frappoit.

GÉRONTE.

Que veux-tu dire? J'ai bien senti les coups, et les sens bien encore.

SCAPIN.

Non, vous dis-je; ce n'est que le bout du bâton qui a été jusque sur vos épaules.

GÉRONTE.

Tu devois donc te retirer un peu plus loin pour m'épargner...

SCAPIN, *lui remettant la tête dans le sac.*

Prenez garde; en voici un autre qui a la mine d'un étranger. (*Cet endroit est le même que celui du Gascon, pour le changement de langage et le jeu de théâtre.*) « Parti, moi courir comme une Basque, et moi ne pouvre point troufair de tout le jour sti diable de Gironte. » Cachez-vous bien. « Dites-moi un peu, fous, monsir l'homme, s'il ve plait, fous, safoir point où l'est sti Gironte que moi cherchair? » Non, monsieur, je ne sais point où est Géronte. « Dites-moi-le, fous, frenchemente; moi li fouloir pas grande chose à lui. L'est seulemente pour lui donnair un petite régale sur le dos d'un douzaine de coups de bâtonne, et de trois ou quatre petites coups d'épée au trafers de son poitrine. » Je vous assure, monsieur, que je ne sais pas où il est. « Il me semble que ji foi remuair quelque chose dans sti sac. » Pardonnez-moi, monsieur. « Li est assurément quelque histoire là-tetans. » Point du tout, monsieur. « Moi l'afoir enfie de tonner ain coup d'épée dans sti sac. » Ah! monsieur, gardez-vous-en bien. « Montre-le-moi un peu, fous, ce que c'être là. »

Tout beau, monsieur. « Quement, tout beau! » Vous n'avez que faire de vouloir voir ce que je porte. « Et moi, je le fouloir foir, moi. » Vous ne le verrez point. « Ah! que de badinemente. » Ce sont hardes qui m'appartiennent. « Montre-moi, fous, te dis-je. » Je n'en ferai rien. « Toi ne faire rien? » Non. « Moi pailler de ste bâtoune dessus les épaules de toi. » Je me moque de cela. « Ah! toi faire le trôle! » (*donnant des coups de bâton sur le sac, et criant comme s'il les recevoit.*) Ahi, ahi, ahi! Ah! monsieur, ah, ah, ah, ah. « Jusqu'au refoir : l'être là un petit leçon pour li apprendre à toi à parlair insolentemente. Ah. Peste soit du baragouineux! Ah.

GÉRONTE, *sortant sa tête du sac.*

Ah! je suis roué.

SCAPIN.

Ah! je suis mort.

GÉRONTE.

Pourquoi diantre faut-il qu'ils frappent sur mon dos?

SCAPIN, *lui remettant la tête dans le sac.*

Prenez garde; voici une demi-douzaine de soldats tout ensemble. (*contrefaisant la voix de plusieurs personnes.*) « Allons, tâchons à trouver Géronte, cherchons partout. N'épargnons point nos pas. Courons toute la ville. N'oublions aucun lieu. Visitons tout. Furetons de tous les côtés. Par où irons-nous? Tournons par-là. Non, par ici. A gauche. A droite. Nenni. Si fait. » (*à Géronte, avec sa voix ordinaire.*) Cachez-vous bien. « Ah! camarades, voici son valet. Allons, coquin, il faut que tu nous enseignes où est ton maître. » Hé! messieurs, ne me maltraitez point. « Allons, dis-nous où il est. Parle. Hâte-toi. Expédions. Dépêche vite. Tôt. » Hé! messieurs, doucement. (*Géronte met doucement la tête hors du sac, et aperçoit la fourberie de Scapin.*) « Si tu ne nous fais trouver ton maître tout-à-l'heure, nous allons faire pleuvoir sur toi une ondée de coups de bâton. » J'aime mieux souffrir toute chose que de découvrir mon maître. « Nous allons t'assommer. » Faites tout ce qu'il vous plaira. « Tu as envie d'être battu? » Je ne trahirai point mon maître. « Ah! tu en veux tâter? Voilà... » Oh! *Comme il est près de frapper, Géronte sort du sac, et Scapin s'enfuit.*)

GÉRONTE, *seul.*

Ah! infame! ah! traître! ah! scélérat! C'est ainsi que tu m'assassines?

SCÈNE III.

ZERBINETTE, GÉRONTE.

ZERBINETTE, *riant, sans voir Géronte.*

Ah, ah. Je veux prendre un peu l'air[1].

GÉRONTE, *à part, sans voir Zerbinette.*

Tu me le paieras, je te jure.

ZERBINETTE, *sans voir Géronte.*

Ah, ah, ah, ah. La plaisante histoire! et la bonne dupe que ce vieillard!

GÉRONTE.

Il n'y a rien de plaisant à cela; et vous n'avez que faire d'en rire.

ZERBINETTE.

Quoi? Que voulez-vous dire, monsieur?

GÉRONTE.

Je veux dire que vous ne devez pas vous moquer de moi.

ZERBINETTE.

De vous?

GÉRONTE.

Oui.

ZERBINETTE.

Comment! qui songe à se moquer de vous?

[1] Dans *le Pédant joué*, Génevote arrive sur la scène en poussant de grands éclats de rire, et elle raconte à Nicolas Granger le tour dont il vient d'être la dupe Molière doit donc encore l'idée de cette scène à Cyrano de Bergerac; mais dans cette nouvelle imitation il s'éloigne encore plus de son modèle que dans la première. Voyez *le Pédant joué*, acte III, scène II, page 52 du tome I. des Œuvres de Cyrano de Bergerac; Amsterdam, 1710.

GÉRONTE.

Pourquoi venez-vous ici me rire au nez?

ZERBINETTE.

Cela ne vous regarde point, et je ris toute seule d'un conte qu'on vient de me faire, le plus plaisant qu'on puisse entendre. Je ne sais pas si c'est parceque je suis intéressée dans la chose; mais je n'ai jamais trouvé rien de si drôle qu'un tour qui vient d'être joué par un fils à son père, pour en attraper de l'argent.

GÉRONTE.

Par un fils à son père, pour en attraper de l'argent?

ZERBINETTE.

Oui. Pour peu que vous me pressiez, vous me trouverez assez disposée à vous dire l'affaire; et j'ai une démangeaison naturelle à faire part des contes que je sais.

GÉRONTE.

Je vous prie de me dire cette histoire.

ZERBINETTE.

Je le veux bien. Je ne risquerai pas grand' chose à vous la dire, et c'est une aventure qui n'est pas pour être long-temps secrète. La destinée a voulu que je me trouvasse parmi une bande de ces personnes qu'on appelle Égyptiens, et qui, rôdant de province en province, se mêlent de dire la bonne fortune, et quelquefois de beaucoup d'autres choses. En arrivant dans cette ville, un jeune homme me vit, et conçut pour moi de l'amour. Dès ce moment, il s'attacha à mes pas; et le voilà d'abord comme tous les jeunes gens, qui croient qu'il n'y a qu'à parler, et qu'au moindre mot qu'ils nous disent, leurs affaires sont faites; mais il trouva une fierté qui lui fit un peu corriger ses premières pensées. Il fit connoître sa passion aux gens qui me tenoient, et il les trouva disposés à me laisser à lui moyennant quelque somme. Mais le mal de l'affaire étoit que mon amant se trouvoit dans l'état où l'on voit très souvent la plupart des fils de famille, c'est-à-dire qu'il étoit un peu dénué d'argent. Il a un père qui, quoique riche, est un avaricieux fieffé, le plus vilain homme du monde. Attendez. Ne me saurois-je souvenir de son nom?

Haie. Aidez-moi un peu. Ne pouvez-vous me nommer quelqu'un de cette ville qui soit connu pour être un avare au dernier point?

GÉRONTE.

Non.

ZERBINETTE.

Il y a à son nom du ron... ronte... Or... Oronte. Non. Gé... Géronte. Oui, Géronte, justement ; voilà mon vilain ; je l'ai trouvé : c'est ce ladre-là que je dis. Pour venir à notre conte, nos gens ont voulu aujourd'hui partir de cette ville ; et mon amant m'alloit perdre, faute d'argent, si, pour en tirer de son père, il n'avoit trouvé du secours dans l'industrie d'un serviteur qu'il a. Pour le nom du serviteur, je le sais à merveille. Il s'appelle Scapin ; c'est un homme incomparable, et il mérite toutes les louanges qu'on peut donner.

GÉRONTE, *à part.*

Ah! coquin que tu es!

ZERBINETTE.

Voici le stratagème dont il s'est servi pour attraper sa dupe. Ah, ah, ah, ah. Je ne saurois m'en souvenir, que je ne rie de tout mon cœur. Ah, ah, ah. Il est allé trouver ce chien d'avare, Ah, ah, ah ; et lui a dit qu'en se promenant sur le port avec son fils, Hi, hi, ils avoient vu une galère turque, où on les avoit invités d'entrer ; qu'un jeune Turc leur y avoit donné la collation, Ah ; que, tandis qu'ils mangeoient, on avoit mis la galère en mer, et que le Turc l'avoit renvoyé lui seul à terre dans un esquif, avec ordre de dire au père de son maître qu'il emmenoit son fils en Alger, s'il ne lui envoyoit tout-à-l'heure cinq cents écus. Ah, ah, ah. Voilà mon ladre, mon vilain dans de furieuses angoisses ; et la tendresse qu'il a pour son fils fait un combat étrange avec son avarice. Cinq cents écus qu'on lui demande sont justement cinq cents coups de poignard qu'on lui donne. Ah, ah, ah. Il ne peut se résoudre à tirer cette somme de ses entrailles ; et la peine qu'il souffre lui fait trouver cent moyens ridicules pour ravoir son fils. Ah, ah, ah! Il veut envoyer la justice en mer après la galère du Turc. Ah, ah, ah! Il sollicite son valet de s'aller offrir à tenir la place de son fils, jusqu'à ce qu'il ait amassé l'argent qu'il n'a pas envie de donner. Ah, ah, ah. Il abandonne, pour faire les cinq cents écus, quatre ou cinq vieux habits qui n'en valent pas trente. Ah, ah, ah. Le valet lui fait comprendre à tous coups l'impertinence de ses propositions; et chaque réflexion est douloureusement accompagnée d'un : Mais que diable alloit-il faire à cette galère? Ah! maudite galère! Traître de Turc! Enfin, après plusieurs détours, après avoir long-temps gémi et soupiré... Mais il me semble que vous ne riez point de mon conte, qu'en dites-vous[1]?

GÉRONTE.

Je dis que le jeune homme est un pendard, un insolent, qui sera puni par son père du tour qu'il lui a fait, que l'Égyptienne est une malavisée, une impertinente, de dire des injures à un homme d'honneur, qui saura lui apprendre à venir ici débaucher les enfants de famille, et que le valet est un scélérat qui sera, par Géronte, envoyé au gibet avant qu'il soit demain.

SCÈNE IV.

ZERBINETTE, SYLVESTRE.

SYLVESTRE.

Où est-ce donc que vous vous échappez? Savez-vous bien que vous venez de parler là au père de votre amant?

ZERBINETTE.

Je viens de m'en douter, et je me suis adressée à lui-même sans y penser, pour lui conter son histoire.

SYLVESTRE.

Comment, son histoire?

[1] Ce récit est un commentaire fort plaisant de la fameuse scène entre Scapin et Géronte. Molière en rappelle les principaux traits avec tant de bonheur, que leur répétition est une source de bon comique. En un mot, on jouit de la confusion de Géronte : car le but de ce récit, comme le remarque un commentateur, n'étoit pas d'intéresser la curiosité du public, mais d'amuser sa malignité.

ZERBINETTE.

Oui J'étois toute remplie du conte, et je brûlois de le redire. Mais qu'importe? Tant pis pour lui. Je ne vois pas que les choses, pour nous, en puissent être ni pis ni mieux.

SYLVESTRE.

Vous aviez grande envie de babiller; et c'est avoir bien de la langue que de ne pouvoir se taire de ses propres affaires.

ZERBINETTE.

N'auroit-il pas appris cela de quelque autre?

SCÈNE V.

ARGANTE, ZERBINETTE, SYLVESTRE.

ARGANTE, *derrière le théâtre.*

Holà! Sylvestre.

SYLVESTRE, *à Zerbinette.*

Rentrez dans la maison. Voilà mon maître qui m'appelle.

SCÈNE VI.

ARGANTE, SYLVESTRE.

ARGANTE.

Vous vous êtes donc accordés, coquins, vous vous êtes accordés, Scapin, vous et mon fils, pour me fourber; et vous croyez que je l'endure?

SYLVESTRE.

Ma foi, monsieur, si Scapin vous fourbe, je m'en lave les mains, et vous assure que je n'y trempe en aucune façon.

ARGANTE.

Nous verrons cette affaire, pendard, nous verrons cette affaire, et je ne prétends pas qu'on me fasse passer la plume par le bec.

SCÈNE VII.

GÉRONTE, ARGANTE, SYLVESTRE.

GÉRONTE.

Ah! seigneur Argante, vous me voyez accablé de disgrace.

ARGANTE.

Vous me voyez aussi dans un accablement horrible.

GÉRONTE.

Le pendard de Scapin, par une fourberie, m'a attrapé cinq cents écus.

ARGANTE.

Le même pendard de Scapin, par une fourberie aussi, m'a attrapé deux cents pistoles.

GÉRONTE.

Il ne s'est pas contenté de m'attraper cinq cents écus; il m'a traité d'une manière que j'ai honte de dire. Mais il me la paiera.

ARGANTE.

Je veux qu'il me fasse raison de la pièce qu'il m'a jouée.

GÉRONTE.

Et je prétends faire de lui une vengeance exemplaire.

SYLVESTRE, *à part*.

Plaise au ciel que, dans tout ceci, je n'aie point ma part!

GÉRONTE.

Mais ce n'est pas encore tout, seigneur Argante; et un malheur nous est toujours l'avant-coureur d'un autre. Je me réjouissois aujourd'hui de l'espérance d'avoir ma fille, dont je faisois toute ma consolation; et je viens d'apprendre de mon homme qu'elle est partie il y a long-temps de Tarente, et qu'on y croit qu'elle a péri dans le vaisseau où elle s'embarqua.

ARGANTE.

Mais pourquoi, s'il vous plait, la tenir à Tarente, et ne vous être pas donné la joie de l'avoir avec vous?

GÉRONTE.

J'ai eu mes raisons pour cela; et des intérêts de famille m'ont obligé jusques ici à tenir fort secret ce second mariage. Mais que vois-je?

SCÈNE VIII.

ARGANTE, GÉRONTE, NÉRINE, SYLVESTRE.

GÉRONTE.

Ah! te voilà, Nérine?

NÉRINE, *se jetant aux genoux de Géronte.*

Ah! seigneur Pandolphe...

GÉRONTE.

Appelle-moi Géronte, et ne te sers plus de ce nom. Les raisons ont cessé qui m'avoient obligé à le prendre parmi vous à Tarente.

NÉRINE.

Las! que ce changement de nom nous a causé de troubles et d'inquiétudes dans les soins que nous avons pris de vous venir chercher ici!

GÉRONTE.

Où est ma fille et sa mère?

NÉRINE.

Votre fille, monsieur, n'est pas loin d'ici; mais, avant que de vous la faire voir, il faut que je vous demande pardon de l'avoir mariée, dans l'abandonnement où, faute de vous rencontrer, je me suis trouvée avec elle.

GÉRONTE.

Ma fille mariée?

NÉRINE.

Oui, monsieur.

GÉRONTE

Et avec qui?

NÉRINE.

Avec un jeune homme nommé Octave, fils d'un certain seigneur Argante.

GÉRONTE.

O ciel!

ARGANTE.

Quelle rencontre!

GÉRONTE.

Mène-nous, mène-nous promptement où elle est.

NÉRINE.

Vous n'avez qu'à entrer dans ce logis.

GÉRONTE.

Passe devant. Suivez-moi, suivez-moi, seigneur Argante.

SYLVESTRE, *seul.*

Voilà une aventure qui est tout-à-fait surprenante[1].

SCÈNE IX.

SCAPIN, SYLVESTRE.

SCAPIN.

Hé bien! Sylvestre, que font nos gens?

SYLVESTRE.

J'ai deux avis à te donner. L'un, que l'affaire d'Octave est accommodée. Notre Hyacinte s'est trouvée la fille du seigneur Géronte; et le hasard a fait ce que la prudence des pères avoit délibéré. L'autre avis, c'est que les deux vieillards font contre toi des menaces épouvantables, et surtout le seigneur Géronte.

SCAPIN.

Cela n'est rien. Les menaces ne m'ont jamais fait mal; et ce sont des nuées qui passent bien loin sur nos têtes.

[1] Molière emprunte à Térence ce dénoûment romanesque, comme il lui avoit emprunté tout le fond de sa pièce. Cette scène est en partie traduite de la dernière scène du *Phormion*.

SYLVESTRE.

Prends garde à toi. Les fils se pourroient bien raccommoder avec les pères, et toi demeurer dans la nasse.

SCAPIN.

Laisse-moi faire, je trouverai moyen d'apaiser leur courroux, et...

SYLVESTRE.

Retire-toi, les voilà qui sortent.

SCÈNE X.

GÉRONTE, ARGANTE, HYACINTE, ZERBINETTE, NÉRINE, SYLVESTRE.

GÉRONTE.

Allons, ma fille, venez chez moi. Ma joie auroit été parfaite, si j'y avois pu voir votre mère avec vous.

ARGANTE.

Voici Octave tout à propos.

SCÈNE XI.

ARGANTE, GÉRONTE, OCTAVE, HYACINTE, ZERBINETTE, NERINE, SYLVESTRE.

ARGANTE.

Venez, mon fils, venez vous réjouir avec nous de l'heureuse aventure de votre mariage. Le ciel...

OCTAVE.

Non, mon père, toutes vos propositions de mariage ne serviront de rien. Je dois lever le masque avec vous, et l'on vous a dit mon engagement [1].

[1] Ce jeu de théâtre est heureusement imaginé pour ranimer le dénoûment. Térence ne l'a point fourni à Molière, qui l'emporte sur tous les poëtes comiques pour les ressources théâtrales ; celle-ci avoit déja été employée par l'auteur, dans le dénoûment de *l'École des Femmes*.

ARGANTE.

Oui. Mais tu ne sais pas...

OCTAVE.

Je sais tout ce qu'il faut savoir.

ARGANTE.

Je te veux dire que la fille du seigneur Géronte...

OCTAVE.

La fille du seigneur Géronte ne me sera jamais de rien.

GÉRONTE.

C'est elle...

OCTAVE, *à Géronte.*

Non, monsieur; je vous demande pardon; mes résolutions sont prises.

SYLVESTRE, *à Octave.*

Écoutez...

OCTAVE.

Non. Tais-toi. Je n'écoute rien.

ARGANTE, *à Octave.*

Ta femme...

OCTAVE.

Non, vous dis-je, mon père; je mourrai plutôt que de quitter mon aimable Hyacinte. (*traversant le théâtre pour se mettre à côté d'Hyacinte.*) Oui. Vous avez beau faire; la voilà celle à qui ma foi est engagée. Je l'aimerai toute ma vie, et je ne veux point d'autre femme.

ARGANTE.

Hé bien! c'est elle qu'on te donne. Quel diable d'étourdi qui suit toujours sa pointe!

HYACINTE, *montrant Géronte.*

Oui, Octave, voilà mon père que j'ai trouvé; et nous nous voyons hors de peine.

GÉRONTE.

Allons chez moi; nous serons mieux qu'ici pour nous entretenir.

HYACINTE, *montrant Zerbinette.*

Ah! mon père, je vous demande, par grace, que je ne sois point séparée de l'aimable personne que vous voyez. Elle a un mérite qui vous fera concevoir de l'estime pour elle, quand il sera connu de vous.

GÉRONTE.

Tu veux que je tienne chez moi une personne qui est aimée de ton frère, et qui m'a dit tantôt au nez mille sottises de moi-même!

ZERBINETTE.

Monsieur, je vous prie de m'excuser. Je n'aurois pas parlé de la sorte, si j'avois su que c'étoit vous; et je ne vous connoissois que de réputation [1].

GÉRONTE.

Comment! que de réputation?

HYACINTE.

Mon père, la passion que mon frère a pour elle n'a rien de criminel, et je réponds de sa vertu.

GÉRONTE.

Voilà qui est fort bien. Ne voudroit-on point que je mariasse mon fils avec elle? Une fille inconnue, qui fait le métier de coureuse!

SCÈNE XII.

ARGANTE, GERONTE, LÉANDRE, OCTAVE, HYACINTE, ZERBINETTE, NÉRINE, SYLVESTRE.

LÉANDRE.

Mon père, ne vous plaignez point que j'aime une inconnue, sans naissance et sans bien. Ceux de qui je l'ai rachetée viennent de me découvrir qu'elle est de cette ville, et d'honnête famille: que ce sont eux qui l'ont dérobée à l'âge de quatre ans: et voici

[1] Ce mot est une épigramme. L'auteur soutient toujours le caractère d'étourderie qu'il a donné à Zerbinette. (L. B.)

un bracelet qu'ils m'ont donné, qui pourra nous aider à trouver ses parents.

ARGANTE.

Hélas ! à voir ce bracelet, c'est ma fille que je perdis à l'âge que vous dites.

GÉRONTE.

Votre fille ?

ARGANTE.

Oui, ce l'est ; et j'y vois tous les traits qui m'en peuvent rendre assuré.

HYACINTE.

O ciel ! que d'aventures extraordinaires [1] !

SCÈNE XIII.

ARGANTE, GÉRONTE, LÉANDRE, OCTAVE, HYACINTE, ZERBINETTE, NÉRINE, SYLVESTRE, CARLE.

CARLE.

Ah ! messieurs, il vient d'arriver un accident étrange.

GÉRONTE.

Quoi ?

CARLE.

Le pauvre Scapin...

GÉRONTE.

C'est un coquin que je veux faire pendre.

CARLE.

Hélas ! monsieur, vous ne serez pas en peine de cela. En passant contre un bâtiment, il lui est tombé sur la tête un marteau de tailleur de pierre, qui lui a brisé l'os et découvert toute la cervelle. Il se meurt, et il a prié qu'on l'apportât ici, pour vous pouvoir parler avant que de mourir.

[1] Second dénoûment aussi romanesque que le premier ; car il y a deux dénoûments dans cette pièce, comme il y a deux actions. Molière a beaucoup affoibli ce défaut en réunissant les fils de cette intrigue dans les mains d'un seul personnage dont les *fourberies* donnent à la fois la vie et le mouvement à la pièce.

ARGANTE.

Où est-il?

CARLE.

Le voilà[1]?

SCÈNE XIV.

ARGANTE, GÉRONTE, LÉANDRE, OCTAVE, HYACINTE, ZERBINETTE, NÉRINE, SCAPIN, SYLVESTRE, CARLE.

SCAPIN, *apporté par deux hommes, et la tête entourée de linges, comme s'il avoit été blessé.*

Ahi, ahi. Messieurs, vous me voyez... ahi, vous me voyez dans un étrange état. Ahi. Je n'ai pas voulu mourir sans venir demander pardon à toutes les personnes que je puis avoir offensées. Ahi. Oui, messieurs, avant que de rendre le dernier soupir, je vous conjure de tout mon cœur de vouloir me pardonner tout ce que je puis vous avoir fait, et principalement le seigneur Argante et le seigneur Géronte. Ahi.

ARGANTE.

Pour moi, je te pardonne; va, meurs en repos.

SCAPIN, *à Géronte.*

C'est vous, monsieur, que j'ai le plus offensé par les coups de bâton que...

GÉRONTE.

Ne parle point davantage, je te pardonne aussi.

SCAPIN.

C'a été une témérité bien grande à moi, que les coups de bâton que je...

GÉRONTE.

Laissons cela.

[1] L'arrivée de Scapin va faire oublier l'ennui de ces intrigues romanesques. On rit, et le poëte est tiré d'affaire. Molière, mieux que personne, connoissoit les défauts de ses pièces; on le sent à l'adresse qu'il met à les couvrir. C'est ainsi que souvent il sait nous les rendre précieux en en faisant ressortir des beautés originales.

SCAPIN.

J'ai, en mourant, une douleur inconcevable des coups de bâton que...

GÉRONTE.

Mon Dieu! tais-toi.

SCAPIN.

Les malheureux coups de bâton que je vous...

GÉRONTE.

Tais-toi, te dis-je; j'oublie tout.

SCAPIN.

Hélas! quelle bonté! Mais est-ce de bon cœur, monsieur, que vous me pardonnez ces coups de bâton que [1]...

GÉRONTE.

Hé! oui. Ne parlons plus de rien; je te pardonne tout: voilà qui est fait.

SCAPIN.

Ah! monsieur, je me sens tout soulagé depuis cette parole.

GÉRONTE.

Oui; mais je te pardonne à la charge que tu mourras.

SCAPIN.

Comment! monsieur?

GÉRONTE.

Je me dédis de ma parole, si tu réchappes.

SCAPIN.

Ahi, ahi. Voilà mes foiblesses qui me reprennent.

ARGANTE.

Seigneur Géronte, en faveur de notre joie, il faut lui pardon [illegible] condition.

GÉRONTE.

[illegible]

ARGANTE.

[illegible] souper ensemble, pour mieux goûter notre plaisir.

[1] [illegible] rappelle à dessein *ces coups de bâton*, afin que Géronte, qui voudroit [illegible] son aventure, lui pardonne, pour le faire taire. Il y a toujours une pensée dans les plaisanteries les plus chargées de Molière. (L. B.)

SCAPIN.

Et moi, qu'on me porte au bout de la table, en attendant que je meure[1].

[1] Les anciens ne savoient pas faire dénouer leurs pièces d'intrigues par l'intrigant. C'est un défaut, que Molière lui-même n'a pas évité. On est fâché, pour la gloire de Scapin, que les différents ressorts qu'il met en jeu soient inutiles au dénoûment. Une nourrice et un bracelet lui enlèvent l'honneur de contribuer à la félicité des amants qu'il protège, lorsque son adresse et son génie devoient seuls remplir cette grande entreprise. Quoi qu'il en soit, cette farce a un mérite singulier : on y retrouve toujours le maître de l'art, soit dans l'intrigue, soit dans les détails. Si l'esprit humain est borné, et si un écrivain semble n'être destiné en général, par la nature, qu'à réussir dans un seul genre ; combien est-il surprenant de voir un même génie exceller en tout, et faire rire le connoisseur et l'ignorant dans la farce des *Fourberies de Scapin*, après avoir si pleinement satisfait l'homme d'esprit dans *le Misanthrope* et *le Tartuffe!* (R.)—Si Molière avoit donné la farce des *Fourberies de Scapin* pour une vraie comédie, Despréaux auroit eu raison de dire dans son *Art poetique* :

C'est par-là que Molière, illustrant ses écrits,
Peut-être de son art eût remporté le prix,
Si, moins ami du peuple, en ses doctes peintures
Il n'eût point fait souvent grimacer ses figures,
Quitté pour le bouffon l'agréable et le fin,
Et sans honte à Térence allié Tabarin.
Dans le sac ridicule où Scapin s'enveloppe
Je ne reconnois plus l'auteur du *Misanthrope*.

On pourroit répondre à ce grand critique que Molière n'a point allié Térence à Tabarin dans ses vraies comédies, où il surpasse Térence : que s'il a déféré au goût du peuple, c'est dans ses farces, dont le seul titre annonce du bas comique ; et que ce bas comique étoit nécessaire pour soutenir sa troupe.

Molière ne pensoit pas que *les Fourberies de Scapin* et *le Mariage forcé* valussent *l'Avare*, *le Tartuffe*, *le Misanthrope*, *les Femmes savantes*, ou fussent même du même genre. De plus, comment Despréaux peut-il dire que *Molière peut-être de son art eût remporté le prix ?* Qui aura donc ce prix, si Molière ne l'a pas ? (V.)

FIN DES FOURBERIES DE SCAPIN.

LA COMTESSE D'ESCARBAGNAS,

COMÉDIE.

1671.

PERSONNAGES.

LA COMTESSE D'ESCARBAGNAS[1].
LE COMTE, fils de la comtesse d'Escarbagnas[2].
LE VICOMTE, amant de Julie[3].
JULIE, amante du vicomte[4].
M. TIBAUDIER, conseiller, amant de la comtesse[5].
M. HARPIN, receveur des tailles, autre amant de la comtesse[6].
M. BOBINET, précepteur de M. le comte[7].
ANDRÉE, suivante de la comtesse[8].
JEANNOT, laquais de M. Tibaudier[9].
CRIQUET, laquais de la comtesse[10].

ACTEURS.

[1] Mademoiselle Marotte. — [2] Godon*. — [3] La Grange. — [4] Mademoiselle Beauval. — [5] Hubert. — [6] Du Croisy. — [7] Beauval. — [8] Mademoiselle Bonneau. — [9] Boulonnois. — [10] Finet.

* Il est probable que ce jeune acteur n'a jamais rempli d'autre rôle que celui-ci. Voyez les *Recherches sur les Théâtres de France*, tome III, page 367.

LA COMTESSE
D'ESCARBAGNAS.

SCÈNE I[1].

JULIE, LE VICOMTE.

LE VICOMTE.

Hé quoi! madame, vous êtes déja ici?

JULIE.

Oui. Vous en devriez rougir, Cléante; et il n'est guère honnête à un amant de venir le dernier au rendez-vous.

LE VICOMTE.

Je serois ici il y a une heure, s'il n'y avoit point de fâcheux au monde; et j'ai été arrêté en chemin par un vieux importun

[1] « Le roi s'étant proposé de donner un divertissement à Madame', à son arrivée à la cour, choisit les plus beaux endroits des ballets qui avoient été représentés devant lui depuis quelques années, et ordonna à Molière de composer une comédie qui enchaînât tous ces morceaux différents de musique et de danse. Molière composa pour cette fête *la Comtesse d'Escarbagnas*, comédie en prose, et une pastorale. Ce divertissement parut à Saint-Germain-en-Laye, au mois de décembre 1671, sous le titre de *Ballet des Ballets*. Ces deux pièces composoient sept actes, qui étoient précédés d'un prologue, et qui étoient suivis chacun d'un intermède. *La Comtesse d'Escarbagnas* ne parut sur le théâtre du Palais-Royal qu'en un acte, au mois de juillet 1672, telle qu'on la joue encore aujourd'hui, et telle qu'elle est imprimée : il y a apparence qu'elle a été divisée d'abord en plusieurs actes *. » — La pastorale, dont il ne reste rien, précédoit sans doute la vingt et unième scène; car c'est là que tout le monde est assemblé pour voir le divertissement que la comtesse doit recevoir du vicomte. Cette pastorale étoit sans doute divisée en plusieurs actes. La liste des acteurs, où mademoiselle Molière est nommée deux fois, nous apprend que cette actrice y paroissoit tantôt sous la figure d'une bergère, et tantôt sous les habits d'un berger. (B.) — Le fond de cette scène est emprunté aux premières pages du roman de l'*Astrée*. Un emprunt fait à un pareil ouvrage ne doit pas étonner, puisque l'amour du vicomte et de Julie servoit de lien à la pastorale qui unissoit les divertissements à la pièce.

* Avertissement placé à la tête de cette comédie dans l'édition de 1730.

de qualité, qui m'a demandé tout exprès des nouvelles de la cour, pour trouver moyen de m'en dire des plus extravagantes qu'on puisse débiter; et c'est là, comme vous savez, le fléau des petites villes, que ces grands nouvellistes qui cherchent partout où répandre les contes qu'ils ramassent. Celui-ci m'a montré d'abord deux feuilles de papier, pleines jusques aux bords d'un grand fatras de balivernes, qui viennent, m'a-t-il dit, de l'endroit le plus sûr du monde. Ensuite, comme d'une chose fort curieuse, il m'a fait avec grand mystère une fatigante lecture de toutes les méchantes plaisanteries de la gazette de Hollande, dont il épouse les intérêts [1]. Il tient que la France est battue en ruine par la plume de cet écrivain, et qu'il ne faut que ce bel esprit pour défaire toutes nos troupes; et de là s'est jeté à corps perdu dans le raisonnement du ministère, dont il remarque tous les défauts, et d'où j'ai cru qu'il ne sortiroit point. A l'entendre parler, il sait les secrets du cabinet mieux que ceux qui les font. La politique de l'état lui laisse voir tous ses desseins; et elle ne fait pas un pas, dont il ne pénètre les intentions. Il nous apprend les ressorts cachés de tout ce qui se fait, nous découvre les vues de la prudence de nos voisins, et remue, à sa fantaisie, toutes les affaires de l'Europe. Ses intelligences même s'étendent jusques en Afrique et en Asie; et il est informé de tout ce qui s'agite dans le conseil d'en haut du Prêtre-Jean [2] et du grand Mogol [3].

[1] Molière semble n'avoir tracé le portrait du nouvelliste que pour se donner le plaisir de châtier le gazetier insolent des Provinces-Unies. Depuis la paix signée à Aix-la-Chapelle en 1668, ce gazetier ne cessoit d'imprimer les choses les plus injurieuses pour Louis XIV et pour la nation françoise. Un an après la représentation de *la Comtesse d'Escarbagnas*, Louis XIV fit la conquête de la Hollande. (B.)

[2] On appeloit en France, *conseil d'en-haut*, le conseil où se discutoient, en présence du roi, les affaires dont le monarque vouloit prendre une connoissance personnelle. On appela d'abord *Prêtre-Jean*, un prince tartare qui combattit Gengis. Des religieux envoyés auprès de lui prétendirent qu'ils l'avoient converti, l'avoient nommé Jean au baptême, et même lui avoient conféré le sacerdoce; de là cette qualification de *Prêtre-Jean*, qui est devenue depuis, on ne sait pourquoi, celle d'un prince nègre, moitié chrétien schismatique et moitié juif. C'est de ce dernier qu'il est question ici. (A.)

[3] Molière entre sur-le-champ en matière. Il trace le portrait des nouvellistes et

JULIE.

Vous parez votre excuse du mieux que vous pouvez, afin de la rendre agréable, et faire qu'elle soit plus aisément reçue.

LE VICOMTE.

C'est là, belle Julie, la véritable cause de mon retardement; et, si je voulois y donner une excuse galante, je n'aurois qu'à vous dire que le rendez-vous que vous voulez prendre peut autoriser la paresse dont vous me querellez; que m'engager à faire l'amant de la maîtresse du logis, c'est me mettre en état de craindre de me trouver ici le premier; que cette feinte où je me force n'étant que pour vous plaire, j'ai lieu de ne vouloir en souffrir la contrainte que devant les yeux qui s'en divertissent; que j'évite le tête-à-tête avec cette comtesse ridicule dont vous m'embarrassez; et, en un mot, que, ne venant ici que pour vous, j'ai toutes les raisons du monde d'attendre que vous y soyez.

JULIE.

Nous savons bien que vous ne manquerez jamais d'esprit pour donner de belles couleurs aux fautes que vous pourrez faire. Cependant, si vous étiez venu une demi-heure plus tôt, nous aurions profité de tous ces moments; car j'ai trouvé en arrivant que la comtesse étoit sortie, et je ne doute point qu'elle ne soit allée par la ville se faire honneur de la comédie que vous me donnez sous son nom.

LE VICOMTE.

Mais tout de bon, madame, quand voulez-vous mettre fin à cette contrainte, et me faire moins acheter le bonheur de vous voir?

JULIE.

Quand nos parents pourront être d'accord; ce que je n'ose espérer. Vous savez, comme moi, que les démêlés de nos deux

des politiques des petites villes, et peint leurs ridicules d'une manière admirable. L'art avec lequel ce morceau est amené annonce un grand maître. Le vicomte est venu tard au rendez-vous; il faut bien qu'il s'excuse en faisant le récit des importunités qui l'ont arrêté. P.

familles ne nous permettent point de nous voir autre part, et que mes frères, non plus que votre père, ne sont pas assez raisonnables pour souffrir notre attachement.

LE VICOMTE.

Mais pourquoi ne pas mieux jouir du rendez-vous que leur inimitié nous laisse, et me contraindre à perdre en une sotte feinte les moments que j'ai près de vous?

JULIE.

Pour mieux cacher notre amour; et puis, à vous dire la vérité, cette feinte dont vous parlez m'est une comédie fort agréable; et je ne sais si celle que vous nous donnez aujourd'hui me divertira davantage. Notre comtesse d'Escarbagnas, avec son perpétuel entêtement de qualité, est un aussi bon personnage qu'on en puisse mettre sur le théâtre. Le petit voyage qu'elle a fait à Paris l'a ramenée dans Angoulême plus achevée qu'elle n'étoit. L'approche de l'air de la cour a donné à son ridicule de nouveaux agréments, et sa sottise tous les jours ne fait que croître et embellir.

LE VICOMTE.

Oui; mais vous ne considérez pas que le jeu qui vous divertit tient mon cœur au supplice, et qu'on n'est point capable de se jouer long-temps, lorsqu'on a dans l'esprit une passion aussi sérieuse que celle que je sens pour vous. Il est cruel, belle Julie, que cet amusement dérobe à mon amour un temps qu'il voudroit employer à vous expliquer son ardeur; et, cette nuit, j'ai fait là-dessus quelques vers, que je ne puis m'empêcher de vous réciter sans que vous me le demandiez, tant la démangeaison de dire ses ouvrages est un vice attaché à la qualité de poëte!

C'est trop long-temps, Iris, me mettre à la torture;

Iris, comme vous le voyez, est mis là pour Julie.

C'est trop long-temps, Iris, me mettre à la torture,
Et, si je suis vos lois, je les blâme tout bas
De me forcer à taire un tourment que j'endure,

Pour declarer un mal que je ne ressens pas.

Faut-il que vos beaux yeux, à qui je rends les armes,
Veuillent se divertir de mes tristes soupirs?
Et n'est-ce pas assez de souffrir pour vos charmes,
Sans me faire souffrir encor pour vos plaisirs?

C'en est trop à-la-fois que ce double martyre;
Et ce qu'il me faut taire et ce qu'il me faut dire
Exerce sur mon cœur pareille cruauté.

L'amour le met en feu, la contrainte le tue;
Et, si par la pitié vous n'êtes combattue,
Je meurs et de la feinte et de la vérité[1].

JULIE.

Je vois que vous vous faites là bien plus maltraité que vous n'êtes; mais c'est une licence que prennent messieurs les poëtes, de mentir de gaieté de cœur, et de donner à leurs maîtresses des cruautés qu'elles n'ont pas, pour s'accommoder aux pensées qui leur peuvent venir. Cependant je serai bien aise que vous me donniez ces vers par écrit.

LE VICOMTE.

C'est assez de vous les avoir dits, et je dois en demeurer là. Il est permis d'être parfois assez fou pour faire des vers, mais non pour vouloir qu'ils soient vus.

JULIE.

C'est en vain que vous vous retranchez sur une fausse modestie; on sait dans le monde que vous avez de l'esprit; et je ne vois pas la raison qui vous oblige à cacher les vôtres.

LE VICOMTE.

Mon Dieu! madame, marchons là-dessus, s'il vous plaît,

[1] C'est là un sonnet à l'italienne, rempli d'antithèses, de pointes, et, pour tout dire en un mot, de *concetti*; mais le tour en est facile et agréable. Il vaut infiniment mieux que celui d'Oronte : aussi Cléante est-il un homme d'esprit, qui ne se pique point d'être poëte, ne s'abuse pas sur le mérite de ses vers, et ne les dit qu'à sa maîtresse pour qui ils ont été faits, en se moquant même de son empressement à les lui réciter. Oronte avoit montré comment le bel esprit, dans un courtisan, peut être ridicule; Cléante fait voir comment il peut ne l'être pas : la leçon est complète. (A.)

avec beaucoup de retenue; il est dangereux dans le monde de se mêler d'avoir de l'esprit. Il y a là-dedans un certain ridicule qu'il est facile d'attraper, et nous avons de nos amis qui me font craindre leur exemple.

JULIE.

Mon Dieu! Cléante, vous avez beau dire; je vois avec tout cela que vous mourez d'envie de me les donner; et je vous embarrasserois, si je faisois semblant de ne m'en pas soucier.

LE VICOMTE.

Moi, madame? vous vous moquez; et je ne suis pas si poëte que vous pourriez bien croire, pour... Mais voici votre madame la comtesse d'Escarbagnas. Je sors par l'autre porte pour ne la point trouver, et vais disposer tout mon monde au divertissement que je vous ai promis [1].

SCÈNE II.

LA COMTESSE, JULIE, ANDRÉE; ET CRIQUET, *dans le fond du théâtre.*

LA COMTESSE.

Ah! mon Dieu! madame, vous voilà toute seule? Quelle pitié est-ce là? Toute seule [2] ! Il me semble que mes gens m'avoient dit que le vicomte étoit ici.

JULIE.

Il est vrai qu'il y est venu; mais c'est assez pour lui de savoir que vous n'y étiez pas, pour l'obliger à sortir.

LA COMTESSE.

Comment! il vous a vue?

[1] La comtesse, avant qu'elle paroisse, est déjà ridicule : on voit qu'elle n'est plus jeune ; on voit qu'elle a un amant qui la trompe ; il étoit impossible de la mieux annoncer. (P.)

[2] C'est là un de ces traits d'observation qu'on ne trouve que dans Molière. La beauté ne sauroit être un moment sans adorateurs ; l'exclamation de la comtesse dit tout cela ; elle nous révèle les foiblesses de sa propre vanité, lorsqu'elle semble ne songer qu'à flatter celle de Julie.

JULIE.

Oui.

LA COMTESSE.

Et il ne vous a rien dit?

JULIE.

Non, madame; et il a voulu témoigner par-là qu'il est tout entier à vos charmes.

LA COMTESSE.

Vraiment, je le veux quereller de cette action. Quelque amour que l'on ait pour moi, j'aime que ceux qui m'aiment rendent ce qu'ils doivent au sexe; et je ne suis point de l'humeur de ces femmes injustes, qui s'applaudissent des incivilités que leurs amants font aux autres belles.

JULIE.

Il ne faut point, madame, que vous soyez surprise de son procédé. L'amour que vous lui donnez éclate dans toutes ses actions, et l'empêche d'avoir des yeux que pour vous.

LA COMTESSE.

Je crois être en état de pouvoir faire naître une passion assez forte, et je me trouve pour cela assez de beauté, de jeunesse[1], et de qualité, Dieu merci; mais cela n'empêche pas qu'avec ce que j'inspire, on ne puisse garder de l'honnêteté et de la complaisance pour les autres. (*apercevant Criquet.*) Que faites-vous donc là, laquais? Est-ce qu'il n'y a pas une antichambre où se tenir, pour venir quand on vous appelle? Cela est étrange, qu'on ne puisse avoir en province un laquais qui sache son monde! A qui est-ce donc que je parle? Voulez-vous vous en aller là-dehors, petit fripon[2]?

[1] On ne vieillit point aux yeux de son amour-propre. La vanité est le trait saillant du caractère de la comtesse d'Escarbagnas, et c'est dans les erreurs de cette vanité que Molière trouve une source de bon comique.

[2] Molière, dans ses courses en province, avoit eu l'occasion d'observer les ridicules qu'il peint ici. La comtesse d'Escarbagnas est le type de ces provinciales qui reviennent de Paris cent fois plus sottes qu'elles n'y étoient allées.

On se souvient d'avoir vu Préville jouer le rôle de *Criquet*, le chapeau sur la tête, la corne de devant en l'air, comme un paysan : il portoit la queue de la robe

SCÈNE III.

LA COMTESSE, JULIE, ANDRÉE.

LA COMTESSE, *à Andrée.*

Filles, approchez.

ANDRÉE.

Que vous plaît-il, madame?

LA COMTESSE.

Otez-moi mes coiffes. Doucement donc, maladroite: comme vous me saboulez la tête avec vos mains pesantes!

ANDRÉE.

Je fais, madame, le plus doucement que je puis.

LA COMTESSE.

Oui; mais le plus doucement que vous pouvez est fort rudement pour ma tête, et vous me l'avez déboîtée. Tenez encore ce manchon; ne laissez point traîner tout cela, et portez-le dans ma garde-robe. Eh bien! où va-t-elle? où va-t-elle? Que veut-elle faire, cet oison bridé?

ANDRÉE.

Je veux, madame, comme vous m'avez dit, porter cela aux garde-robes.

LA COMTESSE.

Ah! mon Dieu, l'impertinente! (*à Julie.*) Je vous demande pardon, madame. (*à Andrée.*) Je vous ai dit ma garde-robe, grosse bête, c'est-à dire où sont mes habits.

ANDRÉE.

Est-ce, madame, qu'à la cour une armoire s'appelle une garde-robe?

LA COMTESSE.

Oui, butorde; on appelle ainsi le lieu où l'on met les habits.

de sa maîtresse, et il y prenoit des cerises dont il jetoit les noyaux dans les coulisses. Cette charge étoit indigne de la scène françoise, et dénaturoit l'ouvrage de Molière. L'auteur peint des ridicules, trace des caractères; il ne fait point une farce, il esquisse une comédie.

ANDRÉE.

Je m'en ressouviendrai, madame, aussi bien que de votre grenier, qu'il faut appeler garde-meuble.

SCÈNE IV.

LA COMTESSE, JULIE.

LA COMTESSE.

Quelle peine il faut prendre pour instruire ces animaux-là!

JULIE.

Je les trouve bien heureux, madame, d'être sous votre discipline.

LA COMTESSE.

C'est une fille de ma mère nourrice que j'ai mise à la chambre, et elle est toute neuve encore.

JULIE.

Cela est d'une belle ame, madame; et il est glorieux de faire ainsi des créatures.

LA COMTESSE.

Allons, des siéges. Holà! laquais, laquais, laquais! En vérité, voilà qui est violent, de ne pouvoir pas avoir un laquais pour donner des siéges! Filles, laquais, laquais, filles, quelqu'un! Je pense que tous mes gens sont morts, et que nous serons contraintes de nous donner des siéges nous-mêmes [1].

[1] A mesure que la comtesse veut donner une plus haute idée de son savoir-vivre, elle devient plus ridicule. Molière lui donne tantôt le langage des précieuses, tantôt les prétentions de la Philaminte des *Femmes savantes*. Ces divers personnages ont plusieurs traits de ressemblance ; mais l'un est observé en province, les autres sont observés à Paris.

SCÈNE V.

LA COMTESSE, JULIE, ANDRÉE.

ANDRÉE.

Que voulez-vous, madame?

LA COMTESSE.

Il se faut bien égosiller avec vous autres!

ANDRÉE.

J'enfermois votre manchon et vos coiffes dans votre arm dis-je, dans votre garde-robe.

LA COMTESSE.

Appelez-moi ce petit fripon de laquais.

ANDRÉE.

Holà! Criquet!

LA COMTESSE

Laissez là votre Criquet, bouvière; et appelez, laquai

ANDRÉE.

Laquais donc, et non pas Criquet, venez parler à mad Je pense qu'il est sourd. Criq... Laquais, laquais!

SCÈNE VI.

LA COMTESSE, JULIE, ANDRÉE, CRIQUE

CRIQUET.

Plait-il?

LA COMTESSE.

Où étiez-vous donc, petit coquin!

CRIQUET.

Dans la rue, madame.

LA COMTESSE.

Et pourquoi dans la rue?

CRIQUET.

Vous m'avez dit d'aller là-dehors.

LA COMTESSE.

Vous êtes un petit impertinent, mon ami; et vous devez savoir que là-dehors, en termes de personnes de qualité, veut dire l'antichambre. Andrée, ayez soin tantôt de faire donner le fouet à ce petit fripon-là par mon écuyer; c'est un petit incorrigible.

ANDRÉE.

Qu'est-ce que c'est, madame, que votre écuyer? Est-ce maître Charles que vous appelez comme cela?

LA COMTESSE.

Taisez-vous, sotte que vous êtes: vous ne sauriez ouvrir la bouche, que vous ne disiez une impertinence. (*à Criquet.*) Des siéges. (*à Andrée.*) Et vous, allumez deux bougies dans mes flambeaux d'argent: il se fait déja tard. Qu'est-ce que c'est donc, que vous me regardez tout effarée?

ANDRÉE.

Madame...

LA COMTESSE.

Eh bien! madame. Qu'y a-t-il?

ANDRÉE.

C'est que...

LA COMTESSE.

Quoi?

ANDRÉE.

C'est que je n'ai point de bougie.

LA COMTESSE.

Comment! Vous n'en avez point?

ANDRÉE.

Non, madame, si ce n'est des bougies de suif.

LA COMTESSE.

La bouvière! Et où est donc la cire que je fis acheter ces jours passés?

ANDRÉE.

Je n'en ai point vu depuis que je suis céans.

LA COMTESSE.

Otez-vous de là, insolente. Je vous renverrai chez vos [illegible]rents. Apportez-moi un verre d'eau.

SCÈNE VII.

LA COMTESSE ET JULIE, *faisant des cérémonies po[illegible] s'asseoir.*

LA COMTESSE.

Madame!

JULIE.

Madame!

LA COMTESSE.

Ah! madame!

JULIE.

Ah! madame!

LA COMTESSE.

Mon Dieu! madame!

JULIE

Mon Dieu! madame!

LA COMTESSE

Oh! madame!

JULIE.

Oh! madame!

LA COMTESSE

Hé! madame!

JULIE.

Hé! madame!

LA COMTESSE

Hé! allons donc, madame!

JULIE

Hé! allons donc, madame!

LA COMTESSE.

Je suis chez moi, madame. Nous sommes demeurées d[illegible] cord de cela. Me prenez-vous pour une provinciale, madame?

JULIE.

Dieu m'en garde, madame[1] !

SCÈNE VIII.

LA COMTESSE, JULIE; ANDRÉE, *apportant un verre d'eau*; CRIQUET.

LA COMTESSE, *à Andrée.*

Allez, impertinente : je bois avec une soucoupe. Je vous dis que vous m'alliez querir une soucoupe pour boire.

ANDRÉE.

Criquet, qu'est-ce que c'est qu'une soucoupe?

CRIQUET.

Une soucoupe?

ANDRÉE.

Oui.

CRIQUET.

Je ne sais.

LA COMTESSE, *à Andrée.*

Vous ne vous grouillez pas[2] ?

ANDRÉE.

Nous ne savons tous deux, madame, ce que c'est qu'une soucoupe.

LA COMTESSE.

Apprenez que c'est une assiette, sur laquelle on met le verre.

[1] Julie est une railleuse spirituelle, en tout semblable à Élise de *la Critique de l'École des Femmes*. Celle-ci a pareillement, et dans la même intention, un débat de civilité avec la précieuse Climène. Elles se disent vingt fois, *ah! madame! oh! madame!* comme ici Julie et la comtesse. (A.)

[2] Ce mot étoit alors de bonne compagnie. On disoit je ne puis me *grouiller*, pour je ne puis me remuer. Molière l'a employé dans *le Misanthrope*, acte II, scène v.

SCÈNE IX.

LA COMTESSE, JULIE.

LA COMTESSE.

Vive Paris pour être bien servie! On vous entend là au moindre coup d'œil.

SCÈNE X.

LA COMTESSE, JULIE; ANDRÉE, *apportant un verre d'eau avec une assiette dessus*; CRIQUET.

LA COMTESSE.

Hé bien! vous ai-je dit comme cela, tête de bœuf? C'est dessous qu'il faut mettre l'assiette.

ANDRÉE.

Cela est bien aisé.

Andrée casse le verre en le posant sur l'assiette.

LA COMTESSE.

Hé bien! ne voilà pas l'étourdie? En vérité, vous me paierez mon verre.

ANDRÉE.

Hé bien! oui, madame, je le paierai.

LA COMTESSE.

Mais voyez cette maladroite, cette bouvière, cette butorde, cette...

ANDRÉE, *s'en allant*.

Dame! madame, si je le paie, je ne veux point être querellée.

LA COMTESSE.

Otez-vous de devant mes yeux.

SCÈNE XI.

LA COMTESSE, JULIE.

LA COMTESSE.

En vérité, madame, c'est une chose étrange que les petites villes! On n'y sait point du tout son monde: et je viens de faire deux ou trois visites, où ils ont pensé me désespérer par le peu de respect qu'ils rendent à ma qualité.

JULIE.

Où auroient-ils appris à vivre? Ils n'ont point fait de voyage à Paris.

LA COMTESSE.

Ils ne laisseroient pas de l'apprendre, s'ils vouloient écouter les personnes; mais le mal que j'y trouve, c'est qu'ils veulent en savoir autant que moi, qui ai été deux mois à Paris, et ai vu toute la cour.

JULIE.

Les sottes gens que voilà!

LA COMTESSE.

Ils sont insupportables, avec les impertinentes égalités dont ils traitent les gens. Car enfin, il faut qu'il y ait de la subordination dans les choses; et ce qui me met hors de moi, c'est qu'un gentilhomme de ville de deux jours, ou de deux cents ans, aura l'effronterie de dire qu'il est aussi bien gentilhomme que feu monsieur mon mari, qui demeuroit à la campagne, qui avoit meute de chiens courants, et qui prenoit la qualité de comte dans tous les contrats qu'il passoit.

JULIE.

On sait bien mieux vivre à Paris, dans ces hôtels dont la mémoire doit être si chère. Cet hôtel de Mouhy, madame, cet hôtel de Lyon, cet hôtel de Hollande; les agréables demeures que voilà[1]!

[1] Au lieu de nommer les hôtels des grands seigneurs, Julie nomme avec une

LA COMTESSE.

Il est vrai qu'il y a bien de la différence de ces lieux-là à tout ceci. On y voit venir du beau monde, qui ne marchande point à vous rendre tous les respects qu'on sauroit souhaiter. On ne s'en lève pas, si l'on veut, de dessus son siége; et, lorsque l'on veut voir la revue, ou le grand ballet de Psyché, on est servie à point nommé.

JULIE.

Je pense madame, que, durant votre séjour à Paris, vous avez bien fait des conquêtes de qualité.

LA COMTESSE.

Vous pouvez bien croire, madame, que tout ce qui s'appelle les galants de la cour n'a pas manqué de venir à ma porte, et de m'en conter; et je garde dans ma cassette de leurs billets, qui peuvent faire voir quelles propositions j'ai refusées; il n'est pas nécessaire de vous dire leurs noms: on sait ce qu'on veut dire par les galants de la cour.

JULIE.

Je m'étonne, madame, que, de tous ces grands noms que je devine, vous ayez pu redescendre à un monsieur Tibaudier, le conseiller, et à un monsieur Harpin, le receveur des tailles. La chute est grande, je vous l'avoue: car, pour monsieur votre vicomte, quoique vicomte de province, c'est toujours un vicomte, et il peut faire un voyage à Paris, s'il n'en a point fait: mais un conseiller et un receveur sont des amants un peu bien minces pour une grande comtesse comme vous.

LA COMTESSE.

Ce sont gens qu'on ménage dans les provinces pour le besoin qu'on en peut avoir; ils servent au moins à remplir les vides de la galanterie, à faire nombre de soupirants; et il est bon, madame, de ne pas laisser un amant seul maître du terrain, de peur que, faute de rivaux, son amour ne s'endorme sur trop de confiance.

charmante malice les hôtels garnis de son temps, faisant entendre que c'est là où la comtesse d'Escarbagnas a étudié le grand monde.

JULIE.

Je vous avoue, madame, qu'il y a merveilleusement à profiter de tout ce que vous dites; c'est une école que votre conversation, et j'y viens tous les jours attraper quelque chose.

SCÈNE XII.

LA COMTESSE, JULIE, ANDRÉE, CRIQUET.

CRIQUET, *à la comtesse.*

Voilà Jeannot, de monsieur le conseiller, qui vous demande, madame.

LA COMTESSE.

Hé bien! petit coquin, voilà encore de vos âneries. Un laquais qui sauroit vivre auroit été parler tout bas à la demoiselle suivante, qui seroit venue dire doucement à l'oreille de sa maîtresse : Madame, voilà le laquais de monsieur un tel, qui demande à vous dire un mot; à quoi la maîtresse auroit répondu : Faites-le entrer.

SCÈNE XIII.

LA COMTESSE, JULIE, ANDRÉE, CRIQUET, JEANNOT.

CRIQUET.

Entrez, Jeannot.

LA COMTESSE.

Autre lourderie. (*à Jeannot.*) Qu'y-a-t-il, laquais? Que portes-tu là?

JEANNOT.

C'est monsieur le conseiller, madame, qui vous souhaite le bonjour, et, auparavant que de venir, vous envoie des poires de son jardin, avec ce petit mot d'écrit.

LA COMTESSE.

C'est du bon-chrétien, qui est fort beau. Andrée, faites porter cela à l'office.

SCÈNE XIV.

LA COMTESSE, JULIE, CRIQUET, JEANNOT.

LA COMTESSE, *donnant de l'argent à Jeannot.*

Tiens, mon enfant, voilà pour boire.

JEANNOT.

Oh! non, madame!

LA COMTESSE.

Tiens, te dis-je.

JEANNOT.

Mon maître m'a défendu, madame, de rien prendre de vous

LA COMTESSE.

Cela ne fait rien.

JEANNOT.

Pardonnez-moi, madame.

CRIQUET.

Hé! prenez, Jeannot. Si vous n'en voulez pas, vous me baillerez.

LA COMTESSE.

Dis à ton maître que je le remercie.

CRIQUET, *à Jeannot qui s'en va.*

Donne-moi donc cela.

JEANNOT.

Oui! Quelque sot!

CRIQUET.

C'est moi qui te l'ai fait prendre.

JEANNOT.

Je l'aurois bien pris sans toi.

LA COMTESSE.

Ce qui me plaît de ce monsieur Tibaudier, c'est qu'il sait vivre avec les personnes de ma qualité, et qu'il est fort respectueux.

SCÈNE XV.

LE VICOMTE, LA COMTESSE, JULIE, CRIQUET.

LE VICOMTE.

Madame, je viens vous avertir que la comédie sera bientôt prête, et que, dans un quart d'heure, nous pouvons passer dans la salle.

LA COMTESSE.

Je ne veux point de cohue, au moins. (*à Criquet.*) Que l'on dise à mon suisse qu'il ne laisse entrer personne.

LE VICOMTE.

En ce cas, madame, je vous déclare que je renonce à la comédie; et je n'y saurois prendre de plaisir, lorsque la compagnie n'est pas nombreuse. Croyez-moi, si vous voulez vous bien divertir, qu'on dise à vos gens de laisser entrer toute la ville.

LA COMTESSE.

Laquais, un siége. (*au vicomte, après qu'il s'est assis.*) Vous voilà venu à propos pour recevoir un petit sacrifice que je veux bien vous faire. Tenez, c'est un billet de monsieur Tibaudier, qui m'envoie des poires. Je vous donne la liberté de le lire tout haut; je ne l'ai point encore vu.

LE VICOMTE, *après avoir lu tout bas le billet.*

Voici un billet du beau style, madame, et qui mérite d'être bien écouté. « Madame, je n'aurois pas pu vous faire le présent « que je vous envoie, si je ne recueillois pas plus de fruit de mon « jardin, que j'en recueille de mon amour. »

LA COMTESSE.

Cela vous marque clairement qu'il ne se passe rien entre nous.

LE VICOMTE.

« Les poires ne sont pas encore bien mûres; mais elles en ca- « drent mieux avec la dureté de votre ame, qui, par ses conti- « nuels dédains, ne me promet pas poires molles. Trouvez bon, « madame, que, sans m'engager dans une énumération de vos

« perfections et charmes, qui me jetteroit dans un progrès à « l'infini, je conclue ce mot, en vous faisant considérer que je « suis d'un aussi franc chrétien que les poires que je vous envoie, « puisque je rends le bien pour le mal; c'est-à-dire, madame, « pour m'expliquer plus intelligiblement, puisque je vous pré« sente des poires de bon-chrétien pour des poires d'angoisse, « que vos cruautés me font avaler tous les jours.

« TIBAUDIER, votre esclave indigne. »

Voilà, madame, un billet à garder.

LA COMTESSE.

Il y a peut-être quelque mot qui n'est pas de l'Académie; mais j'y remarque un certain respect qui me plaît beaucoup.

JULIE.

Vous avez raison, madame; et, monsieur le vicomte dût-il s'en offenser, j'aimerois un homme qui m'écriroit comme cela.

SCÈNE XVI.

MONSIEUR TIBAUDIER, LE VICOMTE, LA COMTESSE, JULIE, CRIQUET.

LA COMTESSE.

Approchez, monsieur Tibaudier; ne craignez point d'entrer. Votre billet a été bien reçu, aussi bien que vos poires; et voilà madame qui parle pour vous contre votre rival.

MONSIEUR TIBAUDIER.

Je lui suis bien obligé, madame; et, si elle a jamais quelque procès en notre siége, elle verra que je n'oublierai pas l'honneur qu'elle me fait, de se rendre auprès de vos beautés l'avocat de ma flamme.

JULIE.

Vous n'avez pas besoin d'avocat, monsieur, et votre cause est juste.

MONSIEUR TIBAUDIER.

Ce néanmoins, madame, bon droit a besoin d'aide: et j'ai

sujet d'appréhender de me voir supplanté par un tel rival, et que madame ne soit circonvenue par la qualité de vicomte.

LE VICOMTE.

J'espérois quelque chose, monsieur Tibaudier, avant votre billet; mais il me fait craindre pour mon amour.

MONSIEUR TIBAUDIER.

Voici encore, madame, deux petits versets ou couplets que j'ai composés à votre honneur et gloire.

LE VICOMTE.

Ah! je ne pensois pas que monsieur Tibaudier fût poëte; et voilà pour m'achever, que ces deux petits versets-là!

LA COMTESSE.

Il veut dire deux strophes. (*à Criquet.*) Laquais, donnez un siége à monsieur Tibaudier. (*bas, à Criquet, qui apporte une chaise.*) Un pliant, petit animal [1]. Monsieur Tibaudier, mettez-vous là, et nous lisez vos strophes.

MONSIEUR TIBAUDIER.

Une personne de qualité
 Ravit mon ame:
Elle a de la beauté,
 J'ai de la flamme;
 Mais je la blâme
D'avoir de la fierté.

LE VICOMTE.

Je suis perdu après cela.

LA COMTESSE.

Le premier vers est beau. Une personne de qualité [2].

[1] La différence des siéges, tels que fauteuils, chaises sans bras, pliants, tabourets, étoit autrefois et est encore à la cour une manière de marquer graduellement le rang des personnes. Le comte de Tufière dit à son valet de donner un siége à son futur beau-père, qui n'est qu'un financier:

Faites asseoir monsieur... Non, offrez le fauteuil.
Il ne le prendra pas; mais... (A.)

[2] Excellent mot de caractère. Le théâtre emprunte au monde: on diroit que le monde, à son tour, emprunte au théâtre. Feu le maréchal de Broglie, qui devoit

JULIE.

Je crois qu'il est un peu trop long ; mais on peut prendre une licence pour dire une belle pensée.

LA COMTESSE, *à monsieur Tibaudier*.

Voyons l'autre strophe.

MONSIEUR TIBAUDIER.

Je ne sais pas si vous doutez de mon parfait amour,
Mais je sais bien que mon cœur, à toute heure,
Veut quitter sa chagrine demeure,
Pour aller, par respect, faire au vôtre sa cour.
Après cela pourtant, sûre de ma tendresse,
Et de ma foi, dont unique est l'espèce,
Vous devriez à votre tour,
Vous contentant d'être comtesse,
Vous dépouiller en ma faveur d'une peau de tigresse,
Qui couvre vos appas la nuit comme le jour.

LE VICOMTE.

Me voilà supplanté, moi, par monsieur Tibaudier.

LA COMTESSE.

Ne pensez pas vous moquer ; pour des vers faits dans la province, ces vers-là sont fort beaux.

LE VICOMTE.

Comment ! madame, me moquer ? Quoique son rival, je trouve ces vers admirables, et ne les appelle pas seulement deux strophes, comme vous, mais deux épigrammes, aussi bonnes que toutes celles de Martial.

LA COMTESSE.

Quoi ! Martial fait-il des vers ? Je pensois qu'il ne fit que des gants [1].

toute son élévation à ses succès militaires, parloit un jour du talent de Voltaire avec un assez grand mépris. *Il faut pourtant convenir*, ajoutoit-il, *qu'il a fait un beau vers.* — *Lequel ?* — *Celui-ci :*

Le premier qui fut roi fut un soldat heureux. B.

[1] *Ce Martial*, *qui ne faisoit point de vers*, étoit un marchand parfumeur, et joignoit à cette qualité celle de valet de chambre de *Monsieur*. Le public s'occu-

MONSIEUR TIBAUDIER.

Ce n'est pas ce Martial-là, madame; c'est un auteur qui vivoit il y a trente ou quarante ans.

LE VICOMTE.

Monsieur Tibaudier a lu les auteurs, comme vous le voyez. Mais allons voir, madame, si ma musique et ma comédie, avec mes entrées de ballet, pourront combattre dans votre esprit les progrès des deux strophes et du billet que nous venons de voir.

LA COMTESSE.

Il faut que mon fils le comte soit de la partie; car il est arrivé ce matin de mon château, avec son précepteur que je vois là-dedans.

SCÈNE XVII.

LA COMTESSE, JULIE, LE VICOMTE, MONSIEUR TIBAUDIER, MONSIEUR BOBINET, CRIQUET.

LA COMTESSE.

Holà! monsieur Bobinet, monsieur Bobinet, approchez-vous du monde.

MONSIEUR BOBINET.

Je donne le bon vêpre [1] à toute l'honorable compagnie. Que desire madame la comtesse d'Escarbagnas de son très humble serviteur Bobinet?

LA COMTESSE.

A quelle heure, monsieur Bobinet, êtes-vous parti d'Escarbagnas avec mon fils le comte?

poit de lui, car on lit dans la gazette en vers de Loret (9 novembre 1652), la description d'un *festin d'importance*

Que ce vendeur de musc et d'ambre,
De *Monsieur* le valet de chambre,
Se voulant montrer jovial,
Fit par pure réjouissance
A douze de ses compagnons.

[1] Le mot vêpre vient du latin *vesper*. On disoit très anciennement donner le bon vêpre pour donner le bonsoir. Cette expression pédantesque peint le personnage.

MONSIEUR BOBINET.

A huit heures trois quarts, madame, comme votre commandement me l'avoit ordonné.

LA COMTESSE.

Comment se portent mes deux autres fils, le marquis et le commandeur?

MONSIEUR BOBINET.

Ils sont, Dieu grace, madame, en parfaite santé.

LA COMTESSE.

Où est le comte?

MONSIEUR BOBINET.

Dans votre belle chambre à alcôve, madame.

LA COMTESSE.

Que fait-il, monsieur Bobinet?

MONSIEUR BOBINET.

Il compose un thème, madame, que je viens de lui dicter sur une épître de Cicéron.

LA COMTESSE.

Faites-le venir, monsieur Bobinet.

MONSIEUR BOBINET.

Soit fait, madame, ainsi que vous le commandez.

SCÈNE XVIII.

LA COMTESSE, JULIE, LE VICOMTE, MONSIEUR TIBAUDIER.

LE VICOMTE, *à la comtesse*.

Ce monsieur Bobinet, madame, a la mine fort sage; et je crois qu'il a de l'esprit.

SCÈNE XIX.

LA COMTESSE, JULIE, LE VICOMTE, LE COMTE, MONSIEUR BOBINET, MONSIEUR TIBAUDIER.

MONSIEUR BOBINET.

Allons, monsieur le comte, faites voir que vous profitez des bons documents qu'on vous donne. La révérence à toute l'honnête assemblée.

LA COMTESSE, *montrant Julie.*

Comte, saluez madame; faites la révérence à monsieur le vicomte; saluez monsieur le conseiller.

MONSIEUR TIBAUDIER.

Je suis ravi, madame, que vous me concédiez la grace d'embrasser monsieur le comte votre fils. On ne peut pas aimer le tronc, qu'on n'aime aussi les branches.

LA COMTESSE.

Mon Dieu! monsieur Tibaudier, de quelle comparaison vous servez-vous là?

JULIE.

En vérité, madame, monsieur le comte a tout-à-fait bon air.

LE VICOMTE.

Voilà un jeune gentilhomme qui vient bien dans le monde.

JULIE.

Qui diroit que madame eût un si grand enfant?

LA COMTESSE.

Hélas! quand je le fis, j'étois si jeune, que je me jouois encore avec une poupée.

JULIE.

C'est monsieur votre frère, et non pas monsieur votre fils.

LA COMTESSE.

Monsieur Bobinet, ayez bien soin au moins de son éducation.

MONSIEUR BOBINET.

Madame, je n'oublierai aucune chose pour cultiver cette

jeune plante, dont vos bontés m'ont fait l'honneur de me confier la conduite; et je tâcherai de lui inculquer les semences de la vertu.

LA COMTESSE.

Monsieur Bobinet, faites-lui un peu dire quelque petite galanterie de ce que vous lui apprenez.

MONSIEUR BOBINET.

Allons, monsieur le comte, récitez votre leçon d'hier au matin.

LE COMTE.

Omne viro soli quod convenit esto virile,
Omne viri[1]...

LA COMTESSE.

Fi! monsieur Bobinet, quelles sottises est-ce que vous lui apprenez-là[2]?

MONSIEUR BOBINET.

C'est du latin, madame, et la première règle de Jean Despautère.

LA COMTESSE.

Mon Dieu! ce Jean Despautère-là est un insolent, et je vous prie de lui enseigner du latin plus honnête que celui-là.

MONSIEUR BOBINET.

Si vous voulez, madame, qu'il achève, la glose expliquera ce que cela veut dire[3].

[1] Littéralement : « Tout ce qui convient à l'homme seul est du genre masculin. » C'est, comme va le dire Bobinet, la première règle de Jean Despautère.

[2] On croit que cette scène fut inspirée à Molière par une scène à-peu-près semblable qui s'étoit passée chez madame de Villarceaux, dont le mari avoit la réputation de s'être fait aimer de Ninon. Un jour madame de Villarceaux, voulant faire admirer son fils à une nombreuse compagnie qui se trouvoit chez elle, le fit interroger par son précepteur. Allons, monsieur le marquis, dit le grave pédagogue : « Quem habuit successorem Belus rex Assyriorum? — Ninum, » répondit le jeune marquis. Madame de Villarceaux, frappée de ce dernier mot : Voilà, dit-elle, de belles instructions que vous donnez à mon fils! N'y a-t-il donc rien à lui apprendre que les folies de son père? — Le précepteur eut beau protester qu'il n'y entendoit pas malice, rien ne fut capable de lui faire entendre raison. Cette scène nous paroît beaucoup plus comique que celle de Molière. (Voyez *la Vie de* [illegible] page 68.)

[3] [illegible] d'un autre genre que le Métaphraste du *Dépit amoureux*. Son

LA COMTESSE.

Non, non : cela s'explique assez.

SCÈNE XX.

LA COMTESSE, JULIE, LE VICOMTE, MONSIEUR TIBAUDIER, LE COMTE, MONSIEUR BOBINET, CRIQUET.

CRIQUET.

Les comédiens envoient dire qu'ils sont tout prêts.

LA COMTESSE.

Allons nous placer. (*montrant Julie.*) Monsieur Tibaudier, prenez madame.

(Criquet range tous les siéges sur un des côtés du théâtre; la comtesse, Julie et le vicomte s'asseyent; monsieur Tibaudier s'assied aux pieds de la comtesse.)

LE VICOMTE.

Il est nécessaire de dire que cette comédie n'a été faite que pour lier ensemble les différents morceaux de musique et de danse dont on a voulu composer ce divertissement, et que...

LA COMTESSE.

Mon Dieu! voyons l'affaire. On a assez d'esprit pour comprendre les choses.

LE VICOMTE.

Qu'on commence le plus tôt qu'on pourra, et qu'on empêche, s'il se peut, qu'aucun fâcheux ne vienne troubler notre divertissement.

(Les violons commencent une ouverture.)

rôle est court; mais, par la mesure qui s'y trouve, par l'extrême vraisemblance, il peut passer pour un des meilleurs de la pièce. (P.)

SCÈNE XXI.

LA COMTESSE, JULIE, LE VICOMTE, LE COMTE, MONSIEUR HARPIN, MONSIEUR TIBAUDIER, MONSIEUR BOBINET, CRIQUET.

MONSIEUR HARPIN.

Parbleu! la chose est belle, et je me réjouis de voir ce que je vois!

LA COMTESSE.

Holà! monsieur le receveur, que voulez-vous donc dire avec l'action que vous faites? Vient-on interrompre, comme cela, une comédie?

MONSIEUR HARPIN.

Morbleu! madame, je suis ravi de cette aventure; et ceci me fait voir ce que je dois croire de vous, et l'assurance qu'il y a au don de votre cœur, et aux serments que vous m'avez faits de sa fidélité.

LA COMTESSE.

Mais, vraiment, on ne vient point ainsi se jeter au travers d'une comédie, et troubler un acteur qui parle[1].

MONSIEUR HARPIN.

Hé! têtebleu! la véritable comédie qui se fait ici, c'est celle que vous jouez; et, si je vous trouble, c'est de quoi je me soucie peu.

LA COMTESSE.

En vérité, vous ne savez ce que vous dites.

MONSIEUR HARPIN.

Si fait, morbleu! je le sais bien; je le sais bien, morbleu! et...

(Monsieur Bobinet, épouvanté, emporte le comte, et s'enfuit; il est suivi par Criquet.)

[1] Dans la pièce telle qu'elle nous a été laissée, aucun acteur de la comédie annoncée par le vicomte n'a encore commencé à parler. Mais, dans la représentation de Saint-Germain, M. Harpin interrompoit véritablement le divertissement donné à madame d'Escarbagnas. Ces mots, *troubler un acteur qui parle*, n'ont point ici d'application; et c'est peut-être par inadvertance qu'on les a laissés subsister. (A.)

LA COMTESSE.

Hé! fi, monsieur! que cela est vilain, de jurer de la sorte!

MONSIEUR HARPIN.

Hé! ventrebleu! s'il y a ici quelque chose de vilain, ce ne sont point mes jurements; ce sont vos actions; et il vaudroit bien mieux que vous jurassiez, vous, la tête, la mort, et le sang, que de faire ce que vous faites avec monsieur le vicomte.

LE VICOMTE.

Je ne sais pas, monsieur le receveur, de quoi vous vous plaignez; et si...

MONSIEUR HARPIN, *au vicomte.*

Pour vous, monsieur, je n'ai rien à vous dire : vous faites bien de pousser votre pointe, cela est naturel, je ne le trouve point étrange, et je vous demande pardon si j'interromps votre comédie; mais vous ne devez point trouver étrange aussi que je me plaigne de son procédé; et nous avons raison tous deux de faire ce que nous faisons.

LE VICOMTE.

Je n'ai rien à dire à cela, et ne sais point les sujets de plainte que vous pouvez avoir contre madame la comtesse d'Escarbagnas.

LA COMTESSE.

Quand on a des chagrins jaloux, on n'en use point de la sorte; et l'on vient doucement se plaindre à la personne que l'on aime.

MONSIEUR HARPIN.

Moi, me plaindre doucement!

LA COMTESSE.

Oui. L'on ne vient point crier dessus un théâtre ce qui doit se dire en particulier.

MONSIEUR HARPIN.

J'y viens, moi, morbleu! tout exprès; c'est le lieu qu'il me faut; et je souhaiterois que ce fût un théâtre public, pour vous dire avec plus d'éclat toutes vos vérités

LA COMTESSE.

Faut-il faire un si grand vacarme pour une comédie que monsieur le vicomte me donne? Vous voyez que monsieur Tibaudier, qui m'aime, en use plus respectueusement que vous.

MONSIEUR HARPIN.

Monsieur Tibaudier en use comme il lui plaît : je ne sais pas de quelle façon monsieur Tibaudier a été avec vous; mais monsieur Tibaudier n'est pas un exemple pour moi, et je ne suis point d'humeur à payer les violons pour faire danser les autres.

LA COMTESSE.

Mais vraiment, monsieur le receveur, vous ne songez pas à ce que vous dites. On ne traite point de la sorte les femmes de qualité; et ceux qui vous entendent croiroient qu'il y a quelque chose d'étrange entre vous et moi.

MONSIEUR HARPIN.

Hé! ventre-bleu! madame, quittons la faribole.

LA COMTESSE.

Que voulez-vous donc dire avec votre Quittons la faribole?

MONSIEUR HARPIN.

Je veux dire que je ne trouve point étrange que vous vous rendiez au mérite de monsieur le vicomte; vous n'êtes pas la première femme qui joue dans le monde de ces sortes de caractères, et qui ait auprès d'elle un monsieur le receveur, dont on lui voit trahir et la passion et la bourse pour le premier venu qui lui donnera dans la vue. Mais ne trouvez point étrange aussi que je ne sois point la dupe d'une infidélité aussi ordinaire aux coquettes du temps, et que je vienne vous assurer, devant bonne compagnie, que je romps commerce avec vous, et que monsieur le receveur ne sera plus pour vous monsieur le donneur.

LA COMTESSE.

Cela est merveilleux comme les amants emportés deviennent à la mode! On ne voit autre chose de tous côtés. Là, là, monsieur le receveur, quittez votre colère, et venez prendre place pour voir la comédie.

MONSIEUR HARPIN.

Moi, morbleu! prendre place! (*montrant monsieur Tibaudier.*) Cherchez vos benêts à vos pieds. Je vous laisse, madame la comtesse, à monsieur le vicomte; et ce sera à lui que j'enverrai tantôt vos lettres. Voilà ma scène faite, voilà mon rôle joué. Serviteur à la compagnie.

MONSIEUR TIBAUDIER.

Monsieur le receveur, nous nous verrons 'autre part qu'ici; et je vous ferai voir que je suis au poil et à la plume.

MONSIEUR HARPIN, *en sortant.*

Tu as raison, monsieur Tibaudier.

LA COMTESSE.

Pour moi, je suis confuse de cette insolence.

LE VICOMTE.

Les jaloux, madame, sont comme ceux qui perdent leur procès; ils ont permission de tout dire. Prêtons silence à la comédie.

SCÈNE XXII.

LA COMTESSE, LE VICOMTE, JULIE, MONSIEUR TIBAUDIER, JEANNOT.

JEANNOT, *au vicomte.*

Voilà un billet, monsieur, qu'on nous a dit de vous donner vite[1].

LE VICOMTE, *lisant.*

« En cas que vous ayez quelque mesure à prendre, je vous « envoie promptement un avis. La querelle de vos parents et de « ceux de Julie vient d'être accommodée; et les conditions de « cet accord, c'est le mariage de vous et d'elle. Bonsoir. » (*à Julie.*) Ma foi, madame, voilà notre comédie achevée aussi.

(Le vicomte, la comtesse, Julie et monsieur Tibaudier se lèvent.)

[1] Ce dénoûment avoit été préparé dès la première scène; et, quoiqu'un peu précipité, il suffit pour une petite pièce, où les incidents doivent être pressés. (L. B.)

JULIE.

Ah! Cléante, quel bonheur! Notre amour eût-il osé espérer un si heureux succès?

LA COMTESSE.

Comment donc? Qu'est-ce que cela veut dire?

LE VICOMTE.

Cela veut dire, madame, que j'épouse Julie; et, si vous m'en croyez, pour rendre la comédie complète de tout point, vous épouserez monsieur Tibaudier, et donnerez mademoiselle Andrée à son laquais, dont il fera son valet de chambre.

LA COMTESSE.

Quoi! jouer de la sorte une personne de ma qualité?

LE VICOMTE.

C'est sans vous offenser, madame; et les comédies veulent de ces sortes de choses.

LA COMTESSE

Oui, monsieur Tibaudier, je vous épouse pour faire enrager tout le monde.

MONSIEUR TIBAUDIER.

Ce m'est bien de l'honneur, madame.

LE VICOMTE, *à la comtesse.*

Souffrez, madame, qu'en enrageant nous puissions voir ici le reste du spectacle[1].

[1] Le Sage a trouvé l'idée de sa meilleure pièce dans le personnage de M. Harpin: tout le caractère de Turcaret y est indiqué. On y voit sa brusquerie, sa libéralité grossière, et son défaut de discernement. Il est bien à regretter que Molière n'ait laissé qu'une esquisse aussi légère du grand tableau que pouvoient lui offrir les mœurs des provinces; mais on voit du moins, dans *la Comtesse d'Escarbagnas*, les premiers traits d'un grand maître, et le parti qu'il auroit pu tirer de ce sujet, s'il avoit eu le temps de le méditer et de l'approfondir. (P.)

FIN DE LA COMTESSE D'ESCARBAGNAS.

BOUTS-RIMÉS[1]

COMMANDÉS

Sur le bel air.

Que vous m'embarrassez avec votre..........grenouille,
Qui traîne à ses talons le doux mot d'........hypocras?
Je hais des bouts-rimés le puéril.............fatras,
Et tiens qu'il vaudroit mieux filer une........quenouille.

La gloire du bel air n'a rien qui me.........chatouille;
Vous m'assommez l'esprit avec un gros.......plâtras,
Et je tiens heureux ceux qui sont morts à.....Coutras,
Voyant tout le papier qu'en sonnets on.......barbouille.

M'accable derechef la haine du...............cagot,
Plus méchant mille fois que n'est un vieux.....magot,
Plutôt qu'un bout-rimé me fasse entrer en.....danse!

Je vous le chante clair, comme un...........chardonneret;
Au bout de l'univers je fuis dans une.........manse.
Adieu, grand prince, adieu; tenez-vous......guilleret.

[1] Ce sonnet fut publié pour la première fois à la suite de *la Comtesse d'Escarbagnas*, édition de 1682. On croit qu'il fut composé à la demande du prince de Condé. (B.)

LES

FEMMES SAVANTES,

COMÉDIE EN CINQ ACTES.

1672.

PERSONNAGES.

CHRYSALE, bon bourgeois[1].
PHILAMINTE, femme de Chrysale[2].
ARMANDE[3], } filles de Chrysale et de Philaminte.
HENRIETTE[4], }
ARISTE, frère de Chrysale[5].
BÉLISE, sœur de Chrysale[6].
CLITANDRE, amant d'Henriette[7].
TRISSOTIN, bel esprit[8].
VADIUS, savant[9].
MARTINE, servante de cuisine[10].
LÉPINE, laquais.
JULIEN, valet de Vadius.
UN NOTAIRE.

La scène est à Paris, dans la maison de Chrysale.

ACTEURS.

[1] MOLIÈRE. — [2] Le sieur HUBERT. — [3] Mademoiselle DE BRIE. — [4] Mademoiselle MOLIÈRE. — [5] BARON. — [6] Mademoiselle VILLEAUBRUN (Geneviève BÉJART). — [7] LA GRANGE. — [8] LA THORILLIÈRE. — [9] DU CROISY. — [10] Une servante de Molière, qui portoit ce nom.

FEMMES SAVANTES.

ACTE PREMIER.

SCÈNE I[1].

ARMANDE, HENRIETTE.

ARMANDE.

Quoi! le beau nom de fille est un titre, ma sœur,
Dont vous voulez quitter la charmante douceur?

[1] Cette comédie, représentée sur le théâtre du Palais-Royal le 11 mars 1672, est mise, par les connoisseurs, dans le rang du *Tartuffe* et du *Misanthrope*. Elle attaquoit un ridicule qui ne sembloit propre à réjouir ni le peuple ni la cour, à qui ce ridicule paroissoit être également étranger. Elle fut reçue d'abord assez froidement: mais les connoisseurs rendirent bientôt à Molière les suffrages de la ville, et un mot du roi lui donna ceux de la cour. L'intrigue, qui en effet a quelque chose de plus plaisant que celle du *Misanthrope*, soutint la pièce long-temps. Enfin, plus on la vit, plus on admira comment Molière avoit pu jeter tant de comique sur un sujet qui paroissoit fournir plus de pédanterie que d'agrément. (V.) — *Les Précieuses*, représentées treize ans avant *les Femmes savantes*, avoient montré le ridicule du jargon des ruelles et des romans; mais l'envie de se distinguer n'étoit pas éteinte, et puisqu'on ne pouvoit plus y parvenir par le *langage précieux*, on entra dans une nouvelle carrière qui n'étoit pas moins périlleuse: on se piqua de purisme et de correction, comme on s'étoit piqué de recherche et d'afféterie. Les travaux de Vaugelas et de Ménage avoient mis à la mode les discussions grammaticales; et la grammaire devint le sujet des belles conversations; on y joignit le goût des sonnets et des madrigaux, et enfin celui de la science et de la philosophie. Descartes avoit alors beaucoup de vogue: on venoit de le substituer à Aristote dans toutes les écoles; et cette grande dispute pénétrant dans les salons, il n'étoit pas rare d'entendre les sociétés les plus frivoles parler des *tourbillons* et de *l'horreur du vide*. Alors toutes les femmes se livrèrent aux spéculations de la physique et de l'astronomie, et le soin même de leur beauté parut quelque temps céder à

Et de vous marier vous osez faire fête?
Ce vulgaire dessein vous peut monter en tête?

HENRIETTE.

Oui, ma sœur.

ARMANDE.

Ah! ce oui se peut-il supporter?
Et sans un mal de cœur sauroit-on l'écouter?

HENRIETTE.

Qu'a donc le mariage en soi qui vous oblige,
Ma sœur..?

ARMANDE.

Ah! mon Dieu! fi!

HENRIETTE.

Comment?

ARMANDE.

Ah! fi! vous dis-je.
Ne concevez-vous point ce que, dès qu'on l'entend,
Un tel mot à l'esprit offre de dégoûtant,
De quelle étrange image on est par lui blessée,
Sur quelle sale vue il traîne la pensée?
N'en frissonnez-vous point? et pouvez-vous, ma sœur,
Aux suites de ce mot résoudre votre cœur?

HENRIETTE.

Les suites de ce mot, quand je les envisage,
Me font voir un mari, des enfants, un ménage;
Et je ne vois rien là, si j'en puis raisonner,
Qui blesse la pensée, et fasse frissonner[1].

cette nouvelle passion. (B.) — Bussy-Rabutin a remarqué le premier, dans une de ses lettres, que le caractère de Bélise étoit une heureuse imitation du caractère de l'Hespérie des *Visionnaires* de Desmarest. On sait que Molière vouloit refaire cette pièce; mais, au lieu de peindre les petites maisons, il auroit peint les ridicules, comme il l'a fait si heureusement dans ce caractère.

[1] La scène commence, et déja la pièce est en action. Voyez avec quel bonheur Henriette oppose l'honnêteté de ses sentiments *aux étranges images* de sa sœur! Ce sont les graces naturelles et naïves en contraste avec les ridicules prétentions; c'est la nature vraie, opposée à la nature factice, ce qui est tout le sujet de l'ou-

ARMANDE.

De tels attachements, ô ciel! sont pour vous plaire?

HENRIETTE.

Et qu'est-ce qu'à mon âge on a de mieux à faire
Que d'attacher à soi, par le titre d'époux,
Un homme qui vous aime, et soit aimé de vous;
Et, de cette union de tendresse suivie,
Se faire les douceurs d'une innocente vie?
Ce nœud bien assorti n'a-t-il pas des appas?

ARMANDE.

Mon Dieu! que votre esprit est d'un étage bas!
Que vous jouez au monde un petit personnage,
De vous claquemurer aux choses du ménage,
Et de n'entrevoir point de plaisirs plus touchants
Qu'une idole d'époux et des marmots d'enfants!
Laissez aux gens grossiers, aux personnes vulgaires,
Les bas amusements de ces sortes d'affaires.
A de plus hauts objets élevez vos desirs,
Songez à prendre un goût des plus nobles plaisirs,
Et, traitant de mépris les sens et la matière,
A l'esprit, comme nous, donnez-vous tout entière.
Vous avez notre mère en exemple à vos yeux,
Que du nom de savante on honore en tous lieux:
Tâchez, ainsi que moi, de vous montrer sa fille;
Aspirez aux clartés qui sont dans la famille,
Et vous rendez sensible aux charmantes douceurs
Que l'amour de l'étude épanche dans les cœurs.
Loin d'être aux lois d'un homme en esclave asservie,
Mariez-vous, ma sœur, à la philosophie,
Qui nous monte au-dessus de tout le genre humain,
Et donne à la raison l'empire souverain,
Soumettant à ses lois la partie animale,
Dont l'appétit grossier aux bêtes nous ravale.

...rage. Dans cette admirable comédie, les caractères tiennent au sujet, et ne font ...pour ainsi dire que lui prêter la vie et le mouvement.

Ce sont là les beaux feux, les doux attachements
Qui doivent de la vie occuper les moments;
Et les soins où je vois tant de femmes sensibles
Me paroissent aux yeux des pauvretés horribles.

HENRIETTE.

Le ciel, dont nous voyons que l'ordre est tout puissant,
Pour différents emplois nous fabrique en naissant;
Et tout esprit n'est pas composé d'une étoffe
Qui se trouve taillée à faire un philosophe.
Si le vôtre est né propre aux élévations
Où montent des savants les spéculations,
Le mien, ma sœur, est né pour aller terre à terre,
Et dans les petits soins son foible se resserre.
Ne troublons point du ciel les justes réglements:
Et de nos deux instincts suivons les mouvements.
Habitez, par l'essor d'un grand et beau génie,
Les hautes régions de la philosophie,
Tandis que mon esprit, se tenant ici-bas,
Goûtera de l'hymen les terrestres appas.
Ainsi, dans nos desseins l'une à l'autre contraire,
Nous saurons toutes deux imiter notre mère:
Vous, du côté de l'ame et des nobles desirs:
Moi, du côté des sens et des grossiers plaisirs,
Vous, aux productions d'esprit et de lumière:
Moi, dans celles, ma sœur, qui sont de la matière.

ARMANDE.

Quand sur une personne on prétend se régler,
C'est par les beaux côtés qu'il lui faut ressembler[1];

[1] Molière pensoit toujours juste, disoit Boileau; mais il n'écrivoit pas toujours juste, parcequ'il suivoit trop l'essor de son premier feu, et que le temps lui manquoit pour corriger ses ouvrages. C'est ainsi que les deux vers qu'on vient de lire furent substitués par Boileau aux deux vers suivants de Molière:

Quand sur une personne on prétend s'ajuster,
C'est par les beaux côtes qu'il la faut imiter

Le changement que Boileau fit à ces vers est bien peu considérable: et presque

Et ce n'est point du tout la prendre pour modèle,
Ma sœur, que de tousser et de cracher comme elle [1] !

HENRIETTE.

Mais vous ne seriez pas ce dont vous vous vantez,
Si ma mère n'eût eu que de ces beaux côtés;
Et bien vous prend, ma sœur, que son noble génie
N'ait pas vaqué toujours à la philosophie.
De grace, souffrez-moi, par un peu de bonté,
Des bassesses à qui vous devez la clarté;
Et ne supprimez point, voulant qu'on vous seconde,
Quelque petit savant qui veut venir au monde [2].

ARMANDE.

Je vois que votre esprit ne peut être guéri
Du fol entêtement de vous faire un mari :
Mais sachons, s'il vous plaît, qui vous songez à prendre :
Votre visée au moins n'est pas mise à Clitandre?

HENRIETTE.

Et par quelle raison n'y seroit-elle pas?
Manque-t-il de mérite? est-ce un choix qui soit bas?

ARMANDE.

Non; mais c'est un dessein qui seroit malhonnête
Que de vouloir d'une autre enlever la conquête;
Et ce n'est pas un fait dans le monde ignoré
Que Clitandre ait pour moi hautement soupiré.

tous ceux dont le style de Molière auroit besoin se feroient aussi aisément. (B.) — Cette anecdote est rapportée dans le *Boileau* de Saint-Marc, t. V, pag. 23 et 24.

[1] Molière ne fait ici que mettre en vers une locution proverbiale fort en usage de son temps. On peut en voir un exemple dans le roman comique de *Francion*, par Sorel, tome II, livre XI, page 309. Ce livre est le véritable modèle de *Gil Blas*, et Le Sage lui a même emprunté plusieurs scènes.

[2] Ces deux caractères sont admirablement contrastés. Armande se travaille pour paroître plus sage que la nature. Henriette, qui voit en elle une rivale, se joue de sa folie, en lui opposant, par ironie, des vues toutes terrestres. Mais on sent assez que l'idéale Armande dissimule ses passions, et que les discours terrestres d'Henriette ne sont qu'une agréable raillerie. Tout annonce que cette dernière est un modèle de modestie, de tact, et de bon esprit.

HENRIETTE.

Oui ; mais tous ces soupirs chez vous sont choses vaines,
Et vous ne tombez point aux bassesses humaines ;
Votre esprit à l'hymen renonce pour toujours,
Et la philosophie a toutes vos amours.
Ainsi, n'ayant au cœur nul dessein pour Clitandre,
Que vous importe-t-il qu'on y puisse prétendre?

ARMANDE.

Cet empire que tient la raison sur les sens
Ne fait pas renoncer aux douceurs des encens[1] ;
Et l'on peut pour époux refuser un mérite
Que pour adorateur on veut bien à sa suite.

HENRIETTE.

Je n'ai pas empêché qu'à vos perfections
Il n'ait continué ses adorations ;
Et je n'ai fait que prendre, au refus de votre ame,
Ce qu'est venu m'offrir l'hommage de sa flamme.

ARMANDE.

Mais à l'offre des vœux d'un amant dépité
Trouvez-vous, je vous prie, entière sûreté?
Croyez-vous pour vos yeux sa passion bien forte,
Et qu'en son cœur pour moi toute flamme soit morte?

HENRIETTE.

Il me l'a dit, ma sœur ; et, pour moi, je le croi.

ARMANDE.

Ne soyez pas, ma sœur, d'une si bonne foi ;
Et croyez, quand il dit qu'il me quitte et vous aime,
Qu'il n'y songe pas bien, et se trompe lui-même.

HENRIETTE.

[illegible]: mais enfin, si c'est votre plaisir,
[illegible] aisé de nous en éclaircir :

[1] ...loyoit alors au pluriel, de même que le mot latin *thura*. (
la Galerie du Palais :

Quelques encens que tu veuilles m'offrir...

[illegible] *aux encens qu'elle donne ; gueuser des encens.* A

Je l'aperçois qui vient ; et, sur cette matière,
Il pourra nous donner une pleine lumière[1].

SCÈNE II.

CLITANDRE, ARMANDE, HENRIETTE

HENRIETTE.

Pour me tirer d'un doute où me jette ma sœur,
Entre elle et moi, Clitandre, expliquez votre cœur ;
Découvrez-en le fond, et nous daignez apprendre
Qui de nous à vos vœux est en droit de prétendre.

ARMANDE.

Non, non, je ne veux point à votre passion
Imposer la rigueur d'une explication :
Je ménage les gens, et sais comme embarrasse
Le contraignant effort de ces aveux en face.

CLITANDRE.

Non, madame; mon cœur, qui dissimule peu,
Ne sent nulle contrainte à faire un libre aveu.
Dans aucun embarras un tel pas ne me jette;
Et j'avouerai tout haut, d'une ame franche et nette,
Que les tendres liens où je suis arrêté,
(montrant Henriette.)
Mon amour et mes vœux sont tout de ce côté
Qu'à nulle émotion cet aveu ne vous porte :
Vous avez bien voulu les choses de la sorte.
Vos attraits m'avoient pris, et mes tendres soupirs

[1] La rivalité des deux sœurs développe leur caractère en même temps qu'elle annonce le sujet et l'intrigue de la pièce. Quelques commentateurs ont critiqué la liberté des discours d'Henriette : rien cependant de plus naturel et de plus vrai. Élevée au milieu des savantes, habituée à leurs idées, elle a retenu jusqu'à leurs expressions; elle loue avec ironie ce qu'elle leur voit repousser avec mépris. Enfin elle ne parle ce langage que tête-à-tête avec sa sœur; en présence de Clitandre, elle s'exprime tout autrement. Étudiez ces nuances délicates : elles renferment une grande profondeur d'observations. Molière ne manque jamais aux convenances, et il est toujours dans la vérité.

Et qu'elle ait du savoir sans vouloir qu'on le sache,
Sans citer les auteurs, sans dire de grands mots,
Et clouer de l'esprit à ses moindres propos.
Je respecte beaucoup madame votre mère[1];
Mais je ne puis du tout approuver sa chimère,
Et me rendre l'écho des choses qu'elle dit,
Aux encens qu'elle donne à son héros d'esprit.
Son monsieur Trissotin me chagrine, m'assomme;
Et j'enrage de voir qu'elle estime un tel homme[2],
Qu'elle nous mette au rang des grands et beaux esprits
Un benêt dont partout on siffle les écrits,
Un pédant dont on voit la plume libérale
D'officieux papiers fournir toute la halle.

HENRIETTE.

Ses écrits, ses discours, tout m'en semble ennuyeux,

[1] Quelle exquise délicatesse! quel emploi heureux des convenances! C'est bien le portrait ridicule de Philaminte que Clitandre trace ici, et cependant c'est toujours le portrait charmant d'Henriette qu'il nous laisse entrevoir. Tous les traits portent sur la mère, et il semble ne se souvenir que de la fille. Au moins n'oublie-t-il pas un moment qu'il parle en sa présence; et, lorsqu'il vient enfin à désigner Philaminte, c'est en protestant de son respect pour elle. On ne sauroit trop le répéter, rien de plus délicat et de plus naturel que cette scène.

[2] Tous ceux qui sont au fait de l'histoire littéraire de ce temps-là savent que Trissotin est le fameux abbé Cotin, si connu par les satires de Despréaux. Le malheureux Cotin écrivoit également contre Ménage, contre Molière et contre Boileau. Les satires de ce dernier l'avoient déjà couvert de honte, mais Molière l'accabla. Trissotin étoit appelé aux premières représentations Tricotin. L'acteur qui le représentoit avoit affecté, autant qu'il avoit pu, de ressembler à l'original par la voix et par les gestes. Enfin, pour comble de ridicule, les vers de Trissotin, sacrifiés sur le théâtre à la risée publique, étoient de l'abbé Cotin même. S'ils avoient été bons, et si leur auteur avoit valu quelque chose, la critique sanglante de Molière et celle de Despréaux ne lui eussent pas ôté sa réputation. Molière lui-même avoit été joué aussi cruellement sur le théâtre de l'hôtel de Bourgogne, et n'en fut pas moins estimé: le vrai mérite résiste à la satire. Mais Cotin étoit bien loin de se pouvoir soutenir contre de telles attaques. On dit qu'il fut si accablé de ce dernier coup, qu'il tomba dans une mélancolie qui le conduisit au tombeau. (V. — Voltaire a été trompé ici par la tradition et par l'abbé d'Olivet, puisque, six ans après *les Femmes savantes*, Cotin étoit présent à la réception de l'abbé Colbert, où il entreprit de lire, devant l'assemblée la plus brillante et la plus nombreuse, un discours de philosophie qu'il n'acheva pas, à la vérité, à cause de la foiblesse de sa voix. (B.)

Et je me trouve assez votre goût et vos yeux;
Mais, comme sur ma mère il a grande puissance,
Vous devez vous forcer à quelque complaisance.
Un amant fait sa cour où s'attache son cœur;
Il veut de tout le monde y gagner la faveur;
Et, pour n'avoir personne à sa flamme contraire,
Jusqu'au chien du logis il s'efforce de plaire[1].

CLITANDRE.

Oui, vous avez raison; mais monsieur Trissotin
M'inspire au fond de l'ame un dominant chagrin.
Je ne puis consentir, pour gagner ses suffrages,
A me déshonorer en prisant ses ouvrages:
C'est par eux qu'à mes yeux il a d'abord paru,
Et je le connoissois avant que l'avoir vu.
Je vis, dans le fatras des écrits qu'il nous donne,
Ce qu'étale en tous lieux sa pédante personne,
La constante hauteur de sa présomption,
Cette intrépidité de bonne opinion,
Cet indolent état de confiance extrême,
Qui le rend en tout temps si content de soi-même,
Qui fait qu'à son mérite incessamment il rit,
Qu'il se sait si bon gré de tout ce qu'il écrit,
Et qu'il ne voudroit pas changer sa renommée
Contre tous les honneurs d'un général d'armée.

HENRIETTE.

C'est avoir de bons yeux que de voir tout cela.

CLITANDRE.

Jusques à sa figure encor la chose alla,
Et je vis, par les vers qu'à la tête il nous jette,

[1] Par cette réponse pleine de modestie et de séduction, Henriette montre assez qu'elle a saisi tout ce qu'il y a de flatteur pour elle dans les réflexions générales de Clitandre. Elle le sert à sa mode, *sans citer les auteurs, sans dire de grands mots, sans clouer de l'esprit à ses moindres propos*. Et cependant elle appuie sa prière d'un trait charmant d'érudition qui semble n'être qu'une inspiration naturelle de l'amour. Dans ce trait d'une exquise délicatesse les commentateurs ont vu une imitation de *l'Asinaire* de Plaute, acte I, scène III.

De quel air il falloit que fût fait le poète;
Et j'en avois si bien deviné tous les traits,
Que, rencontrant un homme un jour dans le Palais [1],
Je gageai que c'étoit Trissotin en personne,
Et je vis qu'en effet la gageure étoit bonne.

HENRIETTE.

Quel conte!

CLITANDRE.

Non; je dis la chose comme elle est.
Mais je vois votre tante. Agréez, s'il vous plait,
Que mon cœur lui déclare ici notre mystère,
Et gagne sa faveur auprès de votre mère [2].

SCÈNE IV.

BELISE, CLITANDRE.

CLITANDRE.

Souffrez, pour vous parler, madame, qu'un amant
Prenne l'occasion de cet heureux moment,
Et se découvre à vous de la sincère flamme...

BELISE.

Ah! tout beau : gardez-vous de m'ouvrir trop votre ame.
Si je vous ai su mettre au rang de mes amants,
Contentez-vous des yeux pour vos seuls truchements,
Et ne m'expliquez point, par un autre langage,
Des desirs qui, chez moi, passent pour un outrage.

[1] A cette époque les galeries du Palais de Justice offroient le spectacle animé que présente aujourd'hui le Palais-Royal. C'étoit le rendez-vous à la mode. Sorel en a fait une description fort piquante dans son roman de *Francion*, tome Ier, p. 250, et Corneille a fait une comédie en cinq actes sous le titre de *Galerie du Palais*.

[2] Dans cette scène excellente, tous les personnages principaux sont esquissés : c'est ici l'exposition des caractères, comme c'étoit précédemment celle du sujet et de l'intrigue. Nous connoissons déja, avant qu'ils paroissent, et le foible Chrysale, et l'impérieuse Philaminte, et la folle Bélise, et le ridicule Trissotin. De plus, Clitandre, en faisant éclater son aversion pour le faux bel esprit, se peint lui-même, et nous montre d'avance l'homme qui, dans la grande scène du quatrième acte, doit venger la raison, l'esprit, et le bon goût. A.

Aimez-moi, soupirez, brûlez pour mes appas;
Mais qu'il me soit permis de ne le savoir pas.
Je puis fermer les yeux sur vos flammes secrètes,
Tant que vous vous tiendrez aux muets interprètes;
Mais, si la bouche vient à s'en vouloir mêler,
Pour jamais de ma vue il vous faut exiler [1].

CLITANDRE.

Des projets de mon cœur ne prenez point d'alarme.
Henriette, madame, est l'objet qui me charme;
Et je viens ardemment conjurer vos bontés
De seconder l'amour que j'ai pour ses beautés.

BÉLISE.

Ah! certes, le détour est d'esprit [2], je l'avoue :

[1] Pour suivre les conseils d'Henriette, Clitandre se jette ici dans un fâcheux embarras. Aux transports d'un amant qui croit toucher au comble de ses vœux, la romanesque tante peut aisément se tromper, et croire qu'on en veut à son cœur. Suivant la remarque de Bussy-Rabutin, Molière a évidemment emprunté le caractère de Bélise aux *Visionnaires* de Desmarest : mais il en a corrigé l'exagération. L'Hespérie des *Visionnaires* veut absolument que le roi de Congo soit épris de ses charmes. C'est une véritable folie. Bélise est folle aussi, mais d'une folie assez commune dans le monde. Pour s'en convaincre il suffit d'observer les femmes jeunes, jolies, et coquettes : on verra qu'éblouies par l'admiration qu'elles inspirent, elles imaginent que tous les hommes sont amoureux d'elles. Dans notre siècle si positif, l'expérience délivre de bonne heure nos dames de ce travers. Du temps de Bélise il n'en étoit pas ainsi. Une belle femme se considéroit elle-même comme l'ornement de la société; elle se regardoit au milieu des hommes comme une idole environnée d'adorateurs, et elle s'attribuoit le pouvoir de donner de l'esprit, du courage, de nobles pensées, de sublimes vertus, à tous ceux qui avoient le bonheur d'approcher de sa divinité. Cette opinion n'étoit pas reléguée dans les romans des La Calprenède et des Scudéri, elle étoit reçue à la ville, elle régnoit à la cour, elle étoit tout espagnole; et Anne d'Autriche elle-même disoit hautement que l'amour est un tribut que tous les hommes devoient à sa beauté *. De cette royale folie à celle de Bélise, il faut avouer qu'il n'y a pas un grand intervalle.

[2] Quelques commentateurs ont trouvé une faute de françois dans cette phrase. Ils se trompent. Bélise parle sa langue, c'est-à-dire la langue des précieuses. La manière d'employer le mot *esprit* avoit été le sujet de discussions fort piquantes, dont nous citerons un passage : « Il ne faut pas être si malavisé que de dire : *Il a* « *de l'esprit*, ce qui sent son vieil gaulois : il faut dire : *Il a esprit*, sans se sou- « cier de ce que l'on vous objecte que vous oubliez l'article : car il y a des endroits « où cela peut avoir la meilleure grace du monde. » (Voyez le recueil de plusieurs

* Voyez les *Mémoires de madame de Motteville*, t. I, p. 45.

Ce subtil faux-fuyant mérite qu'on le loue ;
Et, dans tous les romans où j'ai jeté les yeux,
Je n'ai rien rencontré de plus ingénieux.

CLITANDRE.

Ceci n'est point du tout un trait d'esprit, madame ;
Et c'est un pur aveu de ce que j'ai dans l'ame.
Les cieux, par les liens d'une immuable ardeur,
Aux beautés d'Henriette ont attaché mon cœur ;
Henriette me tient sous son aimable empire,
Et l'hymen d'Henriette est le bien où j'aspire.
Vous y pouvez beaucoup ; et tout ce que je veux,
C'est que vous y daigniez favoriser mes vœux.

BÉLISE.

Je vois où doucement veut aller la demande,
Et je sais sous ce nom ce qu'il faut que j'entende.
La figure est adroite ; et, pour n'en point sortir,
Aux choses que mon cœur m'offre à vous repartir,
Je dirai qu'Henriette à l'hymen est rebelle,
Et que, sans rien prétendre, il faut brûler pour elle.

CLITANDRE

Eh ! madame, à quoi bon un pareil embarras ?
Et pourquoi voulez-vous penser ce qui n'est pas ?

BÉLISE.

Mon Dieu ! point de façons. Cessez de vous défendre
De ce que vos regards m'ont souvent fait entendre
Il suffit que l'on est contente du détour
Dont s'est adroitement avisé votre amour,
Et que, sous la figure où le respect l'engage,
On veut bien se résoudre à souffrir son hommage,
Pourvu que ses transports, par l'honneur éclairés,
N'offrent à mes autels que des vœux épurés.

CLITANDRE.

Mais...

pièces en prose les plus agréables du temps, 1658 ; et le *Nouveau langage franç*
par Sorel, ch. IV, p. 406. Amsterdam ; 1673.

BÉLISE.

Adieu. Pour ce coup, ceci doit vous suffire,
Et je vous ai plus dit que je ne voulois dire.

CLITANDRE.

Mais votre erreur...

BÉLISE.

Laissez. Je rougis maintenant,
Et ma pudeur s'est fait un effort surprenant.

CLITANDRE.

Je veux être pendu, si je vous aime; et sage...

BÉLISE.

Non, non, je ne veux rien entendre davantage [1].

SCÈNE V.

CLITANDRE.

Diantre soit de la folle avec ses visions!
A-t-on rien vu d'égal à ses préventions?
Allons commettre un autre au soin que l'on me donne,
Et prenons le secours d'une sage personne [2].

[1] Dans *les Visionnaires*, Hespérie a vu Phalante s'entretenir avec Mélisse sa sœur. Hespérie lui demande le sujet de leur entretien.

Ma sœur, dites le vrai, que vous disoit Phalante?

MÉLISSE.

Il me parloit d'amour.

HESPÉRIE.

La ruse est excellente!
Donc il s'adresse à vous, n'osant pas m'aborder,
Pour vous donner le soin de me persuader.

MÉLISSE.

Ne flattez point, ma sœur, votre esprit de la sorte :
Phalante me parloit de l'amour qu'il me porte.

HESPÉRIE.

Vous pensez m'abuser d'un entretien moqueur,
Pour prendre mieux le temps de le mettre en mon cœur :
Mais, ma sœur, croyez-moi, n'en prenez point la peine;
En vain vous me direz que je suis inhumaine,
Que je dois, par pitié, soulager ses amours:
Cent fois le jour j'entends de semblables discours, etc.

(Acte II, scène II.)

Molière a imité Desmarest en homme de génie.

[2] Ce dernier vers annonce le personnage d'Ariste, qui est le véritable sage de la

ARISTE.

On le dit.

CHRYSALE.

Nous n'avions alors que vingt-huit ans,
Et nous étions, ma foi, tous deux de verts galants.

ARISTE.

Je le crois.

CHRYSALE.

Nous donnions chez les dames romaines,
Et tout le monde, là, parloit de nos fredaines :
Nous faisions des jaloux [1].

ARISTE.

Voilà qui va des mieux ;
Mais venons au sujet qui m'amène en ces lieux.

SCÈNE III.

BÉLISE, *entrant doucement, et écoutant;* CHRYSALE, ARISTE.

ARISTE.

Clitandre auprès de vous me fait son interprète,
Et son cœur est épris des graces d'Henriette.

CHRYSALE.

Quoi! de ma fille [2]?

ARISTE.

Oui; Clitandre en est charmé,

[1] Ce retour sans amertume vers les folies de la jeunesse est presque toujours une preuve de bon naturel. On souffre avec plus d'indulgence dans les autres les plaisirs dont la mémoire flatte encore notre cœur et notre vanité.

[2] Ce bon Chrysale! à ce cri du cœur, ne croiroit-on pas qu'Henriette est son unique enfant? Cependant Armande est aussi sa fille; mais la prétention ou l'affectation, qui d'abord ne semble qu'un travers, est un vice qui affoiblit jusqu'aux liens de famille : ici elle place des sentiments factices dans le cœur de l'enfant, et détruit ainsi la tendresse du père. Pour être bonne fille, bonne femme, bonne mère, il faut, suivant l'heureuse expression de La Rochefoucauld, *être vraie*, être naturelle. Le naturel n'a tant de charmes que parcequ'il accompagne et promet toutes les vertus.

Et je ne vis jamais amant plus enflammé.

BÉLISE, *à Ariste.*

Non, non; je vous entends. Vous ignorez l'histoire,
Et l'affaire n'est pas ce que vous pouvez croire.

ARISTE.

Comment, ma sœur?

BÉLISE.

Clitandre abuse vos esprits;
Et c'est d'un autre objet que son cœur est épris.

ARISTE.

Vous raillez. Ce n'est pas Henriette qu'il aime?

BÉLISE.

Non; j'en suis assurée.

ARISTE.

Il me l'a dit lui-même.

BÉLISE.

Hé! oui.

ARISTE.

Vous me voyez, ma sœur, chargé par lui
D'en faire la demande à son père aujourd'hui.

BÉLISE.

Fort bien.

ARISTE.

Et son amour même m'a fait instance
De presser les moments d'une telle alliance.

BÉLISE.

Encor mieux. On ne peut tromper plus galamment.
Henriette, entre nous, est un amusement,
Un voile ingénieux, un prétexte, mon frère,
A couvrir d'autres feux dont je sais le mystère;
Et je veux bien, tous deux, vous mettre hors d'erreur.

ARISTE.

Mais puisque vous savez tant de choses, ma sœur,
Dites-nous, s'il vous plait, cet autre objet qu'il aime.

BÉLISE.

Vous voulez le savoir?

ARISTE.

Oui. Quoi?

BÉLISE.

Moi.

ARISTE.

Vous?

BÉLISE.

Moi-même.

ARISTE.

Hai, ma sœur!

BÉLISE.

Qu'est ce donc que veut dire ce hai?
Et qu'a de surprenant le discours que je fai?
On est faite d'un air, je pense, à pouvoir dire
Qu'on n'a pas pour un cœur soumis à son empire;
Et Dorante, Damis, Cléonte, et Lycidas,
Peuvent bien faire voir qu'on a quelques appas [1].

ARISTE.

Ces gens vous aiment?

BELISE

Oui, de toute leur puissance.

[1] Comme Bélise qui les représente ici, les précieuses se vantoient du nombre de leurs amants : car à cette époque le nombre des amants faisoit juger du mérite d'une femme, sans jamais faire douter de sa vertu. Les chastes amours de Louis XIII soutinrent plus de vingt ans à la cour cette espèce de galanterie, et les dames les plus chastes y affichoient alors leurs prétentions à l'amour avec autant de soin qu'elles les cachèrent dans la suite. Ce système, qui autorisoit publiquement les belles flammes, et leur prêtoit l'éclat de la vertu, devoit exercer une bien fâcheuse influence sur les mœurs. Il donna naissance à la cour galante de Louis XIV. Celle-ci prépara la corruption de la régence, qui, à son tour, produisit les honteux désordres de Louis XV. Molière, qui observoit en philosophe, vit le mal à sa source; il en prévit les effets, et, pour y remédier, il l'attaqua par le ridicule. Bélise n'est donc point un personnage outré, et peu digne du pinceau du poëte, comme l'a dit un commentateur : sa folie étoit à peu de chose près celle de toute une génération; et Molière corrigeoit son siècle en lui montrant ce qu'il avoit adoré. Ainsi la pièce que nous examinons n'est pas seulement un chef-d'œuvre de l'art, elle est encore un admirable traité de morale.

ARISTE.

Ils vous l'ont dit?

BÉLISE.

Aucun n'a pris cette licence;
Ils m'ont su révérer si fort jusqu'à ce jour,
Qu'ils ne m'ont jamais dit un mot de leur amour.
Mais, pour m'offrir leur cœur et vouer leur service,
Les muets truchements ont tous fait leur office.

ARISTE.

On ne voit presque point céans venir Damis.

BÉLISE.

C'est pour me faire voir un respect plus soumis.

ARISTE.

De mots piquants, partout, Dorante vous outrage.

BÉLISE.

Ce sont emportements d'une jalouse rage.

ARISTE.

Cléonte et Lycidas ont pris femme tous deux.

BÉLISE.

C'est par un désespoir où j'ai réduit leurs feux.

ARISTE.

Ma foi, ma chère sœur, vision toute claire.

CHRYSALE, *à Bélise.*

De ces chimères-là vous devez vous défaire.

BÉLISE.

Ah! chimères! ce sont des chimères, dit-on.
Chimères, moi! Vraiment, chimères est fort bon!
Je me réjouis fort de chimères, mes frères;
Et je ne savois pas que j'eusse des chimères [1].

[1] Le caractère de Bélise est bien ingénieusement développé. L'air simple et naturel des deux frères fait un contraste excellent avec l'affectation précieuse de leur sœur. (L. B.)

SCÈNE IV.

CHRYSALE, ARISTE.

CHRYSALE.

Notre sœur est folle, oui.

ARISTE.

Cela croît tous les jours.
Mais, encore une fois, reprenons le discours.
Clitandre vous demande Henriette pour femme;
Voyez quelle réponse on doit faire à sa flamme.

CHRYSALE.

Faut-il le demander? J'y consens de bon cœur,
Et tiens son alliance à singulier honneur.

ARISTE.

Vous savez que de bien il n'a pas l'abondance,
Que...

CHRYSALE.

C'est un intérêt qui n'est pas d'importance;
Il est riche en vertus, cela vaut des trésors[1]:
Et puis son père et moi n'étions qu'un en deux corps.

ARISTE.

Parlons à votre femme, et voyons à la rendre
Favorable...

CHRYSALE.

Il suffit; je l'accepte pour gendre.

ARISTE.

Oui; mais, pour appuyer votre consentement,

[1] Chrysale est un admirable composé de justice, de bonté, de bon sens
faiblesse. Molière s'était réservé ce rôle, où, abstraction faite de son beau
il est facile de démêler quelques traits de son caractère. Nous avons vu c
homme rêvant le bonheur sous la noble figure d'Ariste (*École des Maris*),
sous les traits d'Alceste, chef de troupe dans *l'Impromptu de Versaille*
entre ici sous une autre perspective, et nous apprend comment la faib
trange peut s'allier avec la justice et la bonté. C'est Molière dans son
, mais jugeant de tout et de lui-même avec un suprême bon sens.

Mon frère, il n'est pas mal d'avoir son agrément.
Allons...

CHRYSALE.

Vous moquez-vous? Il n'est pas nécessaire.
Je réponds de ma femme, et prends sur moi l'affaire.

ARISTE.

Mais...

CHRYSALE.

Laissez faire, dis-je, et n'appréhendez pas.
Je la vais disposer aux choses de ce pas.

ARISTE.

Soit. Je vais là-dessus sonder votre Henriette,
Et reviendrai savoir...

CHRYSALE.

C'est une affaire faite[1];
Et je vais à ma femme en parler sans délai.

SCÈNE V.

CHRYSALE, MARTINE.

MARTINE.

Me voilà bien chanceuse! Hélas! l'an dit bien vrai,
Qui veut noyer son chien, l'accuse de la rage;
Et service d'autrui n'est pas un héritage.

CHRYSALE.

Qu'est-ce donc? Qu'avez-vous, Martine?

MARTINE.

Ce que j'ai?

CHRYSALE.

Oui.

[1] Chrysale a beau faire, on doute de sa fermeté; et ce doute, qui l'humilie, le rend un peu fanfaron : dès-lors le spectateur sourit de ses vaines assurances, et partage les craintes du sage Ariste. Ainsi Molière, par les nuances les plus délicates, sait nous faire prévoir que ce Chrysale, qui montre tant de résolution, est un homme foible. Il est impossible de mieux peindre un caractère, et surtout d'en mieux annoncer les effets comiques.

MARTINE.

J'ai que l'on me donne aujourd'hui mon congé,
Monsieur.

CHRYSALE.

Votre congé?

MARTINE.

Oui. Madame me chasse.

CHRYSALE.

Je n'entends pas cela. Comment?

MARTINE.

On me menace,
Si je ne sors d'ici, de me bailler cent coups[1].

CHRYSALE.

Non, vous demeurerez; je suis content de vous.
Ma femme bien souvent a la tête un peu chaude;
Et je ne veux pas, moi...

SCÈNE VI.

PHILAMINTE, BÉLISE, CHRYSALE, MARTI

PHILAMINTE, *apercevant Martine.*

Quoi! je vous vois, marande!
Vite, sortez, friponne; allons, quittez ces lieux;
Et ne vous présentez jamais devant mes yeux[2].

[1] A qui pense-t-on que Molière ait confié ce rôle, à la fois naïf et grote une actrice, sans doute. Non: pour un personnage si neuf, l'auteur la une comédienne nouvelle; ou, pour mieux dire, il donna au public le p voir représenter Martine par la servante même qui lui avoit servi de modèl portoit ce nom*. Ce fait curieux, et qui a échappé à tous les commentateur voit pour prouver ce que nous avons déja eu occasion de prouver tant que Molière s'étoit peint avec ses amis, sa troupe, et ses entours, dans la de ses ouvrages.

[2] Il y a beaucoup d'adresse à faire tomber d'abord le courroux de Ph sur la pauvre Martine. L'auteur établit ainsi le caractère impératif de cette

* Voyez le Mercure de juillet [illegible], page [illegible]. L'auteur de cet article tenoit ces dotes de Baron, qui vivoit encore, et qui avoit joué d'original dans cette pièce.

CHRYSALE.

Tout doux.

PHILAMINTE.

Non, c'en est fait.

CHRYSALE.

Hé !

PHILAMINTE.

Je veux qu'elle sorte.

CHRYSALE.

Mais qu'a-t-elle commis, pour vouloir de la sorte... ?

PHILAMINTE.

Quoi ! vous la soutenez ?

CHRYSALE.

En aucune façon.

PHILAMINTE.

Prenez-vous son parti contre moi ?

CHRYSALE.

Mon Dieu ! non ;
Je ne fais seulement que demander son crime.

PHILAMINTE.

Suis-je pour la chasser sans cause légitime ?

CHRYSALE.

Je ne dis pas cela ; mais il faut de nos gens...

PHILAMINTE.

Non ; elle sortira, vous dis-je, de céans.

CHRYSALE.

Hé bien ! oui. Vous dit-on quelque chose là-contre ?

PHILAMINTE.

Je ne veux point d'obstacle aux desirs que je montre.

sans trop avilir Chrysale ; et il fonde en raison toutes les précautions que va prendre le bon homme, dans le double but de calmer sa femme et de garder sa servante. Remarquez que Philaminte n'admet aucune espèce de raisonnement. *Quoi ! vous la soutenez ? Prenez-vous son parti contre moi ? Je veux qu'elle sorte.* L'infortuné Molière avoit aussi son modèle sous les yeux, lorsqu'il peignoit ce caractère.

CHRYSALE.

D'accord.

PHILAMINTE.

Et vous devez, en raisonnable époux,
Être pour moi contre elle, et prendre mon courroux.

CHRYSALE.

(se tournant vers Martine.)

Aussi fais-je. Oui, ma femme avec raison vous chasse,
Coquine, et votre crime est indigne de grace.

MARTINE.

Qu'est-ce donc que j'ai fait?

CHRYSALE, *bas.*

Ma foi, je ne sais pas.

PHILAMINTE.

Elle est d'humeur encore à n'en faire aucun cas.

CHRYSALE.

A-t-elle, pour donner matière à votre haine,
Cassé quelque miroir ou quelque porcelaine?

PHILAMINTE.

Voudrois-je la chasser, et vous figurez-vous
Que, pour si peu de chose, on se mette en courroux?

CHRYSALE.

(à Martine.) (à Philaminte.)

Qu'est-ce à dire? L'affaire est donc considérable?

PHILAMINTE.

Sans doute. Me voit-on femme déraisonnable?

CHRYSALDE.

Est-ce qu'elle a laissé, d'un esprit négligent,
Dérober quelque aiguière ou quelque plat d'argent?

PHILAMINTE.

Cela ne seroit rien.

CHRYSALE, *à Martine.*

Oh! oh! peste, la belle[1]!

[1] Pauvre Chrysale! obligé de céder à sa femme, il voudroit presque trouver Martine coupable, afin d'excuser sa propre foiblesse. Le voilà déja qui s'étonne du crime qu'il ne connoît pas encore!

(à Philaminte.)

Quoi! l'avez-vous surprise à n'être pas fidèle?

PHILAMINTE.

C'est pis que tout cela.

CHRYSALE.

Pis que tout cela?

PHILAMINTE.

Pis.

CHRYSALE.

(à Martine.) (à Philaminte.)

Comment! diantre, friponne! Euh! a-t-elle commis...?

PHILAMINTE.

Elle a, d'une insolence à nulle autre pareille,
Après trente leçons, insulté mon oreille,
Par l'impropriété d'un mot sauvage et bas
Qu'en termes décisifs condamne Vaugelas.

CHRYSALE.

Est-ce là...?

PHILAMINTE.

Quoi! toujours, malgré nos remontrances,
Heurter le fondement de toutes les sciences,
La grammaire, qui sait régenter jusqu'aux rois,
Et les fait, la main haute, obéir à ses lois[1].

[1] Molière peint toujours son siècle. Ces vers rappellent les disputes des grammairiens de cette époque, disputes fort comiques, et cependant fort sérieuses, sur l'introduction de certains mots dans la langue, et où l'on entendit Vaugelas s'écrier : « Il n'est permis à qui que ce soit de faire des mots nouveaux, *pas même aux souverains*. De sorte, ajoutoit ce bon Vaugelas, que Pomponius Marcellus eut raison « de reprendre Tibère d'en avoir fait *un*, et de dire qu'il pouvoit bien donner le « droit de bourgeoisie aux hommes, mais non pas aux mots*, car *leur autorité* « *ne s'étend pas jusque là*. » Chose singulière! ce droit que Vaugelas avoit refusé à Louis XIV, il se l'étoit réservé pour lui, s'attribuant une souveraineté supérieure à celle des rois! Bref, il ne créoit pas les mots, mais il les recevoit ou les rejetoit suivant son bon plaisir. On sollicitoit même à ce sujet son appui et sa protection; témoin ce passage d'une lettre de Balzac : « Le mot *féliciter* n'est pas encore fran- « çois, mais il le sera l'année qui vient; et M. Vaugelas m'a promis de ne lui être « pas contraire quand nous solliciterons sa protection. » C'est ainsi qu'on sollicitoit auprès de Vaugelas la réception d'un mot; comme on sollicitoit une place à

* Préface des *Remarques* de Vaugelas, page 40. Ces *Remarques* furent publiées en 1657

CHRYSALE.

Du plus grand des forfaits je la croyois coupable.

PHILAMINTE.

Quoi! vous ne trouvez pas ce crime impardonnable?

CHRYSALE.

Si fait.

PHILAMINTE.

Je voudrois bien que vous l'excusassiez.

CHRYSALE.

Je n'ai garde.

BÉLISE.

Il est vrai que ce sont des pitiés.
Toute construction est par elle détruite;
Et des lois du langage on l'a cent fois instruite.

MARTINE.

Tout ce que vous prêchez est, je crois, bel et bon;
Mais je ne saurois, moi, parler votre jargon.

PHILAMINTE.

L'impudente! appeler un jargon le langage
Fondé sur la raison et sur le bel usage!

MARTINE.

Quand on se fait entendre, on parle toujours bien,
Et tous vos biaux dictons ne servent pas de rien.

PHILAMINTE.

Hé bien! ne voilà pas encore de son style?
Ne servent pas de rien!

BÉLISE.

O cervelle indocile!
Faut-il qu'avec les soins qu'on prend incessamment,
On ne te puisse apprendre à parler congrûment?
De pas mis avec rien tu fais la récidive;

l'Académie. Au reste, les précieuses avoient les mêmes ridicules que Vau[illegible] Molière leur donne-t-il le même langage. Plus on connoîtra l'histoire du [illegible], et plus l'on sera frappé de la vérité du tableau. Chaque trait de [illegible] est une peinture vivante de la société.

Et c'est, comme on t'a dit, trop d'une négative.

MARTINE.

Mon Dieu! je n'avons pas étugué comme vous,
Et je parlons tout droit comme on parle cheux nous.

PHILAMINTE.

Ah! peut-on y tenir?

BÉLISE.

Quel solécisme horrible!

PHILAMINTE.

En voilà pour tuer une oreille sensible.

BÉLISE.

Ton esprit, je l'avoue, est bien matériel!
Je n'est qu'un singulier, *avons* est pluriel [1].
Veux-tu toute ta vie offenser la grammaire?

MARTINE.

Qui parle d'offenser grand'mère ni grand-père [2]?

PHILAMINTE.

O ciel!

[1] On trouve dans une comédie de Larivey une scène entre une servante et un pédant, qui n'est pas le modèle de celle-ci, mais où Molière a peut-être trouvé l'idée des deux *solécismes* de Martine. Voici le passage. La servante dit: « Le seigneur « fidèle *sont*-il en la maison? » Le pédant répond: « *Femina proterva*, rude, in« docte, impérite, ignare, qui t'a enseigné à parler de cette façon? Tu as fait une « faute en grammaire, une discordance au nombre, parceque FIDÈLE *est numeri* « *singularis*, et SONT, *numeri pluralis*. — Toutes ces vôtres niaiseries ne m'im« portent rien. » Le pédant répond: « En ce sens on ne dit pas *ne m'importe rien*, « parceque *duæ negationes affirmant*. — Je n'ai point appris toutes ces choses« là, chacun sait ce qu'il a appris.— Sentence de Sénèque, au livre *de Moribus*: « *Unusquisque scit quod didicit*, » etc. Ce dernier trait est charmant, mais il ne pouvoit entrer dans le cadre de Molière. (Voyez *le Fidèle*, comédie de Larivey, acte II, scène XIV, page 57.)

[2] Partout ailleurs ces quolibets seroient insoutenables; ici ils font un bon effet, parcequ'ils font ressortir la pédanterie des savants. Il faut un goût bien délicat pour hasarder à propos ces jeux de mots bas et populaires. Molière est le seul qui ait bien réussi à les employer. (L. B.) — Remarquez aussi combien est heureux le contraste de la naïveté rustique de cette fille avec la fausse délicatesse des précieuses. Ce contraste est une source de plaisanteries piquantes, et dont le sentiment ne s'use point.

BÉLISE.

Grammaire est prise à contre-sens par toi,
Et je t'ai déjà dit d'où vient ce mot.

MARTINE.

Ma foi,
Qu'il vienne de Chaillot, d'Auteuil ou de Pontoise,
Cela ne me fait rien.

BÉLISE.

Quelle âme villageoise!
La grammaire, du verbe et du nominatif,
Comme de l'adjectif avec le substantif,
Nous enseigne les lois.

MARTINE.

J'ai, madame, à vous dire
Que je ne connois point ces gens-là.

PHILAMINTE.

Quel martyre!

BÉLISE.

Ce sont les noms des mots, et l'on doit regarder
En quoi c'est qu'il les faut faire ensemble accorder.

MARTINE.

Qu'ils s'accordent entre eux, ou se gourment, qu'importe?

PHILAMINTE, *à Bélise.*

Hé! mon Dieu! finissez un discours de la sorte.
à Chrysale.
Vous ne voulez pas, vous, me la faire sortir?

CHRYSALE.

à part.
Si fait. A son caprice il me faut consentir.
Va, ne l'irrite point: retire-toi, Martine.

* Une femme savante laisse souvent passer les caprices de son mari, comme [illegible] laisse passer ceux de sa femme. Cette marche un peu [illegible], et qui [illegible] objet de ramener la femme qui s'égare, [illegible] à sa [illegible], et au [illegible] toujours. Elle s'adresse à Chrysale, mais elle ne lui rend pas; et voilà pourquoi [illegible] le rend si comique. C'est ainsi qu'en peignant un caractère vrai avec [illegible] fait rire sans bons mots, sans épigrammes, sans aucun trait d'esprit.

PHILAMINTE.

Comment! vous avez peur d'offenser la coquine!
Vous lui parlez d'un ton tout-à-fait obligeant.

CHRYSALE.

(d'un ton ferme.) (d'un ton plus doux.)
Moi? point. Allons, sortez. Va-t'en, ma pauvre enfant[1].

SCÈNE VII.

PHILAMINTE, CHRYSALE, BÉLISE.

CHRYSALE.

Vous êtes satisfaite, et la voilà partie;
Mais je n'approuve point une telle sortie :
C'est une fille propre aux choses qu'elle fait,
Et vous me la chassez pour un maigre sujet[2].

PHILAMINTE.

Vous voulez que toujours je l'aie à mon service,
Pour mettre incessamment mon oreille au supplice,

[1] Que d'art et de vérité dans cette scene! Voyez comme Molière fait naître le comique de la simple opposition des caractères! Donnez a l'honnête Chrysale une femme douce et sage, et il sera exempt de ridicule. Pour dévoiler sa foiblesse, Molière lui oppose l'humeur impérieuse de Philaminte; dès-lors tous les personnages sont en mouvement. On rit de voir un homme plein de bon sens et de raison trembler devant une femme acariâtre et sotte; on rit de voir les leçons de la pédante Bélise perdues pour l'ignorante Martine; on rit de voir le bon sens de Martine également inutile à ces deux folles entichées de pédantisme. Lorsqu'on étudie avec attention les traits vigoureux et naïfs de ce tableau inimitable, on est tout surpris de découvrir dans les caractères les plus communs, dans les actions les plus ordinaires de la vie, un monde tout nouveau, le monde comique de Molière.

[2] Chrysale cède aux caprices de sa femme, mais il ne s'y rend pas. Il semble même n'avoir écarté Martine que pour la défendre avec plus de liberté. Chrysale est un homme foible, mais c'est aussi un homme plein de raison, et les convenances sont toujours de son côté. En effet, quelque tort que puisse avoir une maîtresse de maison, un honnête homme ne doit jamais l'humilier devant sa servante. Aussi Chrysale attend-il, pour blâmer Philaminte, que Martine se soit retirée. On ne sauroit trop remarquer ces délicatesses morales dans un poëte comique, si justement appelé par Voltaire le législateur des bienséances.

Pour rompre toute loi d'usage et de raison,
Par un barbare amas de vices d'oraison,
De mots estropiés, cousus, par intervalles,
De proverbes traînés dans les ruisseaux des halles[1] ?

BÉLISE.

Il est vrai que l'on sue à souffrir ses discours ;
Elle y met Vaugelas en pièces tous les jours ;
Et les moindres défauts de ce grossier génie
Sont ou le pléonasme, ou la cacophonie.

CHRYSALE.

Qu'importe qu'elle manque aux lois de Vaugelas,
Pourvu qu'à la cuisine elle ne manque pas ?
J'aime bien mieux, pour moi, qu'en épluchant ses herbes
Elle accommode mal les noms avec les verbes,
Et redise cent fois un bas et méchant mot,
Que de brûler ma viande ou saler trop mon pot[2].
Je vis de bonne soupe, et non de beau langage.
Vaugelas n'apprend point à bien faire un potage ;
Et Malherbe et Balzac, si savants en beaux mots,
En cuisine peut-être auroient été des sots[3].

[1] On retrouve l'esprit des discours de Philaminte et de Bélise, et même quelques-unes de leurs expressions, dans le passage suivant d'une petite pièce *sur les Lois de la galanterie*, pièce destinée aux précieuses, et imprimée en 1658. « Vous parlerez toujours dans les termes les plus polis dont la cour reçoive l'usage, *fuyant ceux qui sont trop anciens*. Vous vous garderez surtout d'user de proverbes et de quolibets ; car, si vous vous en serviez, ce seroit *parler en bourgeois, et le langage des halles*. S'il y a des mots inventés depuis peu, et dont les gens du monde prennent plaisir de se servir, ce sont ceux-là qu'on doit avoir incessamment à la bouche. Il en faut faire comme des modes nouvelles des habits, c'est-à-dire qu'il s'en faut servir hardiment, quelque bizarrerie qu'on y puisse trouver. » Ce morceau renferme, pour ainsi dire, toute la poétique du genre. Voyez le *Recueil de plusieurs pièces en prose, les plus agréables du temps*, etc.

[2] Ce discours admirable forme un contraste fort plaisant avec les discours alambiqués des précieuses. Dans une maison où les femmes se livrent aux études des hommes, il faut bien que les hommes songent aux devoirs des femmes.

[3] Il le faut avouer, ni avant ni après Molière, aucun écrivain n'a fait parler le bon sens avec cette verve, cette franchise et cette rondeur. Un pareil morceau paroîtroit inimitable, si Molière ne s'étoit surpassé lui-même dans l'espèce de plaidoyer que Chrysale va bientôt adresser à Bélise.

PHILAMINTE.

Que ce discours grossier terriblement assomme !
Et quelle indignité, pour ce qui s'appelle homme,
D'être baissé sans cesse aux soins matériels,
Au lieu de se hausser vers les spirituels !
Le corps, cette guenille, est-il d'une importance,
D'un prix à mériter seulement qu'on y pense ?
Et ne devons-nous pas laisser cela bien loin ?

CHRYSALE.

Oui, mon corps est moi-même, et j'en veux prendre soin :
Guenille, si l'on veut ; ma guenille m'est chère.

BÉLISE.

Le corps avec l'esprit fait figure, mon frère :
Mais, si vous en croyez tout le monde savant,
L'esprit doit sur le corps prendre le pas devant ;
Et notre plus grand soin, notre première instance[1],
Doit être à le nourrir du suc de la science.

CHRYSALE.

Ma foi, si vous songez à nourrir votre esprit,
C'est de viande bien creuse, à ce que chacun dit ;
Et vous n'avez nul soin, nulle sollicitude,
Pour...

PHILAMINTE.

Ah ! *sollicitude* à mon oreille est rude ;
Il put étrangement son ancienneté[2].

[1] Les commentateurs qui ont attribué à Molière les fautes de langage que fait ici Bélise ont oublié que Bélise et Philaminte s'expriment comme les précieuses, et que « les précieuses devoient avoir inventé quelques façons de parler bizarres par « leur nouveauté, et extraordinaires dans leur signification ; car c'étoit une de « leurs maximes de dire qu'il faut nécessairement qu'une précieuse parle autrement « que le peuple, afin que ses pensées ne soient entendues que de ceux qui ont des « clartés au-dessus du vulgaire : c'est dans ce dessein qu'elles font tous leurs efforts « pour détruire le vieux langage. » (Voyez le *grand Dictionnaire des Précieuses*, tome I, page 10, et tome II, page 6.)

[2] L'auteur du *grand Dictionnaire des Précieuses* vient de nous apprendre que *ces dames faisoient tous leurs efforts pour détruire le vieux langage*. Observation appuyée par l'auteur des *Lois de la galanterie*, où l'on voit qu'*elles fuyoient*

BÉLISE.

Il est vrai que le mot est bien collet monté[1].

CHRYSALE.

Voulez-vous que je dise? il faut qu'enfin j'éclate,
Que je lève le masque, et décharge ma rate :
De folles on vous traite, et j'ai fort sur le cœur...

PHILAMINTE.

Comment donc?

CHRYSALE, *à Bélise*.

C'est à vous que je parle, ma sœur.
Le moindre solécisme en parlant vous irrite;
Mais vous en faites, vous, d'étranges en conduite.
Vos livres éternels ne me contentent pas;

les mots trop anciens. C'est donc d'un ridicule véritable que l'auteur fait ressortir la colère si comique de Philaminte.

[1] J'ignore si cette expression, qui est encore d'usage au figuré, fut inventée par les précieuses ou par Molière : ce qu'il y a de certain, c'est que madame de Sévigné et Boileau ne s'en sont servis, et que le *Dictionnaire de l'Académie* ne l'a adoptée qu'après Molière. Les précieuses ont singulièrement enrichi notre langue. J'ai déjà cité* une multitude d'expressions aussi énergiques que pittoresques, et que nous employons chaque jour, sans nous douter qu'elles nous viennent de l'hôtel de Rambouillet. Ce sont les précieuses qui ont dit pour la première fois : Un *sourire fin*, un *sourire amer*, une *belle flamme ;* ce sont elles qui ont inventé ces locutions alors extraordinaires : « Qu'on donne un certain tour aux choses ; qu'on les fait de « la belle manière ; que cela est de la dernière conséquence ; qu'on a des senti- « ments délicats**. » Pour elles, l'imprimerie étoit « la sœur des Muses ; les yeux, « le miroir de l'ame ; l'or et l'argent, les dieux du commerce. » Il est vrai que toutes leurs expressions n'étoient pas aussi heureuses ; et on doit cette justice à Molière, de dire qu'il n'a rien exagéré, soit dans sa première pièce, soit dans celle-ci. Il est même remarquable que, dans *les Femmes savantes*, il s'attache peu à cette source de ridicule. C'est presque toujours du fond des choses, c'est-à-dire du caractère et de la situation de ses personnages, qu'il tire ses effets comiques. En un mot, Molière ici plaisante peu, mais il raille quelquefois comme Socrate : il ne fait pas la satire du vice, il en fait le portrait, il en montre les résultats ; et son tableau est d'autant plus moral qu'il est plus naturel et plus naïf. Ceux qui veulent écrire la comédie ne sauroient trop étudier *les Femmes savantes* : ils y apprendront que le poëte comique doit dédaigner l'arme de la satire. Ils ne parleront pas, ils mettront en action. Ils verront enfin que le ridicule est toujours chez Molière le résultat d'un vice ; qu'il en ressort, et ne s'y ajoute pas.

* Voyez les notes des *Précieuses*, p. 255.

** Voyez Sorel, *du nouveau langage françois*, chap. IV, p. 407.

Et, hors un gros Plutarque à mettre mes rabats,
Vous devriez brûler tout ce meuble inutile,
Et laisser la science aux docteurs de la ville;
M'ôter, pour faire bien, du grenier de céans,
Cette longue lunette à faire peur aux gens,
Et cent brimborions dont l'aspect importune;
Ne point aller chercher ce qu'on fait dans la lune,
Et vous mêler un peu de ce qu'on fait chez vous,
Où nous voyons aller tout sens dessus dessous.
Il n'est pas bien honnête, et pour beaucoup de causes,
Qu'une femme étudie et sache tant de choses.
Former aux bonnes mœurs l'esprit de ses enfants[1],
Faire aller son ménage, avoir l'œil sur ses gens,
Et régler la dépense avec économie,
Doit être son étude et sa philosophie.
Nos pères, sur ce point, étoient gens bien sensés,
Qui disoient qu'une femme en sait toujours assez
Quand la capacité de son esprit se hausse
A connoitre un pourpoint d'avec un haut-de-chausse[2].
Les leurs ne lisoient point, mais elles vivoient bien;

[1] Ceux qui pensent que Chrysale veut borner tout le savoir des femmes *a veiller sur leur pot* sont loin d'entrer dans la pensée de Molière. Il ne s'agit pas seulement ici de corriger le siècle d'un ridicule passager, mais de ramener les femmes aux choses qui leur sont propres et naturelles; choses si importantes dans leur simplicité, que, bien entendues et bien pratiquées, elles leur assureroient l'empire que les sciences ne sauroient leur donner. La superbe Cornélie, la mère de saint Louis, celle de Bayard et celle de Henri IV n'eurent guère d'autres sciences que celle de *former aux bonnes mœurs l'esprit de leurs enfants*. Toute la sagesse de ces femmes, qui eurent tant d'influence sur le bonheur des peuples, est comprise dans le discours de Chrysale, discours qu'on peut regarder comme un traité complet de morale, bien qu'il soit le chef-d'œuvre de la bonne comédie.

[2] Le mot est historique, et Molière l'a emprunté à son *Montaigne*. « A l'adventure, nous et la theologie ne requerons pas beaucoup de science aux femmes: et François, duc de Bretagne, fils de Jean V, comme on lui parla de son mariage avec Isabeau, fille d'Escosse, et qu'on lui adjousta qu'elle avoit esté nourrie simplement et sans aulcune instruction de lettres, respondit « qu'il l'en aimoit mieulx, et « qu'une femme estoit assez sçavante quand elle sçavoit mettre difference entre la « chemise et le pourpoinct de son mary. » (*Essais*. liv. I, chap. XIV. Voyez aussi *Chevræana*, tome I, page 192, et les *Annales* de Bouchet.)

Leurs ménages étoient tout leur docte entretien ;
Et leurs livres, un dé, du fil et des aiguilles,
Dont elles travailloient au trousseau de leurs filles.
Les femmes d'à présent sont bien loin de ces mœurs :
Elles veulent écrire, et devenir auteurs.
Nulle science n'est pour elles trop profonde,
Et céans beaucoup plus qu'en aucun lieu du monde :
Les secrets les plus hauts s'y laissent concevoir,
Et l'on sait tout chez moi, hors ce qu'il faut savoir.
On y sait comme vont lune, étoile polaire,
Vénus, Saturne et Mars, dont je n'ai point affaire ;
Et, dans ce vain savoir, qu'on va chercher si loin,
On ne sait comme va mon pot, dont j'ai besoin.
Mes gens à la science aspirent pour vous plaire,
Et tous ne font rien moins que ce qu'ils ont à faire.
Raisonner est l'emploi de toute ma maison,
Et le raisonnement en bannit la raison.
L'un me brûle mon rôt, en lisant quelque histoire :
L'autre rêve à des vers, quand je demande à boire :
Enfin je vois par eux votre exemple suivi,
Et j'ai des serviteurs, et ne suis point servi[1].
Une pauvre servante au moins m'étoit restée,

[1] Une servante grossière et un petit garçon composent tout le domestique de Chrysale, qui a chez lui sa femme, une sœur, et deux filles. Avec un peu de réflexion ne sent-on pas que, dans une pareille maison, toute distraction au soin du ménage, quelque légère qu'elle puisse être, n'y peut apporter que le trouble? (B.) —Cette réflexion, juste en elle-même, ne peut s'appliquer à Chrysale, qui a des gens (car il suffit de lire cette tirade pour voir que sa maison ne se borne pas à une grossière servante et à un petit garçon), qui voit le monde, qui est un homme riche et honorable, et qui dit d'un homme qui recherche sa fille : « Il est riche en vertus, « cela vaut des trésors. » Chrysale veut qu'au lieu de regarder dans la lune, sa femme règle son ménage, et que ses domestiques fassent leur devoir et ne fassent pas des vers. Il blâme dans les femmes l'étalage de la science ; il proscrit la vanité d'un faux savoir ; enfin il se renferme dans les bornes de la sagesse. Le but de Molière est de montrer d'un côté, par l'exemple de Philaminte, comment un simple travers d'esprit peut influer sur les mœurs et sur le bonheur domestique ; de l'autre, par l'exemple de Chrysale, qui raisonne si bien, comment la foiblesse, qui ressemble tant à la bonté, peut devenir le principe de tous nos maux.

Qui de ce mauvais air n'étoit point infectée;
Et voilà qu'on la chasse avec un grand fracas,
A cause qu'elle manque à parler Vaugelas.
Je vous le dis, ma sœur, tout ce train-là me blesse[1];
Car c'est, comme j'ai dit, à vous que je m'adresse.
Je n'aime point céans tous vos gens à latin,
Et principalement ce monsieur Trissotin :
C'est lui qui, dans des vers, vous a tympanisées;
Tous les propos qu'il tient sont des billevesées.
On cherche ce qu'il dit après qu'il a parlé[2];
Et je lui crois, pour moi, le timbre un peu fêlé.

PHILAMINTE.

Quelle bassesse, ô ciel! et d'ame et de langage!

BÉLISE.

Est-il de petits corps un plus lourd assemblage,
Un esprit composé d'atomes plus bourgeois[3]?
Et de ce même sang se peut-il que je sois?
Je me veux mal de mort d'être de votre race;
Et, de confusion, j'abandonne la place.

[1] L'auteur termine cette admirable tirade comme il l'avoit commencée, par un trait de caractère. C'est sans doute après avoir écrit ce discours que Molière disoit : « Si *les Femmes savantes* ne me conduisent pas à la postérité, je n'irai jamais. » C'est après l'avoir lu que Voltaire écrivoit : « Molière est le premier poëte comique de toutes les nations, » et que La Harpe disoit de ce grand homme : « C'est le premier de tous les philosophes moralistes. »

[2] L'instinct de Chrysale s'exprime avec une bonhomie qui fait voir que l'ignorance vaut cent fois mieux que la science sans le bon sens. Le pauvre homme ne met-il pas tout le monde de son parti, quand il se plaint si pathétiquement qu'on lui ôte sa servante parcequ'elle ne parle pas bien françois? Ce style-là, il faut l'avouer, est d'une fabrique qu'on n'a point retrouvée depuis Molière; cette foule de tournures naïves confond lorsqu'on y réfléchit. Est-il possible, par exemple, de peindre mieux l'effet que produit le phébus et le galimatias, dans la conversation comme dans les livres, que par ce vers si heureux :

On cherche ce qu'il dit après qu'il a parlé?

Ce pourroit être la devise de plus d'un bel esprit de nos jours. (L.)

[3] L'*air bourgeois*, des *atomes bourgeois* : ces expressions sont citées comme nouvelles dans le *grand Dictionnaire des Précieuses*, publié onze ans avant *les Femmes savantes*. « Je me veux mal de mort » étoit encore une locution à la mode. Molière n'invente pas, il observe, et il peint.

SCÈNE VIII.

PHILAMINTE, CHRYSALE.

PHILAMINTE.

Avez-vous à lâcher encore quelque trait?

CHRYSALE.

Moi? Non. Ne parlons plus de querelle; c'est fait.
Discourons d'autre affaire. A votre fille aînée
On voit quelque dégoût pour les nœuds d'hyménée;
C'est une philosophe enfin, je n'en dis rien;
Elle est bien gouvernée, et vous faites fort bien :
Mais de toute autre humeur se trouve sa cadette;
Et je crois qu'il est bon de pourvoir Henriette,
De choisir un mari...

PHILAMINTE

C'est à quoi j'ai songé,
Et je veux vous ouvrir l'intention que j'ai.
Ce monsieur Trissotin, dont on nous fait un crime,
Et qui n'a pas l'honneur d'être dans votre estime,
Est celui que je prends pour l'époux qu'il lui faut;
Et je sais mieux que vous juger de ce qu'il vaut.
La contestation est ici superflue;
Et de tout point chez moi l'affaire est résolue.
Au moins ne dites mot du choix de cet époux;
Je veux à votre fille en parler avant vous.
J'ai des raisons à faire approuver ma conduite,
Et je connoîtrai bien si vous l'aurez instruite[1].

[1] Toutes les formes les plus insultantes que l'impudence peut inventer, la contradiction, le mépris, la hauteur, la volonté altière, la défense, l'ironie, la menace, sont accumulées dans cette tirade, qui est le modèle du genre. Philaminte a peu parlé dans la scène précédente; mais en prononçant ce seul mot, *Comment* ?? elle a peint son caractère et fait juger celui de Chrysale.

SCÈNE IX.

ARISTE, CHRYSALE.

ARISTE.

Hé bien! la femme sort; mon frère, et je vois bien
Que vous venez d'avoir ensemble un entretien.

CHRYSALE.

Oui.

ARISTE.

Quel est le succès? Aurons-nous Henriette?
A-t-elle consenti? l'affaire est-elle faite?

CHRYSALE.

Pas tout-à-fait encor.

ARISTE.

Refuse-t-elle?

CHRYSALE.

Non.

ARISTE.

Est-ce qu'elle balance?

CHRYSALE.

En aucune façon.

ARISTE.

Quoi donc?

CHRYSALE.

C'est que pour gendre elle m'offre un autre homme.

ARISTE.

Un autre homme pour gendre?

CHRYSALE.

Un autre.

ARISTE.

Qui se nomme?

CHRYSALE.

Monsieur Trissotin.

ARISTE.

Quoi! ce monsieur Trissotin...?

CHRYSALE.

Oui, qui parle toujours de vers et de latin.

ARISTE.

Vous l'avez accepté?

CHRYSALE.

Moi, point : à Dieu ne plaise!

ARISTE.

Qu'avez-vous répondu?

CHRYSALE.

Rien; et je suis bien aise
De n'avoir point parlé, pour ne m'engager pas.

ARISTE.

La raison est fort belle, et c'est faire un grand pas.
Avez-vous su du moins lui proposer Clitandre?

CHRYSALE.

Non; car, comme j'ai vu qu'on parloit d'autre gendre,
J'ai cru qu'il étoit mieux de ne m'avancer point[1].

ARISTE.

Certes, votre prudence est rare au dernier point.
N'avez vous point de honte, avec votre mollesse?
Et se peut-il qu'un homme ait assez de foiblesse
Pour laisser à sa femme un pouvoir absolu,
Et n'oser attaquer ce qu'elle a résolu?

CHRYSALE.

Mon Dieu! vous en parlez, mon frère, bien à l'aise,
Et vous ne savez pas comme le bruit me pèse.
J'aime fort le repos, la paix et la douceur,
Et ma femme est terrible avecque son humeur;
Du nom de philosophe elle fait grand mystère[2] :

[1] Peut-on peindre avec plus de vérité et d'une manière plus comique les subterfuges, les faux-fuyants d'un pauvre homme qui voudroit cacher sa foiblesse, ou, du moins, en reculer le plus possible l'humiliant aveu? A.

[2] Faire mystère vouloit dire alors, mais dans la conversation seulement, donner

Mais elle n'en est pas pour cela moins colère ;
Et sa morale, faite à mépriser le bien,
Sur l'aigreur de sa bile opère comme rien.
Pour peu que l'on s'oppose à ce que veut sa tête,
On en a pour huit jours d'effroyable tempête.
Elle me fait trembler dès qu'elle prend son ton :
Je ne sais où me mettre, et c'est un vrai dragon ;
Et cependant, avec toute sa diablerie,
Il faut que je l'appelle et mon cœur et ma mie [1].

ARISTE

Allez, c'est se moquer. Votre femme, entre nous,
Est, par vos lâchetés, souveraine sur vous.
Son pouvoir n'est fondé que sur votre foiblesse :
C'est de vous qu'elle prend le titre de maîtresse :
Vous-même à ses hauteurs vous vous abandonnez,
Et vous faites mener en bête par le nez [2].
Quoi ! vous ne pouvez pas, voyant comme on vous nomme,
Vous résoudre une fois à vouloir être un homme,
A faire condescendre une femme à vos vœux,
Et prendre assez de cœur pour dire un Je le veux !
Vous laisserez, sans honte, immoler votre fille
Aux folles visions qui tiennent la famille,
Et de tout votre bien revêtir un nigaud,
Pour six mots de latin qu'il leur fait sonner haut ;
Un pédant qu'à tout coup votre femme apostrophe
Du nom de bel esprit et de grand philosophe.

une grande importance à une chose. Molière emploie souvent cette locution dans ce sens. P.)

[1] Imitation de Plaute. Dans *la Casina*, acte II, scène III, Stalinon dit, en apercevant sa femme : « *Tristem adstare adspicio : blande hæc mihi mala res ad- « pellanda. Uxor mea, meaque amœnitas, quid tu agis ?* » Je l'aperçois triste et rêveuse ; il faut pourtant que je lui parle. Ma petite femme, qu'as-tu donc, mon petit cœur ? Traduction de Le Monnier. — Molière raconte, Plaute met en action.

[2] Cette expression proverbiale nous vient des Grecs, qui l'ont tirée des buffles, que l'on conduit au moyen d'un anneau qu'on leur passe dans les narines. (Voyez les *Proverbes français, ou Matinées senonoises*, page 334

D'homme qu'en vers galants jamais on n'égala,
Et qui n'est, comme on sait, rien moins que tout cela!
Allez, encore un coup, c'est une moquerie;
Et votre lâcheté mérite qu'on en rie.

CHRYSALE.

Oui, vous avez raison, et je vois que j'ai tort.
Allons, il faut enfin montrer un cœur plus fort,
Mon frère[1].

ARISTE.

C'est bien dit.

CHRYSALE.

C'est une chose infame
Que d'être si soumis au pouvoir d'une femme.

ARISTE.

Fort bien.

CHRYSALE.

De ma douceur elle a trop profité.

ARISTE.

Il est vrai.

CHRYSALE.

Trop joui de ma facilité.

ARISTE.

Sans doute.

CHRYSALE.

Et je lui veux faire aujourd'hui connoître
Que ma fille est ma fille, et que j'en suis le maître,
Pour lui prendre un mari qui soit selon mes vœux.

ARISTE.

Vous voilà raisonnable, et comme je vous veux.

CHRYSALE.

Vous êtes pour Clitandre, et savez sa demeure;

[1] Quel trait admirable de caractère! Chrysale sent sa foiblesse, il rougit de ses subterfuges, et veut enfin montrer *un cœur plus fort*; mais tout-à-coup, comme s'il s'épouvantoit de sa résolution, il pousse un cri de détresse, il appelle à son aide.

Faites-le-moi venir, mon frère, tout-à-l'heure[1].

ARISTE.

J'y cours tout de ce pas.

CHRYSALE.

C'est souffrir trop long-temps,
Et je m'en vais être homme à la barbe des gens[2].

ACTE TROISIÈME.

SCÈNE I.

PHILAMINTE, ARMANDE, BÉLISE, TRISSOTIN, LÉPINE.

PHILAMINTE.

Ah! mettons-nous ici pour écouter à l'aise
Ces vers, que mot à mot il est besoin qu'on pèse.

ARMANDE.

Je brûle de les voir.

BÉLISE.

Et l'on s'en meurt chez nous.

PHILAMINTE, *à Trissotin.*

Ce sont charmes pour moi que ce qui part de vous.

[1] Chrysale est sûr d'Ariste; il veut s'engager à Clitandre pour s'assurer de lui-même. Toute la raison de cet homme, qui a un si grand sens, ne sert qu'à lui faire connoître sa foiblesse. Ce caractère est admirable de vérité : un travers d'esprit suffiroit pour en faire un Orgon; un peu de force l'élèveroit au rang des Philinte et des Ariste. Ainsi quelques nuances suffisent à un grand peintre pour varier ses tableaux.

[2] Dans ce second acte, le sujet et l'action marchent de front. Le sujet, qui est l'affectation du savoir chez les femmes, reçoit un premier développement dans l'admirable scène où Martine est chassée pour un solécisme; et l'action fait de même un premier pas dans la scène où Philaminte déclare qu'elle veut donner Trissotin pour époux à sa fille, tandis que Chrysale la destine à Clitandre. (A.)

ARMANDE.

Ce m'est une douceur à nulle autre pareille.

BÉLISE.

Ce sont repas friands qu'on donne à mon oreille.

PHILAMINTE.

Ne faites point languir de si pressants desirs.

ARMANDE.

Dépêchez.

BÉLISE.

Faites tôt, et hâtez nos plaisirs [1].

PHILAMINTE.

A notre impatience offrez votre épigramme.

TRISSOTIN, *à Philaminte.*

Hélas! c'est un enfant tout nouveau-né, madame;
Son sort assurément a lieu de vous toucher,
Et c'est dans votre cour que j'en viens d'accoucher [2].

PHILAMINTE.

Pour me le rendre cher, il suffit de son père.

TRISSOTIN.

Votre approbation lui peut servir de mère.

BÉLISE.

Qu'il a d'esprit!

[1] Après avoir fait attendre Trissotin pendant deux actes, Molière n'a pas besoin de le nommer : l'enthousiasme et l'empressement des précieuses, ses propres discours, le feront assez reconnoître.

[2] L'abbé Cotin avoit lancé des épigrammes contre mademoiselle de Scudéry, et à cette occasion il s'étoit brouillé avec Ménage. La guerre s'alluma, et de cette première discussion on vit sortir un gros volume en prose. Ce n'est donc pas sans dessein que dès l'abord Molière fait *accoucher* Cotin d'une épigramme. Le seul nom de ce petit poëme devoit égayer les spectateurs, en réveillant dans leur esprit toute l'histoire de cette ridicule querelle. Ainsi ce trait léger, et presque inaperçu aujourd'hui, est une habile préparation aux grands effets de la scène suivante. (Voyez le *grand Dictionnaire des Précieuses*, tome II, page 95, article Cum[illegible].)

SCÈNE II.

HENRIETTE, PHILAMINTE, BÉLISE, ARMANDE, TRISSOTIN, LÉPINE.

PHILAMINTE, *à Henriette, qui veut se retirer.*

Holà! pourquoi donc fuyez-vous?

HENRIETTE.

C'est de peur de troubler un entretien si doux.

PHILAMINTE.

Approchez, et venez, de toutes vos oreilles,
Prendre part au plaisir d'entendre des merveilles.

HENRIETTE

Je sais peu les beautés de tout ce qu'on écrit,
Et ce n'est pas mon fait que les choses d'esprit.

PHILAMINTE.

Il n'importe : aussi bien ai-je à vous dire ensuite
Un secret dont il faut que vous soyez instruite.

TRISSOTIN, *à Henriette.*

Les sciences n'ont rien qui vous puisse enflammer,
Et vous ne vous piquez que de savoir charmer.

HENRIETTE.

Aussi peu l'un que l'autre; et je n'ai nulle envie...

BÉLISE.

Ah! songeons à l'enfant nouveau-né, je vous prie.

PHILAMINTE, *à Lépine.*

Allons, petit garçon, vite de quoi s'asseoir.

(Lépine se laisse tomber.)

Voyez l'impertinent! Est-ce que l'on doit choir,
Après avoir appris l'équilibre des choses?

BÉLISE.

De ta chute, ignorant, ne vois-tu pas les causes,
Et qu'elle vient d'avoir, du point fixe, écarté
Ce que nous appelons centre de gravité?

LÉPINE.

Je m'en suis aperçu, madame, étant par terre.

PHILAMINTE, *à Lépine, qui sort.*

Le lourdaud!

TRISSOTIN.

Bien lui prend de n'être pas de verre.

ARMANDE.

Ah! de l'esprit partout!

BÉLISE.

Cela ne tarit pas.

(Ils s'asseyent.)

PHILAMINTE.

Servez-nous promptement votre aimable repas.

TRISSOTIN.

Pour cette grande faim qu'à mes yeux on expose,
Un plat seul de huit vers me semble peu de chose;
Et je pense qu'ici je ne ferai pas mal
De joindre à l'épigramme, ou bien au madrigal,
Le ragoût d'un sonnet qui, chez une princesse [1],

[1] Molière désigne ici fort clairement l'abbé Cotin. On a blâmé cette licence; mais il eût été juste de remarquer que Molière n'avoit pas donné l'exemple. Joué par Montfleury, sur le théâtre de l'hôtel de Bourgogne, il avoit, à cette occasion, posé des principes qu'il est bon de rappeler ici : « Je leur abandonne (aux comédiens) « de bon cœur mes ouvrages, ma figure, mes gestes, mes paroles, mon ton de « voix, et ma façon de réciter, pour en faire et dire tout ce qui leur plaira; mais « la courtoisie doit avoir ses bornes, et il y a des choses qui ne font rire ni les spec- « tateurs, ni celui dont on parle. » Molière s'écarte-t-il de ces principes? non. Ce qu'il permet à son ennemi, il se le permet à lui-même contre l'abbé Cotin : et ce qu'il vouloit qu'on respectât en lui, il le respecte dans ses ennemis. Attaqué par Cotin (car c'est Cotin qui l'attaqua le premier), il lui répond en se raillant de ses vers, en se moquant de sa personne. Il se venge du méchant poëte, mais il ne dit rien ni de l'ecclésiastique ni du prédicateur; il fait plus, il sépare si bien le poëte de l'homme privé, que les contemporains ne peuvent les confondre; car ce qu'il y a de vil dans le personnage de Trissotin (sa cupidité, sa persévérance à vouloir épouser Henriette) ne pouvoit convenir à un ecclésiastique de soixante ans. Ainsi Molière ne diffame pas la vie de Cotin, il joue ses ridicules. La punition qu'il lui impose est d'ailleurs aussi spirituelle que singulière; c'est d'être admiré par les précieuses, c'est de s'entendre répéter en public les éloges que ces dames lui donnoient tous les jours en particulier : vengeance d'autant plus piquante qu'elle étoit plus inattendue. Enfin, si l'on blâme Molière de cette vengeance, que dira-t-on de

A passé pour avoir quelque délicatesse.
Il est de sel attique assaisonné partout,
Et vous le trouverez, je crois, d'assez bon goût.

ARMANDE.

Ah! je n'en doute point.

PHILAMINTE.

Donnons vite audience.

BÉLISE, *interrompant Trissotin chaque fois qu'il se dispose à lire.*

Je sens d'aise mon cœur tressaillir par avance.
J'aime la poésie avec entêtement,
Et surtout quand les vers sont tournés galamment.

PHILAMINTE.

Si nous parlons toujours, il ne pourra rien dire.

TRISSOTIN.

So...

l'inconsidération d'un prêtre, d'un prédicateur, d'un vieillard qui, sans aucun sujet de plainte, se permet des vers tels que ceux-ci :

Despréaux sans argent, crotté jusqu'à l'échine,
S'en va chercher son pain de cuisine en cuisine :
Son *Turlupin* l'assiste, et, jouant de son nez,
Chez le sot campagnard gagne de bons dînés.
Despréaux à ce jeu répond par sa grimace,
Et fait en bateleur cent tours de passe-passe.
Puis ensuite, enivrés et du bruit et du vin,
L'un sur l'autre tombant renversent le festin
On les promet tous deux quand on fait chère entière,
Ainsi que l'on promet et *Tartuffe* et Molière
Il n'est comte danois ni baron allemand
Qui n'ait à ses repas un couple si charmant;
Et dans la Croix-de-Fer (cabaret fameux) eux seuls en valent mille,
Pour faire aux étrangers l'honneur de cette ville;
Ils ne se quittent point. O ciel! quelle amitié!
Et que leur mauvais sort est digne de pitié!
Ce couple si divin par les tables mendie;
Et, pour vivre, aux coteaux donne la comédie.

Cette satire de Cotin est précisément celle que Jacques Mignot, pour se venger de Boileau, avoit fait imprimer à ses frais, et dans laquelle il enveloppoit ses biscuits, qui eurent alors une si grande vogue. On sait que Despréaux lui-même en envoyoit chercher, pour se divertir avec ses amis. (Voyez, sur cette satire, les *Mélanges de Vigneul-Marville*, t. III, p. 291.)

BÉLISE, *à Henriette.*

Silence, ma nièce.

ARMANDE.

Ah! laissez-le donc lire.

TRISSOTIN.

Sonnet à la princesse URANIE, *sur sa fièvre*[1].

Votre prudence est endormie,
De traiter magnifiquement
Et de loger superbement
Votre plus cruelle ennemie.

BÉLISE.

Ah! le joli début!

ARMANDE.

Qu'il a le tour galant!

PHILAMINTE.

Lui seul des vers aisés possède le talent[2].

ARMANDE.

A *prudence endormie* il faut rendre les armes[3].

[1] Le sonnet se trouve dans les *Œuvres galantes en prose et en vers de M. Cotin*, chez Étienne Loyson, Paris, 1663. Il est intitulé, *Sonnet à mademoiselle de Longueville, à présent duchesse de Nemours, sur sa fièvre quarte*. B. — Ce fut Boileau qui fournit à Molière l'idée de la scène entre Trissotin et Vadius, et qui lui apporta le sonnet de l'abbé Cotin, avec un madrigal du même auteur, dont Molière tira si bon parti dans sa scène incomparable. Voyez le *Bolæana*, tome V, p. 35 de l'édition de Boileau donnée par Saint-Marc.

[2] La coterie qui soutenoit les Cotin, les Pradon et les Voiture louoit comme une grace particulière la négligence de leur poésie. Par une suite des mêmes idées cette coterie soutenoit que les divins ouvrages de Molière, de Racine, et de Boileau, étoient trop travaillés, et sentoient le métier. Molière, qui s'étoit déjà raillé de cette opinion, dans une scène du *Misanthrope*, de la manière la plus piquante, s'en raille encore ici en faisant l'éloge de Cotin. Au reste, ce n'étoient pas seulement des folles ou des sots que Molière avoit à corriger; c'étoient les plus charmants esprits du siècle, mesdames Deshoulières, de La Fayette, et de Sévigné. [illegible] dernière admiroit Corneille, sans doute; mais, séduite par son siècle, elle [illegible] ne rien n'étoit plus charmant que les badinages de Voiture.

[3] [illegible]*dence endormie* n'est point une expression ridicule; elle est employée par [illegible] auteurs, et notamment par Corneille, dans ce vers de *Nicomède*:

[illegible] prudence n'est pas tout-à-fait endormie.

[illegible] de Trissotin, ou, pour mieux dire, de Cotin, que Molière se moque

BÉLISE.

Loger son ennemie est pour moi plein de charmes.

PHILAMINTE.

J'aime *superbement* et *magnifiquement*;
Ces deux adverbes joints font admirablement.

BÉLISE.

Prêtons l'oreille au reste.

TRISSOTIN.

Votre prudence est endormie.
De traiter magnifiquement,
Et de loger superbement
Votre plus cruelle ennemie.

ARMANDE.

Prudence endormie!

BÉLISE.

Loger son ennemie!

PHILAMINTE.

Superbement et *magnifiquement!*

TRISSOTIN.

Faites-la sortir, quoi qu'on die,
De votre riche appartement,
Où cette ingrate insolemment
Attaque votre belle vie.

BÉLISE.

Ah! tout doux! laissez-moi, de grace, respirer.

ARMANDE.

Donnez-nous, s'il vous plait, le loisir d'admirer.

PHILAMINTE.

On se sent, à ces vers, jusques au fond de l'ame,
Couler je ne sais quoi qui fait que l'on se pâme [1].

en cet endroit : c'est de ce trio de femmes qui s'extasient follement sur les choses qui le méritent le moins. (A.)

[1] Ce que Cotin avoit le plus souhaité, l'admiration des précieuses, Molière l'en écrase; il en fait sa punition, il en fait son supplice : c'est la vanité condamnée à contempler son faux éclat, sa profonde misère. Mais ce spectacle ne fut aperçu que du public; et Cotin, s'il faut en croire un de ses historiens, loin de se corriger,

ARMANDE.

Faites-la sortir, quoi qu'on die,
De votre riche appartement.

Que *riche appartement* est là joliment dit !
Et que la métaphore est mise avec esprit !

PHILAMINTE.

Faites-la sortir, quoi qu'on die.

Ah ! que ce *quoi qu'on die* est d'un goût admirable !
C'est, à mon sentiment, un endroit impayable.

ARMANDE.

De *quoi qu'on die* aussi mon cœur est amoureux.

BÉLISE.

Je suis de votre avis, *quoi qu'on die* est heureux.

ARMANDE.

Je voudrois l'avoir fait.

BÉLISE.

Il vaut toute une pièce.

PHILAMINTE.

Mais en comprend-on bien, comme moi, la finesse?

ARMANDE ET BÉLISE.

Oh ! oh !

PHILAMINTE.

Faites-la sortir, quoi qu'on die.

Que de la fièvre on prenne ici les intérêts,
N'ayez aucun égard, moquez-vous des caquets.

Faites-la sortir, quoi qu'on die,
Quoi qu'on die, quoi qu'on die.

Ce *quoi qu'on die* en dit beaucoup plus qu'il ne semble.
Je ne sais pas, pour moi, si chacun me ressemble ;

« se regarda toujours comme un homme injustement satirisé par des gens qui ne « pouvoient souffrir le vrai mérite. » Ainsi la vanité ne se corrige point ; en vain le poëte comique lui arrache son masque : s'il la fait voir chez les autres, elle ne se montre que pour nous faire rire ; s'il la fait voir en nous, elle ne se montre que pour nous consoler. (Voyez les *nouveaux Mémoires de littérature* de l'abbé d'Artigny, t. VI, p. 117.)

Mais j'entends là-dessous un million de mots.

BÉLISE.

Il est vrai qu'il dit plus de choses qu'il n'est gros.

PHILAMINTE, *à Trissotin.*

Mais quand vous avez fait ce charmant *quoi qu'on die*,
Avez-vous compris, vous, toute son énergie?
Songiez-vous bien vous-même à tout ce qu'il nous dit [1]?
Et pensiez-vous alors y mettre tant d'esprit?

TRISSOTIN.

Hai! hai!

ARMANDE.

J'ai fort aussi l'*ingrate* dans la tête,
Cette ingrate de fièvre, injuste, malhonnête,
Qui traite mal les gens qui la logent chez eux.

PHILAMINTE.

Enfin les quatrains sont admirables tous deux.
Venons-en promptement aux tiercets, je vous prie [2].

ARMANDE.

Ah! s'il vous plaît, encore une fois *quoi qu'on die*.

TRISSOTIN.

Faites-la sortir, quoi qu'on die,

PHILAMINTE, ARMANDE, ET BÉLISE.

Quoi qu'on die!

TRISSOTIN.

De votre riche appartement,

[1] L'admiration exagérée est souvent un moyen qu'on emploie pour se faire valoir soi-même : Molière a fondé sur ce retour de vanité tout le comique de cette excellente scène. En effet, les précieuses, en louant Trissotin, ne songeoient qu'à montrer leur esprit; et si Philaminte se pâmoit tout-à-l'heure, c'est qu'elle voyoit dans ces vers des beautés que l'auteur lui-même n'y avoit pas aperçues. Que de profondeur dans ce léger badinage! Comme Socrate, Molière découvre le côté comique des choses, et ses tableaux nous prouvent que rien n'est plus gai que l'étude du bon sens.

[2] Le vrai mot est *tercet*. Il est écrit de cette manière dans toutes les éditions du *Dictionnaire de l'Académie*, à l'article SONNET; mais, ce qui est extraordinaire, il n'a été placé à son rang, comme mot de la langue, que dans l'édition de 1762. (A.)

PHILAMINTE, ARMANDE, ET BÉLISE.

Riche appartement!

TRISSOTIN.

Où cette ingrate insolemment

PHILAMINTE, ARMANDE, ET BÉLISE.

Cette *ingrate* de fièvre!

TRISSOTIN.

Attaque votre belle vie.

PHILAMINTE.

Votre belle vie!

ARMANDE ET BÉLISE.

Ah!

TRISSOTIN.

Quoi! sans respecter votre rang,
Elle se prend à votre sang,

PHILAMINTE, ARMANDE, ET BÉLISE.

Ah!

TRISSOTIN.

Et nuit et jour vous fait outrage!

Si vous la conduisez aux bains,
Sans la marchander davantage,
Noyez-la de vos propres mains.

PHILAMINTE.

On n'en peut plus.

BÉLISE.

On pâme.

ARMANDE.

On se meurt de plaisir.

PHILAMINTE.

De mille doux frissons vous vous sentez saisir.

PHILAMINTE.

Noyez-la de vos propres mains.

De vos propres mains, là, noyez-la dans les bains.

ARMANDE.

Chaque pas dans vos vers rencontre un trait charmant.

BÉLISE.

Partout on s'y promène avec ravissement.

PHILAMINTE.

On n'y sauroit marcher que sur de belles choses.

ARMANDE.

Ce sont petits chemins tout parsemés de roses.

TRISSOTIN.

Le sonnet donc vous semble...

PHILAMINTE.

Admirable, nouveau;
Et personne jamais n'a rien fait de si beau [1].

BÉLISE, *à Henriette.*

Quoi! sans émotion pendant cette lecture!
Vous faites là, ma nièce, une étrange figure!

HENRIETTE.

Chacun fait ici-bas la figure qu'il peut,

[1] C'est toujours ainsi que la sottise admire. Scudéry, qui comparoit *le Cid* à un vermisseau, disoit de Théophile : « Je ne fais pas difficulté de publier hautement « que tous les morts ni tous les vivants n'ont rien qui puisse approcher des forces « de ce vigoureux génie ; et si parmi les derniers il se rencontre quelques extrava- « gants qui jugent que j'offense sa gloire imaginaire, pour lui montrer que je le « crains autant que je l'estime, je veux qu'il sache que je m'appelle Scudéry. » Boileau fait allusion à cette rodomontade, lorsqu'il dit :

Tous les jours à la cour un sot de qualité
Peut juger de travers avec impunité;
A Malherbe, à Racan préférer Théophile, etc.

Boileau désigne et frappe les sots, Molière les montre et les fait agir : tous deux attaquent les mêmes travers ; tous deux sont les législateurs du goût et des bienséances ; tous deux enfin ont réformé leur siècle, et éclairé l'esprit de Louis XIV. Aussi, pour bien comprendre Molière, il faut étudier les ouvrages de Boileau, et réciproquement. Sans doute le rapprochement des intentions et des pensées de ces deux excellents poëtes, fait par un esprit excellent, seroit le meilleur de tous les commentaires.

Ma tante; et bel esprit, il ne l'est pas qui veut [1].

TRISSOTIN.

Peut-être que mes vers importunent madame.

HENRIETTE.

Point. Je n'écoute pas [2].

PHILAMINTE.

Ah! voyons l'épigramme.

TRISSOTIN.

Sur un carrosse de couleur amarante donné à une dame de ses amies.

PHILAMINTE.

Ses titres ont toujours quelque chose de rare.

ARMANDE.

A cent beaux traits d'esprit leur nouveauté prépare.

TRISSOTIN.

L'amour si chèrement m'a vendu son lien [3],

PHILAMINTE, ARMANDE, ET BÉLISE.

Ah!

TRISSOTIN.

Qu'il m'en coûte déja la moitié de mon bien;
Et, quand tu vois ce beau carrosse,
Où tant d'or se relève en bosse,
Qu'il étonne tout le pays,
Et fait pompeusement triompher ma Laïs...

[1] En rejetant sa froideur sur son incapacité, non seulement Henriette se donne le droit de ne rien admirer, mais encore de ne rien écouter. Son inattention, un peu affectée, contraste heureusement avec l'enthousiasme de commande des précieuses. Ces sortes d'oppositions produisent d'autant plus d'effet que, dans Molière, elles servent toujours à caractériser les personnages.

[2] Ce trait, un peu dur, est adroitement amené par la réponse pleine de malice qu'Henriette vient de faire à Bélise. Molière l'a placé là pour faire voir combien un trait naturel est plus piquant que tous les jeux de mots après lesquels on court pour montrer de l'esprit.

[3] Cette épigramme se trouve également dans les œuvres de Cotin; elle porte ce titre: *Madrigal sur un carrosse de couleur amarante, acheté pour une dame.* A la fin on lit cette note: « En faveur des Grecs et des Latins, et de quelques uns « de nos François qui affectent ces rencontres aux mots, quoique froides, j'ai fait « grace à cette épigramme. » Voyez *Œuvres galantes* de Cotin, seconde édition. 1763, t. II, p. 361.

PHILAMINTE.

Ah! *ma Laïs!* voilà de l'érudition.
L'enveloppe est jolie, et vaut un million.

TRISSOTIN.

Et quand tu vois ce beau carrosse,
Où tant d'or se relève en bosse,
Qu'il étonne tout le pays,
Et fait pompeusement triompher ma Laïs,
Ne dis plus qu'il est amarante,
Dis plutôt qu'il est de ma rente.

ARMANDE.

Oh! oh! oh! celui-là ne s'attend point du tout.

PHILAMINTE.

On n'a que lui qui puisse écrire de ce goût.

BÉLISE.

Ne dis plus qu'il est amarante,
Dis plutôt qu'il est de ma rente.
Voilà qui se décline, *ma rente, de ma rente, à ma rente*[1].

PHILAMINTE.

Je ne sais, du moment que je vous ai connu,
Si, sur votre sujet, j'eus l'esprit prévenu;
Mais j'admire partout vos vers et votre prose.

TRISSOTIN, *à Philaminte.*

Si vous vouliez de vous nous montrer quelque chose,
A notre tour aussi nous pourrions admirer.

PHILAMINTE.

Je n'ai rien fait en vers; mais j'ai lieu d'espérer
Que je pourrai bientôt vous montrer, en amie,

[1] Ainsi l'exagération conduit nécessairement à la sottise. Mais voyez avec quelle facilité, quelle grace, quelle finesse Molière se joue de son sujet! En ridiculisant Cotin, il frappe les précieuses, les faux savants, les mauvais poëtes, les grammairiens; il fait la satire de tout son siècle; il fait plus, il signale non des ridicules qui passent, mais des travers qui tiennent à la vanité, à l'orgueil, à la sottise, c'est-à-dire qui sont éternels. Ainsi le poëte comique ne corrige pas; il nous avertit. Son but véritable est de nous aider à nous comprendre nous-mêmes, en nous faisant étudier la société et les hommes : c'est en ce sens que l'étude de Molière est aussi profitable que celle de Montaigne.

Huit chapitres du plan de notre académie.
Platon s'est au projet simplement arrêté,
Quand de sa République il a fait le traité;
Mais à l'effet entier je veux pousser l'idée
Que j'ai sur le papier en prose accommodée.
Car enfin, je me sens un étrange dépit
Du tort que l'on nous fait du côté de l'esprit;
Et je veux nous venger, toutes tant que nous sommes,
De cette indigne classe où nous rangent les hommes,
De borner nos talents à des futilités,
Et nous fermer la porte aux sublimes clartés [1].

ARMANDE.

C'est faire à notre sexe une trop grande offense,
De n'étendre l'effort de notre intelligence
Qu'à juger d'une jupe, ou de l'air d'un manteau,
Ou des beautés d'un point, ou d'un brocart nouveau [2].

[1] On verra dans la dernière note que les précieuses étoient divisées en plusieurs classes; mais presque toutes avoient la prétention de comprendre Pascal et de commenter Platon. Madame de Sévigné, qui étoit aussi une précieuse *, lisoit Plutarque, traduisoit le Tasse, et trouvoit Montaigne bon compagnon; ce qui ne l'empêchoit pas d'aimer sa fille, de régler sa maison, d'avoir de la vertu, de la piété, et de savoir, par-dessus tout, que la douceur, la modestie, et la pudeur, assurent mieux l'empire d'une femme que la science et le bel esprit. Molière n'a pas prétendu jouer ce genre de savoir, mais seulement cette folle ambition de tout savoir, qui dénature le caractère des femmes, qui les dégoûte des soins domestiques, et leur fait regarder les devoirs de leur sexe comme des préjugés vulgaires. Toute idée fausse dénature la société, et devient un vice en morale: voilà ce que prouve Molière; voilà ce qu'il seroit encore utile de prouver, dans un siècle où l'on voit des femmes auteurs qui refont l'*Encyclopédie*, après nous avoir donné en cent volumes des traités de politique, de morale, d'agriculture, de peinture, et d'éducation.

[2] De très habiles gens adressent précisément à Molière le même reproche, mais faute de le comprendre. Molière connoissoit trop bien l'influence des femmes pour vouloir n'*étendre l'effort de leur intelligence* qu'à juger d'une jupe ou des beautés d'un pourpoint. Il veut, au contraire, avec tous les moralistes, que les femmes « forment aux bonnes mœurs l'esprit de leurs enfants, qu'elles donnent des soins « à leur ménage, aient l'œil sur leurs gens, et règlent la dépense avec économie. » Il veut plus encore, il veut *qu'elles aient des clartés de tout*, mais sans citer les auteurs, « sans dire de grands mots, sans clouer de l'esprit à leurs moindres dis- « cours; » car la science, dans les femmes, doit avoir sa pudeur comme l'amour »

* Voyez le *grand Dictionnaire des Précieuses*.

BÉLISE.

Il faut se relever de ce honteux partage,
Et mettre hautement notre esprit hors de page[1].

TRISSOTIN.

Pour les dames on sait mon respect en tous lieux;
Et, si je rends hommage aux brillants de leurs yeux,
De leur esprit aussi j'honore les lumières.

PHILAMINTE.

Le sexe aussi vous rend justice en ces matières;
Mais nous voulons montrer à de certains esprits,
Dont l'orgueilleux savoir nous traite avec mépris,
Que de science aussi les femmes sont meublées;
Qu'on peut faire, comme eux, de doctes assemblées,
Conduites en cela par des ordres meilleurs;
Qu'on y veut réunir ce qu'on sépare ailleurs,
Mêler le beau langage et les hautes sciences,
Découvrir la nature en mille expériences;
Et, sur les questions qu'on pourra proposer,
Faire entrer chaque secte, et n'en point épouser.

TRISSOTIN.

Je m'attache pour l'ordre au péripatétisme.

PHILAMINTE.

Pour les abstractions, j'aime le platonisme.

ARMANDE.

Épicure me plaît, et ses dogmes sont forts.

BÉLISE.

Je m'accommode assez, pour moi, des petits corps;
Mais le vide à souffrir me semble difficile,
Et je goûte bien mieux la matière subtile.

et il les délivre du ridicule d'un faux savoir, en leur laissant tout le profit de la véritable instruction.

[1] C'est-à-dire *hors de la dépendance d'autrui*. Cette expression vient de l'ancienne chevalerie. A l'âge de sept ans un gentilhomme étoit placé auprès de quelque haut baron en qualité de *page*, de *damoiseau*, ou de *varlet*: à quatorze ans il étoit *hors de page* et devenoit écuyer. (*Dictionn. des Proverb. s.*)

TRISSOTIN.

Descartes, pour l'aimant, donne fort dans mon sens.

ARMANDE.

J'aime ses tourbillons.

PHILAMINTE.

Moi, ses mondes tombants.

ARMANDE.

Il me tarde de voir notre assemblée ouverte,
Et de nous signaler par quelque découverte.

TRISSOTIN.

On en attend beaucoup de vos vives clartés;
Et pour vous la nature a peu d'obscurités.

PHILAMINTE.

Pour moi, sans me flatter, j'en ai déja fait une;
Et j'ai vu clairement des hommes dans la lune.

BÉLISE.

Je n'ai point encor vu d'hommes, comme je crois;
Mais j'ai vu des clochers tout comme je vous vois[1].

ARMANDE.

Nous approfondirons, ainsi que la physique,
Grammaire, histoire, vers, morale, et politique.

PHILAMINTE.

La morale a des traits dont mon cœur est épris,
Et c'étoit autrefois l'amour des grands esprits;
Mais aux stoïciens je donne l'avantage,
Et je ne trouve rien de si beau que leur sage[2].

[1] Qui pourroit ne pas se rappeler ici l'anecdote racontée par Helvétius, d'un [illegible]ré et d'une femme galante qui, ayant ouï dire que la lune étoit habitée, ti[illegible]nt, le télescope en main, d'en reconnoître les habitants? *Je vois deux om[illegible]s s'inclinant l'une vers l'autre*, dit la dame. — *Que dites-vous?* s'écria le [illegible] *les deux clochers d'une cathédrale.* (A.)

[illegible]férence héroïque, également à l'épreuve de la séduction ou du mal[illegible]it la sagesse de Zénon. Le choix que Philaminte fait de cette philoso[illegible]tre remarqué; il annonce un trait de son caractère, que l'auteur ne [illegible]u cinquième acte: c'est alors seulement qu'elle se montrera digne [illegible]s. Molière ne dit rien au hasard; il prépare, il motive ses plus

ARMANDE.

Pour la langue, on verra dans peu nos réglements,
Et nous y prétendons faire des remuements [1].
Par une antipathie, ou juste, ou naturelle,
Nous avons pris chacune une haine mortelle
Pour un nombre de mots, soit ou verbes, ou noms,
Que mutuellement nous nous abandonnons :
Contre eux nous préparons de mortelles sentences,
Et nous devons ouvrir nos doctes conférences
Par les proscriptions de tous ces mots divers,
Dont nous voulons purger et la prose et les vers [2].

PHILAMINTE.

Mais le plus beau projet de notre académie,
Une entreprise noble, et dont je suis ravie,
Un dessein plein de gloire, et qui sera vanté
Chez tous les beaux esprits de la postérité,
C'est le retranchement de ces syllabes sales,
Qui dans les plus beaux mots produisent des scandales :
Ces jouets éternels des sots de tous les temps;
Ces fades lieux communs de nos méchants plaisants;
Ces sources d'un amas d'équivoques infames,

petits effets, et cependant tout est naturel dans ses pièces, et rien n'y semble le résultat d'une combinaison.

[1] Molière n'exagère rien. Les précieuses s'assembloient pour disserter sur le beau langage, et pour admettre ou rejeter les expressions et les locutions nouvelles. Elles firent en effet *de grands remuements* dans notre langue ; car nous leur devons une multitude de phrases très énergiques, et jusqu'à l'orthographe adoptée par Voltaire *.

[2] Plusieurs académiciens avoient conçu le projet de bannir de la langue les mots les plus utiles, comme *car*, *encore*, *néanmoins*, *pourquoi*, etc. Molière fait allusion à ce ridicule projet, dont Saint-Évremond et le docte Ménage s'étoient déjà moqués, le premier, dans sa triste comédie intitulée *les Académiciens* **, le second, dans une assez mauvaise pièce en vers qui avoit eu cependant beaucoup de vogue. Cette pièce est intitulée *Requête des Dictionnaires*. On la trouve dans un recueil in-4° publié en 1652, sous le titre de *Miscellanea*.

* Voyez les notes des *Précieuses ridicules*, p. 255, et le grand *Dictionnaire des Précieuses*, t. II, p. 60.

** Œuvres de Saint-Évremond, tome I, à la fin du volume.

Dont on vient faire insulte à la pudeur des femmes.

TRISSOTIN.

Voilà certainement d'admirables projets!

BÉLISE.

Vous verrez nos statuts quand ils seront tous faits.

TRISSOTIN.

Ils ne sauroient manquer d'être tous beaux et sages.

ARMANDE.

Nous serons, par nos lois, les juges des ouvrages;
Par nos lois, prose et vers, tout nous sera soumis.
Nul n'aura de l'esprit, hors nous et nos amis [1].
Nous chercherons partout à trouver à redire,
Et ne verrons que nous qui sachent bien écrire [2].

SCÈNE III.

PHILAMINTE, BÉLISE, ARMANDE, HENRIETTE, TRISSOTIN, LÉPINE.

LÉPINE, *à Trissotin.*

Monsieur, un homme est là, qui veut parler à vous;
Il est vêtu de noir, et parle d'un ton doux.

Ils se lèvent.

TRISSOTIN.

C'est cet ami savant qui m'a fait tant d'instance

[1] Ce vers est devenu proverbe : c'est la maxime fondamentale des coteries savantes et littéraires qui régloient tout autrefois, et règlent encore tout aujourd'hui. Molière le dirige contre Ménage, qui réunissoit dans sa maison une petite société ... esprits, afin de juger en dernier ressort de tous les ouvrages de littéra... ...lière n'avoit peut-être pas oublié que le poëme de Charles Perrault, sur ... y avoit été jugé supérieur au sien ... Quoi qu'il en soit, il ne pouvoit ... sur l'arrivée de Ménage qu'en rappelant les maximes de sa petite co...

... Mascarille et Jodelet, dans *les Précieuses ridicules*, est évi... ...ublie de celle-ci. La première est l'essai d'un homme de génie; mais ... l'œuvre d'un goût consommé, et d'un génie qui a atteint la perfection

...naire des *Précieuses*, t. II, p. 40.

...poëme, t. 141, p. 16. Le poëme de Perrault parut en 1657.

De lui donner l'honneur de votre connoissance.

PHILAMINTE.

Pour le faire venir vous avez tout crédit.

(Trissotin va au-devant de Vadius.)

SCÈNE IV.

PHILAMINTE, BÉLISE, ARMANDE, HENRIETTE.

PHILAMINTE, *à Armande et à Bélise.*

Faisons bien les honneurs au moins de notre esprit [1].

(à Henriette, qui veut sortir.)

Holà! Je vous ai dit, en paroles bien claires,
Que j'ai besoin de vous.

HENRIETTE.

Mais pour quelles affaires?

PHILAMINTE.

Venez: on va dans peu vous les faire savoir.

SCÈNE V.

TRISSOTIN, VADIUS, PHILAMINTE, BÉLISE, ARMANDE, HENRIETTE.

TRISSOTIN, *présentant Vadius.*

Voici l'homme qui meurt du desir de vous voir;
En vous le produisant, je ne crains point le blâme
D'avoir admis chez vous un profane, madame.
Il peut tenir son coin parmi les beaux esprits.

PHILAMINTE.

La main qui le présente en dit assez le prix.

TRISSOTIN.

Il a des vieux auteurs la pleine intelligence,

[1] Ce vers est d'autant plus piquant, qu'après les premiers compliments sur le grec, nos savantes n'auront pas le loisir de placer deux mots, et que toute la scène sera remplie d'abord par les louanges que se donnent les deux pédants, ensuite par les injures dont ils s'accablent.

Et sait du grec, madame, autant qu'homme de France [1].

PHILAMINTE, *à Bélise.*

Du grec, ô ciel! du grec! Il sait du grec, ma sœur!

BÉLISE, *à Armande.*

Ah! ma nièce, du grec!

ARMANDE.

Du grec! quelle douceur!

PHILAMINTE.

Quoi! monsieur sait du grec? Ah! permettez, de grace,
Que, pour l'amour du grec, monsieur, on vous embrasse.

(Vadius embrasse aussi Bélise et Armande.)

HENRIETTE, *à Vadius, qui veut aussi l'embrasser.*

Excusez-moi, monsieur, je n'entends pas le grec [2].

(Ils s'asseyent.)

PHILAMINTE.

J'ai pour les livres grecs un merveilleux respect.

VADIUS.

Je crains d'être fâcheux, par l'ardeur qui m'engage
A vous rendre aujourd'hui, madame, mon hommage;
Et j'aurai pu troubler quelque docte entretien

PHILAMINTE.

Monsieur, avec du grec on ne peut gâter rien.

[1] Ménage, que Molière joue ici sous le nom de Vadius, savoit en effet le grec *autant qu'homme de France*. Son humeur aigre et pédantesque, son caractère présomptueux, lui firent beaucoup d'ennemis; il se croyoit le droit de tout juger en dernier ressort; et peut-être Molière ne l'a-t-il mis en scène que pour se venger de quelques uns de ses jugements. Quoique pédant, Ménage ne manquoit pas d'un certain esprit qui le rendit agréable à mesdames de La Fayette et de Sévigné; mais ce qui fait surtout beaucoup d'honneur à son bon sens, c'est qu'il ne voulut jamais se reconnoître dans Vadius. « On veut me faire croire, dit-il, que je suis le savant « qui parle d'un ton doux; mais ce sont de ces choses que Molière désavoue. » Il est vrai que Molière, dans une harangue qu'il fit au public deux jours avant la première représentation de sa pièce, avoit désavoué toute espèce de personnalité; mais il n'en est pas moins évident que Ménage et Cotin lui ont servi de modèles, et c'est cette évidence même qui fait de la crédulité de Ménage un trait de sagesse.

[2] Quel charmant contraste que celui de cette jeune fille, simple mais spirituelle, avec ces deux folles et cette pédante qui embrassent les gens pour l'amour du grec! Le mot si piquant d'Henriette est un coup de lumière qui fait ressortir le ridicule de ces trois personnages.

TRISSOTIN.

Au reste, il fait merveille en vers ainsi qu'en prose,
Et pourroit, s'il vouloit, vous montrer quelque chose.

VADIUS.

Le défaut des auteurs, dans leurs productions,
C'est d'en tyranniser les conversations,
D'être au Palais, au Cours, aux ruelles, aux tables,
De leurs vers fatigants lecteurs infatigables.
Pour moi, je ne vois rien de plus sot, à mon sens,
Qu'un auteur qui partout va gueuser des encens,
Qui, des premiers venus saisissant les oreilles,
En fait le plus souvent les martyrs de ses veilles.
On ne m'a jamais vu ce fol entêtement;
Et d'un Grec, là-dessus, je suis le sentiment,
Qui, par un dogme exprès, défend à tous ses sages
L'indigne empressement de lire leurs ouvrages.
Voici de petits vers pour de jeunes amants,
Sur quoi je voudrois bien avoir vos sentiments [1].

TRISSOTIN.

Vos vers ont des beautés que n'ont point tous les autres.

VADIUS.

Les Graces et Vénus règnent dans tous les vôtres.

TRISSOTIN.

Vous avez le tour libre, et le beau choix des mots.

VADIUS.

On voit partout chez vous l'*ithos* et le *pathos*.

TRISSOTIN.

Nous avons vu de vous des églogues d'un style
Qui passe en doux attraits Théocrite et Virgile [2].

[1] C'est un trait qui confond, que ce mot de Vadius qui, après avoir parlé comme un sage sur la manie de lire ses vers, met gravement la main à la poche, en tire le cahier qui probablement ne le quitte jamais : Voici de petits vers. C'est un de ces endroits où l'acclamation est universelle : j'ai vu des spectateurs saisis d'une surprise réelle ; ils avoient pris Vadius pour le sage de la pièce. (L.)

[2] Ces deux vers font allusion à la complaisance de Ménage pour quelques églogues de sa façon, et surtout pour celle de *Christine*. En effet, cette églogue ui

VADIUS.

Vos odes ont un air noble, galant et doux,
Qui laisse de bien loin votre Horace après vous [1].

TRISSOTIN.

Est-il rien d'amoureux comme vos chansonnettes?

VADIUS.

Peut-on rien voir d'égal aux sonnets que vous faites?

TRISSOTIN.

Rien qui soit plus charmant que vos petits rondeaux?

VADIUS.

Rien de si plein d'esprit que tous vos madrigaux?

TRISSOTIN.

Aux ballades surtout vous êtes admirable.

VADIUS.

Et dans les bouts-rimés je vous trouve adorable.

TRISSOTIN.

Si la France pouvoit connoître votre prix,

VADIUS.

Si le siècle rendoit justice aux beaux esprits,

TRISSOTIN.

En carrosse doré vous iriez par les rues.

VADIUS.

On verroit le public vous dresser des statues.

(à Trissotin.)

Hom! C'est une ballade, et je veux que tout net
Vous m'en...

TRISSOTIN, *à Vadius.*

Avez-vous vu certain petit sonnet

paroissoit si belle, que dans plusieurs endroits de ses œuvres il répète ces mots: « J'ai, dit dans mon églogue intitulée *Christine.* » Les églogues de Ménage étoient alors connues de tout le monde. (*Poésies de Ménage*, livre I, page 164; *Elzeviers*, 1663.)

[1] Ici Molière met en action un passage fort piquant de l'*Éloge de la Folie*: « Rien « au monde n'est si plaisant que de voir des ânes s'entre-gratter, soit par des vers, « soit par des éloges qu'ils s'adressent sans pudeur. Vous surpassez Alcée, dit l'un; « et vous Callinique, dit l'autre: vous éclipsez l'orateur romain; et vous, vous « effacez le divin Platon. »

Sur la fièvre qui tient la princesse Uranie?

VADIUS.

Oui; hier il me fut lu dans une compagnie.

TRISSOTIN.

Vous en savez l'auteur?

VADIUS.

Non; mais je sais fort bien
Qu'à ne le point flatter, son sonnet ne vaut rien.

TRISSOTIN.

Beaucoup de gens pourtant le trouvent admirable.

VADIUS.

Cela n'empêche pas qu'il ne soit misérable;
Et, si vous l'avez vu, vous serez de mon goût.

TRISSOTIN.

Je sais que là-dessus je n'en suis point du tout,
Et que d'un tel sonnet peu de gens sont capables.

VADIUS.

Me préserve le ciel d'en faire de semblables!

TRISSOTIN.

Je soutiens qu'on ne peut en faire de meilleur;
Et ma grande raison, c'est que j'en suis l'auteur.

VADIUS.

Vous?

TRISSOTIN.

Moi.

VADIUS.

Je ne sais donc comment se fit l'affaire.

TRISSOTIN.

C'est qu'on fut malheureux de ne pouvoir vous plaire.

VADIUS.

Il faut qu'en écoutant j'aie eu l'esprit distrait,
Ou bien que le lecteur m'ait gâté le sonnet [1].

[1] Vadius prend ici pour s'excuser le même tour que prit un jour le maréchal de Grammont, auquel Louis XIV montroit un madrigal qu'il venoit de composer, et que lui-même ne trouvoit pas trop joli. Lisez, lui dit-il, ce petit madrigal, et voyez

Mais laissons ce discours, et voyons ma ballade.

TRISSOTIN.

La ballade, à mon goût, est une chose fade :
Ce n'en est plus la mode ; elle sent son vieux temps.

VADIUS.

La ballade pourtant charme beaucoup de gens.

TRISSOTIN.

Cela n'empêche pas qu'elle ne me déplaise.

VADIUS.

Elle n'en reste pas pour cela plus mauvaise.

TRISSOTIN.

Elle a pour les pédants de merveilleux appas.

VADIUS.

Cependant nous voyons qu'elle ne vous plait pas.

TRISSOTIN.

Vous donnez sottement vos qualités aux autres.

Ils se lèvent tous.

VADIUS.

Fort impertinemment vous me jetez les vôtres.

TRISSOTIN.

Allez, petit grimaud, barbouilleur de papier.

VADIUS.

Allez, rimeur de balle, opprobre du métier.

TRISSOTIN.

Allez, fripier d'écrits, impudent plagiaire [1].

si vous en avez jamais vu un si impertinent. Le maréchal, après avoir lu, dit au roi : Sire, votre majesté juge divinement bien de toutes choses ; il est vrai que voilà le plus sot et le plus ridicule madrigal que j'aie jamais lu. Le roi se mit à rire, et lui dit : N'est-il pas vrai que celui qui l'a fait est bien fat ? — Sire, il n'y a pas moyen de lui donner un autre nom. — Oh bien ! dit le roi, je suis ravi que vous m'en ayez parlé si bonnement : c'est moi qui l'ai fait. — Oh ! sire, quelle trahison ! que votre majesté me le rende : je l'ai lu brusquement. — Non, monsieur le maréchal ; les premiers sentiments sont toujours les plus naturels. Le roi a fort ri de cette folie, ajoute madame de Sévigné, qui nous a conservé cette anecdote ; et tout le monde trouve que voilà la plus cruelle petite chose que l'on puisse faire à un vieux courtisan. (*Lettre de madame de Sévigné*, 1er décembre 1664.)

[1] Ménage ayant célébré mademoiselle de Lavergne sous le nom de Laverna, un

VADIUS.

Allez, cuistre...

PHILAMINTE.

Eh! messieurs, que prétendez-vous faire?

TRISSOTIN, *à Vadius.*

Va, va restituer tous les honteux larcins
Que réclament sur toi les Grecs et les Latins.

VADIUS.

Va, va-t'en faire amende honorable au Parnasse
D'avoir fait à tes vers estropier Horace[1].

TRISSOTIN.

Souviens-toi de ton livre, et de son peu de bruit.

VADIUS.

Et toi, de ton libraire à l'hôpital réduit.

TRISSOTIN.

Ma gloire est établie; en vain tu la déchires.

VADIUS.

Oui, oui, je te renvoie à l'auteur des *Satires*[2].

poëte profita de l'équivoque de ce mot avec le mot latin *Laverna*, déesse des voleurs, et fit contre le fripier d'écrits une épigramme latine dont voici la traduction :

Est-ce Corinne, est-ce Lesbie,
Est-ce Phylis, est-ce Cynthie,
Dont le nom est par toi chanté?
Tu ne la nommes pas, écrivain plagiaire :
Sur le Parnasse vrai corsaire,
Laverne est ta divinité.

Les vols faits par Ménage aux auteurs anciens et modernes faisoient dire au poëte Linière qu'il falloit le conduire au pied du Parnasse, et le marquer sur l'épaule.

[1] Il faut avoir lu les ouvrages de Cotin et ceux de Ménage pour sentir combien cette scène doit perdre aujourd'hui du piquant de l'à-propos, l'un des premiers mérites de la satire. Cependant, nous ne craignons pas de l'avouer, ces personnalités étoient peu dignes de Molière : qu'il réponde aux attaques de Cotin, rien de mieux; mais ici, pour affoiblir ses torts, on est réduit à chercher les causes de son agression dans le caractère aigre et pédantesque de Ménage, et peut-être dans les prétentions de ce savant à juger en dernier ressort de toutes les œuvres de l'esprit.

[2] Il étoit bien juste que Molière associât Boileau à sa vengeance, puisque c'est à son occasion qu'il avoit été tourné en ridicule par Cotin.

TRISSOTIN.

Je t'y renvoie aussi.

VADIUS.

J'ai le contentement
Qu'on voit qu'il m'a traité plus honorablement.
Il me donne en passant une atteinte légère[1]
Parmi plusieurs auteurs qu'au Palais on révère :
Mais jamais dans ses vers il ne te laisse en paix,
Et l'on t'y voit partout être en butte à ses traits.

TRISSOTIN.

C'est par-là que j'y tiens un rang plus honorable
Il te met dans la foule ainsi qu'un misérable ;
Il croit que c'est assez d'un coup pour t'accabler,
Et ne t'a jamais fait l'honneur de redoubler.
Mais il m'attaque à part comme un noble adversaire
Sur qui tout son effort lui semble nécessaire ;
Et ses coups, contre moi redoublés en tous lieux,
Montrent qu'il ne se croit jamais victorieux.

VADIUS.

Ma plume t'apprendra quel homme je puis être.

TRISSOTIN.

Et la mienne saura te faire voir ton maître.

VADIUS.

Je te défie en vers, prose, grec, et latin[2].

---

[1] En effet, Boileau n'a parlé qu'une seule fois de Ménage, et il ne lui a porté *qu'une atteinte légère*.

> Chapelain veut rimer, et c'est là sa folie.
> Mais bien que ses durs vers, d'épithètes enflés,
> Soient des moindres grimauds chez Ménage sifflés, etc.

Ces vers de la quatrième satire font allusion à la coterie littéraire qui s'assembloit chez Ménage.

[2] Comme les traits empruntés à la figure de Ménage pouvoient appartenir à celle de beaucoup d'autres savants, Molière avoit le droit de ne pas convenir qu'ils fussent ceux de Ménage lui-même. Je serois fâché que Molière eût eu envers Ménage un tort plus grave et plus évident : car nous avons vu Ménage, en plusieurs circonstances importantes, prendre hautement le parti du poëte calomnié ou méconnu. Depuis *les Precieuses ridicules*, à la représentation desquelles il eut le courage de

TRISSOTIN.

Eh bien! nous nous verrons seul à seul chez Barbin[1].

SCÈNE VI.

TRISSOTIN, PHILAMINTE, ARMANDE, BÉLISE, HENRIETTE.

TRISSOTIN.

A mon emportement ne donnez aucun blâme;
C'est votre jugement que je défends, madame,

donner son approbation, jusqu'aux *Femmes savantes*, qu'il eut le bon esprit de défendre contre les fureurs de madame de Montausier : « Eh quoi! monsieur, lui « avoit-elle dit, vous souffrirez que cet impertinent de Molière nous joue de la « sorte ! » « Madame, avoit répondu Ménage, j'ai vu la pièce : elle est parfaitement « belle ; on n'y peut trouver à redire ni à critiquer. » (A.) — Cette dernière anecdote, rapportée pour la première fois par Charpentier, a été successivement citée par tous les commentateurs de Molière, qui se sont copiés sans examen. Mais comment Ménage a-t-il pu dire ces belles choses, soit à madame de Rambouillet, soit à madame de Montausier, le 11 mars 1672, puisque la première étoit morte il y avoit plus de six ans (en 1665), et la seconde il y avoit un an (en 1671)? Lorsque Molière mit sa pièce au théâtre, l'hôtel de Rambouillet n'existoit plus ; mais les précieuses existoient encore, comme on peut le voir dans un passage des *Caractères* de La Bruyère, écrit plus de quinze ans après *les Femmes savantes*. (Voyez *les Caractères*, t. I, p 162, édition de Lefèvre.)

[1] Il y a dans *les Académiciens*, comédie de Saint-Évremond, une scène assez semblable à celle-ci, entre Colletet et Godeau, évêque de Grasse ; ils commencent de même par des congratulations, et de même finissent par des injures ; le tout, à propos de leurs ouvrages. (A). — Les deux poëtes de Saint-Évremond n'ont pas servi de modèles, car Molière ne leur a rien emprunté ; ils n'ont pas fait naître l'idée de la scène, car Molière n'est ici qu'historien. Une dispute tout-à-fait semblable avoit eu lieu entre Cotin et Ménage chez MADEMOISELLE, fille de Gaston de France. On sait que cette princesse témoignoit beaucoup de bienveillance à l'abbé Cotin, jusque-là qu'elle l'honoroit du nom de son ami*. Un jour, comme il venoit de lire devant elle le sonnet que Molière a rendu si célèbre, Ménage entra. MADEMOISELLE lui fit voir cette pièce, sans lui nommer l'auteur ; et Ménage, qui cette fois eut du goût, la trouva détestable. Là-dessus, dit un auteur contemporain, nos deux poëtes se dirent à-peu-près l'un à l'autre les douceurs que Molière a si agréablement rimées**.

* *Histoire de l'Académie françoise*, t. II, p 185.

** *Mercure galant*, t. I, année 1672.

CHRYSALE.

Qu'est-ce à dire?

ARMANDE.

Je dis que j'appréhende fort
Qu'ici ma mère et vous ne soyez pas d'accord;
Et c'est un autre époux...

CHRYSALE.

Taisez-vous, péronnelle;
Allez philosopher tout le soûl avec elle,
Et de mes actions ne vous mêlez en rien.
Dites-lui ma pensée, et l'avertissez bien
Qu'elle ne vienne pas m'échauffer les oreilles:
Allons vite.

SCÈNE IX.

CHRYSALE, ARISTE, HENRIETTE, CLITANDRE.

ARISTE.

Fort bien. Vous faites des merveilles.

CLITANDRE.

Quel transport! quelle joie! Ah! que mon sort est doux!

CHRYSALE, *à Clitandre.*

Allons, prenez sa main, et passez devant nous;
Menez-la dans sa chambre. Ah! les douces caresses!
(à Ariste.)
Tenez, mon cœur s'émeut à toutes ces tendresses,
Cela ragaillardit tout-à-fait mes vieux jours;
Et je me ressouviens de mes jeunes amours[1].

[1] Dans cet acte Molière a eu l'art de mettre en action tous les travers du faux bel esprit, et de nous en montrer la source, non dans une mode passagère, mais dans un vice du cœur humain, la vanité. Étudiez les passions secrètes de chaque personnage: le poëte dit des vers pour être loué; les dames écoutent pour admirer, et elles admirent pour montrer leur esprit. Ce qui tue le naturel fait grimacer les figures et naître le comique. A ce ridicule, commun à tous, se joignent les modifications de chaque caractère: chez Philaminte la vanité est du pédantisme et chez

ACTE QUATRIÈME.

SCÈNE I.

PHILAMINTE, ARMANDE.

ARMANDE.

Oui, rien n'a retenu son esprit en balance :
Elle a fait vanité de son obéissance ;
Son cœur, pour se livrer, à peine devant moi
S'est-il donné le temps d'en recevoir la loi,
Et sembloit suivre moins les volontés d'un père
Qu'affecter de braver les ordres d'une mère.

PHILAMINTE.

Je lui montrerai bien aux lois de qui des deux
Les droits de la raison soumettent tous ses vœux,
Et qui doit gouverner, ou sa mère ou son père,
Ou l'esprit ou le corps, la forme ou la matière.

ARMANDE.

On vous en devoit bien, au moins, un compliment ;
Et ce petit monsieur en use étrangement
De vouloir, malgré vous, devenir votre gendre.

Trissotin du sot orgueil ; elle exalte jusqu'à la folie les prétentions de Bélise, et donne à l'affectation d'Armande quelque chose de sincère et de naïf qui [illegible] et excite le rire. Pour faire ressortir ce groupe bizarre, Molière place sur le devant du tableau la figure aimable et piquante d'Henriette, jeune raisonneuse, qui consent à passer pour sotte afin d'acquérir le droit de se moquer de la sottise des autres. Molière s'est bien gardé d'opposer une Agnès à ses savantes : l'ignorance n'est pas le contraste du savoir, vrai ou faux ; elle en est l'absence. Aussi Henriette a-t-elle *des clartés de tout*, c'est-à-dire un esprit cultivé, et, de plus, un bon esprit : ce qui achève le contraste. Quant à l'effet général du tableau, il amuse, il instruit ; c'est une glace fidèle sur laquelle il suffit de jeter les yeux pour connoître aussitôt le ridicule qui s'attache à toutes les sottes vanités.

PHILAMINTE.

Il n'en est pas encore où son cœur peut prétendre.
Je le trouvois bien fait, et j'aimois vos amours;
Mais, dans ses procédés, il m'a déplu toujours.
Il sait que, Dieu merci, je me mêle d'écrire;
Et jamais il ne m'a prié de lui rien lire[1].

SCÈNE II.

CLITANDRE, *entrant doucement, et écoutant sans se montrer;* ARMANDE, PHILAMINTE[2].

ARMANDE.

Je ne souffrirois point, si j'étois que de vous,
Que jamais d'Henriette il pût être l'époux.
On me feroit grand tort d'avoir quelque pensée
Que là-dessus je parle en fille intéressée;
Et que le lâche tour que l'on voit qu'il me fait
Jette au fond de mon cœur quelque dépit secret.
Contre de pareils coups l'ame se fortifie
Du solide secours de la philosophie,
Et par elle on se peut mettre au-dessus de tout;
Mais vous traiter ainsi c'est vous pousser à bout.
Il est de votre honneur d'être à ses vœux contraire;
Et c'est un homme enfin qui ne doit point vous plaire.
Jamais je n'ai connu, discourant entre nous,
Qu'il eût au fond du cœur de l'estime pour vous[3].

[1] Ce trait, qui échappe à la vanité blessée de Philaminte, est aussi vrai que profond. Il complète la peinture de son caractère. Une femme comme Philaminte rapporte tout à son amour-propre.

[2] Cette entrée de Clitandre est absolument la même que celle de Bélise dans la scène II du deuxième acte.

[3] En écoutant cette tirade on se demande par quel prodige elle n'excite ni le mépris ni l'indignation. Certes il falloit tout le génie de Molière pour donner ainsi le change aux sentiments des spectateurs. Observez la marche du poëme: c'est par vanité qu'Armande a perdu son amant; c'est par vanité qu'elle veut le ramener à elle; c'est encore par vanité qu'elle méprise le bon sens de son

PHILAMINTE.

Petit sot!

ARMANDE.

Quelque bruit que votre gloire fasse,
Toujours à vous louer il a paru de glace.

PHILAMINTE.

Le brutal!

ARMANDE.

Et vingt fois, comme ouvrages nouveaux,
J'ai lu des vers de vous qu'il n'a point trouvés beaux.

PHILAMINTE.

L'impertinent!

ARMANDE.

Souvent nous en étions aux prises;
Et vous ne croiriez point de combien de sottises...

CLITANDRE, *à Armande.*

Hé! doucement, de grace. Un peu de charité,
Madame, ou, tout au moins, un peu d'honnêteté.
Quel mal vous ai je fait? et quelle est mon offense,
Pour armer contre moi toute votre éloquence,
Pour vouloir me détruire, et prendre tant de soin
De me rendre odieux aux gens dont j'ai besoin?
Parlez, dites, d'où vient ce courroux effroyable?
Je veux bien que madame en soit juge équitable.

ARMANDE.

Si j'avois le courroux dont on veut m'accuser,
Je trouverois assez de quoi l'autoriser.

père, et qu'elle méconnoît le naturel aimable de sa sœur. Mais ici elle va plus loin; et la vanité blessée ne suffiroit plus pour excuser son action, si Molière n'avoit mis dans son cœur un regret caché, mais sincère, de l'amant qu'elle va perdre. Dès-lors les spectateurs rient également de sa jalousie, de ses finesses, de ses déceptions, et de ses douleurs; elle est ridicule, elle n'est pas odieuse. Enfin le poëte est resté dans les limites de la comédie, par le double effet d'un art admirable et d'une profonde connoissance du cœur humain. Si j'avois une fille à élever, je voudrois relire sans cesse avec elle *les Femmes savantes*: cette lecture, bien faite, lui apprendroit à comprendre le monde, à se connoître elle-même, et à chasser toutes les petites vanités, qui finissent toujours par corrompre l'innocence.

Vous en seriez trop digne, et les premières flammes
S'établissent des droits si sacrés sur les ames,
Qu'il faut perdre fortune, et renoncer au jour,
Plutôt que de brûler des feux d'un autre amour[1].
Au changement de vœux nulle horreur ne s'égale:
Et tout cœur infidèle est un monstre en morale[2].

CLITANDRE.

Appelez-vous, madame, une infidélité
Ce que m'a de votre ame ordonné la fierté?
Je ne fais qu'obéir aux lois qu'elle m'impose;
Et, si je vous offense, elle seule en est cause.
Vos charmes ont d'abord possédé tout mon cœur.
Il a brûlé deux ans d'une constante ardeur:
Il n'est soins empressés, devoirs, respects, services,
Dont il ne vous ait fait d'amoureux sacrifices.
Tous mes feux, tous mes soins ne peuvent rien sur vous:
Je vous trouve contraire à mes vœux les plus doux:
Ce que vous refusez, je l'offre au choix d'une autre.
Voyez. Est-ce, madame, ou ma faute, ou la vôtre?
Mon cœur court-il au change, ou si vous l'y poussez?

[1] Ces quatre vers se trouvent, avec quelque légère différence, dans *Don Garcie de Navarre*.

[2] A l'époque où Molière composoit *les Femmes savantes*, il se trouvoit absolument dans la même position où Clitandre se trouve vis-à-vis d'Armande. Séparé de sa femme, qui portoit aussi le nom d'Armande, et qui depuis long-temps étoit insensible à ses vœux, à ses plaintes, à toutes les expressions de son amour, il étoit tombé dans une profonde mélancolie. « Mes amis, disoit-il à Chapelle et à Rohault, qui cherchoient en vain à le consoler, si vous saviez ce qu'il m'en coûte pour suivre la résolution que j'ai prise de vivre sous le même toit, éloigné d'elle, vous auriez pitié de moi. Je ne saurois être philosophe avec une femme si aimable que la mienne. » Cependant mademoiselle de Brie, qui habitoit encore sa maison, lui prodiguoit les plus tendres soins; il lui confioit ses peines, et plus d'une fois Armande Bejard reprocha à son mari, comme un nouveau crime, cette ancienne affection. Ce rapprochement suffiroit seul pour montrer avec quel art singulier Molière savoit transporter sur la scène ce qui *se passoit de plus intime dans son domestique* *, et comment, en jouant son siècle, il jouoit encore ses passions, ses ennuis, et ses douleurs.

* Préface de Vinot et La Grange, éditeurs des Œuvres de Molière, en 1682.

Est-ce moi qui vous quitte, ou vous qui me chassez[1]?

ARMANDE.

Appelez-vous, monsieur, être à vos vœux contraire,
Que de leur arracher ce qu'ils ont de vulgaire,
Et vouloir les réduire à cette pureté
Où du parfait amour consiste la beauté?
Vous ne sauriez pour moi tenir votre pensée
Du commerce des sens nette et débarrassée;
Et vous ne goûtez point, dans ses plus doux appas,
Cette union des cœurs, où les corps n'entrent pas.
Vous ne pouvez aimer que d'une amour grossière,
Qu'avec tout l'attirail des nœuds de la matière;
Et, pour nourrir les feux que chez vous on produit,
Il faut un mariage, et tout ce qui s'ensuit[2].
Ah! quel étrange amour! et que les belles ames
Sont bien loin de brûler de ces terrestres flammes!
Les sens n'ont point de part à toutes leurs ardeurs;
Et ce beau feu ne veut marier que les cœurs.

[1] Lorsqu'on a bien compris la situation où se trouvoit alors Molière, on est ému de cette tirade; on y sent je ne sais quelle plénitude de cœur qui nous fait pénétrer dans les plus secrètes passions du grand homme. Trop peu maître de lui pour triompher d'un amour qui consuma sa vie, il se consoloit en s'en occupant sans cesse. Il n'a pas fait un chef-d'œuvre, il n'a pas tracé un tableau sans y placer sa femme, sans y exprimer son amour: souvent même cet amour est tout le sujet de la pièce. Trace-t-il, dans *l'École des Maris*, le caractère d'Éléonore, c'est pour peindre le bonheur qu'il espère; écrit-il *les Fâcheux*, c'est qu'on traverse ses amours; est-il jaloux, son génie lui inspire *le Misanthrope*; se croit-il outragé, il esquisse *George Dandin*; se laisse-t-il persuader de l'innocence de celle qu'il aime, il trace, dans *le Bourgeois gentilhomme*, le charmant portrait de Lucile; et, pour expier ses torts, il fait briller les graces de la jeune Armande dans le rôle de Psyché; enfin, lorsque cette beauté capricieuse devient tout-à-coup froide et jalouse, il lui fait entendre ses plaintes dans *les Femmes savantes*, et prépare ainsi la réconciliation qui devoit lui coûter la vie. Nous le verrons bientôt crayonner, d'une main mourante, *le Malade imaginaire*; et c'est encore Armande qu'il placera auprès de lui, sous les traits gracieux d'Angélique.

[2] Armande parle avec un mépris affecté de l'amour et du mariage, et elle se sert d'images propres à réveiller les idées qu'elle semble condamner. Cette liberté de langage étoit, comme nous l'avons déjà remarqué, un des traits caractéristiques des précieuses.

Comme une chose indigne, il laisse là le reste ;
C'est un feu pur et net comme le feu céleste :
On ne pousse avec lui que d'honnêtes soupirs,
Et l'on ne penche point vers les sales desirs.
Rien d'impur ne se mêle au but qu'on se propose ;
On aime pour aimer, et non pour autre chose ;
Ce n'est qu'à l'esprit seul que vont tous les transports,
Et l'on ne s'aperçoit jamais qu'on ait un corps.

CLITANDRE.

Pour moi, par un malheur, je m'aperçois, madame,
Que j'ai, ne vous déplaise, un corps tout comme une ame ;
Je sens qu'il y tient trop pour le laisser à part :
De ces détachements je ne connois point l'art ;
Le ciel m'a dénié cette philosophie,
Et mon ame et mon corps marchent de compagnie.
Il n'est rien de plus beau, comme vous avez dit,
Que ces vœux épurés qui ne vont qu'à l'esprit,
Ces unions de cœurs, et ces tendres pensées,
Du commerce des sens si bien débarrassées ;
Mais ces amours pour moi sont trop subtilisés :
Je suis un peu grossier, comme vous m'accusez ;
J'aime avec tout moi-même, et l'amour qu'on me donne
En veut, je le confesse, à toute la personne.
Ce n'est pas là matière à de grands châtiments ;
Et, sans faire de tort à vos bons sentiments,
Je vois que, dans le monde, on suit fort ma méthode,
Et que le mariage est assez à la mode,
Passe pour un lien assez honnête et doux,
Pour avoir desiré de me voir votre époux,
Sans que la liberté d'une telle pensée
Ait dû vous donner lieu d'en paroître offensée.

ARMANDE.

Hé bien ! monsieur, hé bien ! puisque, sans m'écouter,
Vos sentiments brutaux veulent se contenter ;
Puisque, pour vous réduire à des ardeurs fideles,

Il faut des nœuds de chair, des chaînes corporelles,
Si ma mère le veut, je résous mon esprit
A consentir pour vous à ce dont il s'agit.

CLITANDRE.

Il n'est plus temps, madame; une autre a pris la place[1];
Et, par un tel retour, j'aurois mauvaise grace
De maltraiter l'asile et blesser les bontés
Où je me suis sauvé de toutes vos fiertés.

PHILAMINTE.

Mais enfin, comptez-vous, monsieur, sur mon suffrage,
Quand vous vous promettez cet autre mariage?
Et, dans vos visions, savez-vous, s'il vous plaît,
Que j'ai pour Henriette un autre époux tout prêt?

CLITANDRE.

Hé! madame, voyez votre choix, je vous prie;
Exposez-moi, de grace, à moins d'ignominie,
Et ne me rangez pas à l'indigne destin
De me voir le rival de monsieur Trissotin.
L'amour des beaux esprits, qui chez vous m'est contraire
Ne pouvoit m'opposer un moins noble adversaire.
Il en est, et plusieurs, que, pour le bel esprit,
Le mauvais goût du siècle a su mettre en crédit;
Mais monsieur Trissotin n'a pu duper personne,
Et chacun rend justice aux écrits qu'il nous donne.
Hors céans, on le prise en tous lieux ce qu'il vaut.
Et ce qui m'a vingt fois fait tomber de mon haut,
C'est de vous voir au ciel élever des sornettes
Que vous désavoueriez si vous les aviez faites.

[1] C'est ainsi que Molière cherchoit à faire entendre à sa femme qu'il s
à tout autre amour que le sien. En peignant Armande et Henriette, c'est s
qu'il peint sous deux aspects différents: Armande, injuste, froide, jalo
la femme qui le désespère et le repousse; Henriette sensible, spiritu
quante, est la femme qui le charme et l'attire. Ce rôle gracieux, il le
Armande Béjard; l'autre, il le donne à mademoiselle de Brie, comme s
voit toucher sa femme en abaissant sa rivale; comme s'il espéroit la forc
voir dans son cœur toutes les perfections dont il l'embellit.

PHILAMINTE.

Si vous jugez de lui tout autrement que nous,
C'est que nous le voyons par d'autres yeux que vous.

SCÈNE III.

TRISSOTIN, PHILAMINTE, ARMANDE, CLITANDRE.

TRISSOTIN, *à Philaminte.*

Je viens vous annoncer une grande nouvelle [1].
Nous l'avons, en dormant, madame, échappé belle.
Un monde près de nous a passé tout du long,

[1] Cotin avoit composé et publié une dissertation fort longue et fort ridicule, qui porte le titre de *Galanterie sur la Comète apparue en décembre 1664 et janvier 1665.* L'entrée de Trissotin fait allusion à cette pièce vraiment curieuse, et non à une anecdote rapportée dans *le Ménagiana*, et où il est dit qu'un jour Voiture entrant à l'hôtel de Rambouillet, comme on s'entretenoit des taches nouvellement découvertes dans le soleil, mademoiselle de Rambouillet lui dit : « Eh « bien! monsieur, quelle nouvelle? — Mademoiselle, dit-il, il court de mauvais « bruits du soleil. » Cette anecdote, recueillie par tous les commentateurs, leur a fait croire que Molière avoit eu l'intention de jouer spécialement l'hôtel de Rambouillet; ils n'ont vu qu'un salon et des portraits dans une pièce où l'auteur a peint tout son siècle, les académies, la société, les ruelles, les beaux esprits, et la cour. On dira peut-être que Molière a joué Cotin et Ménage, qu'il s'est joué lui-même avec sa femme et ses amis : oui sans doute; il a joué la coquette, le jaloux, le pédant, comme il a joué l'avare, l'hypocrite, le misanthrope, en réunissant autour d'un type primitif tous les traits épars qui peuvent caractériser l'avarice, l'hypocrisie, et la misanthropie. Ainsi ce n'est point un individu qu'il représente, c'est l'espèce tout entière. Les coquettes, en voyant jouer Célimène, diront éternellement comme cet avare qui voyoit jouer Harpagon : « Il y a à profiter dans ce rôle. » Si des pédants l'osoient, ils trouveroient de l'esprit à Trissotin. Et ne sait-on pas qu'un certain mari, en voyant *le Cocu imaginaire*, voulut faire un procès à l'auteur, prétendant que c'étoit lui qu'on avoit joué? Il est rare que Molière n'ait pas un premier type de ses portraits ; mais ce type il le façonne, il le modifie, et finit toujours par en faire le modèle idéal du caractère qu'il veut représenter. « Molière, dit quelque part J.-B. Rousseau, observoit tout ce qu'il voyoit, et faisoit son profit des moindres choses qu'il entendoit dire : un mot, un seul trait lui en faisoit imaginer plusieurs autres du même genre et de la même nuance; et de tous ces traits rassemblés se formoit, dans sa tête, un caractère uniforme, auquel il joignoit tout ce qu'il croyoit le plus capable de le mettre en action. Voilà de quelle manière Despréaux m'a raconté que Molière composoit ses pièces. »

Est chu tout au travers de notre tourbillon :
Et, s'il eût en chemin rencontré notre terre,
Elle eût été brisée en morceaux comme verre.

PHILAMINTE.

Remettons ce discours pour une autre saison.
Monsieur n'y trouveroit ni rime ni raison :
Il fait profession de chérir l'ignorance,
Et de haïr, surtout, l'esprit et la science [1].

CLITANDRE.

Cette vérité veut quelque adoucissement.
Je m'explique, madame ; et je hais seulement
La science et l'esprit qui gâtent les personnes.
Ce sont choses, de soi, qui sont belles et bonnes ;
Mais j'aimerois mieux être au rang des ignorants
Que de me voir savant comme certaines gens [2].

TRISSOTIN.

Pour moi, je ne tiens pas, quelque effet qu'on suppose,
Que la science soit pour gâter quelque chose.

CLITANDRE.

Et c'est mon sentiment qu'en faits comme en propos
La science est sujette à faire de grands sots.

TRISSOTIN.

Le paradoxe est fort.

CLITANDRE.

Sans être fort habile,

[1] Trait admirable, inspiré par une profonde connoissance des travers de l'esprit humain. Les pédants ressemblent à ces idolâtres qui vous accusent de [illegible] religion, si vous ne ployez pas le genou devant le stupide [illegible] auquel ils présentent leur encens.

[2] Il y a beaucoup d'art dans ce [illegible] Molière, et dans la bouche de Clitandre la justification de sa pièce, et la [illegible] dont il fait [illegible]. Malgré cette déclaration formelle, on l'a souvent accusé d'avoir jeté du ridicule sur la science, comme si c'étoit ridiculiser la science que de se moquer du pédantisme et des pédants. Ainsi, lorsqu'un critique habile dégage d'une main [illegible] les champs de la littérature de l'ivraie qui étouffe le bon grain, les esprits de travers l'accusent à leur tour d'en arracher le froment. C'est donc avec les bons esprits qu'il faut juger les bons ouvrages ; car, pour les esprits faux, ils sont condamnés de toute éternité, comme les mauvais tempéraments, à faire du poison des meilleures choses.

La preuve m'en seroit, je pense, assez facile.
Si les raisons manquoient, je suis sûr qu'en tous cas
Les exemples fameux ne me manqueroient pas.

TRISSOTIN.

Vous en pourriez citer qui ne concluroient guère.

CLITANDRE.

Je n'irois pas bien loin pour trouver mon affaire.

TRISSOTIN.

Pour moi, je ne vois pas ces exemples fameux.

CLITANDRE.

Moi, je les vois si bien, qu'ils me crèvent les yeux.

TRISSOTIN.

J'ai cru jusques ici que c'étoit l'ignorance
Qui faisoit les grands sots, mais non pas la science.

CLITANDRE.

Vous avez cru fort mal, et je vous suis garant
Qu'un sot savant est sot plus qu'un sot ignorant [1].

TRISSOTIN.

Le sentiment commun est contre vos maximes,
Puisque ignorant et sot sont termes synonymes.

CLITANDRE.

Si vous le voulez prendre aux usages du mot,
L'alliance est plus forte entre pédant et sot.

TRISSOTIN.

La sottise, dans l'un, se fait voir toute pure.

CLITANDRE.

Et l'étude, dans l'autre, ajoute à la nature [2].

[1] Cette belle scène est le complément des scènes troisième et cinquième de l'acte précédent. Dans les premières le poëte a mis la sottise aux prises avec la sottise, et la vanité aux pieds de l'orgueil. Ici il oppose un homme de cour à un pédant, afin de mieux faire sentir quelle différence il y a entre un esprit juste, éclairé, et poli par l'usage du monde, et un esprit faux, gâté par de folles prétentions. Molière marque cette différence avec toute la verve et toute la profondeur qui caractérisent son génie.

[2] On ne pouvoit mieux désigner Cotin, qui lisoit Homère et Virgile, qui savoit l'hébreu et le syriaque, qui étoit versé dans la philosophie humaine et divine, et dont tant d'études et de sciences n'avoient pu faire qu'un sot. Pour se convaincre

TRISSOTIN.

Le savoir garde en soi son mérite éminent.

CLITANDRE.

Le savoir, dans un fat, devient impertinent.

TRISSOTIN.

Il faut que l'ignorance ait pour vous de grands charmes,
Puisque pour elle ainsi vous prenez tant les armes.

CLITANDRE.

Si pour moi l'ignorance a des charmes si grands,
C'est depuis qu'à mes yeux s'offrent certains savants.

TRISSOTIN.

Ces certains savants-là peuvent, à les connoître,
Valoir certaines gens que nous voyons paroître.

CLITANDRE.

Oui, si l'on s'en rapporte à ces certains savants;
Mais on n'en convient pas chez ces certaines gens.

PHILAMINTE, *à Clitandre.*

Il me semble, monsieur...

CLITANDRE.

Hé! madame, de grace;
Monsieur est assez fort, sans qu'à son aide on passe:
Je n'ai déja que trop d'un si rude assaillant:
Et, si je me défends, ce n'est qu'en reculant.

ARMANDE.

Mais l'offensante aigreur de chaque repartie
Dont vous...

CLITANDRE.

Autre second? Je quitte la partie.

de l'excès de sa sottise, il suffit d'ouvrir ses *Œuvres galantes*. Voici ce que Cl
Cotin y dit de lui dès les premières pages : « Mon chiffre, c'est deux CC entre
« qui, retournés et joints ensemble, forment un cercle; cela veut dire u
« mystiquement que mes œuvres rempliront le rond de la terre quand elles s
toutes reliées ensemble; car mes Énigmes ont été traduites en italien et
gnol, et mon Cantique des cantiques envoyé par toute la terre, etc. »
it le public n'auroit-il pas fait à un tel homme l'application de ce vers fam

Un sot savant est sot plus qu'un sot ignorant?

PHILAMINTE.

On souffre aux entretiens ces sortes de combats,
Pourvu qu'à la personne on ne s'attaque pas.

CLITANDRE.

Hé! mon Dieu! tout cela n'a rien dont il s'offense.
Il entend raillerie autant qu'homme de France [1];
Et de bien d'autres traits il s'est senti piquer,
Sans que jamais sa gloire ait fait que s'en moquer.

TRISSOTIN.

Je ne m'étonne pas, au combat que j'essuie,
De voir prendre à monsieur la thèse qu'il appuie;
Il est fort enfoncé dans la cour, c'est tout dit.
La cour, comme l'on sait, ne tient pas pour l'esprit.
Elle a quelque intérêt d'appuyer l'ignorance;
Et c'est en courtisan qu'il en prend la défense.

CLITANDRE.

Vous en voulez beaucoup à cette pauvre cour [2];

[1] L'ironie est d'autant plus sanglante qu'elle fait allusion à divers passages des *OEuvres galantes*, où Cotin déclare qu'il n'a point de rancune contre ses ennemis; qu'il est pour eux un véritable agneau, une véritable colombe; et où il va jusqu'à remercier *Gilles le Niais* de ses railleries, puisque ce grand compilateur, qui dérobe aux Grecs et aux Latins tout ce qu'il donne aux François, *l'a mis en droit de publier ses gaietés.* Nous avons déja donné un petit échantillon des *gaietés* de Cotin; en voici un autre dans lequel, suivant la méthode de ses pareils, il ne se fait aucun scrupule d'accuser Boileau de manquer de respect au roi, et d'outrager la religion :

Quelquefois, emporté des vapeurs de sa bile,
Sans respecter les cieux, sans croire à l'Evangile,
Afin de débiter des blasphèmes nouveaux,
Du fond de son sommeil il tire Desbarreaux.
. . . .
Quel état peut souffrir une telle insolence?
Sous un roi très chrétien qu'en peut dire la France?

Voilà ce que Cotin appeloit une *satire galante*, ou une *galanterie satirique*, ou une *gaieté*. On doit convenir que Molière avoit le droit de dire de Cotin : « Il en- « tend raillerie autant qu'homme de France. »

[2] Molière a blâmé, dans *le Misanthrope*, la sottise des beaux esprits de cour qui jouent leur réputation d'honnêtes gens contre celle de méchants auteurs. Ici il se plaît à montrer ces mêmes courtisans qui ne doivent pas se faire auteurs, comme des juges excellents en matière de goût. Louis XIV, quoique sans lettres, étoit un

Et son malheur est grand de voir que, chaque jour,
Vous autres beaux esprits vous déclamiez contre elle;
Que de tous vos chagrins vous lui fassiez querelle,
Et, sur son méchant goût lui faisant son procès,
N'accusiez que lui seul de vos méchants succès.
Permettez-moi, monsieur Trissotin, de vous dire,
Avec tout le respect que votre nom m'inspire,
Que vous feriez fort bien, vos confrères et vous,
De parler de la cour en homme un peu plus doux;
Qu'à le bien prendre, au fond, elle n'est pas si bête
Que, vous autres messieurs, vous vous mettez en tête;
Qu'elle a du sens commun pour se connoître à tout;
Que chez elle on se peut former quelque bon goût,
Et que l'esprit du monde y vaut, sans flatterie,
Tout le savoir obscur de la pédanterie.

des meilleurs esprits de son royaume : il avoit comme l'instinct des bonnes choses : ce tact, cet instinct, il le devoit à la nature, et peut-être à l'habitude de vivre avec des hommes supérieurs en tout genre. Ses ministres étoient les plus habiles de l'Europe; ses généraux, les plus grands et les plus heureux; sa cour étoit pleine d'illustres personnages, de courtisans raffinés, de femmes spirituelles qui donnoient le ton au reste du monde, et qui le recevoient du roi; car c'est une chose très remarquable que le roi jugeoit d'après ses propres impressions, et non d'après celles qu'on vouloit lui donner. Ainsi vainement les Cotin et les Pradon se voyoient portés par les précieuses, Louis XIV faisoit un autre choix : Racine, Boileau, Molière, étoient ses beaux esprits; et Bossuet, Bourdaloue, Massillon, ses prédicateurs. Il avoit formé son goût au milieu de ces grands génies, et le goût du roi régloit celui de toute sa cour. Molière lui dut la plupart de ses triomphes; et si Louis XIV n'avoit soutenu *les Femmes savantes*, il est probable que la pièce seroit tombée. « Le dénoûment est sec et sans intérêt, disoit l'un; il ne convient qu'à « des gens de lecture, disoit l'autre : que m'importe, s'écrioit le marquis ....., de « voir le ridicule d'un pédant? est-ce un caractere à m'occuper? Que Molière en « prenne à la cour s'il veut me faire plaisir. Où a-t-il été déterrer ces sottes femmes? « reprenoit le comte ... Il n'y a pas le mot pour rire à tout cela pour l'homme de « cour et pour le peuple. » Il est vrai que le roi n'avoit point parlé à la première représentation; mais à la seconde, le roi ayant dit à Molière que sa piece étoit excellente, elle fut aussitôt trouvée admirable par les courtisans. Louer les jugements de la cour, c'étoit donc pour Molière louer ceux de Louis XIV; et sans doute il étoit impossible d'offrir à ce grand roi, d'une manière plus flatteuse et plus délicate, cet encens que les poëtes, suivant l'heureuse expression de La Fontaine ont le secret de rendre exquis et doux. (Voyez les *Mémoires de Grimarest*, t. I des Œuvres de Molière, p. cv.)

TRISSOTIN.

De son bon goût, monsieur, nous voyons des effets.

CLITANDRE.

Où voyez vous, monsieur, qu'elle l'ait si mauvais?

TRISSOTIN.

Ce que je vois, monsieur? C'est que pour la science
Vadius et Baldus font honneur à la France;
Et que tout leur mérite, exposé fort au jour,
N'attire point les yeux et les dons de la cour.

CLITANDRE.

Je vois votre chagrin, et que, par modestie,
Vous ne vous mettez point, monsieur, de la partie;
Et, pour ne vous point mettre aussi dans le propos,
Que font-ils pour l'état, vos habiles héros?
Qu'est-ce que leurs écrits lui rendent de service,
Pour accuser la cour d'une horrible injustice,
Et se plaindre en tous lieux que sur leurs doctes noms
Elle manque à verser la faveur de ses dons?
Leur savoir à la France est beaucoup nécessaire!
Et des livres qu'ils font la cour a bien affaire!
Il semble à trois gredins [1], dans leur petit cerveau,
Que, pour être imprimés et reliés en veau,
Les voilà dans l'état d'importantes personnes;
Qu'avec leur plume ils font les destins des couronnes;
Qu'au moindre petit bruit de leurs productions,
Ils doivent voir chez eux voler les pensions;
Que sur eux l'univers a la vue attachée;
Que partout de leur nom la gloire est épanchée;

[1] Trissotin n'a cité que Vadius et Baldus, et cependant Clitandre désigne ici trois personnes, après avoir déclaré par une ironie piquante qu'il ne vouloit pas mettre Trissotin de la partie. Il étoit impossible, pour me servir des expressions de M. Lemercier, d'accorder plus finement une personnalité dure avec la bienséance du monde. Molière fait parler un homme de goût, et ce mot vif est du meilleur ton. Mais la tirade entière mérite d'être remarquée : elle est d'une élégance et d'une force qui rappellent Despréaux, toutefois avec des tournures singulières et neuves qui n'appartiennent qu'à Molière.

Et qu'en science ils sont des prodiges fameux,
Pour savoir ce qu'ont dit les autres avant eux,
Pour avoir eu trente ans des yeux et des oreilles,
Pour avoir employé neuf ou dix mille veilles
A se bien barbouiller de grec et de latin,
Et se charger l'esprit d'un ténébreux butin
De tous les vieux fatras qui traînent dans les livres.
Gens qui de leur savoir paroissent toujours ivres;
Riches, pour tout mérite, en babil importun;
Inhabiles à tout, vides de sens commun,
Et pleins d'un ridicule et d'une impertinence
A décrier partout l'esprit et la science.

PHILAMINTE.

Votre chaleur est grande; et cet emportement
De la nature en vous marque le mouvement.
C'est le nom de rival qui dans votre ame excite[1]...

[1] Dans cette scène Molière eut l'art d'intéresser la cour au succès d'un ouvrage contre lequel il prévoyoit que beaucoup de gens pourroient se déchaîner. Aucune des parties intéressées n'osa faire un mouvement. Cotin, quoique honoré de l'amitié d'une princesse, et de celle de plusieurs femmes considérables, ne vit personne s'élever en sa faveur. L'éloquente fermeté de Clitandre servoit de réponse à tout ce qu'on auroit pu dire pour l'infortuné Cotin. La critique tire un grand avantage d'être fondée en raison, et de la considération personnelle de celui dont elle parle. (B.) — Rien de plus serré, de plus piquant, et de plus vigoureux que cette lutte, dans laquelle l'avantage du sens et de la raison est toujours pour Clitandre. On y voit un homme d'esprit et de sens, un homme du monde, opposé à un misérable pédant gonflé d'orgueil, et dont la science a doublé la sottise naturelle; on y sent tout l'ascendant d'une raison vigoureuse, d'une ame honnête, d'un esprit juste et droit, sur un charlatan qui fait métier de tromper les sots par un vain babil, et qui n'a d'autre éloquence que celle des sophismes et des jeux de mots. Clitandre, qui ne se donne ni pour un savant ni pour un homme de lettres, écrase, par la dignité de son ton et de ses manières, par la finesse de ses plaisanteries, par le naturel, la vérité, et la force de ses raisons, ce Trissotin, ce tartuffe d'esprit et de science, qui n'est au fond qu'un ignorant et un sot. (G.)

SCÈNE IV.

TRISSOTIN, PHILAMINTE, CLITANDRE, ARMANDE, JULIEN.

JULIEN.

Le savant qui tantôt vous a rendu visite,
Et de qui j'ai l'honneur d'être l'humble valet,
Madame, vous exhorte à lire ce billet.

PHILAMINTE.

Quelque important que soit ce qu'on veut que je lise [1],
Apprenez, mon ami, que c'est une sottise
De se venir jeter au travers d'un discours;
Et qu'aux gens d'un logis il faut avoir recours,
Afin de s'introduire en valet qui sait vivre.

JULIEN.

Je noterai cela, madame, dans mon livre.

PHILAMINTE.

« Trissotin s'est vanté, madame, qu'il épouseroit votre « fille. Je vous donne avis que sa philosophie n'en veut qu'à « vos richesses [2], et que vous ferez bien de ne point conclure « ce mariage, que vous n'ayez vu le poëme que je compose « contre lui. En attendant cette peinture, où je prétends vous « le dépeindre de toutes ses couleurs, je vous envoie Horace, « Virgile, Térence, et Catulle, où vous verrez notés en « marge tous les endroits qu'il a pillés. »

Voilà sur cet hymen que je me suis promis,

[1] Quelle digne application de tant d'études et de philosophie, que celle d'enseigner la grammaire à une pauvre servante, les lois de l'équilibre à un valet maladroit, et les règles du savoir-vivre à un domestique étranger! Molière joue ici un travers inhérent à la sottise et au pédantisme, celui de donner à tout propos des leçons inutiles.

[2] Cette vengeance de Vadius ne jette pas seulement de la gaieté sur cette scène, elle prépare le dénoûment, elle avertit les spectateurs de la scène première de l'acte V.

Un mérite attaqué de beaucoup d'ennemis * ;
Et ce déchaînement aujourd'hui me convie
A faire une action qui confonde l'envie,
Qui lui fasse sentir que l'effort qu'elle fait,
De ce qu'elle veut rompre, aura pressé l'effet.

(à Julien.)

Reportez tout cela sur l'heure à votre maître,
Et lui dites qu'afin de lui faire connoître
Quel grand état je fais de ses nobles avis,
Et comme je les crois dignes d'être suivis.

(montrant Trissotin.)

Dès ce soir à monsieur je marierai ma fille.

SCÈNE V.

PHILAMINTE, ARMANDE, CLITANDRE.

PHILAMINTE, *à Clitandre*.

Vous, monsieur, comme ami de toute la famille,
A signer leur contrat vous pourrez assister,
Et je vous y veux bien, de ma part, inviter.
Armande, prenez soin d'envoyer au notaire,
Et d'aller avertir votre sœur de l'affaire.

ARMANDE.

Pour avertir ma sœur, il n'en est pas besoin,
Et monsieur que voilà saura prendre le soin
De courir lui porter bientôt cette nouvelle,
Et disposer son cœur à vous être rebelle.

PHILAMINTE.

Nous verrons qui sur elle aura plus de pouvoir,
Et si je la saurai réduire à son devoir.

* C'est l'effet que produisoient, sur les partisans de Cotin, les attaques perpétuelles de Boileau ; ils pensoient qu'on n'exc[illegible] et [illegible] une critique [illegible] si durable et si persévérante sans avoir un grand mérite. L. B.

SCÈNE VI.

ARMANDE, CLITANDRE.

ARMANDE.

J'ai grand regret, monsieur, de voir qu'à vos visées
Les choses ne sont pas tout-à-fait disposées.

CLITANDRE.

Je m'en vais travailler, madame, avec ardeur,
A ne vous point laisser ce grand regret au cœur.

ARMANDE.

J'ai peur que votre effort n'ait pas trop bonne issue.

CLITANDRE.

Peut-être verrez-vous votre crainte déçue.

ARMANDE.

Je le souhaite ainsi.

CLITANDRE.

J'en suis persuadé;
Et que de votre appui je serai secondé.

ARMANDE.

Oui; je vais vous servir de toute ma puissance.

CLITANDRE.

Et ce service est sûr de ma reconnoissance[1].

SCÈNE VII.

CHRYSALE, ARISTE, HENRIETTE, CLITANDRE.

CLITANDRE.

Sans votre appui, monsieur, je serai malheureux;
Madame votre femme a rejeté mes vœux,
Et son cœur prévenu veut Trissotin pour gendre.

[1] A la fin du troisième acte, Armande et Henriette ont ensemble une scène du même genre. Ces jeux brillants de l'ironie sont d'un effet sûr, et réjouissent le spectateurs, lorsqu'ils ne sont pas trop prolongés.

CHRYSALE.

Mais quelle fantaisie a-t-elle donc pu prendre?
Pourquoi, diantre! vouloir ce monsieur Trissotin?

ARISTE.

C'est par l'honneur qu'il a de rimer à latin,
Qu'il a sur son rival emporté l'avantage.

CLITANDRE.

Elle veut dès ce soir faire ce mariage.

CHRYSALE.

Dès ce soir?

CLITANDRE.

Dès ce soir.

CHRYSALE.

Et dès ce soir je veux,
Pour la contrecarrer, vous marier tous deux.

CLITANDRE.

Pour dresser le contrat, elle envoie au notaire.

CHRYSALE.

Et je vais le querir pour celui qu'il doit faire.

CLITANDRE, *montrant Henriette.*

Et madame doit être instruite par sa sœur,
De l'hymen où l'on veut qu'elle apprête son cœur.

CHRYSALE.

Et moi je lui commande, avec pleine puissance,
De préparer sa main à cette autre alliance.
Ah! je leur ferai voir si, pour donner la loi,
Il est dans ma maison d'autre maître que moi [1].

(à Henriette.)

Nous allons revenir : songez à nous attendre.
Allons, suivez mes pas, mon frère, et vous, mon gendre.

[1] Il ne faut pas confondre la foiblesse de Chrysale avec celle d'Orgon, qui dégénère en tyrannie. Orgon est un homme passionné, égoïste, prêt à tout sacrifier à ses caprices, à son entêtement. Chrysale est un homme foible qui sent sa foiblesse, et qui s'exerce à raffermir sa volonte en en faisant une loi à ceux qu'il veut obliger. C'est faute d'avoir bien saisi ces nuances delicates qu'un commentateur a cru voir du despotisme et de la tyrannie dans ce pauvre Chrysale.

HENRIETTE, *à Ariste.*

Hélas! dans cette humeur conservez-le toujours.

ARISTE.

J'emploierai toute chose à servir vos amours[1].

SCÈNE VIII.

HENRIETTE, CLITANDRE.

CLITANDRE.

Quelque secours puissant qu'on promette à ma flamme,
Mon plus solide espoir, c'est votre cœur, madame.

HENRIETTE.

Pour mon cœur, vous pouvez vous assurer de lui.

CLITANDRE.

Je ne puis qu'être heureux, quand j'aurai son appui.

HENRIETTE.

Vous voyez à quels nœuds on prétend le contraindre.

CLITANDRE.

Tant qu'il sera pour moi, je ne vois rien à craindre.

HENRIETTE.

Je vais tout essayer pour nos vœux les plus doux;
Et si tous mes efforts ne me donnent à vous,
Il est une retraite où notre ame se donne,
Qui m'empêchera d'être à toute autre personne[2].

[1] Tout marche au dénoûment. Ce vers d'Ariste excite la curiosité et renouvelle l'intérêt. On sent que ce personnage va contribuer au succès des amours de Clitandre et d'Henriette; et c'est ainsi que Molière annonce les événements de son cinquième acte. Ce rôle d'Ariste fut créé par Baron, qui n'avoit pas vingt ans, et que tout Paris venoit d'admirer dans *Psyché*, où il avoit joué le rôle de l'Amour. On assure qu'en étudiant ce rôle il étoit devenu amoureux de mademoiselle Molière, qui étoit ravissante sous les traits de Psyché. Voilà sans doute pourquoi Molière ne lui confia pas le rôle de Clitandre, qui sembloit fait pour lui. Au reste, mademoiselle Molière charma tout Paris sous les traits d'Henriette, rôle délicieux, composé pour elle et d'après elle, comme Élise, de *la Critique de l'École des Femmes*, qui en est la première esquisse.

[2] Henriette sera à Clitandre, ou elle ne sera à personne. Cette résolution, et la

CLITANDRE.

Veuille le juste ciel me garder en ce jour
De recevoir de vous cette preuve d'amour [1] !

ACTE CINQUIÈME.

SCÈNE I.

HENRIETTE, TRISSOTIN.

HENRIETTE.

C'est sur le mariage où ma mère s'apprête
Que j'ai voulu, monsieur, vous parler tête a tête.
Et j'ai cru, dans le trouble où je vois la maison.
Que je pourrois vous faire écouter la raison.
Je sais qu'avec mes vœux vous me jugez capable
De vous porter en dot un bien considérable :
Mais l'argent, dont on voit tant de gens faire cas.
Pour un vrai philosophe a d'indignes appas ;
Et le mépris du bien et des grandeurs frivoles
Ne doit point éclater dans vos seules paroles.

TRISSOTIN.

Aussi n'est-ce point là ce qui me charme en vous;
Et vos brillants attraits, vos yeux perçants et doux,
Votre grace et votre air, sont les biens, les richesses.

foiblesse bien connue de son père, autorisent la démarche pleine de franchise et de hardiesse qu'elle doit hasarder auprès de Trissotin. Ainsi Molière prépare adroitement l'esprit du spectateur a approuver tout ce qu'il peut y avoir de trop hardi dans cette démarche.

[1] Molière avoit ici une belle occasion de faire une scene larmoyante; il n'en a pas profité. Cette scène est très courte, mais sa brièveté même est motivée. Clitandre ne quitte Henriette que parceque Chrysale lui a dit de le suivre. (L. B.

Qui vous ont attiré mes vœux et mes tendresses :
C'est de ces seuls trésors dont je suis amoureux [1].

HENRIETTE.

Je suis fort redevable à vos feux généreux.
Cet obligeant amour a de quoi me confondre,
Et j'ai regret, monsieur, de n'y pouvoir répondre.
Je vous estime autant qu'on sauroit estimer ;
Mais je trouve un obstacle à vous pouvoir aimer.
Un cœur, vous le savez, à deux ne sauroit être ;
Et je sens que du mien Clitandre s'est fait maître.
Je sais qu'il a bien moins de mérite que vous,
Que j'ai de méchants yeux pour le choix d'un époux ;
Que, par cent beaux talents, vous devriez me plaire :
Je vois bien que j'ai tort, mais je n'y puis que faire ;
Et tout ce que sur moi peut le raisonnement,
C'est de me vouloir mal d'un tel aveuglement.

TRISSOTIN.

Le don de votre main, où l'on me fait prétendre,
Me livrera ce cœur que possède Clitandre ;
Et, par mille doux soins, j'ai lieu de présumer
Que je pourrai trouver l'art de me faire aimer.

HENRIETTE.

Non : à ses premiers vœux mon ame est attachée,
Et ne peut de vos soins, monsieur, être touchée.
Avec vous librement j'ose ici m'expliquer,
Et mon aveu n'a rien qui vous doive choquer.
Cette amoureuse ardeur, qui dans les cœurs s'excite,
N'est point, comme l'on sait, un effet du mérite :
Le caprice y prend part ; et, quand quelqu'un nous plaît,
Souvent nous avons peine à dire pourquoi c'est.

[1] Le caractère de Trissotin se compose de deux parties bien distinctes, le pédant et le malhonnête homme Cotin est le modèle du premier ; mais les doucereuses résistances que Trissotin oppose à la franchise d'Henriette, et qui rendent ce personnage vil et odieux, sont de l'invention du poëte. Dès que l'homme vil se montre, l'ennemi de Molière disparoit, et Trissotin n'est plus qu'un personnage de comédie.

l'on aimoit, monsieur, par choix et par sagesse,
us auriez tout mon cœur et toute ma tendresse;
is on voit que l'amour se gouverne autrement.
ssez-moi, je vous prie, à mon aveuglement,
Et ne vous servez point de cette violence
Que, pour vous, on veut faire à mon obéissance.
Quand on est honnête homme, on ne veut rien devoir
A ce que des parents ont sur nous de pouvoir:
On répugne à se faire immoler ce qu'on aime,
Et l'on veut n'obtenir un cœur que de lui-même.
Ne poussez point ma mère à vouloir, par son choix,
Exercer sur mes vœux la rigueur de ses droits.
Otez-moi votre amour, et portez à quelque autre
Les hommages d'un cœur aussi cher que le vôtre.

TRISSOTIN.

Le moyen que ce cœur puisse vous contenter?
Imposez-lui des lois qu'il puisse exécuter.
De ne vous point aimer peut-il être capable,
A moins que vous cessiez, madame, d'être aimable,
Et d'étaler aux yeux les célestes appas...?

HENRIETTE.

Eh! monsieur, laissons là ce galimatias.
Vous avez tant d'Iris, de Philis, d'Amarantes [1],

[1] Cotin avoit en effet chanté, sous les noms d'Iris, de Philis, d'Amarante, les plus grandes dames de la cour; et ces dames imaginoient, de la meilleure foi du monde, que rien n'étoit plus galant que le style de Cotin. L'infatuation étoit telle, qu'une grande princesse, celle-là même qui avoit occasionné la querelle de Ménage et de Cotin, écrivoit à ce dernier: « Vous ne sauriez croire combien je « reçois de plaisir quand vous me faites la grace de m'écrire, et de m'envoyer des « vers de vos amis; mais quand j'en rencontre des vôtres, je sens une joie par- « faite; car j'avoue que j'ai pour vous une tendresse toute particulière *. » On a de la peine à concevoir que cette lettre ait pu être écrite à Cotin dans le siècle de Corneille, de Boileau, et de Racine. Ces rapprochements suffisent pour montrer avec quelle finesse et quelle convenance Molière savoit présenter ses critiques les plus hardies, et surtout combien de traits nous échappent aujourd'hui dans ses ouvrages.

* *Œuvres galantes*, t. I, p. 106.

Que partout dans vos vers vous peignez si charmantes,
Et pour qui vous jurez tant d'amoureuse ardeur...

TRISSOTIN.

C'est mon esprit qui parle, et ce n'est pas mon cœur.
D'elles on ne me voit amoureux qu'en poëte,
Mais j'aime tout de bon l'adorable Henriette.

HENRIETTE.

Eh ! de grace, monsieur...

TRISSOTIN.

Si c'est vous offenser,
Mon offense envers vous n'est pas prête à cesser.
Cette ardeur, jusqu'ici de vos yeux ignorée,
Vous consacre des vœux d'éternelle durée.
Rien n'en peut arrêter les aimables transports;
Et, bien que vos beautés condamnent mes efforts,
Je ne puis refuser le secours d'une mère
Qui prétend couronner une flamme si chère;
Et, pourvu que j'obtienne un bonheur si charmant,
Pourvu que je vous aie, il n'importe comment[1].

HENRIETTE.

Mais savez-vous qu'on risque un peu plus qu'on ne pense,
A vouloir sur un cœur user de violence;
Qu'il ne fait pas bien sûr, à vous le trancher net,
D'épouser une fille en dépit qu'elle en ait;
Et qu'elle peut aller, en se voyant contraindre,
A des ressentiments que le mari doit craindre?

TRISSOTIN.

Un tel discours n'a rien dont je sois altéré :
A tous événements le sage est préparé.
Guéri, par la raison, des foiblesses vulgaires,

[1] Cette déclaration formelle, la foiblesse de Chrysale, le despotisme de Philaminte, tout doit pousser Henriette au désespoir. C'est ainsi que Molière amène et prépare un trait trop libre sans doute pour une jeune fille, mais qui, dans la situation d'Henriette, devient une leçon de morale pour la société tout entière. Remarquez avec quel art Molière amène Trissotin à laisser échapper son secret.

Il se met au-dessus de ces sortes d'affaires,
Et n'a garde de prendre aucune ombre d'ennui
De tout ce qui n'est pas pour dépendre de lui [1].

HENRIETTE.

En vérité, monsieur, je suis de vous ravie;
Et je ne pensois pas que la philosophie
Fût si belle qu'elle est, d'instruire ainsi les gens
A porter constamment de pareils accidents.
Cette fermeté d'ame, à vous si singulière,
Mérite qu'on lui donne une illustre matière,
Est digne de trouver qui prenne avec amour
Les soins continuels de la mettre en son jour;
Et comme, à dire vrai, je n'oserois me croire
Bien propre à lui donner tout l'éclat de sa gloire,
Je le laisse à quelque autre, et vous jure, entre nous,
Que je renonce au bien de vous voir mon époux.

TRISSOTIN, *en sortant.*

Nous allons voir bientôt comment ira l'affaire;

[1] Molière nous présente souvent la même pensée, et, sans jamais cesser d'être naturel, il en tire toujours des effets différents. Arnolphe, emporté par sa passion, dit aussi à Agnès, qu'il veut épouser malgré elle :

> Tout comme tu voudras tu pourras te conduire.
> Je ne m'explique pas, et cela c'est tout dire..
> Jusqu'où la passion peut-elle faire aller!

On rit de l'excès d'une pareille folie. On rit aussi lorsque, dans la même pièce, Chrysale raisonne sur les accidents du mariage, à-peu-près comme le fait ici Trissotin :

> A le bien prendre aussi, pourquoi voulez-vous croire
> Que de ce cas fortuit dépende notre gloire,
> Et qu'une ame bien née ait à se reprocher
> L'injustice d'un mal qu'on ne peut empêcher?

Dans le premier cas on pardonne tout au délire de la passion; dans le second on voit un homme de sang-froid qui a du bon sens, et qui se raille d'un fou tout-à-la-fois jaloux, bizarre, et ridicule. Mais lorsque Trissotin tient les mêmes discours pour se rassurer sur les suites d'un mariage qu'il ne forme que par intérêt, on le méprise; et si l'on rit, ce n'est pas de sa personne, mais de l'hypocrite application qu'il fait de sa philosophie. Ainsi, suivant le caractère de celui qui parle, la même pensée, toujours comique, inspire des sentiments entièrement opposés : on rit, on approuve, ou on méprise. C'est en creusant le cœur humain que Molière fait ainsi jaillir la gaieté et la morale des plus tristes passions.

Et l'on a là-dedans fait venir le notaire [1].

SCÈNE II.

CHRYSALE, CLITANDRE, HENRIETTE, MARTINE.

CHRYSALE.

Ah! ma fille, je suis bien aise de vous voir;
Allons, venez-vous-en faire votre devoir,
Et soumettre vos vœux aux volontés d'un père.
Je veux, je veux apprendre à vivre à votre mère;
Et, pour la mieux braver, voilà, malgré ses dents,
Martine que j'amène et rétablis céans.

HENRIETTE.

Vos résolutions sont dignes de louange [2].
Gardez que cette humeur, mon père, ne vous change;
Soyez ferme à vouloir ce que vous souhaitez;

[1] Voyez quelle gradation dans les efforts d'Henriette! Elle attaque tour-à-tour la raison, la vanité, l'intérêt, l'honneur de son adversaire; elle le flatte, et n'obtient rien de son amour-propre; elle le menace, et ne parvient pas même à réveiller en lui un sentiment de honte; enfin, tous ses efforts étant inutiles, elle le couvre de son mépris: on sent à ses dernières paroles qu'elle s'est retranchée dans sa résolution d'être à Clitandre, ou de n'être à personne. Rien de plus piquant que cette lutte d'un esprit fin, délicat, et railleur, contre un esprit faux, plat et doucereux. Mais par quelle combinaison Molière a-t-il pu faire sortir tant de traits comiques d'une résistance aussi odieuse? Pour résoudre cette question il suffit d'observer le public pendant cette scène. Tant que Trissotin n'a été que ridicule, on a pu craindre pour Henriette; mais on ne craint plus rien dès qu'il est avili; ou plutôt, on se réjouit d'un avilissement qui doit sauver sa victime. C'est un autre Tartuffe, qui s'est perdu en laissant échapper son secret. Les figures de ce tableau sont bien éclairées, et rappellent en effet la main qui dessina *le Tartuffe*.

[2] Henriette vient d'échouer auprès de Trissotin, elle n'a plus d'autre appui que *la volonté* de son père: il est donc tout naturel qu'elle cherche à soutenir cette volonté toujours chancelante. Mais ces prières arrivent à contre-temps; au lieu de fortifier Chrysale, elles doivent le blesser: car il vient de faire rentrer Martine, et, après ce coup de maître, comment ne se fâcheroit-il pas de voir douter de sa fermeté? La colère de Chrysale et l'embarras d'Henriette naissent de cette double disposition des esprits, car c'est dans l'observation des mouvements les plus secrets du cœur humain que Molière trouve toujours les motifs des scènes les plus comiques.

Et ne vous laissez point séduire à vos bontés.
Ne vous relâchez pas, et faites bien en sorte
D'empêcher que sur vous ma mère ne l'emporte.

CHRYSALE.

Comment! Me prenez-vous ici pour un benêt?

HENRIETTE.

M'en préserve le ciel!

CHRYSALE.

Suis-je un fat, s'il vous plaît?

HENRIETTE.

Je ne dis pas cela.

CHRYSALE.

Me croit-on incapable
Des fermes sentiments d'un homme raisonnable?

HENRIETTE.

Non, mon père.

CHRYSALE.

Est-ce donc qu'à l'âge où je me voi,
Je n'aurois pas l'esprit d'être maître chez moi?

HENRIETTE.

Si fait.

CHRYSALE.

Et que j'aurois cette foiblesse d'ame,
De me laisser mener par le nez à ma femme?

HENRIETTE.

Eh! non, mon père.

CHRYSALE.

Ouais! Qu'est-ce donc que ceci?
Je vous trouve plaisante à me parler ainsi!

HENRIETTE.

Si je vous ai choqué, ce n'est pas mon envie.

CHRYSALE.

Ma volonté céans doit être en tout suivie.

HENRIETTE.

Fort bien, mon père.

CHRYSALE.

Aucun, hors moi, dans la maison,
N'a droit de commander.

HENRIETTE.

Oui; vous avez raison.

CHRYSALE.

C'est moi qui tiens le rang de chef de la famille.

HENRIETTE.

D'accord.

CHRYSALE.

C'est moi qui dois disposer de ma fille.

HENRIETTE.

Eh! oui.

CHRYSALE.

Le ciel me donne un plein pouvoir sur vous.

HENRIETTE.

Qui vous dit le contraire?

CHRYSALE.

Et, pour prendre un époux,
Je vous ferai bien voir que c'est à votre père
Qu'il vous faut obéir, non pas à votre mère.

HENRIETTE.

Hélas! vous flattez là le plus doux de mes vœux;
Veuillez être obéi : c'est tout ce que je veux.

CHRYSALE.

Nous verrons si ma femme à mes desirs rebelle...

CLITANDRE.

La voici qui conduit le notaire avec elle.

CHRYSALE.

Secondez-moi bien tous [1].

[1] Après avoir montré sa résolution, vanté son courage, gourmandé Henriette, le bon Chrysale appelle tout le monde à son aide. Ce sont de ces traits qui peignent tout un caractère et qui n'appartiennent qu'à Molière, ou à la nature. Ce dernier acte est un des plus comiques de la pièce; et cela est d'autant plus remarquable, qu'il étoit plus difficile de terminer gaiement des conversations scientifiques, et de

MARTINE.

Laissez-moi. J'aurai soin
De vous encourager, s'il en est de besoin.

SCÈNE III.

PHILAMINTE, BÉLISE, ARMANDE, TRISSOTIN, UN NOTAIRE, CHRYSALE, CLITANDRE, HENRIETTE, MARTINE.

PHILAMINTE, *au notaire.*

Vous ne sauriez changer votre style sauvage,
Et nous faire un contrat qui soit en beau langage?

LE NOTAIRE.

Notre style est très bon; et je serois un sot,
Madame, de vouloir y changer un seul mot.

BÉLISE.

Ah! quelle barbarie au milieu de la France!
Mais au moins en faveur, monsieur, de la science,
Veuillez, au lieu d'écus, de livres, et de francs,
Nous exprimer la dot en mines et talents;
Et dater par les mots d'ides et de calendes.

LE NOTAIRE.

Moi? Si j'allois, madame, accorder vos demandes,
Je me ferois siffler de tous mes compagnons[1].

PHILAMINTE.

De cette barbarie en vain nous nous plaignons.
Allons, monsieur, prenez la table pour écrire.
(apercevant Martine.)
Ah! ah! cette impudente ose encor se produire?

bel esprit. Ici Molière tire tous ses moyens comiques du nœud de l'intrigue, et du développement des caractères.

[1] La réponse si simple du notaire fait ressortir les ridicules de Bélise et de Philaminte : c'est un trait vif de lumière qui nous montre *la science et l'esprit qui gâtent les personnes.* C'est ainsi qu'après avoir développé d'une manière admirable un sujet qui paroissoit fort aride, Molière termine par des coups de force les principales figures qu'il a fait agir dans le cours de sa pièce.

Pourquoi donc, s'il vous plait, la ramener chez moi?

CHRYSALE.

Tantôt avec loisir on vous dira pourquoi.
Nous avons maintenant autre chose à conclure.

LE NOTAIRE.

Procédons au contrat. Où donc est la future?

PHILAMINTE.

Celle que je marie est la cadette.

LE NOTAIRE.

Bon.

CHRYSALE, *montrant Henriette.*

Oui, la voilà, monsieur : Henriette est son nom [1].

LE NOTAIRE.

Fort bien. Et le futur?

PHILAMINTE, *montrant Trissotin.*

L'époux que je lui donne
Est monsieur.

CHRYSALE, *montrant Clitandre.*

Et celui, moi, qu'en propre personne
Je prétends qu'elle épouse, est monsieur.

LE NOTAIRE.

Deux époux!
C'est trop pour la coutume [2].

PHILAMINTE, *au notaire.*

Où vous arrêtez-vous?

[1] Jusque-là ils sont d'accord. Chrysale se dépêche de confirmer la déclaration de sa femme, en y ajoutant la circonstance du nom ; et cela pour faire croire qu'il exprime une volonté. Toujours le manége d'un pauvre homme sans caractère, qui le sait, qui en rougit, et qui voudroit bien qu'on ne s'en aperçût pas tant. (A.)

[2] La raison, la morale, le bon sens, n'entrent pour rien dans la manière dont ce nouveau personnage envisage les choses. La coutume, voilà son jugement, ses yeux, sa mesure. Ce genre de comique, qui fait beaucoup rire, n'appartient ni au caractère, ni à l'esprit, ni à la passion ; il est le résultat de la société ; il ressort naturellement des différents états qui la composent. La première scène du *Bourgeois gentilhomme*, et celle de M. Loyal dans *le Tartuffe*, sont des modèles en ce genre. Ce comique prête un peu à la charge ; aussi Molière l'emploie-t-il toujours pour frapper et réveiller l'esprit des spectateurs.

ttez, monsieur, Trissotin pour mon gendre.

CHRYSALE.

;endre mettez, mettez, monsieur, Clitandre.

LE NOTAIRE.

ez-vous donc d'accord, et, d'un jugement mûr,
ız à convenir entre vous du futur.

PHILAMINTE.

suivez, monsieur, le choix où je m'arrête.

CHRYSALE.

s, faites, monsieur, les choses à ma tête.

LE NOTAIRE.

moi donc à qui j'obéirai des deux.

PHILAMINTE, *à Chrysale.*

Quoi donc? Vous combattrez les choses que je veux!

CHRYSALE.

Je ne saurois souffrir qu'on ne cherche ma fille
Que pour l'amour du bien qu'on voit dans ma famille [1].

PHILAMINTE.

Vraiment, à votre bien on songe bien ici!
Et c'est là, pour un sage, un fort digne souci!

CHRYSALE.

Enfin, pour son époux, j'ai fait choix de Clitandre.

PHILAMINTE.

(montrant Triss

Et moi, pour son époux, voici qui je veux prendre.
Mon choix sera suivi; c'est un point résolu.

CHRYSALE.

Ouais! Vous le prenez là d'un ton bien absolu.

MARTINE.

Ce n'est point à la femme à prescrire et je sommes
Pour céder le dessus en toute chose aux hommes.

CHRYSALE.

C'est bien dit.

[1] Ces deux vers préparent le dénoûment. Clitandre, qui étoit présent quan a lu le billet de Vadius, a pu redire à Chrysale et à Ariste ce qu'il a entendu dessus Ariste aura imaginé le stratagème du dénoûment. (L. B.)

MARTINE.

Mon congé cent fois me fût-il hoc[1],
La poule ne doit point chanter devant le coq[2].

CHRYSALE.

Sans doute.

MARTINE.

Et nous voyons que d'un homme on se gausse,
Quand sa femme, chez lui, porte le haut de-chausse[3].

CHRYSALE.

Il est vrai.

MARTINE.

Si j'avois un mari, je le dis,
Je voudrois qu'il se fît le maître du logis;
Je ne l'aimerois point, s'il faisoit le Jocrisse;
Et, si je contestois contre lui par caprice,
Si je parlois trop haut, je trouverois fort bon

[1] Me *fût-il hoc*, c'est-à-dire *me fût-il assuré*. Cette expression proverbiale vient du *hoc*, jeu de cartes qu'on appelle ainsi parcequ'il y a six cartes qui sont *hoc*, c'est-à-dire assurées à celui qui les joue. (Mén.) — Ce jeu fut apporté par Mazarin en France, et il devint tellement à la mode qu'il donna un proverbe à la langue. La Fontaine a employé ce proverbe dans sa fable du *Loup et du Cheval*.

[2] Molière rajeunit un vieux proverbe qu'on trouve dans Jean de Meung:

C'est chose qui moult me déplaist,
Quand poule parle et coq se taist.

Le sens de ce proverbe est qu'une femme ne doit prendre la parole que lorsque son mari a parlé (*Dic. des Proverbes*). Les expressions populaires de Martine sont pleines d'énergie, et contrastent avec le langage précieux des *Femmes savantes*. Martine, placée entre son affection pour son maître et la crainte d'être chassée, intéresse par la générosité de son dévoûment et par la justesse de ses observations. Ce rôle demande beaucoup de naturel. On ne peut le charger sans le gâter; Martine est une véritable servante de cuisine: elle dit en présence de sa maîtresse tout ce que Chrysale disoit en l'absence de sa femme. Elle ramène la raison sur la scène, et avec elle la gaieté, qui alloit fuir à l'aspect de la foiblesse de Chrysale et de la tyrannie de Philaminte.

[3] L'intervention de Martine interrompt joyeusement une explication qui commençoit à devenir sérieuse, et qui ne pouvoit se terminer que par l'avilissement de ce pauvre Chrysale. Molière évite de tomber dans le drame par le moyen le plus comique; et d'une scène qui alloit finir tristement, il fait une des scènes les plus plaisantes qui soient au théâtre.

Qu'avec quelques soufflets il rabaissât mon ton [1].

CHRYSALE.

C'est parler comme il faut [2].

MARTINE.

Monsieur est raisonnable,
De vouloir pour sa fille un mari convenable.

CHRYSALE.

Oui.

MARTINE.

Par quelle raison, jeune et bien fait qu'il est,
Lui refuser Clitandre? Et pourquoi, s'il vous plaît,
Lui bailler un savant, qui sans cesse épilogue?
Il lui faut un mari, non pas un pédagogue;
Et, ne voulant savoir le grais ni le latin,
Elle n'a pas besoin de monsieur Trissotin.

CHRYSALE.

Fort bien.

PHILAMINTE.

Il faut souffrir qu'elle jase à son aise [3].

MARTINE.

Les savants ne sont bons que pour prêcher en chaise;
Et, pour mon mari, moi, mille fois je l'ai dit,

[1] Molière avoit confié ce rôle à sa propre servante, et il est probable qu'elle avoit eu peu de peine à apprendre un rôle dont elle avoit fourni tous les traits. Ses discours sont d'une vérité surprenante : l'expression en est populaire, mais la raison en est universelle. Pour s'en convaincre il suffit de remarquer qu'ils sont approuvés par tous ceux qui les lisent ou les écoutent. Au reste, cette scène est parfaite; elle plaît par la variété, par le comique, par l'embarras où se trouvent tous les personnages, et par le desir qu'on a de savoir comment ils en sortiront.

[2] Le mot est d'autant plus comique, que Martine, en attaquant Philaminte, a porté les coups les plus vifs à celui dont elle prend la défense. Il n'est personne qui ne rie de cette censure publique de la foiblesse de Chrysale dans la bouche de son avocat, et de la bonhomie avec laquelle Chrysale convient qu'*elle parle comme il faut*. Pour remarquer toutes les beautés de cette scène, il faudroit faire une note sur chaque vers.

[3] On ne devine point les motifs qui engagent Philaminte à souffrir les observations de Martine. Comment, après avoir témoigné son étonnement de la revoir, ne l'a-t-elle pas chassée de sa présence? Il seroit difficile de répondre à cette objection; mais la gaîté de la situation fait oublier cette légère invraisemblance. (L. B.)

Je ne voudrois jamais prendre un homme d'esprit.
L'esprit n'est point du tout ce qu'il faut en ménage.
Les livres cadrent mal avec le mariage;
Et je veux, si jamais on engage ma foi,
Un mari qui n'ait point d'autre livre que moi,
Qui ne sache A ne B, n'en déplaise à madame,
Et ne soit, en un mot, docteur que pour sa femme.

PHILAMINTE, *à Chrysale.*

Est-ce fait? et, sans trouble, ai-je assez écouté
Votre digne interprète?

CHRYSALE.

Elle a dit vérité.

PHILAMINTE.

Et moi, pour trancher court toute cette dispute,
Il faut qu'absolument mon desir s'exécute.
(montrant Trissotin.)
Henriette et monsieur seront joints de ce pas.
Je l'ai dit, je le veux : ne me répliquez pas;
Et, si votre parole à Clitandre est donnée,
Offrez-lui le parti d'épouser son aînée.

CHRYSALE.

Voilà dans cette affaire un accommodement[1].
(à Henriette et à Clitandre.)
Voyez; y donnez-vous votre consentement?

[1] Chrysale est un personnage tout comique et de caractère et de langage; il a toujours raison, mais il n'a jamais une volonté; il parle d'or, et, après avoir mis la main de sa fille Henriette dans celle de Clitandre, et juré de soutenir son choix, il trouve tout simple de donner cette même Henriette à Trissotin, et sa sœur Armande à l'amant d'Henriette, et il appelle cela un accommodement! Ce dernier trait est celui qui peint le mieux cette foiblesse de caractère, de tous les défauts le plus commun, et peut-être le plus dangereux. (L.) — On ne sauroit trop admirer les ressources que l'auteur a trouvées dans son génie pour rendre comique un sujet qui paroissoit froid par lui-même. Ce qu'il y a de plus admirable, c'est que les ridicules des femmes savantes se trouvent peints dans une suite de tableaux de famille, et où l'on reconnoît ce qui se passe tous les jours dans l'intérieur des ménages. Je ne pense pas que l'art puisse aller plus loin en imitant la nature.

HENRIETTE.

Hé ! mon père !

CLITANDRE, *à Chrysale.*

Hé ! monsieur !

BÉLISE.

On pourroit bien lui faire
Des propositions qui pourroient mieux lui plaire [1] ;
Mais nous établissons une espèce d'amour
Qui doit être épuré comme l'astre du jour :
La substance qui pense y peut être reçue ;
Mais nous en bannissons la substance étendue [2].

[1] La persuasion habituelle où est Bélise, que tous les hommes sont amoureux d'elle, semble poussée à un exès qui passe les bornes du ridicule comique, et qui ressemble à la démence complète. (L.) — Cette critique a été adoptée par tous les commentateurs qui, comme La Harpe, ont jugé d'après l'esprit de leur siècle, et non d'après l'esprit du siècle de Molière. Et cependant le rôle de Bélise est une imitation du rôle d'Hespérie, dans *les Visionnaires ;* et ce dernier étoit une imitation de la nature. Le cardinal de Richelieu, en donnant à Desmarest le sujet des *Visionnaires,* lui avoit désigné ses modèles : c'étoit trois dames de la cour dont il vouloit se venger. Celle qui aimoit Alexandre étoit madame de Sablé ; madame de Chavigny étoit la coquette, et madame de Rambouillet la vertueuse. Desmarest, en copiant les travers de ces dames, les avoit peut-être exagérés ; mais il ne les avoit pas rendues méconnoissables, puisque tout le monde les reconnut. Molière corrigea l'exagération du caractère d'Hespérie, et il offrit dans Bélise la peinture d'un travers assez commun parmi les femmes, et qui, chez les précieuses, étoit devenu une espèce de folie. Pour se convaincre de la vérité de ce caractère, il suffit de lire les romans de mademoiselle de Scudéry, et les mémoires du temps. (Voyez la note 1 de la scène IV du premier acte, pag. 373.)

[2] Dans cette scène l'intérêt est porté au plus haut degré, et rien ne fait prévoir le dénoûment. Tous les caractères sont en action, et tous se développent par le seul effet de la présence de Martine. Remarquez que cette savante combinaison, qui nous montre les cœurs de toute une famille, semble n'être que l'effet naturel du développement des caractères, des passions, et des événements.

SCÈNE IV.

ARISTE, CHRYSALE, PHILAMINTE, BÉLISE, HENRIETTE, ARMANDE, TRISSOTIN, UN NOTAIRE, CLITANDRE, MARTINE.

ARISTE.

J'ai regret de troubler un mystère joyeux,
Par le chagrin qu'il faut que j'apporte en ces lieux.
Ces deux lettres me font porteur de deux nouvelles
Dont j'ai senti pour vous les atteintes cruelles :
(à Philaminte.)
L'une, pour vous, me vient de votre procureur;
(à Chrysale.)
L'autre, pour vous, me vient de Lyon.

PHILAMINTE.

Quel malheur,
Digne de nous troubler, pourroit-on nous écrire?

ARISTE.

Cette lettre en contient un que vous pouvez lire.

PHILAMINTE.

« Madame, j'ai prié monsieur votre frère de vous rendre cette « lettre, qui vous dira ce que je n'ai osé vous aller dire. La « grande négligence que vous avez pour vos affaires a été cause « que le clerc de votre rapporteur ne m'a point averti, et vous « avez perdu absolument votre procès, que vous deviez gagner. »

CHRYSALE, *à Philaminte.*

Votre procès perdu!

PHILAMINTE, *à Chrysale.*

Vous vous troublez beaucoup!
Mon cœur n'est point du tout ébranlé de ce coup.
Faites, faites paroître une ame moins commune
A braver, comme moi, les traits de la fortune.

« Le peu de soin que vous avez vous coûte quarante mille

« écus; et c'est à payer cette somme, avec les dépens, que vous
« êtes condamnée par arrêt de la cour. »

Condamnée? Ah! ce mot est choquant, et n'est fait
Que pour les criminels!

ARISTE.

Il a tort, en effet;
Et vous vous êtes là justement récriée.
Il devoit avoir mis que vous êtes priée,
Par arrêt de la cour, de payer au plus tôt
Quarante mille écus, et les dépens qu'il faut.

PHILAMINTE.

Voyons l'autre.

CHRYSALE.

« Monsieur, l'amitié qui me lie à monsieur votre frère me
« fait prendre intérêt à tout ce qui vous touche. Je sais que vous
« avez mis votre bien entre les mains d'Argante et de Damon,
« et je vous donne avis qu'en même jour ils ont fait tous deux
« banqueroute. »

O ciel! tout à-la-fois perdre ainsi tout son bien!

PHILAMINTE, *à Chrysale*.

Ah! quel honteux transport! Fi! tout cela n'est rien :
Il n'est pour le vrai sage aucun revers funeste;
Et, perdant toute chose, à soi-même il se reste.
Achevons notre affaire, et quittez votre ennui [1].
(montrant Trissotin.)
Son bien nous peut suffire et pour nous et pour lui.

TRISSOTIN.

Non, madame : cessez de presser cette affaire.
Je vois qu'à cet hymen tout le monde est contraire;
Et mon dessein n'est point de contraindre les gens.

[1] Dès le troisième acte Philaminte a annoncé son penchant pour la philosophie de Zénon; elle se montre ici fidèle à ses principes, elle soutient son caractère, et son indifférence stoïque est le dernier coup de pinceau donné à son portrait.

PHILAMINTE.

Cette réflexion vous vient en peu de temps;
Elle suit de bien près, monsieur, notre disgrace.

TRISSOTIN.

De tant de résistance à la fin je me lasse.
J'aime mieux renoncer à tout cet embarras,
Et ne veux point d'un cœur qui ne se donne pas [1].

PHILAMINTE.

Je vois, je vois de vous, non pas pour votre gloire,
Ce que jusques ici j'ai refusé de croire.

TRISSOTIN.

Vous pouvez voir de moi tout ce que vous voudrez,
Et je regarde peu comment vous le prendrez :
Mais je ne suis pas homme à souffrir l'infamie
Des refus offensants qu'il faut qu'ici j'essuie.
Je vaux bien que de moi l'on fasse plus de cas;
Et je baise les mains à qui ne me veut pas.

SCÈNE V.

ARISTE, CHRYSALE, PHILAMINTE, BÉLISE, ARMANDE, HENRIETTE, CLITANDRE, UN NOTAIRE, MARTINE.

PHILAMINTE.

Qu'il a bien découvert son ame mercenaire!
Et que peu philosophe est ce qu'il vient de faire!

CLITANDRE.

Je ne me vante point de l'être; mais enfin
Je m'attache, madame, à tout votre destin;
Et j'ose vous offrir, avecque ma personne,
Ce qu'on sait que de bien la fortune me donne.

[1] Ce refus de Trissotin étoit préparé, sans être prévu, dans la scène I du Ve acte. Sa réponse à Philaminte et ses réponses à Henriette expriment le même avilissement.

PHILAMINTE.

Vous me charmez, monsieur, par ce trait généreux,
Et je veux couronner vos desirs amoureux.
Oui, j'accorde Henriette à l'ardeur empressée...

HENRIETTE.

Non, ma mère : je change à présent de pensée.
Souffrez que je résiste à votre volonté.

CLITANDRE.

Quoi! vous vous opposez à ma félicité?
Et, lorsqu'à mon amour je vois chacun se rendre...

HENRIETTE.

Je sais le peu de bien que vous avez, Clitandre;
Et je vous ai toujours souhaité pour époux,
Lorsqu'en satisfaisant à mes vœux les plus doux,
J'ai vu que mon hymen ajustoit vos affaires;
Mais, lorsque nous avons les destins si contraires,
Je vous chéris assez, dans cette extrémité,
Pour ne vous charger point de notre adversité.

CLITANDRE.

Tout destin, avec vous, me peut être agréable;
Tout destin me seroit, sans vous, insupportable.

HENRIETTE.

L'amour, dans son transport, parle toujours ainsi.
Des retours importuns évitons le souci.
Rien n'use tant l'ardeur de ce nœud qui nous lie,
Que les fâcheux besoins des choses de la vie;
Et l'on en vient souvent à s'accuser tous deux
De tous les noirs chagrins qui suivent de tels feux [1].

ARISTE, *à Henriette.*

N'est-ce que le motif que nous venons d'entendre

[1] Dans le refus qu'Henriette fait d'épouser Clitandre, il n'y a rien d'exagéré, rien de romanesque. L'amour, chez les femmes, est un sentiment généreux et dévoué, capable de tout sacrifier et de se sacrifier lui-même. Non seulement cette délicatesse d'Henriette ajoute un nouveau charme à son aimable caractere, mais elle fournit à Ariste un moyen aussi simple qu'ingénieux de déclarer le stratagème dont il s'est servi. (A.)

Qui vous fait résister à l'hymen de Clitandre?

HENRIETTE.

Sans cela vous verriez tout mon cœur y courir ;
Et je ne fuis sa main que pour le trop chérir.

ARISTE.

Laissez-vous donc lier par des chaînes si belles.
Je ne vous ai porté que de fausses nouvelles ;
Et c'est un stratagème, un surprenant secours,
Que j'ai voulu tenter pour servir vos amours,
Pour détromper ma sœur, et lui faire connoître
Ce que son philosophe à l'essai pouvoit être.

CHRYSALE.

Le ciel en soit loué !

PHILAMINTE.

J'en ai la joie au cœur,
Par le chagrin qu'aura ce lâche déserteur.
Voilà le châtiment de sa basse avarice,
De voir qu'avec éclat cet hymen s'accomplisse.

CHRYSALE, *à Clitandre.*

Je le savois bien, moi, que vous l'épouseriez.

ARMANDE, *à Philaminte.*

Ainsi donc à leurs vœux vous me sacrifiez?

PHILAMINTE.

Ce ne sera point vous que je leur sacrifie ;
Et vous avez l'appui de la philosophie,
Pour voir d'un œil content couronner leur ardeur.

BÉLISE.

Qu'il prenne garde au moins que je suis dans son cœur :
Par un prompt désespoir souvent on se marie,
Qu'on s'en repent après tout le temps de sa vie.

CHRYSALE, *au notaire.*

Allons, monsieur, suivez l'ordre que j'ai prescrit,
Et faites le contrat ainsi que je l'ai dit [1].

[1] Le dernier trait de ce rôle est celui qui peint le mieux la foiblesse de carac-

tère, de tous les défauts le plus commun, et peut-être le plus dangereux.... Que voilà bien l'homme foible, qui se croit fort quand il n'y a personne à combattre, et qui croit avoir une volonté quand il fait celle d'autrui! Qu'il est adroit d'avoir donné ce défaut à un mari d'ailleurs beaucoup plus sensé que sa femme, mais qui perd, faute de caractère, tout l'avantage que lui donneroit sa raison! Sa femme est une folle ridicule; elle commande: il est fort raisonnable; il obéit. (L.) — Riccoboni regardoit le dénoûment des *Femmes savantes* comme un des plus parfaits qui fussent au théâtre. En effet, il est excellent, parcequ'il est vraisemblable, et parcequ'il laisse à chacun son caractère. Philaminte cède aux circonstances, et non à son mari. Chrysale triomphe d'être le maître lorsqu'on ne lui dispute plus rien. Trissotin porte la peine de son avarice. Henriette et Clitandre obtiennent la récompense d'un amour généreux. Armande et Bélise sont punies de leur vanité par le triomphe de leur rivale; et les femmes savantes enfin sont dupes, et ne sont point corrigées. Jamais pièce ne s'est terminée d'une manière plus heureuse, plus dramatique, et plus morale.

Mais voyez avec quel art Molière a su tirer une comédie en cinq actes d'un sujet dont le nœud est si simple et l'intrigue si commune! Une mère, par un travers d'esprit, veut donner sa fille à un pédant qu'elle admire, parcequ'il la flatte. Un père, homme de bon sens, veut au contraire l'unir à un jeune homme qu'elle aime et qui lui convient: voilà le fil unique d'une action qui marche sans embarras, sans longueur, et qui n'entrave jamais le sujet principal, qui est la peinture vive et comique du pédantisme, du faux savoir, et du bel esprit. Molière veut montrer comment ce genre de ridicule, si souvent fatal aux nations, peut contribuer au malheur des familles, en corrompant le cœur et l'esprit des femmes. Pour atteindre ce but il peint tout son siècle, c'est-à-dire l'ordre entier des précieuses. Dans cet ordre célèbre on comptoit plusieurs degrés *. Les précieuses galantes se trouvoient placées au dernier rang: nées pour le plaisir, on les dispensoit de toute étude; mais elles devoient avoir de l'esprit naturel, de l'élégance, et du savoir-vivre: à leur tête on voyoit briller la célèbre Ninon. Les précieuses *spirituelles* tenoient le second rang: celles-là devoient apprendre à bien juger de la prose, des vers, de la morale, et de la philosophie; elles lisoient La Calprenède, Gomberville, Pascal et Platon; aimoient la retraite, adoroient la faveur, et passoient tour-à-tour de leur oratoire ou de leur cabinet dans les assemblées galantes et académiques: c'est ainsi que pensoient et que vivoient madame de Rambouillet et madame de Sévigné. Mais auprès de cette classe s'élevoient les véritables précieuses, les précieuses savantes: celles-ci n'ignoroient rien de ce que savoit le siècle: telles étoient les Dacier, les Scudéry, les Deshoulières, les La Fayette. Sous le nom de précieuse ridicules Molière joua d'abord les précieuses galantes et les précieuses *spirituelles*. Dans *la Critique de l'École des femmes*, et dans *l'Impromptu de Versailles*, il joua les marquises et les duchesses; dans *les Femmes savantes* il réunit tous ces portraits; et pour que rien ne manquât au tableau, il y fit mouvoir les figures grotesques de Vadius et de Trissotin. Remarquez qu'Ariste, placé dans la demi-teinte, sert à faire ressortir Chrysale et Martine, qui brillent de toutes les lumières du bon sens, tandis qu'Henriette et Clitandre jettent l'intérêt le plus doux sur l'ensemble du tableau. Dans cette admirable

* Voyez le grand *Dictionnaire des Précieuses*.

composition tout est contrasté, tout est varié, tout est lié. L'auteur y jette souvent des effets comiques, en nous montrant ses personnages agités de deux sentiments opposés. Nous rions de voir Chrysale tour-à-tour éclairé par sa raison et vaincu par sa foiblesse. Nous rions de la folie d'Armande, qui veut rattraper l'amant qu'elle a perdu par sa sottise. Enfin chaque personnage reçoit la récompense ou la punition de ses travers, et devient pour les spectateurs une leçon vivante, dont il ne tient qu'à eux de profiter.

FIN DES FEMMES SAVANTES.

LE MALADE
IMAGINAIRE,

COMÉDIE-BALLET EN TROIS ACTES.

1673.

PERSONNAGES DE LA COMÉDIE.

ARGAN, malade imaginaire[1].
BÉLINE, seconde femme d'Argan.
ANGÉLIQUE, fille d'Argan, et amante de Cléante[2].
LOUISON, petite fille d'Argan, et sœur d'Angélique[3].
BÉRALDE, frère d'Argan.
CLÉANTE, amant d'Angélique[4].
MONSIEUR DIAFOIRUS, médecin.
THOMAS DIAFOIRUS, son fils, et amant d'Angélique[5].
MONSIEUR PURGON, médecin d'Argan.
MONSIEUR FLEURANT, apothicaire[*].
MONSIEUR BONNEFOI, notaire.
TOINETTE, servante[6].

ACTEURS.

[1] Molière. — [2] Mademoiselle Molière. — [3] La petite Beauval. — [4] La Grange. — [5] Beauval. — [6] Mademoiselle Beauval.

[*] Molière étoit à Lyon. Passant par la rue Saint-Dominique, il voit un apothicaire sur le pas de sa porte; il l'aborde, et lui demande comment il se nomme. L'apothicaire hésite. Molière insiste. « Eh bien, dit le pharmacien, je m'appelle *Fleurant*. « — Ah! dit Molière, j'avois bien pressenti que votre nom feroit honneur à l'apothi« caire de ma comédie. On parlera long-temps de vous, monsieur Fleurant. (*Lyon tel qu'il étoit et tel qu'il est*, etc., par Aimé Guillon.) Molière étoit à Lyon en 1654; il y revint pour la dernière fois en 1657, et sans doute à cette époque il ne songeoit pas au *Malade imaginaire,* composé plus de quinze ans après, en 1673. Ce rapprochement de date suffit pour jeter des doutes sur cette anecdote, répétée par tous les commentateurs.

PERSONNAGES DU PROLOGUE

FLORE.
DEUX ZEPHYRS, dansants.
CLIMÈNE.
DAPHNÉ.
TIRCIS, amant de Climène, chef d'une troupe de bergers.
DORILAS, amant de Daphné, chef d'une troupe de bergers.
BERGERS ET BERGÈRES de la suite de Tircis, dansants et chantants.
BERGERS ET BERGÈRES de la suite de Dorilas, chantants et dansants.
PAN.
FAUNES, dansants.

PERSONNAGES DES INTERMÈDES.

DANS LE PREMIER ACTE.

POLICHINELLE.
UNE VIEILLE.
VIOLONS.
ARCHERS, chantants et dansants.

DANS LE SECOND ACTE.

QUATRE ÉGYPTIENNES, chantantes.
ÉGYPTIENS ET ÉGYPTIENNES, chantants et dansants.

DANS LE TROISIÈME ACTE.

TAPISSIERS, dansants.
LE PRÉSIDENT de la Faculte de médecine.
DOCTEURS.
ARGAN, bachelier.

APOTHICAIRES, avec leurs mortiers et leurs pilons.
PORTE-SERINGUES.
CHIRURGIENS.

La scène est à Paris.

PROLOGUE[1].

Après les glorieuses fatigues et les exploits victorieux de notre auguste monarque, il est bien juste que tous ceux qui se mêlent d'écrire travaillent ou à ses louanges, ou à son divertissement. C'est ce qu'ici l'on a voulu faire; et ce prologue est un essai des louanges de ce grand prince, qui donne entrée à la comédie du *Malade imaginaire*, dont le projet a été fait pour le délasser de ses nobles travaux.

Le théâtre représente un lieu champêtre, et néanmoins fort agréable.

ÉCLOGUE

EN MUSIQUE ET EN DANSE.

SCÈNE I.

FLORE; DEUX ZÉPHYRS, *dansants*.

FLORE.

Quittez, quittez vos troupeaux;
Venez, bergers, venez, bergères;
Accourez, accourez sous ces tendres ormeaux :
Je viens vous annoncer des nouvelles bien chères,

[1] Nous avons rétabli le texte de cette pièce d'après l'édition de 1682, publiée par La Grange sur l'original corrigé de la main de l'auteur, et purgé de toutes les additions et suppositions de scènes faites dans les éditions précédentes. (Voyez la préface de La Grange, édition de 1682.)

PROLOGUE.

Quittez, quittez vos troupeaux;
Venez, bergers, venez, bergères;
Accourez, accourez sous ces tendres ormeaux.

SCÈNE II

, DEUX ZÉPHYRS, *dansants*; CLIMÈNE, TIRCIS, DORILAS.

CLIMÈNE *à Tircis*; ET DAPHNÉ, *à Dorilas*.

Berger, laissons là tes feux:
Voilà Flore qui nous appelle.

TIRCIS, *à Climène*; ET DORILAS, *à Daphné*.

Mais au moins, dis-moi, cruelle,

TIRCIS.

Si d'un peu d'amitié tu payeras mes vœux.

DORILAS.

Si tu seras sensible à mon ardeur fidèle.

CLIMÈNE ET DAPHNÉ.

Voilà Flore qui nous appelle.

TIRCIS ET DORILAS.

Ce n'est qu'un mot, un mot, un seul mot que je veux.

TIRCIS.

Languirai-je toujours dans ma peine mortelle?

DORILAS.

Puis-je espérer qu'un jour tu me rendras heureux?

CLIMÈNE ET DAPHNÉ.

Voilà Flore qui nous appelle.

SCÈNE III.

FLORE; DEUX ZÉPHYRS, *dansants;* CLIMÈNE, DAPHNÉ, TIRCIS, DORILAS; BERGERS ET BERGÈRES *de la suite de Tircis et de Dorilas, chantants et dansants.*

PREMIÈRE ENTRÉE DE BALLET.

Toute la troupe des bergers et des bergères va se placer en cadence autour de Flore.

CLIMÈNE.

Quelle nouvelle parmi nous,
Déesse, doit jeter tant de réjouissance?

DAPHNÉ.

Nous brûlons d'apprendre de vous
Cette nouvelle d'importance.

DORILAS.

D'ardeur nous en soupirons tous.

CLIMÈNE, DAPHNÉ, TIRCIS, DORILAS.

Nous en mourons d'impatience.

FLORE.

La voici; silence, silence!
Vos vœux sont exaucés, LOUIS est de retour;
Il ramène en ces lieux les plaisirs et l'amour,
Et vous voyez finir vos mortelles alarmes.
Par ses vastes exploits son bras voit tout soumis :
Il quitte les armes,
Faute d'ennemis.

CHOEUR.

Ah! quelle douce nouvelle!
Qu'elle est grande! qu'elle est belle!
Que de plaisirs! que de ris! que de jeux!
Que de succès heureux!
Et que le ciel a bien rempli nos vœux!
Ah! quelle douce nouvelle!

Qu'elle est grande! qu'elle est belle!

DEUXIÈME ENTRÉE DE BALLET.

Tous les bergers et bergères expriment, par des danses, les transports leur joie.

FLORE.

De vos flûtes bocagères
Réveillez les plus beaux sons;
LOUIS offre à vos chansons
La plus belle des matières.
Après cent combats
Où cueille son bras
Une ample victoire,
Formez entre vous
Cent combats plus doux,
Pour chanter sa gloire.

CHŒUR.

Formons, entre nous,
Cent combats plus doux,
Pour chanter sa gloire.

FLORE.

Mon jeune amant, dans ce bois,
Des présents de mon empire
Prépare un prix à la voix
Qui saura le mieux nous dire
Les vertus et les exploits
Du plus auguste des rois.

CLIMÈNE.

Si Tircis a l'avantage,

DAPHNÉ.

Si Dorilas est vainqueur,

CLIMÈNE.

A le chérir je m'engage.

DAPHNÉ.

Je me donne à son ardeur.

TIRCIS.

O trop chère espérance!

DORILAS.

O mot plein de douceur!

TIRCIS ET DORILAS.

Plus beau sujet, plus belle récompense
Peuvent-ils animer un cœur?

Les violons jouent un air pour animer les deux bergers au combat, tandis que Flore, comme juge, va se placer au pied d'un bel arbre qui est au milieu du théâtre, avec deux Zéphyrs, et que le reste, comme spectateurs, va occuper les deux côtés de la scène.)

TIRCIS.

Quand la neige fondue enfle un torrent fameux,
Contre l'effort soudain de ses flots écumeux
Il n'est rien d'assez solide;
Digues, châteaux, villes, et bois,
Hommes et troupeaux à-la-fois,
Tout cède au courant qui le guide:
Tel, et plus fier et plus rapide,
Marche LOUIS dans ses exploits.

TROISIÈME ENTRÉE DE BALLET.

Les bergers et bergères du côté de Tircis dansent autour de lui, sur une ritournelle, pour exprimer leurs applaudissements.

DORILAS.

Le foudre menaçant qui perce avec fureur
L'affreuse obscurité de la nue enflammée,
Fait, d'épouvante et d'horreur,
Trembler le plus ferme cœur;
Mais, à la tête d'une armée,
LOUIS jette plus de terreur.

QUATRIÈME ENTRÉE DE BALLET.

Les bergers et bergères du côté de Dorilas font de même que les autres.

TIRCIS.

Des fabuleux exploits que la Grèce a chantés,
Par un brillant amas de belles vérités
Nous voyons la gloire effacée;
Et tous ces fameux demi-dieux,
Que vante l'histoire passée,
Ne sont point à notre pensée
Ce que LOUIS est à nos yeux.

CINQUIÈME ENTRÉE DE BALLET.

Les bergers et bergères du côté de Tircis font encore la même chose.

DORILAS.

LOUIS fait à nos temps, par ses faits inouïs,
Croire tous les beaux faits que nous chante l'histoire
Des siècles évanouis;
Mais nos neveux, dans leur gloire,
N'auront rien qui fasse croire
Tous les beaux faits de LOUIS.

SIXIÈME ENTRÉE DE BALLET.

Les bergers et bergères du côté de Dorilas font encore de même.

SEPTIÈME ENTRÉE DE BALLET.

Les bergers et bergères du côté de Tircis et de celui de Dorilas se mêlent et dansent ensemble.

SCÈNE IV.

FLORE, PAN; DEUX ZÉPHYRS, *dansants;* CLIMÈNE, DAPHNÉ; TIRCIS, DORILAS; FAUNES, *dansants;* BERGERS ET BERGÈRES, *chantants et dansants*.

PAN.

Laissez, laissez, bergers, ce dessein téméraire;
Hé! que voulez-vous faire?
Chanter sur vos chalumeaux
Ce qu'Apollon sur sa lyre.
Avec ses chants les plus beaux,
N'entreprendroit pas de dire:
C'est donner trop d'essor au feu qui vous inspire;
C'est monter vers les cieux sur des ailes de cire,
Pour tomber dans le fond des eaux.

Pour chanter de LOUIS l'intrépide courage,
Il n'est point d'assez docte voix,
Point de mots assez grands pour en tracer l'image;
Le silence est le langage
Qui doit louer ses exploits.
Consacrez d'autres soins à sa pleine victoire;
Vos louanges n'ont rien qui flatte ses desirs:
Laissez, laissez là sa gloire;
Ne songez qu'à ses plaisirs.

CHOEUR.

Laissons, laissons là sa gloire;
Ne songeons qu'à ses plaisirs.

FLORE, *à Tircis et à Dorilas.*

Bien que, pour étaler ses vertus immortelles,
La force manque à vos esprits,
Ne laissez pas tous deux de recevoir le prix.
Dans les choses grandes et belles,

Il suffit d'avoir entrepris[1].

HUITIÈME ENTRÉE DE BALLET.

Les deux Zéphyrs dansent avec deux couronnes de fleurs à la main, qu'ils viennent donner ensuite aux deux bergers.

CLIMÈNE ET DAPHNÉ, *donnant la main à leurs amants.*

Dans les choses grandes et belles,
Il suffit d'avoir entrepris.

TIRCIS ET DORILAS.

Ah! que d'un doux succès notre audace est suivie!

FLORE ET PAN.

Ce qu'on fait pour LOUIS, on ne le perd jamais.

CLIMÈNE, DAPHNÉ, TIRCIS, DORILAS.

Au soin de ses plaisirs donnons-nous désormais.

FLORE ET PAN.

Heureux, heureux qui peut lui consacrer sa vie!

CHOEUR.

Joignons tous dans ces bois
Nos flûtes et nos voix :
Ce jour nous y convie ;
Et faisons aux échos redire mille fois :
LOUIS est le plus grand des rois ;
Heureux, heureux qui peut lui consacrer sa vie!

NEUVIÈME ENTRÉE DE BALLET.

Faunes, bergers et bergères, tous se mêlent, et il se fait entre eux des jeux de danse ; après quoi ils se vont préparer pour la comédie.

[1] C'est la traduction de l'adage latin, tiré de Tibulle : *In magnis et voluisse sat est.* La Fontaine a dit de même, en terminant son *Discours à M. le Dauphin* :

> Et, si de t'agréer je n'emporte le prix,
> J'aurai du moins l'honneur de l'avoir entrepris. (A.)

AUTRE PROLOGUE.

UNE BERGÈRE, *chantante.*

Votre plus haut savoir n'est que pure chimère,
Vains et peu sages médecins;
Vous ne pouvez guérir, par vos grands mots latins,
La douleur qui me désespère :
Votre plus haut savoir n'est que pure chimère.

Hélas! hélas! je n'ose découvrir
Mon amoureux martyre
Au berger pour qui je soupire,
Et qui seul peut me secourir.
Ne prétendez pas le finir,
Ignorants médecins; vous ne sauriez le faire,
Votre plus haut savoir n'est que pure chimère.

Ces remèdes peu sûrs, dont le simple vulgaire
Croit que vous connoissez l'admirable vertu,
Pour les maux que je sens n'ont rien de salutaire;
Et tout votre caquet ne peut être reçu
Que d'un MALADE IMAGINAIRE.

Votre plus haut savoir n'est que pure chimère,
Vains et peu sages médecins, etc.[1].

Le théâtre change, et représente une chambre.

[1] Le premier prologue ne pouvoit servir long-temps, puisque, comme on le sait, la fameuse conquête qu'il célèbre fut reprise au bout de l'année: c'est peut-être à cause de cela que Molière a composé cet *autre prologue*. Il a, sur le premier, l'avantage d'être infiniment plus court, et d'annoncer le sujet de la comédie; mais, du reste, l'idée en est fort commune, et l'exécution ne la relève pas. (A.)

LE MALADE IMAGINAIRE.

ACTE PREMIER.

SCÈNE I[1].

ARGAN, *assis, une table devant lui, comptant avec des jetons les parties de son apothicaire.*

Trois et deux font cinq, et cinq font dix, et dix font vingt; trois et deux font cinq. « Plus, du vingt quatrième, un petit « clystère insinuatif, préparatif et rémollient, pour amollir, « humecter et rafraîchir les entrailles de monsieur. » Ce qui

[1] Les comédies-ballets composées par Molière (à l'exception des *Fâcheux*, la première de toutes) avoient été demandées par Louis XIV lui-même, et représentées d'abord devant lui sur le théâtre de la cour. Il paroît que cette fois Molière ne reçut pas d'ordre du roi, et que ce fut de son propre mouvement qu'il fit *le Malade imaginaire*. On peut même douter que le projet de cette comédie ait été fait, comme il est dit en tête du prologue, pour délasser le roi de ses nobles travaux. Mais du moins Molière, voulant célébrer le retour de ce prince, accommoda sa pièce à la circonstance, en y attachant ce même prologue où sont chantés les glorieux exploits de la campagne de Hollande. *Le Malade imaginaire* fut représenté pour la première fois, le 10 février 1673, sur le théâtre du Palais-Royal, et il ne fut joué devant le roi que le 19 juillet 1674, dans la troisième journée d'une fête donnée à Versailles, au retour de la conquête de la Franche-Comté: Molière alors n'existoit plus. La mort de ce grand homme se lie à l'histoire de cette excellente comédie; elle est comme un triste épisode de ce dernier acte de sa vie dramatique et théâtrale, et ce souvenir douloureux vient se mêler involontairement au compte qu'il faut rendre d'un chef-d'œuvre de gaieté comique. (A.) — Le fond de cette pièce appartient à Molière; quant aux détails, suivant Cailhava, toutes les scènes de Toinette, sous la robe de médecin, sont imitées d'*Arlechino medico volante*, canevas italien d'après lequel Molière, dans sa jeunesse, avoit composé une petite

me plaît de monsieur Fleurant, mon apothicaire, c'est que ses parties sont toujours fort civiles. « Les entrailles de monsieur, « trente sols. » Oui; mais, monsieur Fleurant, ce n'est pas tout que d'être civil; il faut être aussi raisonnable, et ne pas écorcher les malades. Trente sols un lavement! Je suis votre serviteur, je vous l'ai déja dit; vous ne me les avez mis dans les autres parties qu'à vingt sols; et vingt sols en langage d'apothicaire, c'est-à-dire dix sols; les voilà, dix sols. « Plus, dudit « jour, un bon clystère détersif, composé avec catholicon « double, rhubarbe, miel rosat, et autres, suivant l'ordonnance, « pour balayer, laver et nettoyer le bas-ventre de monsieur, « trente sols. » Avec votre permission, dix sols. « Plus, dudit « jour, le soir, un julep hépatique, soporatif et somnifère, « composé pour faire dormir monsieur, trente-cinq sols [1]. » Je ne me plains pas de celui-là; car il me fit bien dormir. Dix, quinze, seize, et dix-sept sols six deniers. « Plus, du vingt-« cinquième une bonne médecine purgative et corroborative, « composée de casse récente avec séné levantin, et autres, sui-« vant l'ordonnance de monsieur Purgon, pour expulser et « évacuer la bile de monsieur, quatre livres. » Ah! monsieur Fleurant, c'est se moquer : il faut vivre avec les malades. Monsieur Purgon ne vous a pas ordonné de mettre quatre francs. Mettez, mettez trois livres, s'il vous plaît. Vingt et trente sols. « Plus, dudit jour, une potion anodine et astringente, pour faire « reposer monsieur, trente sols. » Bon, dix et quinze sols. « Plus, du vingt-sixième, un clystère carminatif, pour chasser

pièce, sous le titre du *Médecin volant*. M. Petitot a également indiqué une comédie intitulée *le Mari malade*, où Molière a pu prendre la première idée du rôle de Béline. Enfin l'intermède de *Polichinelle* est emprunté de *Boniface, ou le Pédant*, acte V, scène XXVI, pièce italienne que Molière avoit déja imitée dans *le Mariage forcé*, et qui a fourni à La Fontaine le conte charmant du *Paysan qui avoit offensé son seigneur*.

[1] Ces *parties* font assez connoître le ridicule du personnage; elles n'annoncent ni maladie ni indisposition : c'est pour faire dormir, c'est pour humecter les entrailles, ce n'est jamais pour guérir; c'est ainsi que dès les premiers mots l'auteur justifie son titre et peint un caractère. Cet art n'a été parfaitement connu que de Molière.

« les vents de monsieur, trente sols. » Dix sols, monsieur Fleurant. « Plus, le clystère de monsieur, réitéré le soir, comme « dessus, trente sols. » Monsieur Fleurant, dix sols. « Plus du « vingt-septième, une bonne médecine, composée pour hâter « d'aller, et chasser dehors les mauvaises humeurs de monsieur, « trois livres. » Bon, vingt et trente sols; je suis bien aise que vous soyez raisonnable. » Plus, du vingt-huitième, une prise « de petit lait clarifié et dulcoré, pour adoucir, lénifier, tem« pérer, et rafraîchir le sang de monsieur, vingt sols. » Bon, dix sols. « Plus, une potion cordiale et préservative, composée « avec douze grains de bézoar, sirop de limon et grenades, et « autres, suivant l'ordonnance, cinq livres. » Ah! monsieur Fleurant, tout doux, s'il vous plaît; si vous en usez comme cela, on ne voudra plus être malade : contentez-vous de quatre francs; vingt et quarante sols. Trois et deux font cinq, et cinq font dix, et dix font vingt. Soixante et trois livres quatre sols six deniers. Si bien donc que, de ce mois, j'ai pris une, deux, trois, quatre, cinq, six, sept, et huit médecines; et un, deux, trois, quatre, cinq, six, sept, huit, neuf, dix, onze, et douze lavements; et l'autre mois, il y avoit douze médecines et vingt lavements. Je ne m'étonne pas si je ne me porte pas si bien ce mois-ci que l'autre[1]. Je le dirai à monsieur Purgon, afin qu'il mette ordre à cela. Allons, qu'on m'ôte tout ceci. (*voyant que personne ne vient, et qu'il n'y a aucun de ses gens dans sa chambre.*) Il n'y a personne. J'ai beau dire : on me laisse toujours seul; il n'y a pas moyen de les arrêter ici. (*après avoir sonné une sonnette*

[1] Le début du *Misanthrope* et celui du *Malade imaginaire* sont deux chefs-d'œuvre de l'art comique. L'action s'y présente d'elle-même; et le monologue d'Argan, quelque long qu'il soit, ne le paroît point, parcequ'il est de la meilleure plaisanterie. Son impatience, ces cris d'un homme robuste et sain, *quoiqu'on le laisse mourir seul*, à ce qu'il dit, annoncent, de la façon la plus heureuse, la plus simple, et la plus gaie, le caractère singulier que Moilère se propose de peindre. (B.) — Observez avec quel génie Molière a su varier ses expositions. Ici point de préambule. La scène s'ouvre. Nous voici dans la chambre d'Argan; il est seul, et cependant nous savons déjà, par une action très vive et très comique, que le médecin et les apothicaires se partagent son existence : c'est tout le sujet de la pièce.

qui est sur la table.) Ils n'entendent point, et ma sonnette ne fait pas assez de bruit. Drelin, drelin, drelin. Point d'affaire. Drelin, drelin, drelin. Ils sont sourds... Toinette. Drelin, drelin, drelin. Tout comme si je ne sonnois point. Chienne! coquine! Drelin, drelin, drelin. J'enrage (*il ne sonne plus, mais il crie.*) Drelin, drelin, drelin. Carogne, à tous les diables! Est-il possible qu'on laisse comme cela un pauvre malade tout seul? Drelin, drelin, drelin. Voilà qui est pitoyable! Drelin, drelin, drelin. Ah! mon Dieu! Ils me laisseront ici mourir. Drelin, drelin, drelin[1].

SCÈNE II.

ARGAN, TOINETTE.

TOINETTE, *en entrant.*

On y va.

ARGAN.

Ah! chienne! ah! carogne!

TOINETTE, *faisant semblant de s'être cogné la tête.*

Diantre soit fait de votre impatience! Vous pressez si fort les personnes, que je me suis donné un grand coup de tête contre la carne d'un volet.

[1] Un procès jugé à Londres, dans le courant de 1817, prouve qu'il n'y a rien d'exagéré dans la conception du *Malade imaginaire*. Il s'agissoit d'un riche célibataire qui, pendant vingt-cinq ans, avoit fait une immense consommation de drogues; jusque-là que le nombre des pilules, dans le cours d'une seule année, s'élevoit à cinquante et un mille. Les réclamations du malade ne portoient ni sur la qualité ni sur la quantité des médicaments, mais sur leur prix. Le compte de l'apothicaire étoit de 800 livres sterling (19,200 francs). Deux médecins appelés par les juges ayant interrogé le patient sur son régime, voici sa réponse: « Tous les « jours, à deux heures et demie du matin, je prends deux cuillerées et demie de « jalap, avec une certaine quantité d'élixir. Je dors ensuite paisiblement jusqu'à « sept heures: alors on m'apporte une nouvelle dose de jalap et d'élixir. A neuf « heures j'avale quatorze petites et onze grosses pilules, pour me fortifier l'estomac « et m'aiguiser l'appétit. A déjeuner je bois un verre de lait pur. A onze heures je « prends une composition d'acide et d'alcali; plus tard, le *bolus*. A neuf heures du « soir je finis par avaler une autre composition anodine, et je vais me coucher. » Ce singulier régime étonna les juges, et le compte de l'apothicaire fut réduit de moitié.

ARGAN, *en colère.*

Ah! traîtresse!...

TOINETTE, *interrompant Argan.*

Ah!

ARGAN.

Il y a...

TOINETTE.

Ah!

ARGAN.

Il y a une heure...

TOINETTE.

Ah!

ARGAN.

Tu m'as laissé...

TOINETTE.

Ah!

ARGAN.

Tais-toi donc, coquine, que je te querelle.

TOINETTE.

Çamon, ma foi, j'en suis d'avis, après ce que je me suis fait[1].

ARGAN.

Tu m'as fait égosiller, carogne.

TOINETTE.

Et vous m'avez fait, vous, casser la tête : l'un vaut bien l'autre. Quitte à quitte, si vous voulez.

ARGAN.

Quoi! coquine...

TOINETTE.

Si vous querellez, je pleurerai.

ARGAN.

Me laisser, traîtresse...

[1] *Çamon* est une corruption de *c'est mon*, ancienne expression qui signifioit *cela est certain*. C'étoit une affirmation très forte : on en voit un exemple dans Montaigne, livre II, chapitre XXVII. (B.) — Voyez *le Bourgeois gentilhomme*, acte III, scène III, page 52.

TOINETTE, *interrompant encore Argan.*

Ah!

ARGAN.

Chienne, tu veux...

TOINETTE.

Ah!

ARGAN.

Quoi! il faudra encore que je n'aie pas le plaisir de la quereller?

TOINETTE.

Querellez tout votre soûl : je le veux bien.

ARGAN.

Tu m'en empêches, chienne, en m'interrompant à tous coups.

TOINETTE.

Si vous avez le plaisir de quereller, il faut bien que, de mon côté, j'aie le plaisir de pleurer : chacun le sien, ce n'est pas trop. Ah!

ARGAN.

Allons, il faut en passer par-là. Ote-moi ceci, coquine, ôte-moi ceci. (*après s'être levé.*) Mon lavement d'aujourd'hui a-t-il bien opéré?

TOINETTE.

Votre lavement?

ARGAN.

Oui. Ai-je bien fait de la bile?

TOINETTE.

Ma foi! je ne me mêle point de ces affaires-là; c'est à monsieur Fleurant à y mettre le nez, puisqu'il en a le profit.

ARGAN.

Qu'on ait soin de me tenir un bouillon prêt, pour l'autre que je dois tantôt prendre.

TOINETTE.

Ce monsieur Fleurant-là et ce monsieur Purgon s'égaient bien sur votre corps; ils ont en vous une bonne vache à lait, et je voudrois bien leur demander quel mal vous avez, pour faire tant de remèdes.

ARGAN.

Taisez-vous, ignorante; ce n'est pas à vous à contrôler les ordonnances de la médecine. Qu'on me fasse venir ma fille Angélique : j'ai à lui dire quelque chose.

TOINETTE.

La voici qui vient d'elle-même; elle a deviné votre pensée [1].

SCÈNE III.

ARGAN, ANGÉLIQUE, TOINETTE.

ARGAN.

Approchez, Angélique : vous venez à propos; je voulois vous parler.

ANGÉLIQUE.

Me voilà prête à vous ouïr.

ARGAN.

Attendez. (*à Toinette.*) Donnez-moi mon bâton. Je vais revenir tout-à-l'heure.

TOINETTE.

Allez vite, monsieur, allez. Monsieur Fleurant nous donne des affaires.

SCÈNE IV.

ANGÉLIQUE, TOINETTE.

ANGÉLIQUE.

Toinette!

TOINETTE

Quoi?

[1] Quelle manière vive et piquante d'entrer en scène! « Si vous querellez, je pleurerai. » Ce mot si naïf est le secret de presque toutes les femmes. La malice de Toinette, pour éviter la colère de son maître, peint tout un caractère. Toinette ne ressemble ni à Dorine ni à Martine, mais on sent qu'elle est de la même famille.

ANGÉLIQUE.

Regarde-moi un peu.

TOINETTE.

Hé bien! je vous regarde.

ANGÉLIQUE.

Toinette!

TOINETTE.

Hé bien! quoi, Toinette?

ANGÉLIQUE.

Ne devines-tu point de quoi je veux parler?

TOINETTE.

Je m'en doute assez : de notre jeune amant; car c'est sur lui depuis six jours que roulent tous nos entretiens; et vous n'êtes point bien, si vous n'en parlez à toute heure.

ANGÉLIQUE.

Puisque tu connois cela, que n'es-tu donc la première à m'en entretenir? Et que ne m'épargnes-tu la peine de te jeter sur ce discours?

TOINETTE.

Vous ne m'en donnez pas le temps; et vous avez des soins là-dessus qu'il est difficile de prévenir.

ANGÉLIQUE.

Je t'avoue que je ne saurois me lasser de te parler de lui, et que mon cœur profite avec chaleur de tous les moments de s'ouvrir à toi. Mais, dis-moi, condamnes-tu, Toinette, les sentiments que j'ai pour lui?

TOINETTE.

Je n'ai garde.

ANGÉLIQUE.

Ai-je tort de m'abandonner à ces douces impressions?

TOINETTE.

Je ne dis pas cela.

ANGÉLIQUE.

Et voudrois-tu que je fusse insensible aux tendres protestations de cette passion ardente qu'il témoigne pour moi?

TOINETTE.

A Dieu ne plaise!

ANGÉLIQUE.

Dis-moi un peu; ne trouves-tu pas, comme moi, quelque chose du ciel, quelque effet du destin, dans l'aventure inopinée de notre connoissance?

TOINETTE.

Oui.

ANGÉLIQUE.

Ne trouves-tu pas que cette action d'embrasser ma défense, sans me connoître, est tout-à-fait d'un honnête homme?

TOINETTE.

Oui.

ANGÉLIQUE.

Que l'on ne peut pas en user plus généreusement?

TOINETTE.

D'accord.

ANGÉLIQUE.

Et qu'il fit tout cela de la meilleure grace du monde?

TOINETTE.

Oh! oui.

ANGÉLIQUE.

Ne trouves-tu pas, Toinette, qu'il est bien fait de sa personne?

TOINETTE.

Assurément.

ANGÉLIQUE.

Qu'il a l'air le meilleur du monde?

TOINETTE.

Sans doute.

ANGÉLIQUE.

Que ses discours, comme ses actions, ont quelque chose de noble?

TOINETTE.

Cela est sûr.

ANGÉLIQUE.

Qu'on ne peut rien entendre de plus passionné que tout ce qu'il me dit?

TOINETTE.

Il est vrai.

ANGÉLIQUE.

Et qu'il n'est rien de plus fâcheux que la contrainte où l'on me tient, qui bouche tout commerce aux doux empressements de cette mutuelle ardeur que le ciel nous inspire?

TOINETTE.

Vous avez raison.

ANGÉLIQUE.

Mais, ma pauvre Toinette, crois-tu qu'il m'aime autant qu'il me le dit?

TOINETTE.

Hé! hé! ces choses-là parfois sont un peu sujettes à caution. Les grimaces d'amour ressemblent fort à la vérité; et j'ai vu de grands comédiens là-dessus.

ANGÉLIQUE.

Ah! Toinette, que dis-tu là? Hélas! de la façon qu'il parle, seroit-il bien possible qu'il ne me dît pas vrai?

TOINETTE.

En tout cas, vous en serez bientôt éclaircie; et la résolution où il vous écrivit hier qu'il étoit de vous faire demander en mariage, est une prompte voie à vous faire connoître s'il vous dit vrai ou non. C'en sera là la plus bonne preuve[1].

ANGÉLIQUE.

Ah! Toinette, si celui-là me trompe, je ne croirai de ma vie aucun homme.

TOINETTE.

Voilà votre père qui revient.

[1] En nous apprenant que Cléante a écrit hier qu'il alloit demander Angélique en mariage, Toinette prépare le quiproquo de la scène suivante, entre Angélique et son père. Nous verrons, au troisième acte, que c'est Béralde, l'oncle même d'Angélique, qui a été chargé par Cléante de cette demande. (A.)

SCÈNE V.

ARGAN, ANGÉLIQUE, TOINETTE.

ARGAN.

Oh çà, ma fille, je vais vous dire une nouvelle, où peut-être ne vous attendez-vous pas. On vous demande en mariage. Qu'est-ce que cela? Vous riez? Cela est plaisant, oui, ce mot de mariage! Il n'y a rien de plus drôle pour les jeunes filles. Ah! nature, nature! A ce que je puis voir, ma fille, je n'ai que faire de vous demander si vous voulez bien vous marier.

ANGÉLIQUE.

Je dois faire, mon père, tout ce qu'il vous plaira de m'ordonner.

ARGAN.

Je suis bien aise d'avoir une fille si obéissante : la chose est donc conclue, et je vous ai promise.

ANGÉLIQUE.

C'est à moi, mon père, de suivre aveuglément toutes vos volontés.

ARGAN.

Ma femme, votre belle-mère, avoit envie que je vous fisse religieuse, et votre petite sœur Louison aussi; et de tout temps elle a été aheurtée à cela[1].

TOINETTE, *à part.*

La bonne bête a ses raisons[2].

ARGAN.

Elle ne vouloit point consentir à ce mariage; mais je l'ai emporté, et ma parole est donnée.

[1] Ces paroles annoncent une de ces belles-mères avares qui tournent à leur avantage les foiblesses d'un mari, et qui travaillent à éteindre en lui ce qu'il peut avoir de sensibilité pour les enfants d'un premier mariage. Le portrait sera dessiné de main de maître; et ce premier trait, si naturel, donne déjà une idée de la crédulité du mari et de l'avidité de la femme. (B.)

[2] Cet *a parte* nous apprend que Toinette est dans le parti des enfants contre la belle-mère, et nous ne pouvons nous empêcher de nous en réjouir. (A.)

ANGÉLIQUE.

Ah! mon père, que je vous suis obligée de toutes vos bontés!

TOINETTE, *à Argan.*

En vérité, je vous sais bon gré de cela; et voilà l'action la plus sage que vous ayez faite de votre vie.

ARGAN.

Je n'ai point encore vu la personne; mais on m'a dit que j'en serois content, et toi aussi.

ANGÉLIQUE.

Assurément, mon père.

ARGAN.

Comment! l'as-tu vu?

ANGÉLIQUE.

Puisque votre consentement m'autorise à vous pouvoir ouvrir mon cœur, je ne feindrai point de vous dire que le hasard nous a fait connoître il y a six jours, et que la demande qu'on vous a faite est un effet de l'inclination que, dès cette première vue, nous avons prise l'un pour l'autre.

ARGAN.

Ils ne m'ont pas dit cela; mais j'en suis bien aise, et c'est tant mieux que les choses soient de la sorte. Ils disent que c'est un grand jeune garçon bien fait.

ANGÉLIQUE.

Oui, mon père.

ARGAN.

De belle taille.

ANGÉLIQUE.

Sans doute.

ARGAN.

Agréable de sa personne.

ANGÉLIQUE.

Assurément.

ARGAN.

De bonne physionomie.

ANGÉLIQUE.

Très bonne.

ARGAN.

Sage et bien né.

ANGÉLIQUE.

Tout-à-fait.

ARGAN.

Fort honnête.

ANGÉLIQUE

Le plus honnête du monde.

ARGAN.

Qui parle bien latin et grec.

ANGÉLIQUE.

C'est ce que je ne sais pas.

ARGAN.

Et qui sera reçu médecin dans trois jours.

ANGÉLIQUE

Lui, mon père?

ARGAN.

Oui. Est-ce qu'il ne te l'a pas dit?

ANGÉLIQUE

Non, vraiment. Qui vous l'a dit, à vous?

ARGAN.

Monsieur Purgon.

ANGÉLIQUE.

Est-ce que monsieur Purgon le connoît?

ARGAN.

La belle demande! Il faut bien qu'il le connoisse, puisque c'est son neveu.

ANGÉLIQUE.

Cléante, neveu de monsieur Purgon?

ARGAN.

Quel Cléante? Nous parlons de celui pour qui l'on t'a demandée en mariage.

ANGÉLIQUE.

Hé! oui.

ARGAN.

t le neveu de monsieur Purgon, qui est le fils
ère le médecin, monsieur Diafoirus; et ce fils
m is Diafoirus, et non pas Cléante; et nous avons
mariage-là ce matin, monsieur Purgon, monsieur
..nt, et moi; et demain, ce gendre prétendu doit m'être
son père. Qu'est-ce? vous voilà tout ébaubie!

ANGÉLIQUE.

mon père, que je connois que vous avez parlé d'une
s, et que j'ai entendu une autre.

TOINETTE.

Quoi! monsieur, vous auriez fait ce dessein burlesque? Et,
..ec tout le bien que vous avez, vous voudriez marier votre
fille avec un médecin?

ARGAN.

Oui. De quoi te mêles-tu, coquine, impudente que tu es?

TOINETTE.

Mon Dieu! tout doux. Vous allez d'abord aux invectives. Est-ce que nous ne pouvons pas raisonner ensemble sans nous emporter? Là, parlons de sang-froid. Quelle est votre raison, s'il vous plaît, pour un tel mariage?

ARGAN.

Ma raison est que, me voyant infirme et malade comme je suis, je veux me faire un gendre et des alliés médecins, afin de m'appuyer de bons secours contre ma maladie, d'avoir dans ma famille les sources des remèdes qui me sont nécessaires, et d'être à même des consultations et des ordonnances[1].

[1] Argan pourroit mener la vie la plus agréable; mais, prévenu d'une idée qui le tourmente, il s'y abandonne avec passion; il va plus loin, il n'aime que les gens qui flattent sa manie et qui augmentent ses craintes. Son excessive simplicité le rend le jouet d'une femme avide, qui n'a pas besoin d'employer l'adresse pour le tromper. Il aime ses deux filles, mais il est bien résolu de sacrifier l'aînée à un médecin, afin d'avoir chez lui un homme qu'il puisse consulter à toutes les heures. Ce rôle excellent respire la naïveté et la bonhomie; il n'y a pas un mot qui ne soit de caractère; et plus on l'examine, plus on admire, dans les moindres détails, l'homme de génie qui l'a tracé. (P.)

TOINETTE.

Hé bien! voilà dire une raison, et il y a plaisir à se répondre doucement les uns aux autres. Mais, monsieur, mettez la main à la conscience : est-ce que vous êtes malade?

ARGAN.

Comment, coquine! si je suis malade! Si je suis malade, impudente[1]!

TOINETTE.

Hé! bien! oui, monsieur, vous êtes malade; n'ayons point de querelle là-dessus. Oui, vous êtes fort malade; j'en demeure d'accord, et plus malade que vous ne pensez : voilà qui est fait. Mais votre fille doit épouser un mari pour elle; et, n'étant point malade, il n'est pas nécessaire de lui donner un médecin.

ARGAN.

C'est pour moi que je lui donne ce médecin; et une fille de bon naturel doit être ravie d'épouser ce qui est utile à la santé de son père.

TOINETTE.

Ma foi, monsieur, voulez-vous qu'en amie je vous donne un conseil?

ARGAN.

Quel est-il, ce conseil?

TOINETTE.

De ne point songer à ce mariage-là.

ARGAN.

Et la raison?

TOINETTE.

La raison, c'est que votre fille n'y consentira point[2].

ARGAN.

Elle n'y consentira point?

[1] « J'en ay vu, dit Montaigne, prendre la chevre de ce qu'on leur trouvoit le visage frais et le pouls posé, et contraindre leur ris, parcequ'il trahissoit leur guérison. »

[2] Tout ce jeu de théâtre est emprunté au *Tartuffe*, act. II, sc. II. (B.)

TOINETTE.

Non.

ARGAN.

Ma fille?

TOINETTE.

Votre fille. Elle vous dira qu'elle n'a que faire de monsieur Diafoirus, ni de son fils Thomas Diafoirus, ni de tous les Diafoirus du monde.

ARGAN.

J'en ai affaire, moi, outre que le parti est plus avantageux qu'on ne pense. Monsieur Diafoirus n'a que ce fils-là pour tout héritier; et, de plus, monsieur Purgon, qui n'a ni femme ni enfants, lui donne tout son bien en faveur de ce mariage; et monsieur Purgon est un homme qui a huit mille bonnes livres de rente.

TOINETTE.

Il faut qu'il ait tué bien des gens, pour s'être fait si riche.

ARGAN.

Huit mille livres de rente sont quelque chose, sans compter le bien du père.

TOINETTE.

Monsieur, tout cela est bel et bon; mais j'en reviens toujours là : je vous conseille, entre nous, de lui choisir un autre mari; et elle n'est point faite pour être madame Diafoirus.

ARGAN.

Et je veux, moi, que cela soit.

TOINETTE.

Hé, fi! ne dites pas cela.

ARGAN.

Comment! que je ne dise pas cela?

TOINETTE.

Hé, non.

ARGAN.

Et pourquoi ne le dirai-je pas?

TOINETTE.

On dira que vous ne songez pas à ce que vous dites.

ARGAN.

On dira ce qu'on voudra ; mais je vous dis que je veux qu'elle exécute la parole que j'ai donnée.

TOINETTE.

Non ; je suis sûre qu'elle ne le fera pas.

ARGAN

Je l'y forcerai bien.

TOINETTE.

Elle ne le fera pas, vous dis-je.

ARGAN.

Elle le fera, ou je la mettrai dans un couvent[1].

TOINETTE.

Vous?

ARGAN.

Moi.

TOINETTE.

Bon !

ARGAN.

Comment, bon?

TOINETTE.

Vous ne la mettrez point dans un couvent.

ARGAN.

Je ne la mettrai point dans un couvent?

TOINETTE.

Non.

ARGAN.

Non?

TOINETTE.

Non.

[1] On lit *couvent* dans les premières éditions. — Il faut écrire *convent*, qui vient de *conventus*; mais il faut prononcer *couvent*, comme si l'on mettoit un *u* après l'*o* : cela se fait pour la douceur de la prononciation. Il en est de même de *monstier* ; on prononce *moustier* et l'on écrit *monstier*, comme venant de *monasterium*. (VAUGELAS.) — L'usage l'a emporté sur cette décision de Vaugelas, et aujourd'hui on écrit ces mots comme on les prononce.

ARGAN.

Ouais! Voici qui est plaisant! Je ne mettrai pas ma fille dans un couvent, si je veux?

TOINETTE.

Non, vous dis-je.

ARGAN.

Qui m'en empêchera?

TOINETTE.

Vous-même.

ARGAN.

Moi?

TOINETTE.

Oui. Vous n'aurez pas ce cœur-là.

ARGAN.

Je l'aurai.

TOINETTE.

Vous vous moquez.

ARGAN.

Je ne me moque point.

TOINETTE.

La tendresse paternelle vous prendra.

ARGAN.

Elle ne me prendra point.

TOINETTE.

Une petite larme ou deux, des bras jetés au cou, un Mon petit papa mignon, prononcé tendrement, sera assez pour vous toucher.

ARGAN.

Tout cela ne fera rien.

TOINETTE.

Oui, oui.

ARGAN.

Je vous dis que je n'en démordrai point.

TOINETTE.

Bagatelles.

ARGAN.

Il ne faut point dire, bagatelles.

TOINETTE.

Mon Dieu! je vous connois, vous êtes bon naturellement.

ARGAN, *avec emportement.*

Je ne suis point bon, et je suis méchant quand je veux[1].

TOINETTE.

Doucement, monsieur. Vous ne songez pas que vous êtes malade.

ARGAN.

Je lui commande absolument de se préparer à prendre le mari que je dis.

TOINETTE.

Et moi, je lui défends absolument d'en faire rien.

ARGAN.

Où est-ce donc que nous sommes? Et quelle audace est-ce là, à une coquine de servante, de parler de la sorte devant son maître?

TOINETTE.

Quand un maître ne songe pas à ce qu'il fait, une servante bien sensée est en droit de le redresser.

ARGAN, *courant après Toinette.*

Ah! insolente, il faut que je t'assomme.

TOINETTE, *évitant Argan, et mettant la chaise entre elle et lui.*

Il est de mon devoir de m'opposer aux choses qui vous peuvent déshonorer.

ARGAN, *courant après Toinette autour de la chaise avec son bâton.*

Viens, viens, que je t'apprenne à parler.

TOINETTE, *se sauvant du côté où n'est point Argan.*

Je m'intéresse, comme je dois, à ne vous point laisser faire de folie.

[1] Autre emprunt que Molière se fait à lui-même. Ce dialogue est presque copié mot à mot de la scène VI du premier acte des *Fourberies de Scapin*; et le trait qui termine rappelle la réponse d'Orgon : *Je ne veux pas qu'on m'aime.* (Voyez les notes des *Fourberies de Scapin.*)

ARGAN, *de même.*

Chienne!

TOINETTE, *de même.*

Non, je ne consentirai jamais à ce mariage.

ARGAN, *de même.*

Pendarde!

TOINETTE, *de même.*

Je ne veux point qu'elle épouse votre Thomas Diafoirus.

ARGAN, *de même.*

Carogne!

TOINETTE, *de même.*

Et elle m'obéira plutôt qu'à vous.

ARGAN, *s'arrêtant.*

Angélique, tu ne veux pas m'arrêter cette coquine-là?

ANGÉLIQUE.

Hé! mon père, ne vous faites point malade.

ARGAN, *à Angélique.*

Si tu ne me l'arrêtes, je te donnerai ma malédiction.

TOINETTE, *en s'en allant.*

Et moi, je la déshériterai, si elle vous obéit.

ARGAN, *se jetant dans sa chaise.*

Ah! ah! je n'en puis plus. Voilà pour me faire mourir[1].

SCÈNE VI.

BÉLINE, ARGAN.

ARGAN.

Ah! ma femme, approchez.

BÉLINE.

Qu'avez-vous, mon pauvre mari?

[1] Cette scène si vive, si naturelle, rappelle un peu trop la scène seconde de l'acte II du *Tartuffe*. Toinette parle comme Dorine, Argan parle comme Orgon; c'est le même dialogue et la même situation, modifiés par de nouveaux caractères. (B.)

ARGAN.

Venez vous-en ici à mon secours.

BÉLINE.

Qu'est-ce que c'est donc qu'il y a, mon petit fils?

ARGAN.

Ma mie!

BÉLINE.

Mon ami!

ARGAN.

On vient de me mettre en colère.

BÉLINE.

Hélas! pauvre petit mari! Comment donc, mon ami?

ARGAN.

Votre coquine de Toinette est devenue plus insolente que jamais.

BÉLINE.

Ne vous passionnez donc point.

ARGAN.

Elle m'a fait enrager, ma mie.

BÉLINE.

Doucement, mon fils.

ARGAN.

Elle a contrecarré, une heure durant, les choses que je veux faire.

BÉLINE.

Là, là, tout doux!

ARGAN.

Et a eu l'effronterie de me dire que je ne suis point malade.

BÉLINE.

C'est une impertinente.

ARGAN.

Vous savez, mon cœur, ce qui en est.

BÉLINE.

Oui, mon cœur; elle a tort.

ARGAN.

M'amour, cette coquine-là me fera mourir.

BÉLINE.

Hé là, hé là!

ARGAN.

Elle est cause de toute la bile que je fais.

BÉLINE.

Ne vous fâchez point tant.

ARGAN.

Et il y a je ne sais combien que je vous dis de me la chasser.

BÉLINE.

Mon Dieu! mon fils, il n'y a point de serviteurs et de servantes qui n'aient leurs défauts. On est contraint parfois de souffrir leurs mauvaises qualités, à cause des bonnes. Celle-ci est adroite, soigneuse, diligente, et surtout fidèle; et vous savez qu'il faut maintenant de grandes précautions pour les gens que l'on prend. Holà! Toinette[1]!

SCÈNE VII.

ARGAN, BÉLINE, TOINETTE.

TOINETTE.

Madame.

BÉLINE.

Pourquoi donc est-ce que vous mettez mon mari en colère?

TOINETTE, *d'un ton doucereux.*

Moi, madame? Hélas! je ne sais pas ce que vous me voulez dire, et je ne songe qu'à complaire à monsieur en toutes choses.

[1] Le ton mielleux de Béline, ses soins affectés, ses paroles plaintives, toute cette scène enfin est d'une vérité si frappante, qu'on s'étonne d'en retrouver encore les modèles dans le monde. Il semble qu'une pareille copie devoit avertir à-la-fois les dupes et les fripons; mais les passions nous aveuglent encore plus que la comédie ne nous éclaire. Vauvenargues a envisagé ce caractère sous un autre point de vue qui méritoit un peintre comme Molière. « Il n'y a, dit-il, guère de gens plus aigres que ceux qui sont doux par intérêt. » Ces deux lignes sont le type d'un personnage qui seroit entièrement nouveau au théâtre.

ARGAN.

Ah ! la traîtresse !

TOINETTE.

Il nous a dit qu'il vouloit donner sa fille en mariage au fils de monsieur Diafoirus : je lui ai répondu que je trouvois le parti avantageux pour elle, mais que je croyois qu'il feroit mieux de la mettre dans un couvent.

BÉLINE.

Il n'y a pas grand mal à cela, et je trouve qu'elle a raison.

ARGAN.

Ah ! m'amour, vous la croyez ? C'est une scélérate; elle m'a dit cent insolences.

BÉLINE.

Hé bien ! je vous crois, mon ami. Là, remettez-vous. Écoutez, Toinette : si vous fâchez jamais mon mari, je vous mettrai dehors. Çà, donnez-moi son manteau fourré et des oreillers, que je l'accommode dans sa chaise. Vous voilà je ne sais comment. Enfoncez bien votre bonnet jusque sur vos oreilles : il n'y a rien qui enrhume tant que de prendre l'air par les oreilles[1].

ARGAN.

Ah ! ma mie, que je vous suis obligé de tous les soins que vous prenez de moi !

BÉLINE, *accommodant les oreillers qu'elle met autour d'Argan.*

Levez-vous, que je mette ceci sous vous. Mettons celui-ci pour vous appuyer, et celui-là de l'autre côté. Mettons celui-ci derrière votre dos, et cet autre-là pour soutenir votre tête.

TOINETTE, *lui mettant rudement un oreiller sur la tête.*

Et celui-ci pour vous garder du serein.

[1] Heureuse imitation d'Horace. Il y a dix-huit cents ans que ce grand poëte conseilloit à ceux qui veulent attraper des successions de tenir une conduite à peu près semblable à celle de Béline :

« Obsequio grassare : mone, si increbuit aura,
« Cautus uti velet carum caput, » etc.

« Obsédez par vos complaisances. Au plus léger souffle du vent, dites : Couvrez « bien cette tête qui nous est si chère ! » (Horace. Sat. v, liv. II.)

ARGAN, *se levant en colère, et jetant ses oreillers à Toinette, qui s'enfuit.*

Ah! coquine, tu veux m'étouffer[1]!

SCÈNE VIII.

ARGAN, BÉLINE.

BÉLINE.

Hé là, hé là! Qu'est-ce que c'est donc?

ARGAN, *se jetant dans sa chaise.*

Ah, ah, ah! Je n'en puis plus.

BÉLINE.

Pourquoi vous emporter ainsi? Elle a cru faire bien.

ARGAN.

Vous ne connoissez pas, m'amour, la malice de la pendarde. Ah! elle m'a mis tout hors de moi; et il faudra plus de huit médecines et de douze lavements pour réparer tout ceci.

BÉLINE.

Là, là, mon petit ami, apaisez-vous un peu.

ARGAN.

Ma mie, vous êtes toute ma consolation

BÉLINE.

Pauvre petit fils!

ARGAN.

Pour tâcher de reconnoître l'amour que vous me portez, je veux, mon cœur, comme je vous ai dit, faire mon testament.

BÉLINE.

Ah! mon ami, ne parlons point de cela, je vous prie : je ne

[1] Toinette est bien insolente; mais que risque-t-elle? Béline, qui la croit attachée à ses intérêts et utile à ses desseins, saura bien la maintenir contre toutes les fureurs de son imbécile époux.

Qui ne riroit de voir, à chaque instant, ce maniaque, oubliant dans sa colère qu'il est malade et infirme, pousser de grands cris, se lever précipitamment, gesticuler, courir, lancer de gros oreillers, enfin donner mille preuves de santé et de vigueur? (A.)

saurois souffrir cette pensée ; et le seul mot de testament me fait tressaillir de douleur[1].

ARGAN.

Je vous avois dit de parler pour cela à votre notaire.

BÉLINE.

Le voilà là-dedans, que j'ai amené avec moi.

ARGAN.

Faites-le donc entrer, m'amour.

BÉLINE.

Hélas! mon ami, quand on aime bien un mari, on n'est guère en état de songer à tout cela.

SCÈNE IX.

MONSIEUR DE BONNEFOI, BÉLINE, ARGAN.

ARGAN.

Approchez, monsieur de Bonnefoi, approchez. Prenez un siége, s'il vous plait. Ma femme m'a dit, monsieur, que vous étiez fort honnête homme, et tout-à-fait de ses amis; et je l'ai chargée de vous parler pour un testament que je veux faire.

BÉLINE.

Hélas ! je ne suis point capable de parler de ces choses-là.

MONSIEUR DE BONNEFOI.

Elle m'a, monsieur, expliqué vos intentions, et le dessein où vous êtes pour elle; et j'ai à vous dire là-dessus que vous ne sauriez rien donner à votre femme par votre testament.

ARGAN.

Mais pourquoi?

MONSIEUR DE BONNEFOI.

La coutume y résiste. Si vous étiez en pays de droit écrit, cela se pourroit faire : mais, à Paris et dans les pays coutu-

[1] Quel trait! Elle *tressaille de douleur* au seul mot de testament, et le notaire est déja dans la chambre voisine; et c'est elle qui l'a amené, et elle va l'introduire elle-même, tant elle compte sur l'aveuglement de son mari! (B.)

miers, au moins dans la plupart, c'est ce qui ne se peut; et la disposition seroit nulle. Tout l'avantage qu'homme et femme conjoints par mariage se peuvent faire l'un à l'autre, c'est un don mutuel entre vifs; encore faut-il qu'il n'y ait enfants, soit des deux conjoints, ou de l'un d'eux, lors du décès du premier mourant[1].

ARGAN.

Voilà une coutume bien impertinente, qu'un mari ne puisse rien laisser à une femme dont il est aimé tendrement, et qui prend de lui tant de soin! J'aurois envie de consulter mon avocat, pour voir comment je pourrois faire.

MONSIEUR DE BONNEFOI.

Ce n'est point à des avocats qu'il faut aller, car ils sont d'ordinaire sévères là-dessus, et s'imaginent que c'est un grand crime que de disposer en fraude de la loi : ce sont gens de difficultés, et qui sont ignorants des détours de la conscience. Il y a d'autres personnes à consulter, qui sont bien plus accommodantes, qui ont des expédients pour passer doucement par-dessus la loi, et rendre juste ce qui n'est pas permis; qui savent aplanir les difficultés d'une affaire, et trouver des moyens d'éluder la coutume par quelque avantage indirect. Sans cela, où en serions-nous tous les jours? Il faut de la facilité dans les choses; autrement nous ne ferions rien, et je ne donnerois pas un sol de notre métier.

ARGAN.

Ma femme m'avoit bien dit, monsieur, que vous étiez fort habile et fort honnête homme. Comment puis-je faire, s'il vous plaît, pour lui donner mon bien et en frustrer mes enfants?

MONSIEUR DE BONNEFOI.

Comment vous pouvez faire? Vous pouvez choisir doucement un ami intime de votre femme, auquel vous donnerez,

[1] M. de Bonnefoi rapporte ici, presque textuellement, les articles 280 et 282 de l'*ancienne Coutume de Paris*.

en bonne forme, par votre testament, tout ce que vous pouvez ; et cet ami ensuite lui rendra tout. Vous pouvez encore contracter un grand nombre d'obligations non suspectes au profit de divers créanciers qui prêteront leur nom à votre femme, et entre les mains de laquelle ils mettront leur déclaration que ce qu'ils en ont fait n'a été que pour lui faire plaisir. Vous pouvez aussi, pendant que vous êtes en vie, mettre entre ses mains de l'argent comptant, ou des billets que vous pourrez avoir payables au porteur[1].

BÉLINE.

Mon Dieu! il ne faut point vous tourmenter de tout cela. S'il vient faute de vous, mon fils, je ne veux plus rester au monde.

ARGAN.

Ma mie!

BÉLINE.

Oui, mon ami, si je suis assez malheureuse pour vous perdre...

ARGAN.

Ma chère femme!

BÉLINE.

La vie ne me sera plus de rien.

ARGAN.

M'amour!

BÉLINE.

Et je suivrai vos pas, pour vous faire connoître la tendresse que j'ai pour vous.

ARGAN.

Ma mie, vous me fendez le cœur! Consolez-vous, je vous en prie.

[1] Ce que dit ici M. de Bonnefoi est à la lettre ce qu'un notaire peut dire dans le cas où Béline se trouve. (L. B.) — Son discours est un exposé simple et vrai des retours de chicane, des rubriques frauduleuses, employées trop souvent par les gens d'affaires, pour dépouiller les héritiers légitimes. Ce froid examen, le ton sérieux du notaire, l'importance de ses conseils, l'avidité de Béline, l'imbécillité d'Argan, donnent un grand intérêt à cette situation. Un pareil tableau nous place dans l'intérieur des familles; il est effrayant de vérité.

MONSIEUR DE BONNEFOI, *à Béline.*

Ces larmes sont hors de saison; et les choses n'en sont point encore là.

BÉLINE.

Ah! monsieur, vous ne savez pas ce que c'est qu'un mari qu'on aime tendrement.

ARGAN.

Tout le regret que j'aurai, si je meurs, ma mie, c'est de n'avoir point un enfant de vous. Monsieur Purgon m'avoit dit qu'il m'en feroit faire un.

MONSIEUR DE BONNEFOI.

Cela pourra venir encore.

ARGAN.

Il faut faire mon testament, m'amour, de la façon que monsieur dit; mais, par précaution, je veux vous mettre entre les mains vingt mille francs en or que j'ai dans le lambris de mon alcôve, et deux billets payables au porteur, qui me sont dus, l'un par monsieur Damon, et l'autre par monsieur Gérante.

BÉLINE.

Non, non, je ne veux point de tout cela. Ah!... Combien dites-vous qu'il y a dans votre alcôve[1]?

ARGAN.

Vingt mille francs, m'amour.

BÉLINE.

Ne me parlez point de bien, je vous prie. Ah!... De combien sont les deux billets?

ARGAN.

Ils sont, ma mie, l'un de quatre mille francs, et l'autre de six.

[1] On a prétendu qu'il y avoit un peu de charge dans ce jeu. Aucun des spectateurs n'étant dupe de la fausseté de Béline, on s'est demandé comment Argan ne s'en apercevoit point. Les spectateurs voient Béline d'un œil non prévenu. Argan, au contraire, est fasciné par les caresses de sa femme; sa prévention lui ferme les yeux sur toutes ses actions. Un homme amoureux se persuade d'être aimé d'une femme qui le trompe; un tiers indifférent démêle facilement sa perfidie. « L'amour-propre les engage tous deux à se tromper eux-mêmes. » (L. B.)

BÉLINE.

Tous les biens du monde, mon ami, ne me sont rien au prix de vous.

MONSIEUR DE BONNEFOI, *à Argan.*

Voulez-vous que nous procédions au testament?

ARGAN.

Oui, monsieur; mais nous serons mieux dans mon petit cabinet. M'amour, conduisez-moi, je vous prie[1].

BÉLINE.

Allons, mon pauvre petit fils.

SCÈNE X.

ANGÉLIQUE, TOINETTE.

TOINETTE.

Les voilà avec un notaire, et j'ai ouï parler de testament. Votre belle-mère ne s'endort point: et c'est sans doute quelque conspiration contre vos intérêts, où elle pousse votre père.

ANGÉLIQUE.

Qu'il dispose de son bien à sa fantaisie, pourvu qu'il ne dispose point de mon cœur. Tu vois, Toinette, les desseins violents que l'on fait sur lui. Ne m'abandonne point, je te prie, dans l'extrémité où je suis.

TOINETTE.

Moi, vous abandonner! J'aimerois mieux mourir. Votre belle-mère a beau me faire sa confidente, et me vouloir jeter dans ses intérêts, je n'ai jamais pu avoir d'inclination pour

[1] Si la manie d'Argan ne nuisoit qu'à sa santé, la leçon frapperoit peu les spectateurs; mais un homme atteint d'une pareille foiblesse doit naturellement être environné de gens avides, et qui travaillent à le tromper et à le dépouiller; en un mot, son plus grand péril n'est pas de tomber entre les mains des charlatans, et c'est ce que Molière a voulu prouver en lui donnant une femme du caractère de Béline. Ce caractère, d'une vérité effrayante, ressort tout naturellement de la situation et de la passion d'Argan, et il renferme toute la morale de la pièce. Remarquez aussi que, sans la création de ce personnage accessoire, les traits les plus frappants manqueroient au personnage principal.

elle; et j'ai toujours été de votre parti. Laissez-moi faire; j'emploierai toute chose pour vous servir; mais, pour vous servir avec plus d'effet, je veux changer de batterie, couvrir le zèle que j'ai pour vous, et feindre d'entrer dans les sentiments de votre père et de votre belle-mère.

ANGÉLIQUE.

Tâche, je t'en conjure, de faire donner avis à Cléante du mariage qu'on a conclu.

TOINETTE.

Je n'ai personne à employer à cet office, que le vieux usurier Polichinelle, mon amant; et il m'en coûtera pour cela quelques paroles de douceur, que je veux bien dépenser pour vous. Pour aujourd'hui, il est trop tard; mais demain, de grand matin, je l'enverrai querir, et il sera ravi de...

SCÈNE XI.

BÉLINE, *dans la maison*; ANGÉLIQUE, TOINETTE.

BÉLINE.

Toinette!

TOINETTE, *à Angélique*.

Voilà qu'on m'appelle. Bonsoir. Reposez-vous sur moi[1].

[1] Cet acte est bien rempli; et l'action y est entamée de manière à promettre un grand intérêt pour les actes suivants. En effet, Angélique est menacée à la fois dans son amour et dans sa fortune. Qui la garantira de ce double danger? (A.) — Dans un parallèle fort ingénieux entre *le Malade imaginaire* et *le Tartuffe*, M. Petitot a indiqué, pour la première fois, plusieurs rapports entre la situation d'Argan et celle d'Orgon. Ces deux personnages sont égarés par leur foiblesse et leur crédulité; tous deux ont une fille qui doit être sacrifiée; tous deux sont contredits par une suivante qui exerce un grand empire dans la maison; enfin tous deux sont mariés en secondes noces, et ont un frère honnête homme qui emploie divers moyens pour les ramener à la raison. La situation est donc absolument la même. Pour lui donner de la nouveauté, il a suffi à l'auteur de changer les passions des personnages, de peindre d'autres ridicules, et de créer d'autres caractères : c'est ce qu'il a fait d'une manière si heureuse, que, jusqu'à ce jour, la ressemblance des deux situations avoit échappé à tous les commentateurs.

PREMIER INTERMÈDE.

Le théâtre change, et représente une ville.

Polichinelle, dans la nuit, vient pour donner une sérénade à sa maîtresse. Il est interrompu d'abord par des violons contre lesquels il se met en colère, et ensuite par le guet, composé de musiciens et de danseurs.

POLICHINELLE.

O amour, amour, amour, amour! Pauvre Polichinelle, quelle diable de fantaisie t'es-tu allé mettre dans la cervelle? A quoi t'amuses-tu, misérable insensé que tu es? Tu quittes le soin de ton négoce, et tu laisses aller tes affaires à l'abandon; tu ne manges plus, tu ne bois presque plus, tu perds le repos de la nuit; et tout cela, pour qui? Pour une dragonne, franche dragonne; une diablesse qui te rembarre, et se moque de tout ce que tu peux lui dire. Mais il n'y a point à raisonner là dessus. Tu le veux, amour; il faut être fou comme beaucoup d'autres. Cela n'est pas le mieux du monde à un homme de mon âge; mais qu'y faire? On n'est pas sage quand on veut; et les vieilles cervelles se démontent comme les jeunes. Je viens voir si je ne pourrai point adoucir ma tigresse par une sérénade. Il n'y a rien parfois qui soit si touchant qu'un amant qui vient chanter ses doléances aux gonds et aux verrous de la porte de sa maîtresse. (*après avoir pris son luth.*) Voici de quoi accompagner ma voix. O nuit! ô chère nuit! porte mes plaintes amoureuses jusque dans le lit de mon inflexible.

Notte e dì v'amo e v'adoro[1]

[1] Les couplets italiens de cette scène du premier intermède, et ceux de la seconde, ne se trouvent point dans le ballet du *Malade imaginaire* imprimé par Christophe Ballard en 1673.

Il paroît que Molière les a ajoutés après la première représentation de cette pièce.

Cerco un sì per mio ristoro :
Ma se voi dite di nò,
Bella ingrata, io morirò.

Frà la speranza
S'affligge il cuore,
In lontananza
Consuma l'hore;
Si dolce inganno
Che mi figura
Breve l'affanno,
Ahi! troppo dura!
Così per troppo amar languisco e muoro.

Notte e dì v'amo e v'adoro.
Cerco un sì per mio ristoro;
Ma se voi dite di nò,
Bella ingrata, io morirò.

Se non dormite,
Almen pensate
Alle ferite
Ch'al cuor mi fate,
Deh! almen fingete,
Per mio conforto,
Se m'uccidete,
D'haver il torto;
Vostra pietà mi scemarà il martoro.

Notte e dì v'amo e v'adoro.
Cerco un sì per mio ristoro;
Ma se voi dite di nò,
Bella ingrata, io morirò ¹.

Nuit et jour je vous aime et vous adore.
Je cherche un oui qui me restaure.
Mais si vous me répondez non,
Belle ingrate, je mourrai.
Dans l'espérance
Le cœur s'afflige,
Dans l'éloignement
Il consume ses heures.
L'erreur si douce
Qui me persuade
Que ma peine va finir,
Hélas! dure trop.
Ainsi, pour trop aimer, je languis et je meurs.

SCÈNE II.

POLICHINELLE; UNE VIEILLE, *se présentant à la fenêtre, et répondant à Polichinelle pour se moquer de lui.*

LA VIEILLE *chante.*

Zerbinetti, ch' ogn' hor con finti sguardi,
Mentiti desiri,
Fallaci sospiri,
Accenti buggiardi,
Di fede vi preggiate,
Ah! che non m'ingannate.
Che già so per prova,
Ch' in voi non si trova
Costanza ne fede.
Oh! quanto è pazza colei che vi crede!

Quei sguardi languidi
Non m'innamorano,
Quei sospir fervidi
Più non m'inflammano,
Vel' giuro a fe.
Zerbino misero,
Del vostro piangere
Il mio cuor libero
Vuol sempre ridere;

Nuit et jour je vous aime et vous adore
Je cherche un oui qui me restaure,
Mais si vous me refusez,
Belle ingrate, je mourrai.
Si vous ne dormez pas,
Au moins pensez
Aux blessures
Que vous faites à mon cœur
Ah! feignez au moins,
Pour ma consolation,
Si vous me tuez,
D'avoir tort;
Votre pitié adoucira mon martyre.

Nuit et jour je vous aime et vous adore.
Je cherche un oui qui me restaure;
Mais si vous me refusez,
Belle ingrate, je mourrai. (L. B.)

Credete a me
Che già so per prova,
Ch' in voi non si trova
Costanza ne fede.
Oh! quanto è pazza colei che vi crede[1]!

SCÈNE III.

POLICHINELLE; VIOLONS, *derrière le théâtre.*

LES VIOLONS *commencent un air.*

POLICHINELLE.

Quelle impertinente harmonie vient interrompre ici ma voix!

LES VIOLONS *continuant à jouer.*

POLICHINELLE

Paix là! taisez-vous, violons. Laissez-moi me plaindre à mon aise des cruautés de mon inexorable.

LES VIOLONS, *de même.*

POLICHINELLE.

Taisez-vous, vous dis-je; c'est moi qui veux chanter.

[1] Galants qui, à chaque moment, par des regards trompeurs,
Des desirs menteurs,
De faux soupirs,
Des accents perfides,
Vous vantez d'être fidèles,
Ah! vous ne me trompez pas!
Je sais par expérience
Qu'on ne trouve point en vous
De constance ni de fidélité
Oh! combien est folle celle qui vous croit!

Ces regards languissants
Ne m'inspirent point d'amour,
Ces soupirs ardents
Ne m'enflamment point,
Je vous le jure sur ma foi.
Malheureux galant!
Mon cœur, insensible
A votre plainte,
Veut toujours rire:
Croyez-m'en;
Je sais par expérience
Qu'on ne trouve en vous
Ni constance ni fidélité.
Oh! combien est folle celle qui vous croit!
(L. B.)

LES VIOLONS.

POLICHINELLE.

Paix donc!

LES VIOLONS.

POLICHINELLE.

Ouais!

LES VIOLONS.

POLICHINELLE.

Ahi!

LES VIOLONS.

POLICHINELLE.

Est-ce pour rire?

LES VIOLONS.

POLICHINELLE.

Ah! que de bruit!

LES VIOLONS.

POLICHINELLE.

Le diable vous emporte!

LES VIOLONS.

POLICHINELLE.

J'enrage!

LES VIOLONS.

POLICHINELLE.

Vous ne vous tairez pas? Ah! Dieu soit loué!

LES VIOLONS.

POLICHINELLE.

Encore?

LES VIOLONS.

POLICHINELLE.

Peste des violons!

LES VIOLONS.

POLICHINELLE.

La sotte musique que voilà!

LES VIOLONS.

POLICHINELLE, *chantant pour se moquer des violons.*

La, la, la, la, la, la.

LES VIOLONS.

POLICHINELLE, *de même*.

La, la, la, la, la, la.

LES VIOLONS.

POLICHINELLE, *de même*.

La, la, la, la, la, la.

LES VIOLONS.

POLICHINELLE, *de même*.

La, la, la, la, la, la.

LES VIOLONS.

POLICHINELLE, *de même*.

La, la, la, la, la, la.

LES VIOLONS.

POLICHINELLE.

Par ma foi, cela me divertit. Poursuivez, messieurs les violons; vous me ferez plaisir. (*n'entendant plus rien.*) Allons donc, continuez, je vous en prie.

SCÈNE IV.

POLICHINELLE.

Voilà le moyen de les faire taire. La musique est accoutumée à ne point faire ce qu'on veut[1]. Oh sus, à nous. Avant que de chanter, il faut que je prélude un peu, et joue quelque pièce, afin de mieux prendre mon ton. (*Il prend son luth, dont il fait semblant de jouer, en imitant avec les lèvres et la langue le*

[1] Tant que Polichinelle s'est plaint de la musique, elle a été son train; quand il a dit aux violons : *Poursuivez, vous me faites plaisir*, ils se sont tus. Chez les musiciens, cet esprit de contradiction date de loin : Horace a dit, avant Polichinelle, qu'*ils sont accoutumés à ne point faire ce qu'on veut.*

« Omnibus hoc vitium est cantoribus, inter amicos
« Ut nunquam inducant animum cantare rogati;
« Injussi nunquam desistant. »

On sait de tout chanteur le caprice ordinaire.
Pressez-le de chanter, il s'obstine à se taire;
Cessez de le prier, il ne tarira plus.

(*Traduction de M. Daru.*)

son de cet instrument.) Plan, plan, plan, plin, plin, plin. Voilà un temps fâcheux pour mettre un luth d'accord. Plin, plin, plin. Plin, tan, plan. Plin, plan. Les cordes ne tiennent point par ce temps-là. Plin, plin. J'entends du bruit. Mettons mon luth contre la porte.

SCÈNE V.

POLICHINELLE, ARCHERS; *passant dans la rue, et accourant au bruit qu'ils entendent.*

UN ARCHER, *chantant.*

Qui va là? qui va là?

POLICHINELLE, *bas.*

Qui diable est-ce là? Est-ce que c'est la mode de parler en musique?

L'ARCHER.

Qui va là? qui va là? qui va la?

POLICHINELLE, *épouvanté.*

Moi, moi, moi.

L'ARCHER.

Qui va là? qui va là? vous dis-je.

POLICHINELLE.

Moi, moi, vous dis-je.

L'ARCHER.

Et qui toi? et qui toi?

POLICHINELLE.

Moi, moi, moi, moi, moi, moi.

L'ARCHER.

Dis ton nom, dis ton nom, sans davantage attendre.

POLICHINELLE, *feignant d'être bien hardi.*

Mon nom est Va te faire pendre.

L'ARCHER.

Ici, camarades, ici.
Saisissons l'insolent qui nous répond ainsi.

PREMIÈRE ENTRÉE DE BALLET.

Tout le guet vient, qui cherche Polichinelle dans la nuit.

VIOLONS ET DANSEURS.

POLICHINELLE.

Qui va là ?

VIOLONS ET DANSEURS.

POLICHINELLE.

Qui sont les coquins que j'entends ?

VIOLONS ET DANSEURS.

POLICHINELLE.

Euh ?

VIOLONS ET DANSEURS.

POLICHINELLE.

Holà ! mes laquais, mes gens !

VIOLONS ET DANSEURS.

POLICHINELLE.

Par la mort !

VIOLONS ET DANSEURS.

POLICHINELLE.

Par la sang !

VIOLONS ET DANSEURS.

POLICHINELLE.

J'en jetterai par terre.

VIOLONS ET DANSEURS.

POLICHINELLE.

Champagne, Poitevin, Picard, Basque, Breton !

VIOLONS ET DANSEURS.

POLICHINELLE.

Donnez-moi mon mousqueton...

VIOLONS ET DANSEURS.

POLICHINELLE, *faisant semblant de tirer un coup de pistolet.*

Poue.

(Ils tombent tous, et s'enfuient.)

SCÈNE VI.

POLICHINELLE.

Ah, ah, ah, ah! comme je leur ai donné l'épouvante! Voilà de sottes gens, d'avoir peur de moi, qui ai peur des autres. Ma foi, il n'est que de jouer d'adresse en ce monde. Si je n'avois tranché du grand seigneur, et n'avois fait le brave, ils n'auroient pas manqué de me happer. Ah, ah, ah!

(Les archers se rapprochent, et, ayant entendu ce qu'il disoit, ils le saisissent au collet.)

SCÈNE VII.

POLICHINELLE; ARCHERS, *chantants*.

LES ARCHERS, *saisissant Polichinelle*.

Nous le tenons. A nous, camarades, à nous!
Dépêchez : de la lumière.

(Tout le guet vient avec des lanternes.)

SCÈNE VIII.

POLICHINELLE; ARCHERS, *chantants et dansants*

ARCHERS.

Ah! traitre; ah! fripon! c'est donc vous?
Faquin, maraud, pendard, impudent, téméraire,
Insolent, effronté, coquin, filou, voleur,
Vous osez nous faire peur!

POLICHINELLE.

Messieurs, c'est que j'étois ivre.

ARCHERS.

Non, non, non; point de raison.
Il faut vous apprendre à vivre.
En prison, vite, en prison

POLICHINELLE.

Messieurs, je ne suis point voleur.

ARCHERS.

En prison.

POLICHINELLE.

Je suis un bourgeois de la ville.

ARCHERS.

En prison.

POLICHINELLE.

Qu'ai-je fait?

ARCHERS.

En prison, vite, en prison.

POLICHINELLE.

Messieurs, laissez-moi aller.

ARCHERS.

Non.

POLICHINELLE.

Je vous prie!

ARCHERS.

Non.

POLICHINELLE.

Hé!

ARCHERS.

Non.

POLICHINELLE.

De grace!

ARCHERS.

Non, non.

POLICHINELLE.

Messieurs!

ARCHERS.

Non, non, non.

POLICHINELLE.

S'il vous plaît.

ARCHERS.

Non, non.

POLICHINELLE.

Par charité!

ARCHERS.

Non, non.

POLICHINELLE.

Au nom du ciel!

ARCHERS.

Non, non.

POLICHINELLE.

Miséricorde!

ARCHERS.

Non, non, non; point de raison :
Il faut vous apprendre à vivre.
En prison, vite, en prison.

POLICHINELLE.

Hé! n'est-il rien, messieurs, qui soit capable d'attendrir vos ames?

ARCHERS.

Il est aisé de nous toucher;
Et nous sommes humains plus qu'on ne sauroit croire.
Donnez-nous doucement six pistoles pour boire,
Nous allons vous lâcher.

POLICHINELLE.

Hélas! messieurs, je vous assure que je n'ai pas un sol sur moi.

ARCHERS.

Au défaut de six pistoles,
Choisissez donc, sans façon,
D'avoir trente croquignoles,
Ou douze coups de bâton.

POLICHINELLE.

Si c'est une nécessité, et qu'il faille en passer par-là, je choisis les croquignoles.

ARCHERS.

Allons, préparez-vous,
Et comptez bien les coups.

DEUXIÈME ENTRÉE DE BALLET.

Les archers danseurs lui donnent des croquignoles en cadence.

POLICHINELLE, *pendant qu'on lui donne des croquignoles.*

Un et deux, trois et quatre, cinq et six, sept et huit, neuf et dix, onze et douze, et treize, et quatorze et quinze.

ARCHERS.

Ah! ah! vous en voulez passer!
Allons, c'est à recommencer.

POLICHINELLE.

Ah! messieurs, ma pauvre tête n'en peut plus; et vous venez de me la rendre comme une pomme cuite. J'aime mieux encore les coups de bâton que de recommencer.

ARCHERS.

Soit. Puisque le bâton est pour vous plus charmant,
Vous aurez contentement.

TROISIÈME ENTRÉE DE BALLET.

Les archers danseurs lui donnent des coups de bâton en cadence.

POLICHINELLE, *comptant les coups de bâton.*

Un, deux, trois, quatre, cinq, six. Ah, ah, ah! je n'y saurois plus résister. Tenez, messieurs, voilà six pistoles que je vous donne.

ARCHERS.

Ah! l'honnête homme! Ah! l'ame noble et belle!
Adieu, seigneur; adieu, seigneur Polichinelle.

POLICHINELLE.

Messieurs, je vous donne le bonsoir.

ARCHERS.

Adieu, seigneur; adieu, seigneur Polichinelle.

POLICHINELLE.

Votre serviteur.

ARCHERS.

Adieu, seigneur; adieu, seigneur Polichinelle.

POLICHINELLE.

Très humble valet.

ARCHERS.

Adieu, seigneur; adieu, seigneur Polichinelle.

POLICHINELLE.

Jusqu'au revoir [1].

QUATRIÈME ENTRÉE DE BALLET.

Ils dansent tous, en réjouissance de l'argent qu'ils ont reçu.

ACTE SECOND.

(Le théâtre représente la chambre d'Argan.)

SCÈNE I.

CLÉANTE, TOINETTE.

TOINETTE, *ne reconnoissant pas Cléante.*

Que demandez-vous, monsieur?

CLÉANTE.

Ce que je demande?

TOINETTE.

Ah! ah! c'est vous! Quelle surprise! Que venez-vous faire céans?

[1] Dans *Boniface ou le Pédant*, une demi-douzaine de voleurs rencontrent *Mamphurius*, et lui laissent le choix ou de venir en prison, ou de donner les écus qui restent dans sa gibecière, ou de recevoir dix férules avec une courroie, pour faire pénitence de ses fautes. Le pédant essaie un peu de chaque chose, et, après avoir été bien étrillé, il finit par donner sa bourse. Cette petite scène a fourni à La Fontaine le sujet d'un conte charmant, et à Molière le sujet de son meilleur intermède. (Voyez *Boniface ou le Pédant*, de Bruno Nolano, acte V, scène XXVI, page 225.)

CLÉANTE.

Savoir ma destinée, parler à l'aimable Angélique, consulter les sentiments de son cœur, et lui demander ses résolutions sur ce mariage fatal dont on m'a averti.

TOINETTE.

Oui; mais on ne parle pas comme cela de but en blanc à Angélique : il y faut des mystères, et l'on vous a dit l'étroite garde où elle est retenue; qu'on ne la laisse ni sortir, ni parler à personne; et que ce ne fut que la curiosité d'une vieille tante, qui nous fit accorder la liberté d'aller à cette comédie, qui donna lieu à la naissance de votre passion; et nous nous sommes bien gardées de parler de cette aventure.

CLÉANTE.

Aussi ne viens-je pas ici comme Cléante, et sous l'apparence de son amant; mais comme ami de son maître de musique, dont j'ai obtenu le pouvoir de dire qu'il m'envoie à sa place.

TOINETTE.

Voici son père. Retirez-vous un peu, et me laissez lui dire que vous êtes là.

SCÈNE II.

ARGAN, TOINETTE.

ARGAN, *se croyant seul, et sans voir Toinette.*

Monsieur Purgon m'a dit de me promener le matin, dans ma chambre, douze allées et douze venues; mais j'ai oublié à lui demander si c'est en long ou en large.

TOINETTE.

Monsieur, voilà un...

ARGAN.

Parle bas, pendarde! tu viens m'ébranler tout le cerveau, et tu ne songes pas qu'il ne faut point parler si haut à des malades.

TOINETTE.

Je voulois vous dire, monsieur...

ARGAN.

Parle bas, te dis-je.

TOINETTE.

Monsieur...

(Elle fait semblant de parler.)

ARGAN.

Hé?

TOINETTE.

Je vous dis que...

(Elle fait encore semblant de parler.)

ARGAN.

Qu'est-ce que tu dis?

TOINETTE, *haut.*

Je dis que voilà un homme qui veut parler à vous.

ARGAN.

Qu'il vienne.

(Toinette fait signe à Cléante d'avancer.)

SCÈNE III.

ARGAN, CLEANTE, TOINETTE.

CLÉANTE.

Monsieur...

TOINETTE, *à Cléante.*

Ne parlez pas si haut, de peur d'ébranler le cerveau de monsieur.

CLÉANTE.

Monsieur, je suis ravi de vous trouver debout, et de voir que vous vous portez mieux.

TOINETTE, *feignant d'être en colère.*

Comment! qu'il se porte mieux! cela est faux. Monsieur se porte toujours mal.

CLÉANTE.

J'ai ouï dire que monsieur étoit mieux; et je lui trouve bon visage.

TOINETTE.

Que voulez-vous dire avec votre bon visage? Monsieur l'a fort mauvais; et ce sont des impertinents qui vous ont dit qu'il étoit mieux. Il ne s'est jamais si mal porté.

ARGAN.

Elle a raison.

TOINETTE.

Il marche, dort, mange et boit tout comme les autres; mais cela n'empêche pas qu'il ne soit fort malade.

ARGAN.

Cela est vrai[1].

CLÉANTE.

Monsieur, j'en suis au désespoir. Je viens de la part du maître à chanter de mademoiselle votre fille; il s'est vu obligé d'aller à la campagne pour quelques jours; et, comme son ami intime, il m'envoie à sa place pour lui continuer ses leçons, de peur qu'en les interrompant elle ne vînt à oublier ce qu'elle sait déja.

ARGAN.

Fort bien. (*à Toinette.*) Appelez Angélique.

TOINETTE

Je crois, monsieur, qu'il sera mieux de mener monsieur à sa chambre.

ARGAN

Non. Faites-la venir.

TOINETTE.

Il ne pourra lui donner leçon comme il faut, s'ils ne sont en particulier.

ARGAN.

Si fait, si fait.

[1] Cléante croit flatter Argan en lui disant qu'il lui trouve bon visage. Toinette répond : « Il marche, dort, mange et boit comme les autres ; mais cela n'empêche pas qu'il ne soit fort malade. » A quoi le malade imaginaire répond naïvement : « Cela est vrai. » Le comique ne peut aller plus loin; et voilà deux traits dignes des chefs-d'œuvre de Molière. (B.

TOINETTE.

Monsieur, cela ne fera que vous étourdir; et il ne faut rien pour vous émouvoir en l'état où vous êtes, et vous ébranler le cerveau.

ARGAN.

Point, point : j'aime la musique; et je serai bien aise de... Ah! la voici. (*à Toinette.*) Allez-vous en voir, vous, si ma femme est habillée.

SCÈNE IV.

ARGAN, ANGÉLIQUE, CLÉANTE.

ARGAN.

Venez, ma fille. Votre maître de musique est allé aux champs; et voilà une personne qu'il envoie à sa place pour vous montrer.

ANGÉLIQUE, *reconnoissant Cléante.*

Ah ciel!

ARGAN.

Qu'est-ce? D'où vient cette surprise?

ANGÉLIQUE.

C'est...

ARGAN.

Quoi? Qui vous émeut de la sorte?

ANGÉLIQUE.

C'est, mon père, une aventure surprenante qui se rencontre ici.

ARGAN.

Comment?

ANGÉLIQUE.

J'ai songé cette nuit que j'étois dans le plus grand embarras du monde, et qu'une personne, faite tout comme monsieur, s'est présentée à moi, à qui j'ai demandé secours, et qui m'est venu tirer de la peine où j'étois; et ma surprise a été grande de voir inopinément, en arrivant ici, ce que j'ai eu dans l'idée toute la nuit.

CLÉANTE.

Ce n'est pas être malheureux que d'occuper votre pensée, soit en dormant, soit en veillant; et mon bonheur seroit grand sans doute, si vous étiez dans quelque peine dont vous me jugeassiez digne de vous tirer; et il n'y a rien que je ne fisse pour.

SCÈNE V.

ARGAN, ANGÉLIQUE, CLÉANTE, TOINETTE

TOINETTE, *à Argan.*

Ma foi, monsieur, je suis pour vous maintenant; et je me dédis de tout ce que je disois hier. Voici monsieur Diafoirus le père et monsieur Diafoirus le fils, qui viennent vous rendre visite. Que vous serez bien engendré[1]! Vous allez voir le garçon le mieux fait du monde, et le plus spirituel. Il n'a dit que deux mots qui m'ont ravie; et votre fille va être charmée de lui.

ARGAN, *à Cléante, qui feint de vouloir s'en aller.*

Ne vous en allez point, monsieur. C'est que je marie ma fille; et voilà qu'on lui amène son prétendu mari, qu'elle n'a point encore vu.

CLÉANTE.

C'est m'honorer beaucoup, monsieur, de vouloir que je sois témoin d'une entrevue si agréable.

ARGAN.

C'est le fils d'un habile médecin; et le mariage se fera dans quatre jours.

CLÉANTE.

Fort bien.

[1] *Engendré*, pour *prendre un gendre*. Cette expression n'est pas reçue; mais dans la bouche de Toinette, elle est aussi plaisante que celle de Dorine: *Vous serez, ma foi, tartuffiée*. Molière s'est déjà servi du mot *engendré* dans *l'Étourdi*, acte II, scène vi. (B.) — Ce mot, pris dans ce sens, n'est pas de l'invention de Molière, puisqu'on en trouve un exemple dans les *Sosies* de Rotrou:

Vous vous engendrez mal : c'est un fou [illegible].

ARGAN.

Mandez-le un peu à son maître de musique, afin qu'il se trouve à la noce.

CLÉANTE.

Je n'y manquerai pas.

ARGAN.

Je vous y prie aussi.

CLÉANTE.

Vous me faites beaucoup d'honneur.

TOINETTE.

Allons, qu'on se range : les voici.

SCÈNE VI.

MONSIEUR DIAFOIRUS, THOMAS DIAFOIRUS, ARGAN, ANGÉLIQUE, CLÉANTE, TOINETTE, LAQUAIS.

ARGAN, *mettant la main à son bonnet, sans l'ôter.*

Monsieur Purgon, monsieur, m'a défendu de découvrir ma tête. Vous êtes du métier : vous savez les conséquences.

MONSIEUR DIAFOIRUS.

Nous sommes dans toutes nos visites pour porter secours aux malades, et non pour leur porter de l'incommodité.

(Argan et M. Diafoirus parlent en même temps.)

ARGAN.

Je reçois, monsieur,

MONSIEUR DIAFOIRUS.

Nous venons ici, monsieur,

ARGAN.

Avec beaucoup de joie,

MONSIEUR DIAFOIRUS.

Mon fils Thomas, et moi,

ARGAN.

L'honneur que vous me faites,

MONSIEUR DIAFOIRUS.

Vous témoigner, monsieur,

ARGAN.

Et j'aurois souhaité...

MONSIEUR DIAFOIRUS.

Le ravissement où nous sommes...

ARGAN.

De pouvoir aller chez vous...

MONSIEUR DIAFOIRUS.

De la grace que vous nous faites...

ARGAN.

Pour vous en assurer.

MONSIEUR DIAFOIRUS.

De vouloir bien nous recevoir...

ARGAN.

Mais vous savez, monsieur,

MONSIEUR DIAFOIRUS.

Dans l'honneur, monsieur,

ARGAN

Ce que c'est qu'un pauvre malade,

MONSIEUR DIAFOIRUS.

De votre alliance;

ARGAN.

Qui ne peut faire autre chose...

MONSIEUR DIAFOIRUS.

Et vous assurer...

ARGAN.

Que de vous dire ici...

MONSIEUR DIAFOIRUS.

Que, dans les choses qui dépendront de notre métier,

ARGAN.

Qu'il cherchera toutes les occasions...

MONSIEUR DIAFOIRUS.

De même qu'en toute autre,

ARGAN.

De vous faire connoître, monsieur,

MONSIEUR DIAFOIRUS.

Nous serons toujours prêts, monsieur,

ARGAN.

Qu'il est tout à votre service.

MONSIEUR DIAFOIRUS.

A vous témoigner notre zèle. (*à son fils.*) Allons, Thomas, avancez. Faites vos compliments.

THOMAS DIAFOIRUS, *à M. Diafoirus* [1].

N'est-ce pas par le père qu'il convient commencer?

MONSIEUR DIAFOIRUS.

Oui.

THOMAS DIAFOIRUS, *à Argan*.

Monsieur, je viens saluer, reconnoître, chérir et révérer en vous un second père, mais un second père auquel j'ose dire que je me trouve plus redevable qu'au premier. Le premier m'a engendré; mais vous m'avez choisi. Il m'a reçu par nécessité; mais vous m'avez accepté par grace [2]. Ce que je tiens de lui est un ouvrage de son corps; mais ce que je tiens de vous est un ouvrage de votre volonté; et d'autant plus que les facultés spirituelles sont au-dessus des corporelles, d'autant plus je vous dois, et d'autant plus je tiens précieuse cette future filiation, dont je viens aujourd'hui vous rendre, par avance, les très humbles et très respectueux hommages.

TOINETTE.

Vive les colléges d'où l'on sort si habile homme!

[1] Ici l'édition originale place une indication qu'on jugera sans doute superflue : « Thomas Diafoirus est un grand benêt, nouvellement sorti des écoles, qui fait « toutes choses de mauvaise grace et à contre-temps. »

[2] Thomas Diafoirus connait ses auteurs, et il les met à contribution. Ce début de son compliment à Argan semble imité d'un passage du discours de Cicéron, *Ad Quirites, post reditum* : « A parentibus, id quod necesse erat, parvus sum pro« creatus : a vobis natus sum consularis. Illi mihi fratrem incognitum, qualis fu« turus esset, dederunt : vos spectatum et incredibili pietate cognitum reddidis« tis. » — « Je vous dois plus qu'aux auteurs de mes jours : ils m'ont fait naître enfant, et par vous je renais consulaire. J'ai reçu d'eux un frère, avant que je pusse savoir ce que j'en devois attendre : vous me l'avez rendu, après qu'il m'a donné des preuves admirables de sa tendresse pour moi. » (GUEROULT.) (A.)

THOMAS DIAFOIRUS, *à M. Diafoirus.*

Cela a-t-il bien été, mon père?

MONSIEUR DIAFOIRUS.

Optime.

ARGAN, *à Angélique.*

Allons, saluez monsieur.

THOMAS DIAFOIRUS, *à M. Diafoirus.*

Baiserai-je[1]?

MONSIEUR DIAFOIRUS.

Oui, oui.

THOMAS DIAFOIRUS, *à Angélique.*

Madame, c'est avec justice que le ciel vous a concédé le nom de belle-mère, puisque l'on...

ARGAN, *à Thomas Diafoirus.*

Ce n'est pas ma femme, c'est ma fille à qui vous parlez.

THOMAS DIAFOIRUS.

Où donc est-elle?

ARGAN.

Elle va venir.

THOMAS DIAFOIRUS.

Attendrai-je, mon père, qu'elle soit venue?

MONSIEUR DIAFOIRUS.

Faites toujours le compliment à mademoiselle.

THOMAS DIAFOIRUS.

Mademoiselle, ne plus ne moins que la statue de Memnon rendoit un son harmonieux, lorsqu'elle venoit à être éclairée des rayons du soleil, tout de même me sens-je animé d'un doux transport à l'apparition du soleil de vos beautés[2]; et, comme les

[1] Les auteurs de l'*Histoire du Théâtre François* ont trouvé, dans les registres de Molière, les titres de différentes farces attribuées à Molière. *Le grand Benêt de fils*, joué en 1664, leur paroît être le modèle d'après lequel il a fait son rôle de Thomas Diafoirus. En effet, le *baiserai-je, mon père?* et quelques autres traits de ce genre, ont bien l'air d'avoir appartenu au *grand Benêt de fils*.

[2] L'abbé d'Aubignac, dans une dissertation contre Corneille, où l'on retrouve le ton et le style de Thomas Diafoirus, c'est-à-dire la manière emphatique de Balzac, débute ainsi: « Corneille avoit condamné sa muse dramatique au silence;

naturalistes remarquent que la fleur nommée héliotrope tourne sans cesse vers cet astre du jour, aussi mon cœur dores-en-avant tournera-t-il toujours vers les astres resplendissants de vos yeux adorables, ainsi que vers son pôle unique. Souffrez donc, mademoiselle, que j'appende aujourd'hui à l'autel de vos charmes l'offrande de ce cœur qui ne respire et n'ambitionne autre gloire que d'être toute sa vie, mademoiselle, votre très humble, très obéissant, et très fidèle serviteur et mari.

TOINETTE.

Voilà ce que c'est que d'étudier! on apprend à dire de belles choses.

ARGAN, *à Cléante.*

Hé! que dites-vous de cela?

CLÉANTE.

Que monsieur fait merveilles, et que, s'il est aussi bon médecin qu'il est bon orateur, il y aura plaisir à être de ses malades.

TOINETTE.

Assurément. Ce sera quelque chose d'admirable, s'il fait d'aussi belles cures qu'il fait de beaux discours.

ARGAN.

Allons, vite, ma chaise, et des siéges à tout le monde. (*des laquais donnent des siéges.*) Mettez-vous là, ma fille. (*à M. Diafoirus.*) Vous voyez, monsieur, que tout le monde admire monsieur votre fils; et je vous trouve bien heureux de vous voir un garçon comme cela.

MONSIEUR DIAFOIRUS.

Monsieur, ce n'est pas parceque je suis son père; mais je puis

« mais, à l'exemple de la statue de Memnon, qui rendoit ses oracles sitôt « que le soleil la touchoit de ses rayons, il a repris la voix à l'éclat de l'or d'un « grand ministre. » Il est probable que Molière a voulu se moquer de l'abbé d'Aubignac, célèbre par son pédantisme autant que par ses querelles avec Corneille, Ménage, mademoiselle de Scudéry, et Richelet. L'abbé d'Aubignac disoit fièrement : « J'ai fait imprimer *la Pratique du Théâtre*, qui n'a jamais été blâmée que des sots. » (Voyez *Dissertation sur l'OEdipe de Corneille*; in-12. Paris, 1663.)

dire que j'ai sujet d'être content de lui, et que tous ceux qui le voient en parlent comme d'un garçon qui n'a point de méchanceté. Il n'a jamais eu l'imagination bien vive, ni ce feu d'esprit qu'on remarque dans quelques uns; mais c'est par-là que j'ai toujours bien auguré de sa judiciaire, qualité requise pour l'exercice de notre art. Lorsqu'il étoit petit, il n'a jamais été ce qu'on appelle mièvre et éveillé. On le voyoit toujours doux, paisible et taciturne, ne disant jamais mot, et ne jouant jamais à tous ces petits jeux que l'on nomme enfantins. On eut toutes les peines du monde à lui apprendre à lire; et il avoit neuf ans, qu'il ne connoissoit pas encore ses lettres. Bon, disois-je en moi-même : les arbres tardifs sont ceux qui portent les meilleurs fruits. On grave sur le marbre bien plus malaisément que sur le sable; mais les choses y sont conservées bien plus long-temps; et cette lenteur à comprendre, cette pesanteur d'imagination est la marque d'un bon jugement à venir. Lorsque je l'envoyai au collége, il trouva de la peine; mais il se roidissoit contre les difficultés; et ses régents se louoient toujours à moi de son assiduité et de son travail. Enfin, à force de battre le fer, il en est venu glorieusement à avoir ses licences; et je puis dire, sans vanité, que, depuis deux ans qu'il est sur les bancs, il n'y a point de candidat qui ait fait plus de bruit que lui dans toutes les disputes de notre école. Il s'y est rendu redoutable; et il ne s'y passe point d'acte où il n'aille argumenter à outrance pour la proposition contraire. Il est ferme dans la dispute, fort comme un Turc sur ses principes, ne démord jamais de son opinion, et poursuit un raisonnement jusque dans les derniers recoins de la logique. Mais, sur toute chose, ce qui me plaît en lui, et en quoi il suit mon exemple, c'est qu'il s'attache aveuglément aux opinions de nos anciens, et que jamais il n'a voulu comprendre ni écouter les raisons et les expériences des prétendues découvertes de notre siècle, touchant la circulation du sang, et autres opinions de même farine[1].

[1] Ce discours est un morceau achevé. Diafoirus croit faire l'éloge de son fils, et

THOMAS DIAFOIRUS, *tirant de sa poche une grande thèse roulée, qu'il présente à Angélique.*

J'ai, contre les circulateurs, soutenu une thèse, qu'avec la permission (*saluant Argan.*) de monsieur, j'ose présenter à mademoiselle, comme un hommage que je lui dois des prémices de mon esprit.

ANGÉLIQUE.

Monsieur, c'est pour moi un meuble inutile, et je ne me connois pas à ces choses-là.

TOINETTE, *prenant la thèse.*

Donnez, donnez. Elle est toujours bonne à prendre pour l'image : cela servira à parer notre chambre.

THOMAS DIAFOIRUS, *saluant encore Argan.*

Avec la permission aussi de monsieur, je vous invite à venir voir, l'un de ces jours, pour vous divertir, la dissection d'une femme, sur quoi je dois raisonner [1].

TOINETTE.

Le divertissement sera agréable. Il y en a qui donnent la comédie à leurs maîtresses ; mais donner une dissection est quelque chose de plus galant.

MONSIEUR DIAFOIRUS.

Au reste, pour ce qui est des qualités requises pour le mariage et la propagation, je vous assure que, selon les règles de nos docteurs, il est tel qu'on le peut souhaiter ; qu'il possède en un degré louable la vertu prolifique, et qu'il est du tempérament qu'il faut pour engendrer et procréer des enfants bien conditionnés [2].

il trace le portrait de la stupidité. Il étoit impossible de peindre d'une manière plus vraie la prévention des pères pour les enfants. Et quelle scène à la fois charmante et comique ! C'est ainsi qu'en traduisant le pédantisme sur le théâtre, Molière le fit disparoître des écoles.

[1] Cette plaisanterie est évidemment imitée des *Plaideurs* de Racine, où Dandin propose à Isabelle de lui faire passer une heure ou deux à voir donner la question. (B.)

[2] C'est un trait de caractère que ce cynisme innocent avec lequel M. Diafoirus parle de son fils. Il ne voit que des détails physiologiques, et il ne soupçonne seulement pas que la présence d'Angélique soit une raison pour s'en abstenir. (A.)

ARGAN.

N'est-ce pas votre intention, monsieur, de le pousser à la cour, et d'y ménager pour lui une charge de médecin?

MONSIEUR DIAFOIRUS.

A vous en parler franchement, notre métier auprès des grands ne m'a jamais paru agréable; et j'ai toujours trouvé qu'il falloit mieux pour nous autres demeurer au public. Le public est commode. Vous n'avez à répondre de vos actions à personne; et, pourvu que l'on suive le courant des règles de l'art, on ne se met point en peine de tout ce qui peut arriver. Mais ce qu'il y a de fâcheux auprès des grands, c'est que, quand ils viennent à être malades, ils veulent absolument que leurs médecins les guérissent.

TOINETTE.

Cela est plaisant! et ils sont bien impertinents de vouloir que, vous autres messieurs, vous les guérissiez! Vous n'êtes point auprès d'eux pour cela; vous n'y êtes que pour recevoir vos pensions et leur ordonner des remèdes; c'est à eux à guérir s'ils peuvent.

MONSIEUR DIAFOIRUS.

Cela est vrai. On n'est obligé qu'à traiter les gens dans les formes[1].

ARGAN, *à Cléante.*

Monsieur, faites un peu chanter ma fille devant la compagnie.

CLÉANTE.

J'attendois vos ordres, monsieur; et il m'est venu en pensée, pour divertir la compagnie, de chanter avec mademoiselle une scène d'un petit opéra qu'on a fait depuis peu. (*à Angélique, lui donnant un papier.*) Tenez, voilà votre partie.

[1] Diafoirus et son fils Thomas ne sont point des rôles de farce, ce sont des caracteres fortement comiques. On voit dans le père l'aveugle et ridicule prévention des parents pour des enfants souvent ineptes; dans le fils, l'alliance de la galanterie et du pédantisme, l'emphase collégiale, la sottise de l'érudition dénuée d'esprit et de goût; enfin on observe, dans les discours des deux Diafoirus, l'entêtement produit par l'esprit de corps, et l'aversion des anciens docteurs pour les opinions nouvelles. (G.)

ANGÉLIQUE.

Moi ?

CLÉANTE, *bas*, *à Angélique.*

Ne vous défendez point, s'il vous plaît, et me laissez vous faire comprendre ce que c'est que la scène que nous devons chanter. (*haut*) Je n'ai pas une voix à chanter; mais ici il suffit que je me fasse entendre; et l'on aura la bonté de m'excuser, par la nécessité où je me trouve de faire chanter mademoiselle[1].

ARGAN.

Les vers en sont-ils beaux ?

CLÉANTE.

C'est proprement ici un petit opéra impromptu; et vous n'allez entendre chanter que de la prose cadencée, ou des manières de vers libres, tels que la passion et la nécessité peuvent faire trouver à deux personnes qui disent les choses d'eux-mêmes, et parlent sur-le-champ.

ARGAN.

Fort bien. Écoutons.

CLÉANTE.

Voici le sujet de la scène. Un berger étoit attentif aux beautés d'un spectacle qui ne faisoit que de commencer, lorsqu'il fut tiré de son attention par un bruit qu'il entendit à ses côtés. Il se retourne, et voit un brutal qui, de paroles insolentes, maltraitoit une bergère. D'abord il prend les intérêts d'un sexe à qui tous les hommes doivent hommage; et, après avoir donné au brutal le châtiment de son insolence, il vient à la bergère, et voit une jeune personne qui, des plus beaux yeux qu'il eût jamais vus, versoit des larmes qu'il trouva les plus belles du monde. Hélas! dit-il en lui-même, est on capable d'outrager

[1] Molière a successivement reproduit cette situation dans *l'Étourdi*, *l'École des Maris*, *l'Amour médecin*, *le Sicilien*, et *l'Avare* ; mais qu'on observe avec quel art il a su la varier, sans se copier, sans se répéter! (B.) — Cette situation est empruntée à un auteur espagnol, ou peut-être à Thomas Corneille, qui avoit lui-même emprunté à don Francisco Roxas sa comédie de *Don Bertrand de Cigaral*, jouée en 1650.

une personne si aimable! Et quel inhumain, quel barbare ne seroit touché par de telles larmes? Il prend soin de les arrêter, ces larmes qu'il trouve si belles; et l'aimable bergère prend soin en même temps de le remercier de son léger service, mais d'une manière si charmante, si tendre et si passionnée, que le berger n'y peut résister; et chaque mot, chaque regard, est un trait plein de flamme, dont son cœur se sent pénétré. Est-il, disoit-il, quelque chose qui puisse mériter les aimables paroles d'un tel remercîment? Et que ne voudroit-on pas faire, à quels services, à quels dangers ne seroit-on pas ravi de courir, pour s'attirer un seul moment des touchantes douceurs d'une ame si reconnoissante? Tout le spectacle passe, sans qu'il y donne aucune attention; mais il se plaint qu'il est trop court, parce-qu'en finissant il le sépare de son adorable bergère; et, de cette première vue, de ce premier moment, il emporte chez lui tout ce qu'un amour de plusieurs années peut avoir de plus violent. Le voilà aussitôt à sentir tous les maux de l'absence; et il est tourmenté de ne plus voir ce qu'il a si peu vu. Il fait tout ce qu'il peut pour se redonner cette vue, dont il conserve nuit et jour une si chère idée; mais la grande contrainte où l'on tient sa bergère lui en ôte tous les moyens. La violence de sa passion le fait résoudre à demander en mariage l'adorable beauté sans laquelle il ne peut plus vivre; et il en obtient d'elle la permission, par un billet qu'il a l'adresse de lui faire tenir. Mais, dans le même temps, on l'avertit que le père de cette belle a conclu son mariage avec un autre, et que tout se dispose pour en célébrer la cérémonie. Jugez quelle atteinte cruelle au cœur de ce triste berger! Le voilà accablé d'une mortelle douleur; il ne peut souffrir l'effroyable idée de voir tout ce qu'il aime entre les bras d'un autre; et son amour, au désespoir, lui fait trouver moyen de s'introduire dans la maison de sa bergère pour apprendre ses sentiments, et savoir d'elle la destinée à laquelle il doit se résoudre. Il y rencontre les apprêts de tout ce qu'il craint; il y voit venir l'indigne rival que le caprice d'un père oppose aux tendresses de son amour; il le voit triomphant, ce rival ridicule, auprès de l'aimable bergère, ainsi qu'auprès d'une conquête qui lui est assurée; et cette vue le remplit d'une colère dont il a peine à se rendre le maître. Il jette de douloureux regards sur celle qu'il adore; et son respect et la présence de son père l'empêchent de lui rien dire que des yeux. Mais enfin il force toute contrainte; et le transport de son amour l'oblige à lui parler ainsi[1]:

(Il chante.)

Belle Philis, c'est trop, c'est trop souffrir;
Rompons ce dur silence, et m'ouvrez vos pensées.
Apprenez-moi ma destinée:
Faut-il vivre? Faut-il mourir?

ANGÉLIQUE, *en chantant.*

Vous me voyez, Tircis, triste et mélancolique,
Aux apprêts de l'hymen dont vous vous alarmez:
Je lève au ciel les yeux, je vous regarde, je soupire;
C'est vous en dire assez.

ARGAN.

Ouais! je ne croyois pas que ma fille fût si habile, que de chanter ainsi à livre ouvert, sans hésiter.

CLÉANTE.

Hélas! belle Philis,
Se pourroit-il que l'amoureux Tircis
Eût assez de bonheur
Pour avoir quelque place dans votre cœur?

ANGÉLIQUE.

Je ne m'en défends point dans cette peine extrême;

[1] Je suis loin de partager l'avis de ceux qui ont trouvé ce récit *long, et écrit sans élégance.* Il y a bien mieux que de l'élégance, sans que pourtant il en soit dénué; il y a du naturel, du feu, de la passion; il y a, de plus, le piquant d'une aventure véritable, racontée, sous l'apparence d'une fable, aux personnes mêmes pour qui elle doit être un mystère. S'il plaît, ce récit, il n'est pas long; et un comédien unissant la chaleur à la grace, qui sauroit le débiter aussi bien qu'il est composé, seroit sûr de s'y faire applaudir beaucoup. (A.) — Ce récit est une véritable exposition. Cléante, en expliquant le sujet de son prétendu opéra, fait connoître aux spectateurs une partie du sujet de la pièce. (L. B.)

Oui, Tircis, je vous aime.

CLÉANTE.

O parole pleine d'appas!
Ai-je bien entendu? Hélas!
Redites-la, Philis; que je n'en doute pas.

ANGÉLIQUE.

Oui, Tircis, je vous aime.

CLÉANTE.

De grace, encor, Philis!

ANGÉLIQUE.

Je vous aime.

CLÉANTE.

Recommencez cent fois; ne vous en lassez pas.

ANGÉLIQUE.

Je vous aime, je vous aime;
Oui, Tircis, je vous aime.

CLÉANTE.

Dieux, rois, qui sous vos pieds regardez tout le monde,
Pouvez-vous comparer votre bonheur au mien?
Mais, Philis, une pensée
Vient troubler ce doux transport.
Un rival, un rival...

ANGÉLIQUE.

Ah! je le hais plus que la mort;
Et sa présence, ainsi qu'à vous,
M'est un cruel supplice.

CLÉANTE.

Mais un père à ses vœux vous veut assujettir.

ANGÉLIQUE

Plutôt, plutôt mourir,
Que de jamais y consentir;
Plutôt, plutôt mourir, plutôt mourir[1].

[1] Cette scène, qui paroît froide aujourd'hui, parceque les acteurs sont l produisoit un grand effet du temps de Molière, comme le témoigne un auteu temporain dans le passage suivant : « La belle scène du *Malade imaginair*

ARGAN.

Et que dit le père à tout cela?

CLÉANTE.

Il ne dit rien.

ARGAN.

Voilà un sot père que ce père-là, de souffrir toutes ces sottises-là sans rien dire!

CLÉANTE, *voulant continuer à chanter.*

Ah! mon amour..

ARGAN.

Non, non; en voilà assez. Cette comédie-là est de fort mauvais exemple. Le berger Tircis est un impertinent, et la bergère Philis une impudente de parler de la sorte devant son père. (*à Angélique.*) Montrez-moi ce papier. Ah! ah! où sont donc les paroles que vous avez dites? Il n'y a là que de la musique écrite.

CLÉANTE.

Est-ce que vous ne savez pas, monsieur, qu'on a trouvé, depuis peu, l'invention d'écrire les paroles avec les notes mêmes?

ARGAN.

Fort bien. Je suis votre serviteur, monsieur; jusqu'au revoir. Nous nous serions bien passés de votre impertinent d'opéra.

CLÉANTE.

J'ai cru vous divertir.

ARGAN.

Les sottises ne divertissent point. Ah! voici ma femme.

« jours eu, sur le théâtre de Guénégaud, un agrément qu'elle n'auroit pas sur celui « de l'Opéra. Mademoiselle Molière et La Grange, qui la chantent, n'ont cependant pas la voix du monde la plus belle; je doute même qu'ils entendent finement la musique; et, quoiqu'ils chantent par les règles, ce n'est pas par leur « chant qu'ils s'attirent une si générale approbation. Mais ils savent toucher le « cœur; ils peignent les passions: la peinture qu'ils en font est si vraisemblable, « et leur jeu se cache si bien dans la nature, que l'on ne pense pas à distinguer la « vérité de la seule apparence. En un mot, ils entendent admirablement bien le « théâtre; et leurs rôles ne réussissent jamais bien lorsqu'ils ne les jouent pas eux-« mêmes. » (Voyez *Entretiens galants*; Paris, Ribou, 1681, tome II, *sixième Entretien, sur la musique.*)

SCÈNE VII.

BÉLINE, ARGAN, ANGÉLIQUE, MONSIEUR DIAFOIRUS, THOMAS DIAFOIRUS, TOINETTE.

ARGAN.

M'amour, voilà le fils de monsieur Diafoirus.

THOMAS DIAFOIRUS.

Madame, c'est avec justice que le ciel vous a concédé le nom de belle-mère, puisque l'on voit sur votre visage...

BÉLINE.

Monsieur, je suis ravie d'être venue ici à propos, pour avoir l'honneur de vous voir.

THOMAS DIAFOIRUS.

Puisque l'on voit sur votre visage... puisque l'on voit sur votre visage... Madame, vous m'avez interrompu dans le milieu de la période, et cela m'a troublé la mémoire.

MONSIEUR DIAFOIRUS.

Thomas, réservez cela pour une autre fois.

ARGAN.

Je voudrois, ma mie, que vous eussiez été ici tantôt.

TOINETTE.

Ah ! madame, vous avez bien perdu de n'avoir point été au second père, à la statue de Memnon, et à la fleur nommée héliotrope.

ARGAN.

Allons, ma fille, touchez dans la main de monsieur, et lui donnez votre foi, comme à votre mari.

ANGÉLIQUE.

Mon père !

ARGAN.

Hé bien ! mon père ! Qu'est-ce que cela veut dire?

ANGÉLIQUE.

De grace, ne précipitez pas les choses. Donnez-nous au

moins le temps de nous connoître, et de voir naître en nous, l'un pour l'autre, cette inclination si nécessaire à composer une union parfaite.

THOMAS DIAFOIRUS.

Quant à moi, mademoiselle, elle est déja toute née en moi; et je n'ai pas besoin d'attendre davantage.

ANGÉLIQUE.

Si vous êtes si prompt, monsieur, il n'en est pas de même de moi; et je vous avoue que votre mérite n'a pas encore assez fait d'impression dans mon ame.

ARGAN.

Oh! bien, bien; cela aura tout le loisir de se faire, quand vous serez mariés ensemble.

ANGÉLIQUE.

Hé! mon père, donnez-moi du temps, je vous prie. Le mariage est une chaîne où l'on ne doit jamais soumettre un cœur par force; et si monsieur est honnête homme, il ne doit point vouloir accepter une personne qui seroit à lui par contrainte.

THOMAS DIAFOIRUS.

Nego consequentiam, mademoiselle; et je puis être honnête homme, et vouloir bien vous accepter des mains de monsieur votre père.

ANGÉLIQUE.

C'est un méchant moyen de se faire aimer de quelqu'un, que de lui faire violence.

THOMAS DIAFOIRUS.

Nous lisons des anciens, mademoiselle, que leur coutume étoit d'enlever par force, de la maison des pères, les filles qu'on menoit marier, afin qu'il ne semblât pas que ce fût de leur consentement qu'elles convoloient dans les bras d'un homme[1].

[1] Thomas Diafoirus sera un personnage très naturel et très vrai, un personnage de la bonne comédie, quand il ne s'asseoira point sur un petit tabouret d'enfant, quand il ne tirera point de sa poche des bonbons que Toinette viendra lui enlever par derrière : ce sont là des farces, et ces farces ce sont les acteurs qui les font. (G.)

ANGÉLIQUE.

Les anciens, monsieur, sont les anciens ; et nous sommes les gens de maintenant. Les grimaces ne sont point nécessaires dans notre siècle ; et, quand un mariage nous plaît, nous savons fort bien y aller, sans qu'on nous y traîne. Donnez-vous patience ; si vous m'aimez, monsieur, vous devez vouloir tout ce que je veux.

THOMAS DIAFOIRUS.

Oui, mademoiselle, jusqu'aux intérêts de mon amour exclusivement.

ANGÉLIQUE.

Mais la grande marque d'amour, c'est d'être soumis aux volontés de celle qu'on aime.

THOMAS DIAFOIRUS.

Distinguo, mademoiselle. Dans ce qui ne regarde point sa possession, *concedo* ; mais dans ce qui la regarde, *nego*[1].

TOINETTE, *à Angélique.*

Vous avez beau raisonner. Monsieur est frais émoulu du collége ; et il vous donnera toujours votre reste. Pourquoi tant résister, et refuser la gloire d'être attachée au corps de la Faculté ?

BELINE.

Elle a peut-être quelque inclination en tête.

ANGÉLIQUE.

Si j'en avois, madame, elle seroit telle que la raison et l'honnêteté pourroient me la permettre.

ARGAN.

Ouais ! je joue ici un plaisant personnage !

[1] Angélique et Henriette, des *Femmes savantes*, sont à-peu-près dans la même situation. Elles cherchent à piquer de générosité l'homme que leurs parents, par un motif tout semblable, veulent leur faire épouser malgré elles ; elles éprouvent la même résistance : celle de Trissotin est manifestement fondée sur la cupidité ; celle de Thomas Diafoirus pourroit bien partir de la même cause, car l'amour n'y est assurément pour rien. La grande différence c'est que Trissotin oppose des raisons odieuses, et Thomas Diafoirus des arguments ridicules. (A.)

BÉLINE.

Si j'étois que de vous, mon fils, je ne la forcerois point à se marier ; et je sais bien ce que je ferois.

ANGÉLIQUE.

Je sais, madame, ce que vous voulez dire, et les bontés que vous avez pour moi ; mais peut-être que vos conseils ne seront pas assez heureux pour être exécutés.

BÉLINE.

C'est que les filles bien sages et bien honnêtes, comme vous, se moquent d'être obéissantes et soumises aux volontés de leurs pères. Cela étoit bon autrefois.

ANGÉLIQUE.

Le devoir d'une fille a des bornes, madame ; et la raison et les lois ne l'étendent point à toutes sortes de choses.

BÉLINE.

C'est-à-dire que vos pensées ne sont que pour le mariage ; mais vous voulez choisir un époux de votre fantaisie.

ANGÉLIQUE.

Si mon père ne veut pas me donner un mari qui me plaise, je le conjurerai, au moins, de ne me point forcer à en épouser un que je ne puisse pas aimer.

ARGAN.

Messieurs, je vous demande pardon de tout ceci.

ANGÉLIQUE.

Chacun a son but en se mariant. Pour moi, qui ne veux un mari que pour l'aimer véritablement, et qui prétends en faire tout l'attachement de ma vie, je vous avoue que j'y cherche quelque précaution. Il y en a d'aucunes qui prennent des maris seulement pour se tirer de la contrainte de leurs parents, et se mettre en état de faire tout ce qu'elles voudront. Il y en a d'autres, madame, qui font du mariage un commerce de pur intérêt ; qui ne se marient que pour gagner des douaires, que pour s'enrichir par la mort de ceux qu'elles épousent, et courent sans scrupules de mari en mari, pour s'approprier leurs dépouilles. Ces personnes-là, à la vérité, n'y cherchent pas tant de façons, et regardent peu la personne[1].

BÉLINE.

Je vous trouve aujourd'hui bien raisonnante, et je voudrois bien savoir ce que vous voulez dire par-là.

ANGÉLIQUE.

Moi, madame? Que voudrois-je dire que ce que je dis?

BÉLINE.

Vous êtes si sotte, ma mie, qu'on ne sauroit plus vous souffrir.

ANGÉLIQUE.

Vous voudriez bien, madame, m'obliger à vous répondre quelque impertinence; mais je vous avertis que vous n'aurez pas cet avantage.

BÉLINE.

Il n'est rien d'égal à votre insolence.

ANGÉLIQUE.

Non, madame, vous avez beau dire.

BÉLINE.

Et vous avez un ridicule orgueil, une impertinente présomption, qui fait hausser les épaules à tout le monde.

ANGÉLIQUE.

Tout cela, madame, ne servira de rien. Je serai sage en

[1] Molière semble s'être souvenu ici d'un passage fameux de *Don Quichotte*, de celui où le brave chevalier, irrité contre l'aumônier du duc, qui l'a appelé *maître fou*, lui fait la plus verte semonce sur son défaut de charité, et semble lancer en l'air plusieurs traits qui tombent à plomb sur le bon ecclésiastique. « Je suis chevalier, dit-il, et tel je vivrai et mourrai, s'il plaît au Tout-Puissant. Les uns suivent aveuglément une ambition orgueilleuse et déréglée; d'autres se glissent adroitement dans le monde par une flatterie basse et servile; d'autres, par des actions modestes, un extérieur concerté, et sous une artificieuse hypocrisie, couvrent leurs mauvais desseins, et imposent à tout le monde; et d'autres marchent sincèrement, avec une grande pureté de cœur et des sentiments fort détachés, dans la véritable voie de la vertu et de la religion. Chacun a son but et sa manière. Pour moi, poussé de mon étoile, et sans m'informer de la conduite des autres, je marche hardiment dans les sentiers étroits de la chevalerie errante, etc. » C'est dans Molière et dans Cervantes la même forme d'argumentation, la même suite, le même mouvement d'idées, et surtout le même art de frapper indirectement son ennemi. (A.)

dépit de vous; et, pour vous ôter l'espérance de pouvoir réussir dans ce que vous voulez, je vais m'ôter de votre vue[1].

SCÈNE VIII.

ARGAN, BÉLINE, MONSIEUR DIAFOIRUS, THOMAS DIAFOIRUS, TOINETTE.

ARGAN, *à Angélique, qui sort.*

Écoute. Il n'y a point de milieu à cela : choisis d'épouser dans quatre jours ou monsieur, ou un couvent. (*à Béline.*) Ne vous mettez pas en peine : je la rangerai bien.

BÉLINE.

Je suis fâchée de vous quitter, mon fils; mais j'ai une affaire en ville, dont je ne puis me dispenser. Je reviendrai bientôt.

ARGAN.

Allez, m'amour; et passez chez votre notaire, afin qu'il expédie ce que vous savez.

BÉLINE.

Adieu, mon petit ami.

ARGAN.

Adieu, ma mie.

SCÈNE IX.

ARGAN, MONSIEUR DIAFOIRUS, THOMAS DIAFOIRUS, TOINETTE.

ARGAN.

Voilà une femme qui m'aime... cela n'est pas croyable.

MONSIEUR DIAFOIRUS.

Nous allons, monsieur, prendre congé de vous.

[1] Angélique se trouve forcée de résister à son père. La belle-mère profite habilement de cette résistance pour indisposer Argan contre sa fille; et cela produit une scène frappante de vérité. On ne peut mieux soutenir le caractère décent d'une fille bien élevée, et dessiner plus fortement celui d'une marâtre. (B.)

ARGAN.

Je vous prie, monsieur, de me dire un peu comment je suis.

MONSIEUR DIAFOIRUS, *tâtant le pouls d'Argan.*

Allons, Thomas, prenez l'autre bras de monsieur, pour voir si vous saurez porter un bon jugement de son pouls. *Quid dicis?*

THOMAS DIAFOIRUS.

Dico que le pouls de monsieur est le pouls d'un homme qui ne se porte point bien.

MONSIEUR DIAFOIRUS.

Bon.

THOMAS DIAFOIRUS.

Qu'il est duriuscule, pour ne pas dire dur.

MONSIEUR DIAFOIRUS.

Fort bien.

THOMAS DIAFOIRUS.

Repoussant.

MONSIEUR DIAFOIRUS.

Bene.

THOMAS DIAFOIRUS.

Et même un peu caprisant.

MONSIEUR DIAFOIRUS.

Optime.

THOMAS DIAFOIRUS.

Ce qui marque une intempérie dans le *parenchyme splénique*, c'est-à-dire la rate [1].

MONSIEUR DIAFOIRUS.

Fort bien.

ARGAN.

Non : monsieur Purgon dit que c'est mon foie qui est malade.

[1] Parenchyme est un terme de médecine par lequel on désigne la substance d'un viscère. Parenchyme splénique signifie la substance de la rate. (L. B.)

MONSIEUR DIAFOIRUS.

Et oui : qui dit *parenchyme* dit l'un et l'autre, à cause de l'étroite sympathie qu'ils ont ensemble par le moyen du *vas breve*, du *pylore*, et souvent des *méats cholidoques*. Il vous ordonne sans doute de manger force rôti [1] ?

ARGAN.

Non ; rien que du bouilli.

MONSIEUR DIAFOIRUS.

Et oui : rôti, bouilli, même chose. Il vous ordonne fort prudemment, et vous ne pouvez être entre de meilleures mains.

ARGAN.

Monsieur, combien est-ce qu'il faut mettre de grains de sel dans un œuf?

MONSIEUR DIAFOIRUS.

Six, huit, dix, par les nombres pairs, comme dans les médicaments, par les nombres impairs.

ARGAN.

Jusqu'au revoir, monsieur.

SCÈNE X.

BÉLINE, ARGAN.

BÉLINE.

Je viens, mon fils, avant que de sortir, vous donner avis d'une chose, à laquelle il faut que vous preniez garde. En passant par-devant la chambre d'Angélique, j'ai vu un jeune homme avec elle, qui s'est sauvé d'abord qu'il m'a vue.

ARGAN.

Un jeune homme avec ma fille !

BÉLINE.

Oui. Votre petite fille Louison étoit avec eux, qui pourra vous en dire des nouvelles.

[1] *Vas breve*, mots latins qui désignent un vaisseau situé au fond de l'estomac. *Pylore*, orifice inférieur de l'estomac. *Méats cholidoques*, ou plutôt *cholédoques*, se dit du canal qui conduit la bile du foie dans le duodénum.

ARGAN.

Envoyez-la ici, m'amour, envoyez-la ici. Ah! l'effrontée! (*seul.*) Je ne m'étonne plus de sa résistance.

SCÈNE XI.

ARGAN, LOUISON.

LOUISON.

Qu'est-ce que vous voulez, mon papa? ma belle-maman m'a dit que vous me demandez.

ARGAN.

Oui. Venez çà. Avancez là. Tournez-vous. Levez les yeux. Regardez-moi. Hé?

LOUISON.

Quoi, mon papa?

ARGAN.

Là.

LOUISON.

Quoi?

ARGAN.

N'avez-vous rien à me dire?

LOUISON.

Je vous dirai, si vous voulez, pour vous désennuyer, le conte de *Peau-d'Ane*, ou bien la fable du *Corbeau et du Renard*, qu'on m'a apprise depuis peu[1].

ARGAN.

Ce n'est pas là ce que je demande.

LOUISON.

Quoi donc?

ARGAN.

Ah! rusée, vous savez bien ce que je veux dire!

[1] Perrault ne publia le conte de *Peau-d'Ane* qu'en 1694. Il le recueillit de la bouche des nourrices et des petits enfants, comme le constate ce passage de Molière (écrit en 1673), et comme on peut le voir dans le *Recueil des pièces curieuses et nouvelles, tant en prose qu'en vers*. La Haye, 1694, tome II, p. 24, etc.

LOUISON.

Pardonnez-moi, mon papa.

ARGAN.

Est-ce là comme vous m'obéissez?

LOUISON.

Quoi?

ARGAN.

Ne vous ai-je pas recommandé de me venir dire d'abord tout ce que vous voyez?

LOUISON.

Oui, mon papa.

ARGAN.

L'avez-vous fait?

LOUISON.

Oui, mon papa. Je vous suis venue dire tout ce que j'ai vu.

ARGAN.

Et n'avez-vous rien vu aujourd'hui?

LOUISON.

Non, mon papa.

ARGAN.

Non?

LOUISON.

Non, mon papa.

ARGAN.

Assurément?

LOUISON.

Assurément.

ARGAN.

Oh çà, je m'en vais vous faire voir quelque chose, moi.

LOUISON, *voyant une poignée de verges qu'Argan a été prendre.*

Ah! mon papa!

ARGAN.

Ah! ah! petite masque, vous ne me dites pas que vous avez vu un homme dans la chambre de votre sœur!

LOUISON, *pleurant.*

ARGAN, *prenant Louison par le bras.*

...ui vous apprendra à mentir.

LOUISON, *se jetant à genoux.*

...mon papa, je vous demande pardon. C'est que ma sœur ...ait dit de ne pas vous le dire; mais je m'en vais vous dire

ARGAN.

...nièrement que vous ayez le fouet pour avoir menti. ...ous verrons au reste.

LOUISON.

Pardon, mon papa.

ARGAN.

Non, non.

LOUISON.

Mon pauvre papa, ne me donnez pas le fouet.

ARGAN.

Vous l'aurez.

LOUISON.

Au nom de Dieu, mon papa, que je ne l'aie pas!

ARGAN, *voulant la fouetter.*

Allons, allons.

LOUISON.

Ah! mon papa, vous m'avez blessée. Attendez : je suis morte[1].

(Elle contrefait la morte.)

ARGAN.

Holà! Qu'est-ce là? Louison, Louison. Ah! mon Dieu! Louison. Ah! ma fille! Ah! malheureux! ma pauvre fille est morte! Qu'ai-je fait, misérable! Ah! chiennes de verges! La peste soit des verges! Ah! ma pauvre fille, ma pauvre petite Louison!

[1] Louison sait que son papa craint la mort, elle contrefait la morte pour l'effrayer. Il y a un naturel exquis dans toute cette scène, et ce naturel n'a pas encore eu de bons imitateurs. (L. B.)

LOUISON.

Là là, mon papa, ne pleurez point tant : je ne suis pas morte tout-à-fait.

ARGAN.

Voyez-vous la petite rusée? Oh! çà, çà, je vous pardonne pour cette fois-ci, pourvu que vous me disiez bien tout.

LOUISON.

Oh! oui, mon papa.

ARGAN.

Prenez-y bien garde, au moins; car voilà un petit doigt qui sait tout, et qui me dira si vous mentez [1].

LOUISON.

Mais, mon papa, ne dites pas à ma sœur que je vous l'ai dit.

ARGAN.

Non, non.

LOUISON, *après avoir écouté si personne n'écoute.*

C'est, mon papa, qu'il est venu un homme dans la chambre de ma sœur, comme j'y étois.

ARGAN.

Hé bien?

LOUISON.

Je lui ai demandé ce qu'il demandoit, et il m'a dit qu'il étoit son maître à chanter.

ARGAN, *à part.*

Hom! hom! voilà l'affaire. (*à Louison.*) Hé bien?

LOUISON.

Ma sœur est venue après.

ARGAN.

Hé bien?

[1] Les anciens appeloient le petit doigt *auriculaire*, parcequ'on s'en sert quefois à se nettoyer l'oreille. Un père, en l'employant à cet usage, aura fait une question à son enfant, et dit comme Argan : *Prenez-y garde, mon petit doigt va me dire si vous mentez;* et c'est là sans doute ce qui a donné lieu au proverbe. (*Proverbes françois*, p. 466.)

LOUISON.

lit : Sortez, sortez, sortez. Mon Dieu, sortez; ez au désespoir.

ARGAN.

LOUISON.

'ouloit pas sortir.

ARGAN.

est-ce qu'il lui disoit?

LOUISON.

Jisoit je ne sais combien de choses.

ARGAN.

Et quoi encore?

LOUISON.

Il lui disoit tout-ci, tout-ça, qu'il l'aimoit bien, et qu'elle étoit la plus belle du monde [1].

ARGAN.

Et puis après?

LOUISON.

Et puis après, il se mettoit à genoux devant elle.

ARGAN.

Et puis après?

LOUISON.

Et puis après, il lui baisoit les mains.

ARGAN.

Et puis après?

LOUISON.

Et puis après, ma belle-maman est venue à la porte, et il s'est enfui.

[1] Comme Molière sait descendre au ton de ceux qu'il fait parler! On croit voir la chose même. Cet art de peindre les plus petits détails avec les couleurs qui leur conviennent caractérise le grand poëte. Ce n'est point une comédie que vous voyez, c'est une action dont vous êtes témoin. Molière a autant de langages qu'il a de personnages différents. Il attache de l'intérêt aux plus petites choses, et cet intérêt naît toujours de la vérité.

ARGAN.

Il n'y a point autre chose?

LOUISON.

Non, mon papa.

ARGAN

Voilà mon petit doigt pourtant qui gronde quelque chose. (*mettant son doigt à son oreille.*) Attendez. Hé! Ah, ah! Oui? Oh, oh! Voilà mon petit doigt qui me dit quelque chose que vous avez vu, et que vous ne m'avez pas dit.

LOUISON.

Ah! mon papa, votre petit doigt est un menteur.

ARGAN.

Prenez garde.

LOUISON.

Non, mon papa: ne le croyez pas : il ment, je vous assure.

ARGAN.

Oh bien, bien, nous verrons cela. Allez-vous-en, et prenez bien garde à tout : allez. (*seul.*) Ah! il n'y a plus d'enfants! Ah! que d'affaires! Je n'ai pas seulement le loisir de songer à ma maladie. En vérité, je n'en puis plus [1].

(Il se laisse tomber dans une chaise.)

SCÈNE XII.

BERALDE, ARGAN.

BERALDE.

Hé bien, mon frère! qu'est-ce? Comment vous portez-vous?

ARGAN.

Ah! mon frère, fort mal.

BÉRALDE.

Comment! fort mal?

[1] Ce trait est d'autant plus admirable qu'il ramène au sujet principal, et remet en scène le Malade imaginaire, que ce charmant épisode alloit nous faire oublier. Molière est le premier qui ait introduit une petite fille sur le théâtre; et ce jeu naïf de son esprit jette une heureuse variété dans un sujet que lui seul pouvoit féconder et égayer.

ARGAN.

Oui. Je suis dans une foiblesse si grande, que cela n'est pas croyable.

BÉRALDE.

Voilà qui est fâcheux.

ARGAN.

Je n'ai pas seulement la force de pouvoir parler.

BÉRALDE.

J'étois venu ici, mon frère, vous proposer un parti pour ma nièce Angélique.

ARGAN, *parlant avec emportement, et se levant de sa chaise.*

Mon frère, ne me parlez point de cette coquine-là. C'est une friponne, une impertinente, une effrontée, que je mettrai dans un couvent avant qu'il soit deux jours [1].

BÉRALDE.

Ah! voilà qui est bien! Je suis bien aise que la force vous revienne un peu, et que ma visite vous fasse du bien. Oh çà, nous parlerons d'affaires tantôt. Je vous amène ici un divertissement que j'ai rencontré, qui dissipera votre chagrin, et vous rendra l'ame mieux disposée aux choses que nous avons à dire. Ce sont des Égyptiens vêtus en Mores, qui font des danses mêlées de chansons, où je suis sûr que vous prendrez plaisir; et cela vaudra bien une ordonnance de monsieur Purgon. Allons [2].

[1] Toujours ce jeu de scène si comique et si vrai, qui nous fait voir Argan, oubliant qu'il n'en peut plus, exécuter des mouvements et pousser des éclats de voix qui exigent la plus grande vigueur. (A.)

[2] Béralde est comme l'Ariste de *l'École des Maris*, celui des *Femmes savantes*, et le Cléante du *Tartuffe*, un de ces frères ou beaux-frères dont l'éloquente raison vient combattre la manie du principal personnage, et secourir deux amants dont cette manie menace de détruire le bonheur.

L'action, qui consiste principalement dans les amours d'Angélique et de Cléante, remplit presque entièrement cet acte. Quant au caractère, qui est le vrai sujet de la pièce, il ne s'y montre que par intervalles. C'est dans l'acte suivant qu'il doit déployer toute sa force, et supporter de vigoureuses attaques.

L'intermède de cet acte n'est pas beaucoup plus heureusement amené que celui de l'acte précédent, et il s'en faut que l'idée en soit aussi amusante. (A.)

SECOND INTERMÈDE.

e frère du Malade imaginaire lui amène, pour le divertir, plusieurs Égyptiens et Egyptiennes, vêtus en Mores, qui font des danses entremêlées de chansons.

PREMIÈRE FEMME MORE.

Profitez du printemps
De vos beaux ans,
Aimable jeunesse;
Profitez du printemps
De vos beaux ans;
Donnez-vous à la tendresse.

Les plaisirs les plus charmants,
Sans l'amoureuse flamme,
Pour contenter une ame
N'ont point d'attraits assez puissants.

Profitez du printemps
De vos beaux ans,
Aimable jeunesse;
Profitez du printemps
De vos beaux ans;
Donnez-vous à la tendresse.
Ne perdez point ces précieux moments.

La beaute passe,
Le temps l'efface;
L'âge de glace
Vient à sa place,
Qui nous ôte le goût de ces doux passe-temps.

Profitez du printemps
De vos beaux ans,
Aimable jeunesse;
Profitez du printemps
De vos beaux ans;
Donnez-vous à la tendresse.

PREMIÈRE ENTRÉE DE BALLET

Danse des Égyptiens et des Égyptiennes.

SECONDE FEMME MORE.

Quand d'aimer on vous presse,
 A quoi songez-vous?
Nos cœurs, dans la jeunesse,
 N'ont vers la tendresse
 Qu'un penchant trop doux.
L'amour a, pour nous prendre,
 De si doux attraits,
Que, de soi, sans attendre,
 On voudroit se rendre
 A ses premiers traits;
Mais tout ce qu'on écoute
 Des vives douleurs
Et des pleurs qu'il nous coûte,
 Fait qu'on en redoute
 Toutes les douceurs.

TROISIÈME FEMME MORE.

Il est doux, à notre âge,
 D'aimer tendrement
 Un amant
 Qui s'engage;
 Mais, s'il est volage,
 Hélas! quel tourment!

QUATRIÈME FEMME MORE.

L'amant qui se dégage
 N'est pas le malheur;
 La douleur
 Et la rage,
 C'est que le volage
 Garde notre cœur.

SECONDE FEMME MORE.

Quel parti faut-il prendre
 Pour nos jeunes cœurs?

QUATRIÈME FEMME MORE.

Devons-nous nous y rendre,
 Malgré ses rigueurs?

ENSEMBLE.

Oui, suivons ses ardeurs,

Ses transports, ses caprices,
Ses douces langueurs ;
S'il a quelques supplices,
Il a cent délices
Qui charment les cœurs.

DEUXIÈME ENTRÉE DE BALLET.

Tous les Mores dansent ensemble, et font sauter des singes qu'ils ont amenés avec eux.

ACTE TROISIÈME.

SCÈNE I.

BÉRALDE, ARGAN, TOINETTE.

BÉRALDE.

Hé bien! mon frère, qu'en dites-vous? Cela ne vaut-il pas bien une prise de casse?

TOINETTE.

Hom! de bonne casse est bonne.

BÉRALDE.

Oh çà! voulez-vous que nous parlions un peu ensemble?

ARGAN.

Un peu de patience, mon frère : je vais revenir.

TOINETTE.

Tenez, monsieur, vous ne songez pas que vous ne sauriez marcher sans bâton.

ARGAN.

Tu as raison.

SCÈNE II.

BÉRALDE, TOINETTE.

TOINETTE.

N'abandonnez pas, s'il vous plaît, les intérêts de votre nièce.

BÉRALDE.

J'emploierai toutes choses pour lui obtenir ce qu'elle souhaite.

TOINETTE.

Il faut absolument empêcher ce mariage extravagant qu'il s'est mis dans la fantaisie; et j'avois songé en moi-même que c'auroit été une bonne affaire, de pouvoir introduire ici un médecin à notre poste [1], pour le dégoûter de son monsieur Purgon, et lui décrier sa conduite. Mais, comme nous n'avons personne en main pour cela, j'ai résolu de jouer un tour de ma tête.

BÉRALDE.

Comment?

TOINETTE

C'est une imagination burlesque. Cela sera peut-être plus heureux que sage. Laissez-moi faire. Agissez de votre côté. Voici notre homme.

SCÈNE III.

ARGAN, BERALDE.

BÉRALDE.

Vous voulez bien, mon frère, que je vous demande, avant toute chose, de ne vous point échauffer l'esprit dans notre conversation.

ARGAN.

Voilà qui est fait.

[1] *Mettre les gens a sa poste*, pour dire : Mettre des gens a sa disposition. Cette locution s'emploie rarement aujourd'hui.

BÉRALDE.

De répondre, sans nulle aigreur, aux choses que je pourrai vous dire.

ARGAN.

Oui.

BÉRALDE.

Et de raisonner ensemble sur les affaires dont nous avons à parler, avec un esprit détaché de toute passion.

ARGAN.

Mon Dieu! oui. Voilà bien du préambule.

BÉRALDE.

D'où vient, mon frère, qu'ayant le bien que vous avez, et n'ayant d'enfants qu'une fille, car je ne compte pas la petite; d'où vient, dis-je, que vous parlez de la mettre dans un couvent?

ARGAN.

D'où vient, mon frère, que je suis maître dans ma famille, pour faire ce que bon me semble?

BÉRALDE.

Votre femme ne manque pas de vous conseiller de vous défaire ainsi de vos deux filles; et je ne doute point que, par un esprit de charité, elle ne fût ravie de les voir toutes deux bonnes religieuses.

ARGAN.

Oh çà! nous y voici. Voilà d'abord la pauvre femme en jeu. C'est elle qui fait tout le mal, et tout le monde lui en veut.

BÉRALDE.

Non, mon frère; laissons-la là : c'est une femme qui a les meilleures intentions du monde pour votre famille, et qui est détachée de toute sorte d'intérêt; qui a pour vous une tendresse merveilleuse, et qui montre pour vos enfants une affection et une bonté qui n'est pas concevable : cela est certain. N'en parlons point, et revenons à votre fille. Sur quelle pensée, mon frère, la voulez-vous donner en mariage au fils d'un médecin?

ARGAN.

Sur la pensée, mon frère, de me donner un gendre tel qu'il me faut.

BÉRALDE.

Ce n'est point là, mon frère, le fait de votre fille; il se présente un parti plus sortable pour elle.

ARGAN.

Oui; mais celui-ci, mon frère, est plus sortable pour moi.

BÉRALDE.

Mais le mari qu'elle doit prendre doit-il être, mon frère, ou pour elle, ou pour vous?

ARGAN.

Il doit être, mon frère, et pour elle et pour moi; et je veux mettre dans ma famille les gens dont j'ai besoin.

BÉRALDE.

Par cette raison-là, si votre petite étoit grande, vous lui donneriez en mariage un apothicaire.

ARGAN.

Pourquoi non?

BÉRALDE.

Est-il possible que vous serez toujours embéguiné de vos apothicaires et de vos médecins, et que vous vouliez être malade en dépit des gens et de la nature!

ARGAN.

Comment l'entendez-vous, mon frère?

BÉRALDE.

J'entends, mon frère, que je ne vois point d'homme qui soit moins malade que vous, et que je ne demanderois point une meilleure constitution que la vôtre. Une grande marque que vous vous portez bien, et que vous avez un corps parfaitement bien composé, c'est qu'avec tous les soins que vous avez pris, vous n'avez pu parvenir encore à gâter la bonté de votre tempérament, et que vous n'êtes point crevé de toutes les médecines qu'on vous fait prendre

ARGAN.

Mais savez-vous, mon frère, que c'est cela qui me conserve : et que monsieur Purgon dit que je succomberois, s'il étoit seulement trois jours sans prendre soin de moi?

BÉRALDE.

Si vous n'y prenez garde, il prendra tant de soin de vous, qu'il vous enverra en l'autre monde.

ARGAN.

Mais raisonnons un peu, mon frère. Vous ne croyez donc point à la médecine?

BÉRALDE.

Non, mon frère; et je ne vois pas que, pour son salut, il soit nécessaire d'y croire.

ARGAN.

Quoi! vous ne tenez pas véritable une chose établie par tout le monde, et que tous les siècles ont révérée?

BÉRALDE.

Bien loin de la tenir véritable, je la trouve, entre nous, une des plus grandes folies qui soit parmi les hommes; et, à regarder les choses en philosophe, je ne vois point de plus plaisante momerie, je ne vois rien de plus ridicule, qu'un homme qui se veut mêler d'en guérir un autre.

ARGAN.

Pourquoi ne voulez-vous pas, mon frère, qu'un homme en puisse guérir un autre?

BÉRALDE.

Par la raison, mon frère, que les ressorts de notre machine sont des mystères, jusqu'ici, où les hommes ne voient goutte : et que la nature nous a mis au-devant des yeux des voiles trop épais pour y connoître quelque chose.

ARGAN.

Les médecins ne savent donc rien, à votre compte?

BÉRALDE.

Si fait, mon frère. Ils savent la plupart de fort belles humanités, savent parler en beau latin, savent nommer en grec toutes les maladies, les définir et les diviser; mais pour ce qui est de les guérir, c'est ce qu'ils ne savent pas du tout[1].

ARGAN.

Mais toujours faut-il demeurer d'accord que, sur cette matière, les médecins en savent plus que les autres.

BÉRALDE.

Ils savent, mon frère, ce que je vous ai dit, qui ne guérit pas de grand' chose: et toute l'excellence de leur art consiste en un pompeux galimatias, en un spécieux babil, qui vous donne des mots pour des raisons, et des promesses pour des effets.

ARGAN.

Mais enfin, mon frère, il y a des gens aussi sages et aussi habiles que vous; et nous voyons que, dans la maladie, tout le monde a recours aux médecins.

BÉRALDE.

C'est une marque de la foiblesse humaine, et non pas de la vérité de leur art.

ARGAN.

Mais il faut bien que les médecins croient leur art véritable, puisqu'ils s'en servent pour eux-mêmes.

BÉRALDE.

C'est qu'il y en a parmi eux qui sont eux-mêmes dans l'erreur populaire, dont ils profitent; et d'autres qui en profitent sans y être. Votre monsieur Purgon, par exemple, n'y sait point de finesse; c'est un homme tout médecin, depuis la tête jusqu'aux pieds; un homme qui croit à ses règles plus qu'à toutes les démonstrations des mathématiques, et qui croiroit du crime à les vouloir examiner; qui ne voit rien d'obscur dans la médecine, rien de douteux, rien de difficile; et qui, avec une impétuosité de prévention, une roideur de confiance, une brutalité de sens commun et de raison, donne au travers des pur-

[1] Montaigne avoit dit avec une admirable précision: « Les medecins connoissent bien Galien, mais nullement le malade. »

gations et des saignées, et ne balance aucune chose. Il ne lui faut point vouloir mal de tout ce qu'il pourra vous faire : c'est de la meilleure foi du monde qu'il vous expédiera ; et il ne fera, en vous tuant, que ce qu'il a fait à sa femme et à ses enfants, et ce qu'en un besoin il feroit à lui-même[1].

ARGAN.

C'est que vous avez, mon frère, une dent de lait contre lui[2]. Mais, enfin, venons au fait. Que faire donc quand on est malade ?

BÉRALDE.

Rien, mon frère.

ARGAN.

Rien ?

BÉRALDE.

Rien. Il ne faut que demeurer en repos. La nature d'elle-même, quand nous la laissons faire, se tire doucement du désordre où elle est tombée. C'est notre inquiétude, c'est notre impatience qui gâte tout ; et presque tous les hommes meurent de leurs remèdes, et non pas de leurs maladies[3].

ARGAN.

Mais il faut demeurer d'accord, mon frère, qu'on peut aider cette nature par de certaines choses.

BÉRALDE.

Mon Dieu ! mon frère, ce sont pures idées dont nous aimons à nous repaître ; et, de tout temps, il s'est glissé parmi les hommes de belles imaginations que nous venons à croire, parcequ'elles nous flattent, et qu'il seroit à souhaiter qu'elles

[1] Molière désigne peut-être ici le médecin Guenaut, qu'il avoit déja mis sur la scène dans *l'Amour médecin*, et qui, d'après le témoignage de Guy-Patin, avoit tué, avec son remède favori (l'antimoine), sa femme, sa fille, son neveu, et deux de ses gendres.

[2] L'expression même du proverbe en donne l'origine. Avoir une dent de lait contre quelqu'un, c'est éprouver une inimitié qui date de l'enfance. (*Diction. des Proverbes.*)

[3] « Le commun train de la guerison, dit Montaigne, se conduit aux despens de « la vie. On nous incise, on nous cauterise, on nous soustrait l'aliment et le sang : « un pas plus outre, nous voilà gueris tout-à-faict. »

fussent véritables. Lorsqu'un médecin vous parle d'aider, de secourir, de soulager la nature, de lui ôter ce qui lui nuit, et lui donner ce qui lui manque, de la rétablir, et de la remettre dans une pleine facilité de ses fonctions; lorsqu'il vous parle de rectifier le sang, de tempérer les entrailles et le cerveau, de dégonfler la rate, de raccommoder la poitrine, de réparer le foie, de fortifier le cœur, de rétablir et conserver la chaleur naturelle, et d'avoir des secrets pour étendre la vie à de longues années, il vous dit justement le roman de la médecine. Mais, quand vous en venez à la vérité et à l'expérience, vous ne trouvez rien de tout cela; et il en est comme de ces beaux songes, qui ne vous laissent au réveil que le déplaisir de les avoir crus.

ARGAN.

C'est-à-dire que toute la science du monde est renfermée dans votre tête; et vous voulez en savoir plus que tous les grands médecins de notre siècle.

BÉRALDE.

Dans les discours et dans les choses, ce sont deux sortes de personnes que vos grands médecins. Entendez-les parler, les plus habiles gens du monde, voyez-les faire, les plus ignorants de tous les hommes.

ARGAN.

Ouais! vous êtes un grand docteur, à ce que je vois; et je voudrois bien qu'il y eût ici quelqu'un de ces messieurs, pour rembarrer vos raisonnements, et rabaisser votre caquet.

BÉRALDE.

Moi, mon frère, je ne prends point à tâche de combattre la médecine; et chacun, à ses périls et fortune, peut croire tout ce qu'il lui plait. Ce que j'en dis n'est qu'entre nous; et j'aurois souhaité de pouvoir un peu vous tirer de l'erreur où vous êtes, et, pour vous divertir, vous mener voir, sur ce chapitre, quelqu'une des comédies de Molière.

ARGAN.

C'est un bon impertinent que votre Molière; avec ses comédies! et je le trouve bien plaisant, d'aller jouer d'honnêtes gens comme les médecins!

BÉRALDE.

Ce ne sont point les médecins qu'il joue, mais le ridicule de la médecine[1].

ARGAN.

C'est bien à lui à faire, de se mêler de contrôler la médecine! Voilà un bon nigaud, un bon impertinent, de se moquer des consultations et des ordonnances, de s'attaquer au corps des médecins, et d'aller mettre sur son théâtre des personnes vénérables comme ces messieurs-là!

BÉRALDE.

Que voulez-vous qu'il y mette, que les diverses professions des hommes? On y met bien tous les jours les princes et les rois, qui sont d'aussi bonne maison que les médecins.

ARGAN.

Par la mort non de diable! si j'étois que des médecins, je me vengerois de son impertinence; et, quand il sera malade, je le laisserois mourir sans secours. Il auroit beau faire et beau dire, je ne lui ordonnerois pas la moindre petite saignée, le moindre petit lavement; et je lui dirois : Crève, crève; cela t'apprendra une autre fois à te jouer à la Faculté[2].

[1] Perrault blâmoit Molière d'avoir *attaqué la médecine en elle-même*, et *les bons médecins, que l'Écriture nous enjoint d'honorer*. « Il peut y avoir des médecins ridicules, dit-il; et, en sa qualité de poëte comique, Molière avoit juridiction sur eux; mais il ne lui étoit pas permis d'insulter l'art, et de le rendre responsable des fautes de ceux qui l'exercent. » Rousseau a, depuis, réfuté cette objection, en disant qu'à la vérité la médecine est bonne, mais qu'étant inséparable du médecin, il y a toujours plus à craindre des erreurs du médecin qu'à espérer des avantages de la médecine. (G.)

[2] On ne peut se défendre d'un sentiment de tristesse en se rappelant de combien peu la mort de Molière suivit cette plaisanterie, en pensant que, trois jours après qu'il l'eut dite pour la première fois sur le théâtre, il expira privé des secours des médecins, comme pour les venger sur lui-même de ses derniers sarcasmes contre eux. Je ne serois pas surpris que quelque médecin ou malade fanatique eût vu de bonne foi le doigt de Dieu dans ce fatal événement. (A.) — « Le docteur Maloin, dit Grimm dans sa *Correspondance*, vrai médecin de la tête aux pieds, nous remontra un jour, pour nous guérir de notre incrédulité, que les véritablement

BÉRALDE.

Vous voilà bien en colère contre lui.

ARGAN.

Oui. C'est un malavisé; et si les médecins sont sages, ils feront ce que je dis.

BÉRALDE.

Il sera encore plus sage que vos médecins, car il ne leur demandera point de secours.

ARGAN.

Tant pis pour lui, s'il n'a point recours aux remèdes.

BÉRALDE.

Il a ses raisons pour n'en point vouloir, et il soutient que cela n'est permis qu'aux gens vigoureux et robustes, et qui ont des forces de reste pour porter les remèdes avec la maladie; mais que, pour lui, il n'a justement de la force que pour porter son mal.

ARGAN.

Les sottes raisons que voilà! Tenez, mon frère, ne parlons point de cet homme-là davantage; car cela m'échauffe la bile, et vous me donneriez mon mal.

BÉRALDE.

Je le veux bien, mon frère; et, pour changer de discours, je vous dirai que, sur une petite répugnance que vous témoigne votre fille, vous ne devez point prendre les résolutions violentes de la mettre dans un couvent; que, pour le choix d'un gendre, il ne vous faut pas suivre aveuglément la passion qui vous emporte; et qu'on doit, sur cette matière, s'accommoder un peu à l'inclination d'une fille, puisque c'est pour toute la vie, et que de là dépend tout le bonheur d'un mariage[1].

grands hommes avoient toujours respecté les médecins et leur science. *Témoin Molière!* s'écria l'un de nous. *Voyez aussi*, reprit le docteur, *comme il est mort!*

[1] Cette scène sur l'incertitude d'une science aussi conjecturale que la médecine, est pleine de force, de solidité, et de profondeur; mais il ne faut pas trop en presser les conséquences. Long-temps avant Molière, Montaigne avoit beaucoup décrié la médecine; cependant il ne fut pas aussi ferme dans ses principes: Montaigne se moquoit de la médecine, et se servoit des médecins. (G.) — Ce dialogue

SCÈNE IV.

MONSIEUR FLEURANT, *une seringue à la main;* **ARGAN, BÉRALDE.**

ARGAN.

Ah! mon frère, avec votre permission.

BÉRALDE.

Comment? Que voulez-vous faire?

ARGAN.

Prendre ce petit lavement-là : ce sera bientôt fait.

BÉRALDE.

Vous vous moquez. Est-ce que vous ne sauriez être un moment sans lavement ou sans médecine? Remettez cela à une autre fois, et demeurez un peu en repos.

ARGAN.

Monsieur Fleurant, à ce soir, ou à demain au matin.

MONSIEUR FLEURANT, *à Béralde.*

De quoi vous mêlez-vous, de vous opposer aux ordonnances de la médecine, et d'empêcher monsieur de prendre mon clystère? Vous êtes bien plaisant d'avoir cette hardiesse-là!

BÉRALDE.

Allez, monsieur; on voit bien que vous n'avez pas accoutumé de parler à des visages[1].

mérite d'être étudié ; c'est un morceau précieux, plein de bon sens et de bonne plaisanterie : on peut le comparer avec l'excellente scène contre la maladie de plaider (des *Fourberies de Scapin*). Les deux scènes sont dans le même goût, et peuvent faire naître des réflexions du même genre ; mais, comme le remarque sagement Geoffroy, il ne faut pas trop en presser les conséquences.

[1] « La première fois que cette comédie fut jouée, l'honnête homme (Béralde) répondoit à l'apothicaire : *Allez, monsieur, on voit bien que vous avez coutume de ne parler qu'à des c...* Tous les auditeurs s'en indignèrent ; au lieu qu'on fut ravi d'entendre dire, à la seconde représentation : *Allez, monsieur, on voit bien que vous n'avez pas accoutumé de parler à des visages.* C'est dire la même chose, mais la dire plus finement. » (*Lettres de Boursault*, tome I, page 120.) — La première saillie auroit reçu des applaudissements sur l'ancien théâtre ; mais Molière avoit formé des spectateurs ; lui-même il avoit établi ces règles de décence

MONSIEUR FLEURANT.

On ne doit point ainsi se jouer des remèdes, et me faire perdre mon temps. Je ne suis venu ici que sur une bonne ordonnance; et je vais dire à monsieur Purgon comme on m'a empêché d'exécuter ses ordres, et de faire ma fonction. Vous verrez, vous verrez...

SCÈNE V.

ARGAN, BÉRALDE.

ARGAN.

Mon frère, vous serez cause ici de quelque malheur.

BÉRALDE.

Le grand malheur de ne pas prendre un lavement que monsieur Purgon a ordonné! Encore un coup, mon frère, est-il possible qu'il n'y ait pas moyen de vous guérir de la maladie des médecins, et que vous vouliez être toute votre vie enseveli dans leurs remèdes?

ARGAN.

Mon Dieu! mon frère, vous en parlez comme un homme qui se porte bien; mais, si vous étiez à ma place, vous changeriez bien de langage. Il est aisé de parler contre la médecine, quand on est en pleine santé.

BÉRALDE.

Mais quel mal avez-vous?

ARGAN.

Vous me feriez enrager. Je voudrois que vous l'eussiez, mon mal, pour voir si vous jaseriez tant. Ah! voici monsieur Purgon.

et de bon goût qui le jugèrent et le condamnèrent. Il est des cas cependant où la licence de notre ancienne langue ajouteroit quelque chose à l'énergie de la pensée. En voici un exemple, tiré de Montaigne : « Aprez tout, nous avons beau monter « sur des eschasses, encore fault-il marcher de nos jambes ; et au trosne du monde « le plus eslevé, ne sommes-nous assis que sur nostre cul. »

SCÈNE VI.

MONSIEUR PURGON, ARGAN, BÉRALDE, TOINETTE.

MONSIEUR PURGON.

Je viens d'apprendre là-bas, à la porte, de jolies nouvelles; qu'on se moque ici de mes ordonnances, et qu'on a fait refus de prendre le remède que j'avois prescrit.

ARGAN.

Monsieur, ce n'est pas...

MONSIEUR PURGON.

Voilà une hardiesse bien grande, une étrange rebellion d'un malade contre son médecin!

TOINETTE.

Cela est épouvantable.

MONSIEUR PURGON.

Un clystère que j'avois pris plaisir à composer moi-même.

ARGAN.

Ce n'est pas moi...

MONSIEUR PURGON.

Inventé et formé dans toutes les règles de l'art.

TOINETTE.

Il a tort.

MONSIEUR PURGON.

Et qui devoit faire dans les entrailles un effet merveilleux.

ARGAN.

Mon frère...

MONSIEUR PURGON.

Le renvoyer avec mépris!

ARGAN, *montrant Béralde.*

C'est lui...

MONSIEUR PURGON.

C'est une action exorbitante.

TOINETTE.

Cela est vrai.

MONSIEUR PURGON.

Un attentat énorme contre la médecine.

ARGAN, *montrant Béralde.*

Il est cause...

MONSIEUR PURGON.

Un crime de lèse-faculté, qui ne se peut assez punir.

TOINETTE.

Vous avez raison.

MONSIEUR PURGON.

Je vous déclare que je romps commerce avec vous.

ARGAN.

C'est mon frère...

MONSIEUR PURGON.

Que je ne veux plus d'alliance avec vous.

TOINETTE.

Vous ferez bien.

MONSIEUR PURGON.

Et que, pour finir toute liaison avec vous, voilà la donation que je faisois à mon neveu, en faveur du mariage.

(Il déchire la donation, et en jette les morceaux avec fureur.)

ARGAN.

C'est mon frère qui a fait tout le mal.

MONSIEUR PURGON.

Mépriser mon clystère!

ARGAN.

Faites-le venir; je m'en vais le prendre.

MONSIEUR PURGON.

Je vous aurois tiré d'affaire avant qu'il fût peu.

TOINETTE.

Il ne le mérite pas.

MONSIEUR PURGON.

J'allois nettoyer votre corps, et en évacuer entièrement les mauvaises humeurs.

ARGAN.

Ah! mon frère!

MONSIEUR PURGON.

Et je ne voulois plus qu'une douzaine de médecines pour vider le fond du sac.

TOINETTE.

Il est indigne de vos soins.

MONSIEUR PURGON.

Mais, puisque vous n'avez pas voulu guérir par mes mains...

ARGAN.

Ce n'est pas ma faute.

MONSIEUR PURGON.

Puisque vous vous êtes soustrait de l'obéissance que l'on doit à son médecin...

TOINETTE.

Cela crie vengeance.

MONSIEUR PURGON.

Puisque vous vous êtes déclaré rebelle aux remèdes que je vous ordonnois...

ARGAN.

Hé! point du tout.

MONSIEUR PURGON.

J'ai à vous dire que je vous abandonne à votre mauvaise constitution, à l'intempérie de vos entrailles, à la corruption de votre sang, à l'âcreté de votre bile, et à la féculence de vos humeurs.

TOINETTE.

C'est fort bien fait.

ARGAN

Mon Dieu!

MONSIEUR PURGON.

Et je veux qu'avant qu'il soit quatre jours vous deveniez dans un état incurable;

ARGAN.

Ah! misericorde!

MONSIEUR PURGON

Que vous tombiez dans la bradypepsie[1].

[1] *Bradypepsie*, digestion lente et imparfaite.

SCÈNE VIII.

ARGAN, BÉRALDE, TOINETTE.

TOINETTE, *à Argan.*

Monsieur, voilà un médecin qui demande à vous voir.

ARGAN.

Et quel médecin?

TOINETTE.

Un médecin de la médecine.

ARGAN.

Je te demande qui il est?

TOINETTE.

Je ne le connois pas, mais il me ressemble comme deux gouttes d'eau; et, si je n'étois sûre que ma mère étoit honnête femme, je dirois que ce seroit quelque petit frère qu'elle m'auroit donné depuis le trépas de mon père.

ARGAN.

Fais-le venir.

SCÈNE IX.

ARGAN, BÉRALDE.

BÉRALDE.

Vous êtes servi à souhait. Un médecin vous quitte; un autre se présente.

ARGAN.

J'ai bien peur que vous ne soyez cause de quelque malheur.

BÉRALDE

Encore! Vous en revenez toujours là.

ARGAN.

Voyez-vous; j'ai sur le cœur toutes ces maladies-là que je ne connois point, ces...

SCÈNE X.

ARGAN, BÉRALDE; TOINETTE, *en médecin.*

TOINETTE.

Monsieur, agréez que je vienne vous rendre visite, et vous offrir mes petits services pour toutes les saignées et les purgations dont vous aurez besoin.

ARGAN.

Monsieur, je vous suis fort obligé. (*à Béralde.*) Par ma foi, voilà Toinette elle-même.

TOINETTE.

Monsieur, je vous prie de m'excuser : j'ai oublié de donner une commission à mon valet; je reviens tout-à-l'heure.

SCÈNE XI.

ARGAN, BÉRALDE.

ARGAN.

Hé! ne diriez-vous pas que c'est effectivement Toinette?

BÉRALDE.

Il est vrai que la ressemblance est tout-à-fait grande : mais ce n'est pas la première fois qu'on a vu de ces sortes de choses, et les histoires ne sont pleines que de ces jeux de la nature.

ARGAN.

Pour moi, j'en suis surpris; et...

SCÈNE XII.

ARGAN, BÉRALDE, TOINETTE.

TOINETTE.

Que voulez-vous, monsieur?

ARGAN.

Comment?

TOINETTE.

Ne m'avez-vous pas appelée?

ARGAN.

Moi? non.

TOINETTE.

Il faut donc que les oreilles m'aient corné.

ARGAN.

Demeure un peu ici pour voir comme ce médecin te ressemble.

TOINETTE.

Oui, vraiment! J'ai affaire là-bas; et je l'ai assez vu.

SCÈNE XIII.

ARGAN, BÉRALDE.

ARGAN.

Si je ne les voyois tous deux, je croirois que ce n'est qu'un[1].

BÉRALDE.

J'ai lu des choses surprenantes de ces sortes de ressemblances; et nous en avons vu, de notre temps, où tout le monde s'est trompé.

ARGAN.

Pour moi, j'aurois été trompé à celle-là; et j'aurois juré que c'est la même personne.

SCÈNE XIV.

ARGAN, BERALDE; TOINETTE, *en médecin*.

TOINETTE.

Monsieur, je vous demande pardon de tout mon cœur.

ARGAN, *bas, à Béralde.*

Cela est admirable.

[1] Excellent mot de dupe. Il vient de les voir si peu de temps l'un après l'autre, qu'il parle comme s'il les avoit vus *tous deux* ensemble, et qu'il le croit, peu s'en faut. (A.)

TOINETTE.

Vous ne trouverez pas mauvais, s'il vous plaît, la curiosité que j'ai eue de voir un illustre malade comme vous êtes; et votre réputation, qui s'étend partout, peut excuser la liberté que j'ai prise.

ARGAN.

Monsieur, je suis votre serviteur.

TOINETTE.

Je vois, monsieur, que vous me regardez fixement. Quel âge croyez-vous bien que j'aie?

ARGAN.

Je crois que tout au plus vous pouvez avoir vingt-six ou vingt-sept ans.

TOINETTE.

Ah, ah, ah, ah, ah! j'en ai quatre-vingt-dix.

ARGAN.

Quatre-vingt-dix!

TOINETTE.

Oui. Vous voyez un effet des secrets de mon art, de me conserver ainsi frais et vigoureux.

ARGAN.

Par ma foi, voilà un beau jeune vieillard pour quatre-vingt-dix ans!

TOINETTE.

Je suis médecin passager, qui vais de ville en ville, de province en province, de royaume en royaume, pour chercher d'illustres matières à ma capacité, pour trouver des malades dignes de m'occuper, capables d'exercer les grands et beaux secrets que j'ai trouvés dans la médecine. Je dédaigne de m'amuser à ce menu fatras de maladies ordinaires, à ces bagatelles de rhumatismes et de fluxions, à ces fiévrotes, à ces vapeurs, et à ces migraines. Je veux des maladies d'importance, de bonnes fièvres continues, avec des transports au cerveau, de bonnes fièvres pourprées, de bonnes pestes, de bonnes hydropisies formées, de bonnes pleurésies avec des inflammations de poitrine; c'est là que je me plais, c'est là que je triomphe; et je voudrois, monsieur, que vous eussiez toutes les maladies que je viens de dire, que vous fussiez abandonné de tous les médecins, désespéré, à l'agonie, pour vous montrer l'excellence de mes remèdes, et l'envie que j'aurois de vous rendre service.

ARGAN.

Je vous suis obligé, monsieur, des bontés que vous avez pour moi.

TOINETTE.

Donnez-moi votre pouls. Allons donc, que l'on batte comme il faut. Ah! je vous ferai bien aller comme vous devez. Ouais! ce pouls-là fait l'impertinent; je vois bien que vous ne me connoissez pas encore. Qui est votre médecin?

ARGAN.

Monsieur Purgon.

TOINETTE.

Cet homme-là n'est point écrit sur mes tablettes entre les grands médecins. De quoi dit-il que vous êtes malade?

ARGAN.

Il dit que c'est du foie, et d'autres disent que c'est de la rate.

TOINETTE.

Ce sont tous des ignorants. C'est du poumon que vous êtes malade [1].

ARGAN.

Du poumon?

TOINETTE.

Oui. Que sentez-vous?

[1] Molière fait ici allusion à ce qui se passa aux derniers moments de Mazarin. « Hier, à deux heures, dit Guy-Patin, dans le bois de Vincennes, quatre de ses « médecins, savoir, *Guenaut*, *Valot*, *Brayer*, et *des Fougerais*, alterquoient « ensemble, et ne s'accordoient pas de l'espèce de maladie dont le malade mouroit. « *Brayer* dit que la rate est gâtée, *Guenaut* dit que c'est le foie, *Valot* dit que « c'est le poumon, *des Fougerais* dit que c'est un abcès du mésentère..... Ne « voilà-t-il pas d'habiles gens! Ce sont les fourberies ordinaires des empiriques et « des médecins de cour qu'on fait suppléer à l'ignorance. » Ainsi Molière peint d'après nature, et il est toujours vrai lors même qu'il paroît exagéré.

ARGAN.

Je sens de temps en temps des douleurs de tête.

TOINETTE.

Justement, le poumon.

ARGAN.

Il me semble parfois que j'ai un voile devant les yeux.

TOINETTE.

Le poumon.

ARGAN.

J'ai quelquefois des maux de cœur.

TOINETTE.

Le poumon.

ARGAN.

Je sens parfois des lassitudes par tous les membres.

TOINETTE.

Le poumon.

ARGAN.

Et quelquefois il me prend des douleurs dans le ventre, comme si c'étoient des coliques.

TOINETTE.

Le poumon. Vous avez appétit à ce que vous mangez?

ARGAN.

Oui, monsieur.

TOINETTE.

Le poumon. Vous aimez à boire un peu de vin?

ARGAN.

Oui, monsieur.

TOINETTE.

Le poumon. Il vous prend un petit sommeil après le repas, et vous êtes bien aisé de dormir?

ARGAN.

Oui, monsieur.

TOINETTE.

Le poumon, le poumon, vous dis-je. Que vous ordonne votre médecin pour votre nourriture?

ARGAN.

Il m'ordonne du potage,

TOINETTE.

Ignorant!

ARGAN.

De la volaille,

TOINETTE.

Ignorant!

ARGAN.

Du veau,

TOINETTE.

Ignorant!

ARGAN.

Des bouillons,

TOINETTE.

Ignorant!

ARGAN.

Des œufs frais;

TOINETTE.

Ignorant!

ARGAN.

Et le soir, de petits pruneaux pour lâcher le ventre;

TOINETTE.

Ignorant!

ARGAN.

Et surtout de boire mon vin fort trempé.

TOINETTE.

Ignorantus, ignoranta, ignorantum. Il faut boire votre vin pur; et, pour épaissir votre sang qui est trop subtil, il faut manger de bon gros bœuf, de bon gros porc, de bon fromage de Hollande; du gruau et du ris, et des marrons et des oublies, pour coller et conglutiner. Votre médecin est une bête. Je veux vous en envoyer un de ma main; et je viendrai vous voir de temps en temps, tandis que je serai en cette ville.

ARGAN.

Vous m'obligez beaucoup.

TOINETTE.

Que diantre faites-vous de ce bras-là?

ARGAN.

Comment?

TOINETTE.

Voilà un bras que je me ferois couper tout-à-l'heure, si j'étois que de vous.

ARGAN.

Et pourquoi?

TOINETTE.

Ne voyez-vous pas qu'il tire à soi toute la nourriture, et qu'il empêche ce côté-là de profiter?

ARGAN.

Oui; mais j'ai besoin de mon bras.

TOINETTE.

Vous avez là aussi un œil droit que je me ferois crever, si j'étois en votre place.

ARGAN.

Crever un œil?

TOINETTE.

Ne voyez-vous pas qu'il incommode l'autre, et lui dérobe sa nourriture? Croyez-moi, faites-vous-le crever au plus tôt : vous en verrez plus clair de l'œil gauche.

ARGAN.

Cela n'est pas pressé.

TOINETTE.

Adieu. Je suis fâché de vous quitter sitôt; mais il faut que je me trouve à une grande consultation qui se doit faire pour un homme qui mourut hier.

ARGAN.

Pour un homme qui mourut hier?

TOINETTE.

Oui : pour aviser et voir ce qu'il auroit fallu lui faire pour le guérir. Jusqu'au revoir.

ARGAN.

Vous savez que les malades ne reconduisent point.

ARGAN, BÉRALDE.

BÉRALDE.

Voilà un médecin, vraiment, qui paroît fort habile !

ARGAN.

Oui ; mais il va un peu bien vite.

BÉRALDE.

Tous les grands médecins sont comme cela.

ARGAN.

Me couper un bras et me crever un œil, afin que l'autre se porte mieux ! J'aime bien mieux qu'il ne se porte pas si bien. La belle opération, de me rendre borgne et manchot !

SCÈNE XVI.

ARGAN, BÉRALDE, TOINETTE.

TOINETTE, *feignant de parler à quelqu'un.*

Allons, allons, je suis votre servante. Je n'ai pas envie de rire.

ARGAN.

Qu'est-ce que c'est ?

TOINETTE.

Votre médecin, ma foi, qui me vouloit tâter le pouls.

ARGAN.

Voyez un peu, à l'âge de quatre-vingt-dix ans !

BÉRALDE.

Oh çà ! mon frère, puisque voilà votre monsieur Purgon brouillé avec vous, ne voulez-vous pas bien que je vous parle du parti qui s'offre pour ma nièce ?

ARGAN.

Non, mon frère : je veux la mettre dans un couvent, puisqu'elle s'est opposée à mes volontés. Je vois bien qu'il y a quelque amourette là-dessous, et j'ai découvert certaine entrevue secrète, qu'on ne sait pas que j'aie découverte [1].

BÉRALDE.

Hé bien! mon frère, quand il y auroit quelque petite inclination, cela seroit-il si criminel? Et rien peut-il vous offenser, quand tout ne va qu'à des choses honnêtes, comme le mariage?

ARGAN.

Quoi qu'il en soit, mon frère, elle sera religieuse; c'est une chose résolue.

BÉRALDE.

Vous voulez faire plaisir à quelqu'un.

ARGAN.

Je vous entends. Vous en revenez toujours là, et ma femme vous tient au cœur.

BÉRALDE.

Hé bien! oui, mon frère : puisqu'il faut parler à cœur ouvert, c'est votre femme que je veux dire; et, non plus que l'entêtement de la médecine, je ne puis vous souffrir l'entêtement où vous êtes pour elle, et voir que vous donniez, tête baissée, dans tous les piéges qu'elle vous tend.

TOINETTE.

Ah! monsieur, ne parlez point de madame; c'est une femme sur laquelle il n'y a rien à dire, une femme sans artifice, et qui aime monsieur, qui l'aime... On ne peut pas dire cela.

ARGAN.

Demandez-lui un peu les caresses qu'elle me fait;

TOINETTE.

Cela est vrai.

ARGAN.

L'inquiétude que lui donne ma maladie;

TOINETTE.

Assurément.

[1] Il faudroit *que j'ai découverte*.

ARGAN.

Et les soins et les peines qu'elle prend autour de moi.

TOINETTE.

Il est certain. (*à Béralde.*) Voulez-vous que je vous convainque, et vous fasse voir, tout-à-l'heure, comme madame aime monsieur? (*à Argan.*) Monsieur, souffrez que je lui montre son bec jaune [1], et le tire d'erreur.

ARGAN.

Comment?

TOINETTE.

Madame s'en va revenir. Mettez-vous tout étendu dans cette chaise, et contrefaites le mort. Vous verrez la douleur où elle sera, quand je lui dirai la nouvelle.

ARGAN.

Je le veux bien.

TOINETTE.

Oui; mais ne la laissez pas long-temps dans le désespoir, car elle en pourroit bien mourir.

ARGAN.

Laisse-moi faire.

TOINETTE, *à Béralde.*

Cachez-vous, vous, dans ce coin-là [2].

[1] Ce mot exprime la niaiserie et l'inexpérience, par allusion aux jeunes oiseaux, qui naissent presque tous avec le *bec jaune*, et qui, en termes de fauconnerie, se nomment des *niais*. Montrer à quelqu'un son bec jaune, c'est lui montrer qu'il se trompe comme un sot. (Voyez les notes du *Festin de Pierre*, acte II, scène v, page 382.)

[2] Il est tout-à-fait naturel qu'Argan se prête à cette épreuve. Elle ne peut lui être suspecte, puisque c'est Toinette qui la propose : Toinette, qui a toujours fait semblant d'être dans les intérêts de Béline, et qui vient encore tout-à-l'heure de prendre vivement sa défense contre Béralde. Argan, d'ailleurs, doit saisir avec empressement un moyen de confondre les préventions obstinées de son frère contre une femme qu'il lui est pénible d'entendre attaquer sans cesse, et dont il est infatué jusqu'à lui sacrifier le sort de ses enfants. (A.)

SCÈNE XVII.

ARGAN, TOINETTE.

ARGAN.

N'y a-t-il point quelque danger à contrefaire le mort?

TOINETTE.

Non, non. Quel danger y auroit-il? Étendez-vous là seulement. (*bas.*) Il y aura plaisir à confondre votre frère. Voici madame. Tenez-vous bien.

SCÈNE XVIII.

BÉLINE; ARGAN, *étendu dans sa chaise*; TOINETTE.

TOINETTE, *feignant de ne pas voir Béline.*

Ah! mon Dieu! Ah! malheur! Quel étrange accident!

BÉLINE.

Qu'est-ce, Toinette?

TOINETTE.

Ah! madame!

BÉLINE.

Qu'y a-t-il?

TOINETTE.

Votre mari est mort.

BÉLINE.

Mon mari est mort?

TOINETTE.

Hélas! oui! Le pauvre défunt est trépassé.

BÉLINE.

Assurément?

TOINETTE.

Assurément. Personne ne sait encore cet accident-là; et je me suis trouvée ici toute seule. Il vient de passer entre mes bras. Tenez, le voilà tout de son long dans cette chaise.

BÉLINE.

Le ciel en soit loué! Me voilà délivrée d'un grand fardeau. Que tu es sotte, Toinette, de t'affliger de cette mort!

TOINETTE.

Je pensois, madame, qu'il fallût pleurer.

BÉLINE.

Va, va, cela n'en vaut pas la peine. Quelle perte est-ce que la sienne? et de quoi servoit-il sur la terre? Un homme incommode à tout le monde, malpropre, dégoûtant, sans cesse un lavement ou une médecine dans le ventre, mouchant, toussant, crachant toujours; sans esprit, ennuyeux, de mauvaise humeur, fatiguant sans cesse les gens, et grondant jour et nuit servantes et valets[1].

TOINETTE.

Voilà une belle oraison funèbre!

BÉLINE.

Il faut, Toinette, que tu m'aides à exécuter mon dessein; et tu peux croire qu'en me servant, ta récompense est sûre. Puisque, par un bonheur, personne n'est encore averti de la chose, portons-le dans son lit, et tenons cette mort cachée, jusqu'à ce que j'aie fait mon affaire. Il y a des papiers, il y a de l'argent, dont je me veux saisir; et il n'est pas juste que j'aie passé sans fruit, auprès de lui, mes plus belles années. Viens, Toinette; prenons auparavant toutes ses clefs.

ARGAN, *se levant brusquement.*

Doucement!

BÉLINE.

Ahi!

ARGAN.

Oui, madame ma femme, c'est ainsi que vous m'aimez?

[1] C'est un coup de maître que d'avoir fait tracer le portrait d'Argan en présence même d'Argan. Plus ce portrait a de ressemblance, plus la situation devient piquante. Ici l'auteur remplit un double but : non seulement il travaille à détruire les préventions d'Argan pour une femme qui blesse si cruellement sa vanité, mais encore il porte la première atteinte à la passion du Malade imaginaire, en lui apprenant le dégoût qu'il inspire.

TOINETTE.

Ah ! ah ! le défunt n'est pas mort !

ARGAN, *à Béline, qui sort.*

Je suis bien aise de voir votre amitié, et d'avoir entendu le beau panégyrique que vous avez fait de moi. Voilà un avis au lecteur, qui me rendra sage à l'avenir, et qui m'empêchera de faire bien des choses[1].

SCÈNE XIX.

BÉRALDE, *sortant de l'endroit où il s'étoit caché;* ARGAN, TOINETTE.

BÉRALDE.

Hé bien ! mon frère, vous le voyez.

TOINETTE.

Par ma foi, je n'aurois jamais cru cela. Mais j'entends votre fille. Remettez-vous comme vous étiez, et voyons de quelle manière elle recevra votre mort. C'est une chose qu'il n'est pas mauvais d'éprouver; et, puisque vous êtes en train, vous connoîtrez par-là les sentiments que votre famille a pour vous[2].

(Béralde va se cacher.)

[1] Le germe du rôle de Béline se trouve dans une petite pièce intitulée *le Mari malade*, et qui fut jouée avant l'établissement de Molière à Paris. Un vieillard, qui a épousé une jeune femme, est malade. Cette femme paroît avoir le plus grand soin de lui ; mais elle le hait en secret, et profite de sa maladie pour recevoir son amant. Le mari meurt pendant la pièce, et, ce qui est odieux, la femme se réjouit de sa mort. Avec quel art Molière n'a-t-il pas employé cette conception, qui, débarrassée de ce qu'elle a d'affreux, sert à former un dénoûment aussi heureux que naturel! (P.) — Cette scène rappelle la grande scène du *Tartuffe*: Orgon sort de dessous la table pour confondre Tartuffe, Argan se lève et ressuscite, pour confondre sa femme. C'est le même coup de théâtre, et les deux coupables éprouvent la même honte, et reçoivent la même punition.

[2] Cette seconde épreuve; qu'on lui propose de faire, est nécessaire pour compléter l'action et amener le dénoûment. Nous ne craignons plus que Béline fasse mettre Angélique au couvent : Argan a entendu des choses *qui l'empêcheront d'en faire bien d'autres*. Mais il faut qu'il consente au mariage de sa fille avec Cléante ; et, pour cela, il est bon que les deux amants aient une occasion de tou-

SCÈNE XX.

ARGAN, ANGÉLIQUE, TOINETTE.

TOINETTE, *feignant de ne pas voir Angélique.*

O ciel! ah! fâcheuse aventure! Malheureuse journée!

ANGÉLIQUE.

Qu'as-tu, Toinette? et de quoi pleures-tu?

TOINETTE.

Hélas! j'ai de tristes nouvelles à vous donner.

ANGÉLIQUE.

Hé! quoi?

TOINETTE.

Votre père est mort.

ANGÉLIQUE.

Mon père est mort, Toinette?

TOINETTE.

Oui. Vous le voyez là, il vient de mourir tout-à-l'heure d'une foiblesse qui lui a pris.

ANGÉLIQUE.

O ciel! quelle infortune! quelle atteinte cruelle! Hélas! faut-il que je perde mon père, la seule chose qui me restoit au monde; et qu'encore, pour un surcroît de désespoir, je le perde dans un moment où il étoit irrité contre moi! Que deviendrai-je, malheureuse? et quelle consolation trouver après une si grande perte?

cher son cœur. Ajoutons que Molière se montre encore ici fidèle à la loi qu'il semble s'être faite de rendre ses amoureux intéressants, en faisant éclater, de manière ou d'autre, la délicatesse de leur ame et la générosité de leurs sentiments. (A.)

SCÈNE XXI.

ARGAN, ANGÉLIQUE, CLÉANTE, TOINETTE.

CLÉANTE.

Qu'avez-vous donc, belle Angélique? et quel malheur pleurez-vous?

ANGÉLIQUE.

Hélas! je pleure tout ce que dans la vie je pouvois perdre de plus cher et de plus précieux; je pleure la mort de mon père.

CLÉANTE.

O ciel! quel accident! quel coup inopiné! Hélas! après la demande que j'avois conjuré votre oncle de lui faire pour moi, je venois me présenter à lui, et tâcher, par mes respects et par mes prières, de disposer son cœur à vous accorder à mes vœux.

ANGÉLIQUE.

Ah! Cléante, ne parlons plus de rien. Laissons là toutes les pensées du mariage. Après la perte de mon père, je ne veux plus être du monde, et j'y renonce pour jamais. Oui, mon père, si j'ai résisté tantôt à vos volontés, je veux suivre du moins une de vos intentions, et réparer par-là le chagrin que je m'accuse de vous avoir donné. (*se jetant à ses genoux.*) Souffrez, mon père, que je vous en donne ici ma parole, et que je vous embrasse pour vous témoigner mon ressentiment.

ARGAN, *embrassant Angélique.*

Ah! ma fille!

ANGÉLIQUE.

Ahi!

ARGAN.

Viens. N'aie point de peur, je ne suis pas mort. Va, tu es mon vrai sang, ma véritable fille; et je suis ravi d'avoir vu ton bon naturel[1].

[1] On sait que les plaintes d'Angélique sont sans fondement; aussi est-on moins

SCÈNE XXII.

ARGAN, BÉRALDE, ANGÉLIQUE, CLÉANTE, TOINETTE.

ANGÉLIQUE.

Ah! quelle surprise agréable! Mon père, puisque, par un bonheur extrême, le ciel vous redonne à mes vœux, souffrez qu'ici je me jette à vos pieds pour vous supplier d'une chose. Si vous n'êtes pas favorable au penchant de mon cœur, si vous me refusez Cléante pour époux, je vous conjure au moins de ne me point forcer d'en épouser un autre. C'est toute la grace que je vous demande.

CLÉANTE, *se jetant aux genoux d'Argan.*

Hé! monsieur, laissez-vous toucher à ses prières et aux miennes; et ne vous montrez point contraire aux mutuels empressements d'une si belle inclination.

BÉRALDE.

Mon frère, pouvez-vous tenir là-contre?

TOINETTE.

Monsieur, serez-vous insensible à tant d'amour?

ARGAN.

Qu'il se fasse médecin, je consens au mariage. (*à Cléante.*) Oui, faites-vous médecin, je vous donne ma fille[1].

CLÉANTE.

Très volontiers, monsieur. S'il ne tient qu'à cela pour être votre gendre, je me ferai médecin, apothicaire même, si vous voulez. Ce n'est pas une affaire que cela, et je ferois bien d'autres choses pour obtenir la belle Angélique.

ému de sa douleur que charmé de la délicatesse de ses sentiments. C'est une scène touchante, mais ce n'est pas une scène larmoyante, et l'auteur ne sort pas un moment des limites de la comédie. (L. B.)

[1] Argan est désabusé sur le compte de sa femme, parcequ'il est convaincu de sa perfidie; mais il conserve son caractère jusqu'à la fin : il faut que son gendre soit docteur. C'est ce qui rend plus vraisemblable le divertissement qui termine cette pièce, dont l'idée est d'ailleurs heureuse, et plaisamment exécutée. (L. B.)

BÉRALDE.

Mais, mon frère, il me vient une pensée. Faites-vous médecin vous-même. La commodité sera encore plus grande, d'avoir en vous tout ce qu'il vous faut[1].

TOINETTE.

Cela est vrai. Voilà le vrai moyen de vous guérir bientôt; et il n'y a point de maladie si osée que de se jouer à la personne d'un médecin.

ARGAN.

Je pense, mon frère, que vous vous moquez de moi. Est-ce que je suis en âge d'étudier?

BÉRALDE.

Bon, étudier! Vous êtes assez savant; et il y en a beaucoup parmi eux qui ne sont pas plus habiles que vous.

ARGAN.

Mais il faut savoir bien parler latin, connoître les maladies, et les remèdes qu'il y faut faire.

BÉRALDE.

En recevant la robe et le bonnet de médecin, vous apprendrez tout cela; et vous serez après plus habile que vous ne voudrez.

ARGAN.

Quoi! l'on sait discourir sur les maladies, quand on a cet habit-là?

BÉRALDE.

Oui. L'on n'a qu'à parler avec une robe et un bonnet, tout galimatias devient savant, et toute sottise devient raison.

TOINETTE.

Tenez, monsieur, quand il n'y auroit que votre barbe, c'est déja beaucoup; et la barbe fait plus de la moitié d'un médecin.

[1] Béralde, toujours sensé, toujours raisonnable pour ceux qui ne le sont pas, sent la nécessité de détourner la folle proposition qu'Argan vient de faire à Cléante, et le consentement un peu léger qu'a donné celui-ci. Le moyen qu'il emploie est extrêmement comique, et la raison dont il l'appuie ne l'est pas moins. (A.)

CLÉANTE.

En tout cas, je suis prêt à tout.

BÉRALDE, *à Argan.*

Voulez-vous que l'affaire se fasse tout-à-l'heure?

ARGAN.

Comment, tout-à-l'heure?

BÉRALDE.

Oui, et dans votre maison.

ARGAN.

Dans ma maison?

BÉRALDE.

Oui. Je connois une Faculté de mes amies, qui viendra tout-à-l'heure en faire la cérémonie dans votre salle. Cela ne vous coûtera rien.

ARGAN.

Mais, moi, que dire? que répondre?

BÉRALDE.

On vous instruira en deux mots, et l'on vous donnera par écrit ce que vous devez dire. Allez-vous-en vous mettre en habit décent. Je vais les envoyer querir.

ARGAN.

Allons, voyons cela.

SCÈNE XXIII.

BÉRALDE, ANGÉLIQUE, CLÉANTE, TOINETTE.

CLÉANTE.

Que voulez-vous dire? et qu'entendez-vous avec cette Faculté de vos amies?

TOINETTE.

Quel est donc votre dessein?

BÉRALDE.

De nous divertir un peu ce soir. Les comédiens ont fait un petit intermède de la réception d'un médecin, avec des danses et de la musique; je veux que nous en prenions ensemble le divertissement, et que mon frère y fasse le premier personnage.

ANGÉLIQUE.

Mais, mon oncle, il me semble que vous vous jouez un peu beaucoup de mon père[1].

BÉRALDE.

Mais, ma nièce, ce n'est pas tant le jouer, que s'accommoder à ses fantaisies. Tout ceci n'est qu'entre nous. Nous y pouvons aussi prendre chacun un personnage, et nous donner ainsi la comédie les uns aux autres. Le carnaval autorise cela. Allons vite préparer toutes choses.

CLÉANTE, *à Angélique.*

Y consentez-vous?

ANGÉLIQUE.

Oui, puisque mon oncle nous conduit[2].

[1] On aime cette réflexion d'Angélique : elle est d'une fille respectueuse, qui a bien pu résister aux volontés de son père lorsqu'il s'agissoit de sacrifier son amour, mais qui souffre à le voir jouer, même quand son mariage en doit devenir plus facile et plus prompt. (A.)

[2] Voltaire a dit du *Malade imaginaire* : « C'est une de ces farces de Molière dans laquelle on trouve beaucoup de scènes dignes de la haute comédie. » Il faut retourner ce jugement. *Le Malade imaginaire* n'est point une farce, c'est une excellente comédie de caractère, où l'on trouve, à la vérité, quelques scènes qui se rapprochent de la farce; et même, si la pièce étoit jouée décemment et sans charge, comme elle doit l'être, il n'y auroit qu'une scène de farce, celle du déguisement de Toinette en médecin. Dans cette pièce, qu'on voudroit flétrir du nom de farce, on voit combien l'amour désordonné de la vie est destructeur de toute vertu morale. Argan voué à la médecine, esclave de M. Purgon, est aussi un époux sot et dupe, un père injuste, un homme dur, égoïste, colère. Avec quelle énergie et quelle vérité l'auteur trace le tableau des caresses perfides d'une belle-mère qui abuse de la foiblesse d'un imbécile mari pour dépouiller les enfants du premier lit! Quelle décence, quelle raison! quelle fermeté dans le caractère d'Angélique! Cette comédie est l'image fidèle de ce qui se passe dans un grand nombre de familles. Enfin l'auteur a osé y attaquer un des préjugés les plus universels et les plus anciens de la société; il a osé y combattre les deux passions qui font plus de dupes, la crainte de la mort et l'amour de la vie : il a bien pu les persifler, mais, hélas! il étoit au-dessus de son art de les détruire. Les usages, qui ont leur force dans la foiblesse humaine, bravent tous les traits du ridicule. Molière, il faut bien l'avouer, n'a point corrigé les hommes de la médecine, mais

TROISIÈME INTERMÈDE.

C'est une cérémonie burlesque d'un homme qu'on fait médecin, en récit, chant, et danse. Plusieurs tapissiers viennent préparer la salle, et placer les bancs en cadence. En suite de quoi, toute l'assemblée, composée de huit porte-seringues, six apothicaires, vingt-deux docteurs, et celui qui se fait recevoir médecin, huit chirurgiens dansants, et deux chantants, entrent, et prennent place, chacun selon son rang [1].

PREMIÈRE ENTRÉE DE BALLET.

PRÆSES.

Savantissimi doctores,
Medicinæ professores,

il a corrigé les médecins de leur ignorance et de leur barbarie. Les représentations du *Malade imaginaire* ne diminuèrent pas le crédit des médecins de la cour : madame de Maintenon n'en eut pas moins de respect pour la Faculté ; le sévère Fagon, digne émule de Purgon, n'en purgea pas moins Louis XIV toutes les semaines; les jours de médecine du monarque n'en furent pas moins des jours solennels, des jours d'étiquette ; et les écoles de médecine continuèrent long-temps à retentir des arguments des Diafoirus. (G.)

[1] Cette réception bouffonne fut une plaisanterie de société, imaginée dans un souper chez madame de La Sablière, où la fameuse Ninon, La Fontaine, et Despréaux, étoient avec Molière, et quelques autres personnes dignes de ces délicieux soupers. Chacun fournit son mot dans le cadre plaisant que présenta Molière, en imitant le jargon burlesque, ou plutôt le latin macaronique inventé par Théophile Folengio, religieux italien du seizième siècle, plus connu sous le nom de Merlin Coccaie. (*Bolæana* et *Cizeron Rival*, page 13.)

Il est probable qu'en composant cet intermède, Molière s'est rappelé les détails des cérémonies alors en usage pour la réception des médecins, et dont il avoit dû être témoin pendant son séjour à Montpellier. Ici le badinage ne surpasse guère la vérité. Nous citerons à l'appui de cette opinion un passage fort curieux du voyage de Locke à Montpellier, en 1676, trois ans après la mort de Molière ; il est ainsi conçu : « Recette pour faire un docteur en médecine. Grande procession « de docteurs habillés de rouge, avec des toques noires ; dix violons jouant des « airs de Lulli. Le président s'assied, fait signe aux violons qu'il veut parler, et « qu'ils aient à se taire, se lève, commence son discours par l'éloge de ses con- « frères, et le termine par une diatribe contre les innovations, et la circulation du « sang. Il se rassied. Les violons recommencent. Le récipiendaire prend la pa- « role, complimente le chancelier, complimente les professeurs, complimente « l'académie. Encore des violons. Le président saisit un bonnet qu'un huissier

Qui hic assemblati estis;
Et vos, altri messiores,
Sententiarum Facultatis
Fideles executores,
Chirurgiani et apothicari,
Atque tota compania aussi,
Salus, honor et argentum,
Atque bonum appetitum.

Non possum, docti confreri,
En moi satis admirari
Qualis bona inventio
Est medici professio;
Quam bella chosa est et bene trovata,
Medicina illa benedicta,
Quæ, suo nomine solo,
Surprenanti miraculo,
Depuis si longo tempore,
Facit a gogo vivere
Tant de gens omni genere.

Per totam terram videmus
Grandam vogam ubi sumus;
Et quod grandes et petiti
Sunt de nobis infatuti.
Totus mundus, currens ad nostros remedios,
Nos regardat sicut deos;
Et nostris ordonnanciis
Principes et reges soumissos videtis.

Doncque il est nostræ sapientiæ,
Boni sensus atque prudentiæ,
De fortement travaillare
A nos bene conservare
In tali credito, voga, et honore;

porte au bout d'un bâton, et qui a suivi processionnellement la cérémonie, coiffe le nouveau docteur, lui met au doigt un anneau, lui serre les reins d'une chaine d'or, et le prie poliment de s'asseoir. Tout cela m'a fort peu édifié. » *Life of Locke, by lord King.*) Ainsi dans la réception d'Argan, qui ne nous semble qu'une farce grotesque, tout est vrai jusqu'au jeu des violons. En peignant cette scène bizarre, le sage Locke nous fait partager son mépris; notre Molière fait mieux, il livre ces inepties aux jeux de la scène, et il corrige son siècle.

Et prendere gardam a non recevere,
In nostro docto corpore,
Quam personas capabiles,
Et totas dignas remplire
Has plaças honorabiles.

C'est pour cela que nunc convocati estis;
Et credo quod trovabitis
Dignam matieram medici
In savanti homine que voici;
Lequel, in chosis omnibus,
Dono ad interrogandum,
Et à fond examinandum
Vostris capacitatibus.

PRIMUS DOCTOR.

Si mihi licentiam dat dominus præses,
Et tanti docti doctores,
Et assistantes illustres,
Très savanti bacheliero,
Quem estimo et honoro,
Domandabo causam et rationem quare
Opium facit dormire.

BACHELIERUS.

Mihi a docto doctore
Domandatur causam et rationem quare
Opium facit dormire.
A quoi respondeo,
Quia est in eo
Virtus dormitiva,
Cujus est natura
Sensus assoupire.

CHORUS.

Bene, bene, bene, bene respondere.
Dignus, dignus est intrare
In nostro docto corpore.
Bene, bene respondere.

SECUNDUS DOCTOR.

Cum permissione domini præsidis,
Doctissimæ Facultatis,
Et totius his nostris actis
Companiæ assistantis,
Domandabo tibi, docte bacheliere,

Quæ sunt remedia
Quæ, in maladia
Dite hydropisia,
Convenit facere.

BACHELIERUS.

Clysterium donare,
Postea seignare,
Ensuita purgare.

CHORUS.

Bene, bene, bene, bene respondere.
Dignus, dignus est intrare
In nostro docto corpore.

TERTIUS DOCTOR.

Si bonum semblatur domino præsidi,
Doctissimæ Facultati,
Et companiæ præsenti,
Domandabo tibi, docte bacheliere,
Quæ remedia elicis,
Pulmonicis atque asmaticis,
Trovas à propos facere.

BACHELIERUS.

Clysterium donare,
Postea seignare,
Ensuita purgare.

CHORUS.

Bene, bene, bene, bene respondere.
Dignus, dignus est intrare
In nostro docto corpore.

QUARTUS DOCTOR.

Super illas maladias,
Doctus bachelierus dixit maravillas;
Mais, si non ennuyo dominum præsidem,
Doctissimam Facultatem,
Et totam honorabilem
Companiam ecoutantem,
Faciam illi unam questionem.
Dès hiero maladus unus
Tombavit in meas manus;
Habet grandam fievram cum redoublamentis,
Grandam dolorem capitis,
Et grandum malum au côté,
Cum granda difficultate

Et pena a respirare.
Veillas mihi dire,
Docte bacheliere,
Quid illi facere.

BACHELIERUS.

Clysterium donare,
Postea seignare,
Ensuita purgare.

QUINTUS DOCTOR.

Mais, si maladia
Opiniatria
Non vult se garire,
Quid illi facere?

BACHELIERUS.

Clysterium donare,
Postea seignare,
Ensuita purgare,
Reseignare, repurgare, et reclysterisare.

CHORUS.

Bene, bene, bene, bene respondere.
Dignus, dignus est intrare
In nostro docto corpore.

PRÆSES.

Juras gardare statuta
Per Facultatem præscripta,
Cum sensu et jugeamento?

BACHELIERUS.

Juro[1].

PRÆSES.

Essere in omnibus
Consultationibus
Ancieni aviso,
Aut bono,
Aut mauvaiso?

BACHELIERUS.

Juro.

[1] C'est en prononçant ce mot que Molière succomba. Le matin il s'étoit senti fort mal, et ses amis l'avoient supplié de ne pas jouer. « Comment voulez-vous « que je fasse? leur dit-il; il y a cinquante pauvres ouvriers qui n'ont que leur « journée pour vivre : que feront-ils si on ne joue pas? Je me reprocherois d'avoir « négligé de leur donner du pain un seul jour, le pouvant faire absolument. » Quel plus bel éloge funèbre que ces paroles?

PRÆSES.

De non jamais te servire
De remediis aucunis,
Quam de ceux seulement doctæ Facultatis,
Maladus dût-il crevare,
Et mori de suo malo?

BACHELIERUS.

Juro.

PRÆSES.

Ego, cum isto boneto
Venerabili et docto,
Dono tibi et concedo
Virtutem et puissanciam
Medicandi,
Purgandi,
Seignandi,
Perçandi,
Taillandi,
Coupandi,
Et occidendi
Impune per totam terram.

DEUXIÈME ENTRÉE DE BALLET.

Tous les chirurgiens et apothicaires viennent lui faire la révérence en cadence.

BACHELIERUS.

Grandes doctores doctrinæ
De la rhubarbe et du séné,
Ce seroit sans douta à moi chosa folla,
Inepta et ridicula,
Si j'alloibam m'engageare
Vobis louangeas donare,
Et entreprenoibam adjoutare
Des lumieras au soleillo,
Et des etoilas au cielo,
Des ondas à l'oceano,
Et des rosas au printano.
Agreate qu'avec uno moto,
Pro toto remercimento,
Rendam gratiam corpori tam docto.
Vobis, vobis debeo

Bien plus qu'à naturæ et qu'à patri meo.
Natura et pater meus
Hominem me habent factum;
Mais vos me (ce qui est bien plus)
Avetis factum medicum[1]:
Honor, favor et gratia,
Qui, in hoc corde que voilà,
Imprimant ressentimenta
Qui dureront in secula.

CHORUS.

Vivat, vivat, vivat, vivat, cent fois vivat,
Novus doctor, qui tam bene parlat!
Mille, mille annis, et manget et bibat,
Et seignet et tuat!

TROISIÈME ENTRÉE DE BALLET.

Tous les chirurgiens et les apothicaires dansent au son des instruments et des voix, et des battements de mains, et des mortiers d'apothicaires.

CHIRURGUS.

Puisse-t-il voir doctas
Suas ordonnancias,
Omnium chirurgorum,
Et apothicarum
Remplire boutiquas!

CHORUS.

Vivat, vivat, vivat, vivat, cent fois vivat,
Novus doctor, qui tam bene parlat!
Mille, mille annis, et manget et bibat,
Et seignet et tuat!

CHIRURGUS.

Puissent toti anni
Lui essere boni
Et favorabiles,
Et n'habere jamais
Quam pestas, verolas,
Fievras, pleuresias,

[1] Molière fait dire ici à Argan, en latin macaronique, ce que Thomas Diafoirus lui a dit en françois, dans le compliment qu'il lui a fait lorsqu'il lui a été présenté. Acte II, scène VI. (L. B.)

Fluxus de sang, et dyssenterias!

CHORUS.

Vivat, vivat, vivat, vivat, cent fois vivat,
Novus doctor, qui tam bene parlat!
Mille, mille annis, et manget et bibat,
Et seignet et tuat!

QUATRIÈME ENTRÉE DE BALLET.

Les médecins, les chirurgiens et les apothicaires sortent tous, selon leur rang, en cérémonie, comme ils sont entrés.

FIN DU MALADE IMAGINAIRE.

POÉSIES DIVERSES.

POÉSIES DIVERSES.

SONNET

A M. LA MOTHE-LE-VAYER,

SUR LA MORT DE SON FILS[1].

1664.

Aux larmes, Le Vayer, laisse tes yeux ouverts :
Ton deuil est raisonnable, encor qu'il soit extrême ;
Et, lorsque pour toujours on perd ce que tu perds,
La Sagesse, crois-moi, peut pleurer elle-même.

On se propose à tort cent préceptes divers
Pour vouloir, d'un œil sec, voir mourir ce qu'on aime ;
L'effort en est barbare aux yeux de l'univers,
Et c'est brutalité plus que vertu suprême.

On sait bien que les pleurs ne ramèneront pas
Ce cher fils que t'enlève un imprévu trépas ;
Mais la perte, par-là, n'en est pas moins cruelle.

Ses vertus de chacun le faisoient révérer ;
Il avoit le cœur grand, l'esprit beau, l'ame belle ;
Et ce sont des sujets à toujours le pleurer.

[1] Ce sonnet et la lettre qui l'accompagne sont publiés pour la première fois. Ils ont été découverts dans les volumineux manuscrits de Conrart, le premier secrétaire perpétuel de l'Académie françoise, par M. de Monmerqué, conseiller à la Cour royale de Paris. (A.)

LETTRE D'ENVOI

DU SONNET PRÉCÉDENT.

« Vous voyez bien, monsieur, que je m'écarte fort du chemin
« qu'on suit d'ordinaire en pareille rencontre, et que le sonnet
« que je vous envoie n'est rien moins qu'une consolation. Mais
« j'ai cru qu'il falloit en user de la sorte avec vous, et que c'est
« consoler un philosophe que de lui justifier ses larmes, et de
« mettre sa douleur en liberté. Si je n'ai pas trouvé d'assez
« fortes raisons pour affranchir votre tendresse des sévères
« leçons de la philosophie, et pour vous obliger à pleurer sans
« contrainte, il en faut accuser le peu d'éloquence d'un homme
« qui ne sauroit persuader ce qu'il sait si bien faire.

« MOLIÈRE. »

LA GLOIRE[1]

DU

DOME DU VAL-DE-GRACE.

1669.

Digne fruit de vingt ans de travaux somptueux,
Auguste bâtiment, temple majestueux,
Dont le dôme superbe, élevé dans la nue,
Pare du grand Paris la magnifique vue,
Et, parmi tant d'objets semés de toutes parts,
Du voyageur surpris prend les premiers regards,
Fais briller à jamais, dans ta noble richesse,
La splendeur du saint vœu d'une grande princesse[2],
Et porte un témoignage à la postérité
De sa magnificence et de sa piété;
Conserve à nos neveux une montre fidèle
Des exquises beautés que tu tiens de son zèle :
Mais défends bien surtout de l'injure des ans
Le chef-d'œuvre fameux de ses riches présents,
Cet éclatant morceau de savante peinture,
Dont elle a couronné ta noble architecture :
C'est le plus bel effet des grands soins qu'elle a pris,

[1] Ce mot de *gloire*, qui est le titre du poëme de Molière, signifie, en termes de peinture, la représentation du ciel ouvert, avec les personnes divines, les anges, et les bienheureux. Tel est, en effet, le sujet qu'a traité Mignard dans le chef-d'œuvre que Molière va célébrer. (A.)

[2] Le Val-de-Grace fut fondé par la reine-mère, en accomplissement du vœu qu'elle avoit fait de bâtir une magnifique église, si Dieu mettoit un terme à la longue stérilité dont elle étoit affligée, et que fit cesser, après vingt-deux ans, la naissance de Louis XIV. (A.)

Et forme un doux concert, fasse un beau tout ensemble,
Où rien ne soit à l'œil mendié, ni redit[1],
Tout s'y voyant tiré d'un vaste fonds d'esprit,
Assaisonné du sel de nos graces antiques,
Et non du fade goût des ornements gothiques,
Ces monstres odieux des siècles ignorants,
Que de la barbarie ont produit les torrents,
Quand leur cours, inondant presque toute la terre,
Fit à la politesse une mortelle guerre,
Et, de la grande Rome abattant les remparts,
Vint, avec son empire, étouffer les beaux-arts.
Il nous montre à poser avec noblesse et grace
La première figure à la plus belle place,
Riche d'un agrément, d'un brillant de grandeur
Qui s'empare d'abord des yeux du spectateur;
Prenant un soin exact que, dans tout son ouvrage,
Elle joue aux regards le plus beau personnage;
Et que, par aucun rôle au spectacle placé,
Le héros du tableau ne se voie effacé[2].
Il nous enseigne à fuir les ornements débiles
Des épisodes froids et qui sont inutiles,
A donner au sujet toute sa vérité,
A lui garder partout pleine fidélité,
Et ne se point porter à prendre de licence,
A moins qu'à des beautés elle donne naissance.

[1] Je ne comprends pas *mendié*. (G.)

[2] Comme *ce tableau*, qui est celui de la coupole du Val-de-Grace, est donné mal-à-propos pour un exemple général de composition de peinture, les principes qui en découlent tendroient à établir un système de composition d'autant plus faux qu'il est indiqué comme absolu : c'est vouloir faire aller le même habit à toutes les tailles. La raison seule fait concevoir que chaque sujet veut un arrangement de composition particulier. Ainsi la *première figure*, ou figure principale, qui toujours doit avoir aux yeux du spectateur le plus d'importance, peut et doit quelquefois n'être pas *riche d'agrément* ni *brillante de grandeur*. Au reste, ceci a été écrit au moment où le goût, en peinture, commençoit à se corrompre, et à faire présager les Coypel, les Boucher, les Natoire, etc., et ce style dont on donnoit une juste idée en l'appelant *style d'opéra*. (G.)

Il nous dicte amplement les leçons du dessin [1]
Dans la manière grecque, et dans le goût romain;
Le grand choix du beau vrai, de la belle nature,
Sur les restes exquis de l'antique sculpture,
Qui, prenant d'un sujet la brillante beauté,
En savoit réparer la foible vérité,
Et, formant de plusieurs une beauté parfaite,
Nous corrige par l'art la nature qu'on traite.
Il nous explique à fond, dans ses instructions,
L'union de la grace et des proportions;
Les figures partout doctement dégradées,
Et leurs extrémités soigneusement gardées;
Les contrastes savants des membres agroupés,
Grands, nobles, étendus, et bien développés,
Balancés sur leur centre en beautés d'attitude,
Tous formés l'un pour l'autre avec exactitude,
Et n'offrant point aux yeux ces galimatias
Où la tête n'est point de la jambe, ou du bras;
Leur juste attachement aux lieux qui les font naître,
Et les muscles touchés autant qu'ils doivent l'être;
La beauté des contours observés avec soin,
Point durement traités, amples, tirés de loin,
Inégaux, ondoyants, et tenant de la flamme,
Afin de conserver plus d'action et d'ame [2];

[1] Le dessin, seconde partie de la peinture. (*Note de Molière.*)

Cet éloge convient peu au talent de Mignard, dont le dessin étoit la partie foible (G.)

[2] Tous ces vers sont à-peu-près inintelligibles, et je crains que notre divin Molière n'ait fait ici du galimatias double.

On peut *dégrader des figures*, relativement au clair-obscur, mais non sous le rapport du dessin. On dit, *des extrémités soignées* : mais *gardées* ne se comprend pas. *Membres agroupés* ne s'entend pas davantage. *Balancés sur leur centre en beautés d'attitude* rappelle l'idée de nos danseurs et de nos pantomimes, et devient par cela même ridicule. *Attachement*, en parlant des muscles, n'est point technique : on dit *attache*. On dit, *prononcer*, et non, *toucher des muscles*. *Ample* ne peut se dire d'un contour qui n'est qu'un trait. *Tiré de loin* est là probablement pour coulant. C'est avec ce système de *contours ondoyants* et *flamboyants* qu'on a perverti le dessin; et c'est à lui que les peintres cités plus haut

Les nobles airs de tête amplement variés,
Et tous au caractère avec choix mariés;
Et c'est là qu'un grand peintre, avec pleine largesse,
D'une féconde idée étale la richesse,
Faisant briller partout de la diversité,
Et ne tombant jamais dans un air répété :
Mais un peintre commun trouve une peine extrême
A sortir dans ses airs de l'amour de soi-même :
De redites sans nombre il fatigue les yeux,
Et, plein de son image, il se peint en tous lieux [1].
Il nous enseigne aussi les belles draperies,
De grands plis bien jetés suffisamment nourries,
Dont l'ornement aux yeux doit conserver le nu,
Mais qui, pour le marquer, soit un peu retenu,
Qui ne s'y colle point, mais en suive la grace,
Et, sans la serrer trop, la caresse et l'embrasse [2].
Il nous montre à quel air, dans quelles actions,
Se distinguent à l'œil toutes les passions;
Les mouvements du cœur, peints d'une adresse extrême,
Par des gestes puisés dans la passion même,
Bien marqués pour parler, appuyés, forts, et nets,
Imitant en vigueur les gestes des muets,
Qui veulent réparer la voix que la nature
Leur a voulu nier, ainsi qu'à la peinture [3].

doivent, en partie, une célébrité dont le dernier siècle aura à rougir. Ce qu'il y a d'intelligible dans ce passage paroît être d'assez mauvais goût. (G.)

[1] On se peint dans ses ouvrages, dit-on; mais cette assertion ne peut être vraie que dans le sens intellectuel. Molière l'étend au propre, quoiqu'il y ait peu d'exemples du défaut qu'il attaque. Beaucoup de peintres reproduisent trop souvent les mêmes airs de tête; mais ce vice vient plutôt de l'inobservation de la nature que de l'*amour de soi-même*. (G.)

[2] Ces six vers sont d'une bonne doctrine en peinture: c'est aux littérateurs à les juger sous le rapport de l'exécution. (G.)

[3] La comparaison de Molière tourne contre son precepte: car, si on donnoit aux personnages d'un tableau la vivacité ou plutôt la force des *gestes des muets*, on représenteroit, en effet, des gens privés du secours de la parole, et forcés d'augmenter d'autant leur pantomime. Or, comme on ne sauroit nier qu'un sourd ne distinguât fort bien, dans un groupe de personnes, celle qui seroit muette, et

Il nous étale enfin les mystères exquis
De la belle partie où triompha Zeuxis [1],
Et qui, le revêtant d'une gloire immortelle,
Le fit aller de pair avec le grand Apelle :
L'union, les concerts, et les tons des couleurs,
Contrastes, amitiés, ruptures, et valeurs [2],
Qui font les grands effets, les fortes impostures,
L'achèvement de l'art, et l'ame des figures.
Il nous dit clairement dans quel choix le plus beau
On peut prendre le jour et le champ du tableau.
Les distributions et d'ombre et de lumière
Sur chacun des objets et sur la masse entière ;
Leur dégradation dans l'espace de l'air
Par les tons différents de l'obscur et du clair,
Et quelle force il faut aux objets mis en place
Que l'approche distingue et le lointain efface ;
Les gracieux repos que, par des soins communs,
Les bruns donnent aux clairs, comme les clairs aux bruns :
Avec quel agrément d'insensible passage
Doivent ces opposés entrer en assemblage,
Par quelle douce chute ils doivent y tomber,
Et dans un milieu tendre aux yeux se dérober [3] ;
Ces fonds officieux qu'avec art on se donne,
Qui reçoivent si bien ce qu'on leur abandonne ;
Par quels coups de pinceau, formant de la rondeur,

voudroit exprimer ses pensées, de même le spectateur d'un tableau, qui est le sourd dans ce cas-ci, devra pouvoir y distinguer un personnage privé de la parole, de ceux qui en ont l'usage : autrement il croiroit qu'en effet on n'a voulu représenter que des muets. (G.)

[1] Le coloris, troisième partie de la peinture. (*Note de Molière.*)

[2] *Concerts*, *amitiés*, *ruptures*, ne sont point techniques. Ici encore tous ces mots sont jetés (qu'on me pardonne la comparaison) pêle-mêle et au hasard; comme les livres d'un bouquiniste sur le pavé d'un quai, fort étonnés de se trouver ensemble, et aussi étrangers l'un à l'autre qu'inconnus au maître qui les rassemble. (G.)

[3] Je ne comprends pas ces quatre vers. (G.)

Le peintre donne au plat le relief du sculpteur [1] :
Quel adoucissement des teintes de lumière
Fait perdre ce qui tourne et le chasse derrière,
Et comme avec un champ fuyant, vague et léger,
La fierté de l'obscur, sur la douceur du clair [2]
Triomphant de la toile, en tire avec puissance
Les figures que veut garder sa résistance;
Et, malgré tout l'effort qu'elle oppose à ses coups,
Les détache du fond, et les amène à nous.
Il nous dit tout cela, ton admirable ouvrage :
Mais, illustre Mignard, n'en prends aucun ombrage :
Ne crains pas que ton art, par ta main découvert,
A marcher sur tes pas tienne un chemin ouvert,
Et que de ses leçons les grands et beaux oracles
Élèvent d'autres mains à tes doctes miracles :
Il y faut des talents que ton mérite joint,
Et ce sont des secrets qui ne s'apprennent point.
On n'acquiert point, Mignard, par les soins qu'on se donne,
Trois choses dont les dons brillent dans ta personne,
Les passions, la grace, et les tons de couleur
Qui des riches tableaux font l'esquise valeur [3];

[1] Ce ne sont pas les *coups de pinceau* qui donnent le relief; c'est le clair et l'ombre. (G.)

[2] On dit, *la fierté du coloris*, *la vigueur de l'ombre*, *la vivacité* ou *la douceur de la lumière*. Je ne puis réellement pas comprendre et suivre ces idées que Molière, j'ose le croire, ne comprenoit pas bien lui-même. (G.)

[3] Les trois qualités que loue Molière brillent, en effet, dans le talent de Mignard : mais elles ne sauroient à elles seules former un ouvrage parfait, si l'on n'y joint la pureté du dessin, les convenances du style, la simplicité noble de la pantomime, et d'autres parties encore qu'on ne retrouve pas dans l'ouvrage dont il est question. Si Molière se fût contenté de présenter cette production comme un bel ouvrage, et de le louer comme tel, tout le monde en tomberoit d'accord; mais personne aujourd'hui ne voudra le regarder comme une *merveille ;* et je doute fort que, même de son temps, et ayant sous les yeux les ouvrages du Poussin, de Le Sueur, de Le Brun, le public connoisseur approuvât sans restrictions des éloges auxquels l'amitié de notre illustre auteur ne sut point mettre de bornes.

Au reste, l'idée première de cette composition est grande et imposante; la disposition générale habilement conduite, et enchaînée avec art par des groupes sou-

Ce sont présents du ciel, qu'on voit peu qu'il assemble;
Et les siècles ont peine à les trouver ensemble.
C'est par-là qu'à nos yeux nuls travaux enfantés
De ton noble travail n'atteindront les beautés :
Malgré tous les pinceaux que ta gloire réveille,
Il sera de nos jours la fameuse merveille,
Et des bouts de la terre en ces superbes lieux
Attirera les pas des savants curieux.

O vous, dignes objets de la noble tendresse
Qu'a fait briller pour vous cette auguste princesse,
Dont au grand Dieu naissant, au véritable Dieu,
Le zèle magnifique a consacré ce lieu [1],
Purs esprits, où du ciel sont les graces infuses,
Beaux temples des vertus, admirables recluses,
Qui, dans votre retraite, avec tant de ferveur,
Mêlez parfaitement la retraite du cœur,
Et, par un choix pieux hors du monde placées,
Ne détachez vers lui nulle de vos pensées,
Qu'il vous est cher d'avoir sans cesse devant vous
Ce tableau de l'objet de vos vœux les plus doux,
D'y nourrir par vos yeux les précieuses flammes
Dont si fidèlement brûlent vos belles ames,
D'y sentir redoubler l'ardeur de vos desirs,
D'y donner à toute heure un encens de soupirs,
Et d'embrasser du cœur une image si belle
Des célestes beautés de la gloire éternelle,

vent intéressants, et dans lesquels beaucoup de figures sont simples et gracieuses. Mais on peut y reprendre aussi la foiblesse du dessin, le défaut d'énergie dans les figures qui en demandent, et souvent de la manière dans les formes et de l'affectation dans les poses. Le style est plus répréhensible encore, et c'est la partie la plus foible. Je dois dire, cependant, que ces critiques ne sont aussi sévères qu'à raison de l'extension des éloges de Molière, qu'il faut réduire à leur juste valeur. (G.)

[1] L'église du Val-de-Grace étoit consacrée à Jésus *naissant* et à la Vierge, sa mère; on lisoit sur la frise du portique :

Jesu nascenti Virginique matri.

Beautés qui dans leurs fers tiennent vos libertés,
Et vous font mépriser toutes autres beautés !
Et toi, qui fus jadis la maîtresse du monde,
Docte et fameuse école en raretés féconde,
Où les arts déterrés ont, par un digne effort,
Réparé les dégâts des barbares du Nord;
Sources des beaux débris des siècles mémorables,
O Rome, qu'à tes soins nous sommes redevables
De nous avoir rendu, façonné de ta main,
Ce grand homme, chez toi devenu tout Romain,
Dont le pinceau, célèbre avec magnificence,
De ces riches travaux vient parer notre France,
Et dans un noble lustre y produire à nos yeux
Cette belle peinture inconnue en ces lieux,
La fresque, dont la grace, à l'autre préférée,
Se conserve un éclat d'éternelle durée,
Mais dont la promptitude et les brusques fiertés
Veulent un grand génie à toucher ses beautés[1] !
De l'autre qu'on connoît la traitable méthode
Aux foiblesses d'un peintre aisément s'accommode :
La paresse de l'huile, allant avec lenteur,
Du plus tardif génie attend la pesanteur;
Elle sait secourir, par le temps qu'elle donne,
Les faux pas que peut faire un pinceau qui tâtonne;
Et sur cette peinture on peut, pour faire mieux,
Revenir, quand on veut, avec de nouveaux yeux.
Cette commodité de retoucher l'ouvrage

[1] Ceci ne peut s'entendre que du génie de l'exécution; car, pour celui de l'invention, il a tout le loisir de s'exercer d'avance sur ce que l'on appelle un *carton*, c'est-à-dire un dessin exécuté de la grandeur de la fresque, et d'après toutes les études particulières que la composition nécessite. C'est ce dessin, auquel il ne manque que la couleur, et qui même quelquefois est coloré, qu'il faut répéter sur le mur où sera la fresque, et avec une rapidité que nécessite l'enduit de chaux et de sable sur lequel on peint, et qui sèche presque à l'instant même.

Du reste, tout ce qui suit, sur ce genre de peinture, est fort juste et clairement exprimé. (G.)

Aux peintres chancelants est un grand avantage;
Et ce qu'on ne fait pas en vingt fois qu'on reprend,
On le peut faire en trente, on le peut faire en cent.
Mais la fresque est pressante, et veut, sans complaisance,
Qu'un peintre s'accommode à son impatience,
La traite à sa manière, et, d'un travail soudain,
Saisisse le moment qu'elle donne à sa main.
La sévère rigueur de ce moment qui passe
Aux erreurs d'un pinceau ne fait aucune grace;
Avec elle il n'est point de retour à tenter,
Et tout, au premier coup, se doit exécuter.
Elle veut un esprit où se rencontre unie
La pleine connoissance avec le grand génie,
Secouru d'une main propre à le seconder,
Et maîtresse de l'art jusqu'à le gourmander,
Une main prompte à suivre un beau feu qui la guide,
Et dont, comme un éclair, la justesse rapide
Répande dans ses fonds, à grands traits non tâtés,
De ses expressions les touchantes beautés.
C'est par-là que la fresque, éclatante de gloire,
Sur les honneurs de l'autre emporte la victoire,
Et que tous les savants, en juges délicats,
Donnent la préférence à ses mâles appas.
Cent doctes mains chez elle ont cherché la louange;
Et Jules, Annibal, Raphaël, Michel-Ange,
Les Mignards de leur siècle, en illustres rivaux,
Ont voulu par la fresque ennoblir leurs travaux.
Nous la voyons ici doctement revêtue
De tous les grands attraits qui surprennent la vue.
Jamais rien de pareil n'a paru dans ces lieux;
Et la belle inconnue a frappé tous les yeux.
Elle a non seulement, par ses graces fertiles,
Charmé du grand Paris les connoisseurs habiles,
Et touché de la cour le beau monde savant:
Ses miracles encore ont passé plus avant,

Et de nos courtisans les plus légers d'étude
Elle a pour quelque temps fixé l'inquiétude,
Arrêté leur esprit, attaché leurs regards,
Et fait descendre en eux quelque goût des beaux-arts.
Mais ce qui, plus que tout, élève son mérite,
C'est de l'auguste Roi l'éclatante visite;
Ce monarque, dont l'ame aux grandes qualités
Joint un goût délicat des savantes beautés,
Qui, séparant le bon d'avec son apparence,
Décide sans erreur, et loue avec prudence;
LOUIS, le grand LOUIS, dont l'esprit souverain
Ne dit rien au hasard, et voit tout d'un œil sain,
A versé de sa bouche à ses graces brillantes
De deux précieux mots les douceurs chatouillantes;
Et l'on sait qu'en deux mots ce roi judicieux
Fait des plus beaux travaux l'éloge glorieux.
Colbert, dont le bon goût suit celui de son maître,
A senti même charme, et nous le fait paroître.
Ce vigoureux génie au travail si constant,
Dont la vaste prudence à tous emplois s'étend,
Qui, du choix souverain, tient, par son haut mérite,
Du commerce et des arts la suprême conduite,
A d'une noble idée enfanté le dessein
Qu'il confie aux talents de cette docte main,
Et dont il veut par elle attacher la richesse
Aux sacrés murs du temple où son cœur s'intéresse [1].
La voilà, cette main qui se met en chaleur;
Elle prend les pinceaux, trace, étend la couleur,
Empâte, adoucit, touche, et ne fait nulle pause
Voilà qu'elle a fini; l'ouvrage aux yeux s'expose;
Et nous y découvrons, aux yeux des grands experts,
Trois miracles de l'art en trois tableaux divers.
Mais, parmi cent objets d'une beauté touchante,

[1] Saint-Eustache. (*Note de Molière.*)
Colbert étoit de la paroisse Saint-Eustache, et il fut inhumé dans l'église.

Le Dieu porte au respect, et n'a rien qui n'enchante;
Rien en grace, en douceur, en vive majesté,
Qui ne présente à l'œil une divinité;
Elle est toute en ses traits si brillants de noblesse :
La grandeur y paroît, l'équité, la sagesse,
La bonté, la puissance; enfin ces traits font voir
Ce que l'esprit de l'homme a peine à concevoir.
Poursuis, ô grand Colbert, à vouloir dans la France
Des arts que tu régis établir l'excellence,
Et donne à ce projet, et si grand et si beau,
Tous les riches moments d'un si docte pinceau.
Attache à des travaux, dont l'éclat te renomme,
Les restes précieux des jours de ce grand homme.
Tels hommes rarement se peuvent présenter,
Et, quand le ciel les donne, il faut en profiter.
De ces mains, dont les temps ne sont guère prodigues,
Tu dois à l'univers les savantes fatigues;
C'est à ton ministère à les aller saisir
Pour les mettre aux emplois que tu peux leur choisir:
Et, pour ta propre gloire, il ne faut point attendre
Qu'elles viennent t'offrir ce que ton choix doit prendre.
Les grands hommes, Colbert, sont mauvais courtisans,
Peu faits à s'acquitter des devoirs complaisants;
A leurs réflexions tout entiers ils se donnent:
Et ce n'est que par-là qu'ils se perfectionnent.
L'étude et la visite ont leurs talents à part.
Qui se donne à la cour se dérobe à son art.
Un esprit partagé rarement s'y consomme,
Et les emplois de feu demandent tout un homme.
Ils ne sauroient quitter les soins de leur métier
Pour aller chaque jour fatiguer ton portier;
Ni partout, près de toi, par d'assidus hommages,
Mendier des prôneurs les éclatants suffrages.
Cet amour du travail, qui toujours règne en eux,
Rend à tous autres soins leur esprit paresseux;

Et tu dois consentir à cette négligence
Qui de leurs beaux talents te nourrit l'excellence.
Souffre que, dans leur art s'avançant chaque jour,
Par leurs ouvrages seuls ils te fassent leur cour[1].
Leur mérite à tes yeux y peut assez paroître :
Consulte-s-en ton goût, il s'y connoît en maître,
Et te dira toujours, pour l'honneur de ton choix,
Sur qui tu dois verser l'éclat des grands emplois.
C'est ainsi que des arts la renaissante gloire
De tes illustres soins ornera la mémoire ;
Et que ton nom, porté dans cent travaux pompeux,
Passera triomphant à nos derniers neveux.

[1] Molière s'entendoit mieux à peindre le moral de l'homme, qu'à décrire les parties et les procédés de l'art qui a pour objet d'en représenter les formes extérieures. Ces vers sur l'humeur indépendante, et même un peu sauvage, de l'homme de génie, sont énergiques et fiers ; ils ont la couleur du sujet ; ils honorent celui qui les a faits, comme celui qui les a inspirés. Mignard y est peint avec fidelité ; et Molière lui rendoit un service d'ami en présentant sous le jour le plus avantageux des singularités de caractère et de conduite dont on s'étoit servi probablement pour lui nuire dans l'esprit de Colbert. (A.)

FIN.

TABLE

DES MATIÈRES CONTENUES DANS CE VOLUME.

POÉSIES DIVERSES.

FIN DE LA TABLE DU QUATRIÈME ET DERNIER VOLUME.

Lightning Source UK Ltd.
Milton Keynes UK
UKHW021319100119
335176UK00009B/502/P

9 780260 858443